普通高等学校军事课教程

（依据 2019 年修订《普通高等学校军事课教学大纲》编写）

尹建平　任向东　杨志强◎主编

中国言实出版社

图书在版编目（CIP）数据

普通高等学校军事课教程 / 尹建平，任向东，杨志强主编.
－－北京：中国言实出版社，2020.8
ISBN 978－7－5171－3523－4

Ⅰ．①普… Ⅱ．①尹… ②任… ③杨… Ⅲ．①军事科
学－高等学校－教材 Ⅳ．①E

中国版本图书馆 CIP 数据核字（2020）第 136386 号

责任编辑 张　丽
责任校对 罗　慧

出版发行 中国言实出版社
地　　址：北京市朝阳区北苑路 180 号加利大厦 5 号楼 105 室
邮　编：100101
编辑部：北京市海淀区花园路 6 号院 B 座 6 层
邮　编：100088
电　话：15321139522
网　址：www.zgyscbs.cn
E-mail：zgyscbs@263.net
经　　销 新华书店
印　　刷 大厂回族自治县聚鑫印刷有限责任公司
版　　次 2021 年 1 月第 1 版　2023 年 7 月第 3 次印刷
规　　格 787 毫米×1092 毫米　1/16　16 印张
字　　数 425 千字
定　　价 42.80 元　ISBN 978－7－5171－3523－4

前　言

习近平主席在庆祝中国人民解放军建军90周年阅兵时发表的讲话中指出："今天，我们比历史上任何时期都更接近中华民族伟大复兴的目标，比历史上任何时期都更需要建设一支强大的人民军队。"中国已经是世界第二大经济体，高铁飞驰、"嫦娥"登月、经济繁荣、生活殷实，全国人民都奔跑在追求美好幸福生活的道路上。但是，国富并不代表国强。大宋王朝在当时的世界堪称首富，经济、文化、艺术无不繁荣，但"重文抑武"，民众国防意识淡薄，以致后期只能偏安一隅，直至亡国。无数的历史经验表明，国无防不立，民无兵不安，越是在经济发展、社会稳定、国家和平时期，越是要重视国防教育。

对大学生进行国防教育是全民国防教育的重中之重。大学军事课程和大学生军事训练，是对大学生进行国防教育的有效载体和重要途径。青年大学生是中华民族优秀青年的代表，是巩固我国国防、抵御外敌入侵、捍卫祖国独立、维护国家主权和领土完整、实现祖国统一大业的重要后备力量，肩负着复兴中华的历史使命。按照《中华人民共和国国防法》《中华人民共和国国防教育法》《全民国防教育大纲》等法律法规的有关规定和要求，大学生在校期间必须接受军事训练。

为进一步深化学生军事训练改革，国务院、中央军委出台了《关于深化学生军事训练改革的意见》（国办发〔2017〕76号），教育部、中央军委国防动员部颁布了最新的《普通高等学校军事课教学大纲》（教体艺〔2019〕1号）。为落实以上文件精神，更好地适应国家人才培养战略和国防后备力量建设需要，为世界一流军队建设培养高素质后备兵员服务，我们专门组织长期从事高校国防教育教学的专家团队，按照《普通高等学校军事课教学大纲》要求，编写了这本全新的《普通高等学校军事课教程》。

本书坚持以习近平新时代中国特色社会主义思想和习近平强军思想为指导，紧紧围绕国家人才培养和国防后备力量建设的需要，重点向大学生传授军事思想、军事技能、军事革命、军事科技、国防建设和国家安全等方面的基本理论和知识，使大学生认清国防与国家安危存亡、民族荣辱兴衰的密切关系，提高对国防地位、作用的认识，增强国防观念和国家安全意识；了解国际风云变幻及对我国安全构成的威胁与挑战，明确自己所担负的历史责任；加深对中华民族爱国主义优良传统的理解，激发爱国热情；树立正确的世界观、人生观、价值观，热爱祖国，关心国防，自觉为中华民族的伟大复兴而努力奋斗。

军事科学是反映战争规律和战争指导规律，用以指导国防和军队建设、战争准备和实施的知识体系，是社会科学中综合性、实践性很强的一门学科。随着以信息技术为核心的高新技术广泛应用于军事领域，世界新军事革命方兴未艾，军事科学发展日新月异。我们在本书编写过程中，注意吸纳世界军事科学技术发展和中外军事理论研究的最新成果，并结合青年学生的知识结构和年龄特点，加大了国防历史、武器装备的内容篇幅，增加了海洋安全、西方近现代军事理论和战争演变等内容。在内容编排上，摒弃了以往枯燥、单调的纯理论知识，纳入了典型战例分析、具体案例呈现、时事热点讨论等内容，使全书内容丰富多样；在编写体例上追求新风格，语言平实朴素、简明易懂，力求清新活泼、图文并茂，使全书达到深刻而不生硬，严谨而不呆板；在结构编排上打破传统模式，将大纲规定的教学内容和要求，按照从古到今、从现状到对策、从思想到行动等架构，进行了系统梳理，将军事理论和军事技能进行了有机融合，军事技能部分也按照大纲要求进行了全新编排。对大纲规定的必讲内容用星形标示号（＊）进行了标注。

教材是学生自主学习的基本依据，一本好的大学军事教材可以为学生打开一扇学习军事知识的大门，引导学生自觉探索军事的奥秘；教材也是教师创造性教学的基本工具，一本好的教材既可以为教师创造性教学提供基本参考，同时也可以使教师的能动作用得到充分发挥。本书资料翔实、结构严谨、内容新颖、图文并茂、特色鲜明，希望能成为高校军事课教师和学生的最佳选择。

本书编写组
2021 年 1 月

在线课程

目　录

第一章 中国国防

教学目标:了解我国的国防历史和国防建设的现状及其发展趋势,熟悉国防法律法规、国防政策和军事战略的基本内容,明确我军的性质、任务和军队建设指导思想,了解我国武装力量的构成、发展和作用,掌握国防建设和国防动员的主要内容,增强依法建设国防、积极为国防建设奉献力量的观念。

参考学时:10 学时

第一节 国防概述*

国防是国家防务的简称,是国家有组织的防卫行为。恩格斯曾在《家庭、私有制和国家的起源》一书中深刻指出,国家是同暴力、军队同时产生的,自从有了国家,就开始有了防务。国防是人类社会发展与安全需要的产物,是国家生存和发展的安全保障,关系到国家和民族的生死存亡和兴衰荣辱。建立巩固的国防是我国现代化建设的战略任务,是维护国家安全统一和实现中华民族伟大复兴的重要保障。关注国防、了解国防、建设国防,是每一位公民义不容辞的责任。

一、国防的定义

我国 2020 年新颁布的《中华人民共和国国防法》第一章第二条明确指出:"国家为防备和抵抗侵略,制止武装颠覆和分裂,保卫国家主权统一、领土完整安全和发展利益所进行的军事活动,以及与军事有关的政治、经济、外交、科技、教育等方面的活动,适用本法。"[①]任何一个国家,从诞生之日起,首要的任务就是对内巩固政权,对外抵御侵略,保证国家的生存、安全与发展。国防在国家的职能中,地位和作用十分重要,其强弱与国家安危、荣辱和兴衰休戚相关。

国防是国家安全的重要保障。为了保障国家安全,促进国家发展,各国都从本国实际出发,努力加强国防建设,同时在国民中普遍进行有关维护国家安全的国防教育,使国民树立爱国主义和维护国家根本利益的观念,为国家的发展营造有利的条件和环境,保障国家安全。

国防是国家独立自主的前提。强大的国防,是确保国家安全、人民安居乐业的前提。有国无防,或国防不强,国家民族就要遭殃。旧中国沦为半殖民地半封建社会和新中国自立于世界民族之林的历史,从正反两个方面证明:国家和民族的独立,必须有巩固的国防和强大的军队。国家独立、民族兴旺,离不开整个民族的尚武精神,离不开具有强大战斗力的军队和后备力量建设。在新的历史条件下,巩固的国防不仅是我们在异常激烈、错综复杂的国际环境中赢得战略主动权的重要条件,也是完成祖国统一大业,全面构建社会主义和谐社会的重要保障。

国防是国家繁荣发展的重要条件。一个国家只有有了巩固的国防,国家的其他建设事

---

① 2020 年 12 月 26 日,中华人民共和国第十三届全国人民代表大会常务委员会第二十四次会议修订通过《中华人民共和国国防法》,自 2021 年 1 月 10 起施行。

业才能顺利进行。如果没有巩固的国防,这个国家的政权是无法稳定的,经济发展的目标也难以实现。因此,国家的生存、政权的稳固和经济发展利益的维护,以及国际地位、形象的巩固,都必须有一个能够捍卫国家根本利益的强大国防。

二、国防的基本要素

(一)主体要素

国防的主体是指国防活动的实行者,通常为国家。这是因为,从国防本义上看,国防是国家的事业,是国家的固有职能。任何国家,从诞生之日起,就要固国强边,防备和抵御各种外来侵略,以保障国家安全,维系国家生存。因此,国防必然随着国家的产生而产生,随着国家的发展而发展,最终,也只能随着国家的消亡而消亡。

(二)对象要素

国防的对象是指国防所要防备、抵抗和制止的行为,简言之,一是外敌侵略,二是敌对势力武装颠覆。把侵略作为国防对象,既有国际法理依据,又符合国防的实际需要,与国家安全所面临的威胁相一致。其理由有三:一是与国际约章相衔接。1974 年联合国大会通过了《关于侵略定义的决议》,该决议已经对侵略做了非常详尽的定义。凡属于决议所指的侵略,均属于运用国防力量防备和抵抗的对象。二是与我国的根本大法——《中华人民共和国宪法》的提法相一致。《中华人民共和国宪法》对于武装力量的任务、公民的神圣职责,都采用了"抵抗侵略"的提法。三是与国防活动的客观实际相适应。立法应为现实服务,制定国防法律也应为国防建设和国防斗争服务。如果以法律的形式规定国防只是防备和抵抗"武装侵略",在今后的国防建设和斗争中,则很可能束缚自己的手脚。现实当中,确实存在着武装侵略和非武装侵略。主权国家对非武装侵略及其反侵略大多要以武力为后盾,而且有些所谓的非武装侵略,是非国防手段所不能抵御的。因此,国防所要防备和抵抗的是"侵略",而不仅仅是"武装侵略"。

制止武装颠覆是国家的大事,它不完全属于国防的范畴,但又与国防密切相关,需要进行具体的分析。我国是一个实行社会主义制度和人民民主专政的多民族国家,那些以推翻社会主义制度、推翻人民民主专政、分裂国家为目的的颠覆活动,不是一般的反政府活动,而是危及我国的国体和政体,对国家的主权、统一、领土完整和安全构成严重威胁的活动。如果这类活动不采取武装暴力的形式,则仍然属于国家安全部门管辖的事情;只有属于武装性质的颠覆活动,如武装叛乱、武装暴乱,才能动用国防力量。

(三)目的要素

捍卫国家的主权。国家和主权不可分割,主权是一个国家独立处理自己的内外事务、管理自己国家的最高权力,是国家存在的根本标志。如果一个国家的主权被剥夺,其他的一切,包括国家的独立、领土完整,传统的生活方式,基本的政治制度,社会准则和国家荣誉、尊严等,都无从谈起。因此,捍卫国家主权,始终是国防第一位的、根本的目的和任务。

保卫国家的统一。国家的统一是指国家由一个中央政府对领土内一切居民和事务行使完整的管辖权,不允许另立政府或分割国家的管辖权。从国际法的角度来说,保卫国家统一、反对分裂,历来是一个国家的内部事务,决不允许外国干涉。因此,保卫国家的统一是国防的重要任务。当外国敌对势力插手我国的内部事务,破坏我国的民族团结,危及国家的主权和统一时,国防力量必须予以坚决打击,发挥其维护国家主权、统一和稳定的职能作用。

保卫国家的领土完整。领土是指位于国家主权支配下的地球表面的特定部分及其底土和上空,它包括领陆、领水和领空。领土是国家存在和发展的自然物质前提,是构成国家的基本要素之一。领土完整的含义是:凡属本国的领土,决不能丢失,决不允许被分裂、肢解和侵占。任何集团或个人不得搞旨在分裂本国(或别国)领土完整的活动。国家的领土被侵占,主权必然要遭到侵犯。国防捍卫国家主权的独立,必然要保卫国家领土的完整。

维护国家的安全和发展利益。国家要正常地生存和发展必须有一个安全的内外环境。维护国家的安全,也是国防的主要目的之一。一旦国家遭到外来侵略和颠覆,安全受到威胁,国防就必须履行自己的职能,抵御和挫败外来的侵略和颠覆,确保国家的和平、稳定状态;当国内敌对分子勾结国外敌对势力进行武装暴乱,危及国家安全时,国防力量就要采取措施,平息这种内外勾结的暴乱,保卫国家安全。

(四)手段要素

国防的手段是指为达到国防目的而采取的方法和措施。我国的国防手段包括军事手段以及与军事有关的政治、经济、外交、科技、教育等方面的手段。

1. 军事手段

国防的主要手段是军事手段,现代国防的根本职能是捍卫国家利益,防备和抵御外来的各种形式和不同程度的侵犯,防备和平息内部和外部的敌对势力相互勾结所发动的武装暴乱。对付武装入侵和武装暴乱最根本和最有效的方法莫过于采取军事手段。这是因为:第一,军事手段是最具有威慑作用的手段,它可以对各种形式的外来侵犯进行有效的阻止或遏制;第二,军事手段是唯一能够有效对付武装侵略的手段,它可以用军事力量所拥有的巨大的即时打击能力给侵略者造成物质和精神的严重损害,从而迫使其中止侵略行动,以至放弃侵略企图;第三,军事手段是解决国家之间矛盾冲突的最后手段,当国家之间主权、利益的矛盾积累达到极限时,就只有通过最高的斗争形式——武装冲突或战争去进行彻底解决。同时,军事手段还能够成为各种非军事手段的有力后盾,可以强化各种非军事手段的国防功能。

2. 政治手段

政治手段作为国防手段之一,指的是"与军事有关的"政治活动,而不是政治本身的全部含义。政治与国防关系密切。一方面,国防直接保卫的国家主权,是政治的第一需要;国防直接保卫的国家领土,是政治的物质前提;国防直接保卫的国家安全利益与发展利益,是政治的根本追求。国家政权、政治制度也要靠国防力量来捍卫。另一方面,政治对国防起着决定性的支配作用:国家的政治需要,决定国防的根本性质和基本类型;国家的政治指导思想和路线,决定国防的方向、方针和原则;国家的政治制度,决定国防的根本体制;国家的政治素质,制约国防的客观效应。

3. 经济手段

经济是国防的基础,社会经济制度决定国防活动的性质,社会经济状况决定国防建设的水平。现代社会条件下,无论是国防建设还是国防斗争,都要广泛采用经济手段,这些手段主要有国防经济活动、经济动员、经济战、经济制裁等。国民经济活动是为国防而进行的生产、分配、交换、消费及其管理的实践活动。其目的是保持一定的军事实力与潜力,从而有效地保障国家安全。国民经济动员是指国家将经济部门及其相应的体制有组织、有计划地从平时状态转入战时状态所采取的措施,目的是充分调动国家经济能力、提高生产水平、扩大军品生产、保障战争需要。同时,经济战是敌对双方为夺取战略优势和战争胜利而进行的经济斗争,其根本目的是给敌人造成经济恐慌,动摇其进行战争的物质基础,使敌方经济陷于崩溃,以便战而胜之;在国防斗争中使用经济制裁手段,可削弱被制裁国的政治、经济、军事实务,促进其国内不满情绪的滋生和增长。

4. 外交手段

国防外交手段主要是指国家与国家之间为了国防目的而开展的外交活动。由于这种外交主要涉及军事领域,所以又称军事外交。它既有通常意义上外交的一般特征,又具有区别于其他外交工作的特殊规律,是集外交与军事于一体的活动。从总体上讲,国防外交主要涉及国家与国家之间、军事集团与军事集团之间的军事政治关系、军队关系、军事战略关系、军事科技关系和军事经济关系等。具体可以划分为:军事双边往来、多边军事交往、非官方军事交往、军事科技交流和军工合作、军事结盟、军事援助、军事经济合作、边防管理等。从事国防外交活动的主体也不单纯是武装力量,还包括国家机关与民间的一些部门。除上述因素外,与军事有关的科技、教育等,也是国防的重要手段。

三、国防的类型

国防的类型是由国家的社会制度和国家的政策所决定的,目前世界各国的国防类型归纳起来主要有以下四种。

1. 扩张型

扩张型指一些国家为了维护本国在世界各地的利益,以国家安全和防务需要为幌子,将其他国家和地区纳入自己的势力范围,对其进行侵略、颠覆或渗透,把国防当作侵犯其他国家主权和领土、干涉他国内政的借口。美国在世界各地建立军事基地,或者派驻军队,以谋求全球霸权,实现其在全球的利益,是典型的扩张型国防。

2. 自卫型

自卫型指以防止外敌入侵为目的,在国防建设上主要依靠本国的力量,广泛争取国际上的同情与支持,维护本国安全,维护周边地区和世界的和平与稳定。我国是社会主义国家,在对外关系上一贯奉行和平共处五项原则,公开向世界承诺永远不称霸,不做超级大国,不首先使用核武器或以核武器相威胁,不对无核国家和地区使用核武器,不侵略别国。我国的国防宗旨是反对侵略战争,维护世界和平,保卫国家的安全与发展。在国防力量的运用上,我国坚持自卫立场,实行积极防御的战略方针。因此,我国的国防属于自卫型国防。

3. 联盟型

联盟型指一些国家为弥补自身国防力量的不足,以结盟的形式联合他国进行防卫。从联盟内国家间的关系来看,联盟型国防又可分为一元化体系联盟和多元化体系联盟。一元化体系联盟是以某一大国为盟主,其余国家处于从属地位。如日本与美国之间建立的联盟型国防,就是在美国这个大国为盟主的基础上建立起来的一元化联盟的国防组织。多元化体系联盟中的联盟国则是以平等的伙伴关系出现,通过共同协商来确定防卫大计。

4. 中立型

中立型是指一些国家为了保障本国的繁荣和安全,严守和平中立的国防政策,如瑞士、瑞典等。中立型国防的最大特征是在国际冲突或战争面前,严格恪守和平中立的政策。奉行中立型国防的国家,有的采取全民防卫式的武装中立,有的则采取完全不设防的方式。

四、现代国防观

国防是个历史概念,人们对国防的认识随着时代的前进而发展。特别在第二次世界大战以后,新技术革命的蓬勃发展及其在军事领域的广泛应用,对国防科技和武器装备发展提出了更新更多的要求。现代战争对国家的经济条件,特别是国家整体实力的依赖性日益增强,这使传统国防有了新的含义,国防观念有了新的深度和广度,出现了现代国防观。现代国防观认为国防已不再是单纯的武力较量,它是在国家综合国力的基础上,以军事手段为主,在政治、经济、科技、外交、文化、教育等多种手段配合下的总体较量。其主要特征表现在以下四个方面。

(一)现代国防观强调国防是国家综合国力的抗衡和较量

现代国防的主体是军事力量,但还包括与国防相关的非军事力量,如政治、经济、外交、科技、文化,等等。此外,它不仅依靠国家的现实实力,还依靠国家的潜力,以及将潜力转化为现实实力的能力。诸如国土面积、地理位置、自然资源、生产能力、人口数量和质量、科学和文化水平、交通运输、通信状况、国家政策、管理能力、国家关系和国际地位等。如何充分运用本国所具有的各种条件,并在战时尽快而有效地使其转化为战争能力,是一个国家综合能力强弱的根本体现。现代国防,已成为综合国力的对抗。综合国力主要由人力、自然力、政治力、经济力、科技力、精神力和国防力等组成。经济实力、国防实力和民族凝聚力是综合国力的基本要素,经济实力是基础,国防实力是支柱,民族凝聚力是灵魂。现代国防与国家的综合国力有着密切的联系,国家的发展水平制约着国防力量的质量、规模和武器装备发展水平。没有强大的综合国力,国防建设只能是空中楼阁。

(二)现代国防观强调国防与国家的安全联系更加紧密

由于国防内涵的演变和发展,国防观念便有了新的深度和广度。现代国防观认为:国防已不单是军队的事,它渗透于国家的各个领域和各行各业,贯穿于和平时期和战争时期的全过程,因而成为党政军民的共同大事。它不仅是为了打赢战争,而且是为了达到多元化制约战争、推迟战争和制止战争,最终达到维护世界和平的目的。国防不仅要保卫国家安全,同时也是国家稳定、国家建设和发展的保障。当今世界,任何国家的统治者和决策者都必须把国防问题提到国家安全全局的高度予以统筹规划和考虑,而不能把国防和军队的建设游离于国家、政府之外。

(三)现代国防观认为国防具有多层次的目标体系

现代国防的斗争,使其目标呈现出多种层次,按范围可分为自卫目标、区域目标和全球目标(不同制度和不同对外政策的国家,其国防目标各有不同)。自卫目标着眼于维护国家主权,这对所有国家都是一样的。区域目标则不同,有的着眼于自卫和维护周边地区的和平与安宁,有的则是在周边地区进行挑衅、扩张和蚕食。全球目标对于不同的国家则区别更大,有的着眼于称霸世界,有的则着眼于维护世界和平和消除战争威胁。从国防目标的内涵讲,国防也有不同层次的目标。在国家面临紧急威胁时,国防的目标是首先解决存亡问题;

在一般威胁的情况下,国防的目标是解决安危、荣辱问题;在保障国家建设和创造发展有利的国内国际环境的问题上,国防的目标还涉及保卫和促进发展问题。因此可以说,存亡、安危、荣辱、兴衰是国防目标的四个层次。

(四)现代国防观认为国防既是一种国家行为又是一种国际行为

一个国家想要持续发展,首要的条件是巩固国防,只有国防巩固了,政府才能集中精力制定正确的政策,才能调动一切人力物力进行经济建设,人民也才能安居乐业。然而,经济全球化的发展,把世界各国和地区的安全与发展利益同国际社会的整体利益日趋紧密地联系在一起,使得一个国家的发展已经离不开国际环境。世界的和平与战争、经济的繁荣与衰退,都是一个国家持续发展的相关因素,也涉及国防的方方面面。国家的安全与发展不仅与其本国利益相关,而且与全球的安全、发展和稳定息息相关。世界尤其是周边国家局势动荡,该国就得在国防方面给予更多的关注,如果别国武力相加,该国就必须进行国防动员,以迎接外来挑战。因此,国家的发展离不开安全有利的国际环境,国际政治、经济的有序发展也有赖于各国国防的巩固。由此可见,现代国防作为一种国家基本行为的同时,也日益成为一种国际行为。

 思考题

1. 国防的地位和作用有哪些?
2. 国防的基本要素有哪些?
3. 国防的类型有哪些?
4. 现代国防观的基本特征有哪些?

第二节　国防历史*

我国国防的历史源远流长。公元前 21 世纪,伴随着奴隶制国家夏朝的出现,作为抵御外来入侵和讨伐他国的工具——"国防"便产生了。在历史的长河中,神州大地先后经历了奴隶社会、封建社会、半殖民地半封建社会和社会主义社会。国防也经历了无数个强盛与衰落的交替,给我们留下了宝贵的国防遗产和深刻的历史教训。

一、古代中国国防

我国古代的国防是指从公元前 21 世纪夏王朝的建立到 1840 年鸦片战争,共经历了近4000 年的漫长历史。其间,中华民族经历了无数次战争的锤炼,形成了强大的民族凝聚力,培育出了自强不息、前赴后继、不畏强暴、卫国御敌的尚武精神,最终成为一个多民族的大疆域国家。

(一)古代的国防政策和国防理论

公元前 21 世纪,中国古代社会开始由原始氏族公社制社会进入奴隶制社会,出现了国家。从此,作为抵御外来侵犯和征伐别国的武备——国防的雏形便产生了。随后的几千年征战中,为保家卫国,逐渐形成了我国古代的国防政策和国防理论。

春秋战国时期,各诸侯国之间连年征战,使国防观念迅速得到强化。虽然当时的诸子百家在政治和哲学主张方面各放异彩,但在国防方面却基本一致,形成了诸如"义战却不非战""非攻兼爱却不非诛""足食足兵""以正治国,以奇用兵""富国强兵""文武相济""尚战、善战、慎战""不战而屈人之兵"等思想,表明春秋战国时期各诸侯国对武备和国防的重视,而且国防思想已经上升到理论的高度。在几千年的军事历史中一直被视为兵学经典的 7 部著作,有 5 部产生在这个时期,标志着我国古代军事思想在这个时期已经基本成熟,军事学术极为繁荣。现存最早、影响最深的奠基之作《孙子兵法》,就是这个时期的杰出代表作。其他影响较大的还有《吴子》《孙膑兵法》《司马法》《尉缭子》《六韬》等十多部军事著作。诸子百家大量的军事论述,共同形成了我国军事学术史上的第一个高峰,从而形成了较为完整的战争观,并提出了普遍的战争指导原则。如孙子的"知己知彼,百战不殆""示战先算""伐谋伐交,不战而胜""以智使力"等指导原则。这些指导原则概括精辟,为我国国防理论打下了坚实的基础,到现在仍具有极为重要的指导意义。当时还总结出了一整套治军方法,形成了比较合理的军队编制结构;重视改善武器装备,研制出种类繁多的兵器装备,明确提出把军队的教育训练当作治军的首要任务,以此来提高军队的素质。

历史进入秦、汉、隋、唐、五代时期,中国国防建设有了进一步的发展。

公元前 230 年至公元前 221 年,秦国经过 10 年的统一战争,先后兼并六国,结束了历史上的长期分裂局面,第一次建立起中央集权的封建国家,标志着中国封建社会进入一个新的历史阶段。随后的汉、唐两朝是中国封建社会的盛世,军事上也处于开疆拓土的鼎盛时期。至公元 10 世纪中叶的近 1300 年间,中国古代国防政策和国防理论得到了进一步的丰富和发展。主要表现在:开始全面整理兵书,初步形成了古代军事学术体系。通过三次大规模的整理,形成了研究军事战略的"兵权谋";研究战役、战术的"兵形势";研究军事天文、气象的"兵阴阳";研究兵器、装备的制造和运用技巧的"兵技巧",共四大类,构成了一个较为完整的军事学术体系。另外,战略思想趋于成熟,战略防御思想得到进一步完善。

宋朝至清朝前期,是中国封建地主阶级没落时期,但军事上进入冷、热兵器并用时代,因此,国防政策和国防理论也有相当的发展,武学开始纳入国家教育体系。北宋初期采用了以文治武,将中从御,结果导致了重文轻武,国防衰落。宋仁宗时期,开办了"武学",后又设武举,为军队培养、选拔了大批军事人才,同时也繁荣了军事学术。明清两朝将武举推向更深层次,甚至出现了文人谈兵、武人弄文的局面,大量军事著作面世,军事思想研究向体系化发展。

从总体上说,我国古代国防理论主要有:"以民为体""居安思危"的国防指导思想;"富国强兵""寓兵于农"的国防建设思想;"爱国教战""崇尚武德"的国防教育思想;"不战而胜""安国全军"的国防斗争策略等。在这些思想和策略的指导下,华夏大地消除了无数次外敌入侵带来的战祸,为中华民族的繁衍生息和国家的发展提供了基本的生存条件,甚至出现过"中国既安,四夷自服"的辉煌。

(二)古代的兵制建设

兵制即我们常说的军事制度,也称军制,是国家或政治集团组织、管理、维持、储备和发展军事力量的制度。我国古代的兵制建设主要包括军事领导体制、武装力量体制和兵役制度等内容。

在军事领导体制上,夏、商、西周时期,军队一般由国王亲自掌握和指挥,没有形成专门的军事机构。春秋末期,实现将相分权治国,以将(将军)为主组成军事指挥机构。战国时期,将军开始独立统兵作战。秦国一统天下之后,设立了专门管理军事的机构,太尉为最高军事行政长官。隋朝设立三省六部制,设兵部专门主管军事。宋朝则设置枢密院作为军事领导的最高机构,主官用文官担任,主要目的是防止"权将"拥兵自重,枢密院有权调兵却无权指挥,将军有权指挥却无权调兵,形成枢密院和将军相互牵制的局面。各朝代在军事领导体制方面的做法虽各有不同,但皇权至上,军队的最终调拨使用始终是掌握在皇帝手中的。

在武装力量体制上,秦朝之前武装力量结构单一,一个国家通常只有一支国家的军队。从秦朝开始,国家的政治制度逐渐完善,生产力不断发展,因而,各个朝代根据国家的状况和国防的需要以及驻防地区和担负任务的具体情况,将军队区分为中央军、地方军和边防军三种,并对军队的编制体制、屯田戍边、兵役军赋、军队调动、军需补给、驿站通道、军械制造和配发等都做了具体的规定,并以法律的形式颁布执行,如唐代的《卫禁律》《军防令》等。

在兵役制度上,随着各个历史时期的政治、经济、人口状况和军事需要而发展变化。奴隶社会时期,生产力低下,人口稀少,战争规模小,主要实行兵民合一的民军制度。封建社会时期,民军制度逐渐演变成与当时历史条件相适应的兵役制度,如秦汉时期的征兵制、三国两晋南北朝时期的世兵制、隋唐时期的府兵制、宋朝的募兵制、明朝的卫所兵役制等。

(三)古代的国防工程建设

我国古代为抵御外敌的入侵,巩固边海防,修筑了数量众多、规模庞大的国防工程。如城池、长城、京杭运河以及海防要塞等。我国古代国防工程建设中,城池的建设时间最早、数量最多。城池建筑最早始于商代,随后,建设规模不断扩大,结构日益完善,一直延续到近代。因此,在我国古代战争中,城池的攻守作战成为主要的样式之一。

长城是城池建设的延伸和发展。春秋战国时期长城的建筑已经开始,秦始皇统一六国之后,为了巩固国防,防御北方匈奴的南侵,于公元前241年开始将秦、赵、燕三国北部的长城连为一个整体,形成西起临洮(今甘肃岷县)、北傍阴山、东至辽东的宏伟工程。后经各朝代多次修建连接,至明代形成了西起嘉峪关、东至山海关、全长12700余里的万里长城。

京杭大运河是我国古代兴建的伟大水利工程。隋炀帝时期,征调大量人力物力,将原有的旧河道拓宽和连贯,形成了北起通州(今北京通州区)、南至杭州、全长1794公里的大运河,把南北许多州县连成一线,成为军事交通和"南粮北运"的大动脉,具有重大的军事和经济作用。

古代海防建设是从明朝开始的。14世纪,倭寇频繁袭扰我国沿海地区,明朝在沿海重要地段陆续修建了以卫城、新城为骨干,水陆寨、营堡、墩、台、烽堠等相结合的海防工程体系,为抗击倭寇的入侵起到了重要作用。

(四)古代国防的兴衰

古代国防的兴衰是与各个朝代的政治、经济、军事状况密切相关的。纵观我国几千年的国防史,不难发现,当统治阶级处于上升时期,政治开明、经济繁荣、军事强大、民族团结、国家统一的时候,国防就强盛;当统治阶级走下坡路,政治腐败、经济衰落、军事孱弱、民族分裂、国内混乱的时候,国防就削弱,甚至崩溃。

从整个历史来看,我国古代前期,即从春秋战国到秦汉、盛唐,国防日趋发展,不断强盛以至于发展到鼎盛。其后期,即从中唐到两宋、晚清,我国国防便日趋衰败,以至于一触即溃,不可收拾。其间,虽然盛唐之前有两晋的糜烂,中唐以后有明清中前期的振作,但从整体上来看,我国古代国防事业的基本趋势是由弱到强,再从强盛走向衰落。

从汉、唐、明、清等几个大的历史朝代看,国防事业也都是由兴而盛,由盛及衰。其间固然不乏极盛之前的短暂衰落,衰败之后的一时复兴,但终其一朝由盛及衰的基本趋势是没有改变的。

二、近代中国国防

近代中国的国防是屡弱、衰败和屈辱的。1840 年西方殖民主义者凭借船坚炮利的优势,攻破了清王朝紧锁的厚重国门,对中华民族实行残酷的殖民统治。在西方殖民主义者的侵略面前,腐朽的统治者奉行的国防指导思想却是"居安思奢""卖国求荣";执行的国防建设思想乃是"以军压民""贫国臌兵";倡导的国防教育思想却是"愚兵牧民""莫谈国事";制定的国防斗争策略甚至是"不战而败""攘外必先安内"。其结果是有国无防,国家沦为殖民地半殖民地,人民惨遭蹂躏和屠杀。

(一)近代早期的中国国防

当世界历史进入近代的时候,崛起于中国东北的清王朝统一了中国,使中国成了统一的多民族国家,彻底结束了长达几千年的中国北方游牧民族与中原王朝的战争对峙状态,最终确定了现代中国的领土疆域。当时的中国不仅是亚洲最强大的国家,而且是世界上最强大的国家。领土面积达 1300 万平方公里,北接俄罗斯的西伯利亚,南到南沙群岛的曾母暗沙,西到巴尔喀什湖,东到库页岛。中国还是当时世界上经济最发达的国家,当时的国民生产总值占全世界的 1/3。由于这时西方还没有实现工业革命,所以人口众多的中国就是世界上综合国力最强大的国家。

强大的中国拥有了较为强大的国防力量,清王朝不仅平定了国内的分裂主义势力,而且接连打败了外敌的入侵,胜利地保卫了中国领土主权的完整统一。1662 年郑成功从荷兰侵略者手里收复了中国神圣领土台湾。中国当时还打败了沙皇俄国军队对我国东北边疆的侵犯,中国东北边疆各族军民经过英勇的斗争,最终将入侵者赶出了中国领土,中国政府与沙俄先后签订了《尼布楚条约》和《恰克图界约》两个平等的边界条约,正式划分了中、俄两国的边界。在这一时期,得到英国殖民主义支持的尼泊尔侵犯西藏,清王朝出动了军队,在西藏各族军民的配合支援下打败了尼泊尔。当时的中国由于综合国力的强大,能以强大的国防力量维护自己的主权统一和领土完整。

(二)近代中期的中国国防

正当在农业文明时代中实现了繁荣强大的清王朝自我满足、自高自大,闭关锁国的时候,世界上爆发了第一次工业革命,科学的进步、经济的发达使西方列强迅速强大起来。美洲、非洲的土地很快就被殖民主义者瓜分完毕。工业革命发源地的英国在打败西班牙之后,成为世界上最强大的国家。它在占领印度之后就把侵略的魔爪伸向了中国,而这时的中国还不知工业革命为何物,清朝皇帝竟然还在做着天朝上国的迷梦。但当时的清王朝已经开始走向衰落,中国当时政治制度的落后不仅使国家的经济和科学技术严重落后,而且也使国家的军事力量处于严重落后的状态,不仅官吏腐败,而且军备松弛,所以当英国在 1840 年发动第一次鸦片战争的时候,中国虽然进行了坚决的抵抗,但由于军事水平的严重落后以致国防的极度虚弱,致使中国遭到了不可避免的失败。中国不仅遭到了从未有过的灾难和耻辱,签订了历史上第一个对外国割地赔款的卖国条约——《南京条约》,而且也使清王朝的腐朽落后在全世界面前暴露无遗。因而西方列强就认为，只要在中国海边架上几门大炮，就可以与清王朝签订几个不平等条约。正是因为西方列强看透了清政府的虚弱本质，所以又接连不断地向中国发起了侵略战争。

1856年，英国勾结法国发动了第二次鸦片战争，英法联军竟然轻而易举地攻下中国的首都北京，在大肆洗劫之后，又烧毁了圆明园。这就使清政府又与英、法侵略者签订了丧权辱国的卖国条约。沙俄这时也乘机逼迫清政府将中国东北100多万平方公里的领土割让给了俄国，而这片土地面积相当于法国和德国两国面积的总和。1883年，法国发动了侵略中国的战争，沙俄又乘机逼迫清政府将中国西北40多万平方公里的领土割让给了俄国。这样，沙俄先后侵占了中国的领土达150多万平方公里。这时，不但西方列强不断侵略中国，而且后起的帝国主义国家——日本，也乘机于1894年发动侵略中国的中日甲午战争，这时候中国海军的力量虽然超过了日本，是亚洲最大的海军舰队，但因为清政府的腐败无能、军事思想落后而一败涂地。日本帝国主义不仅打败了中国的北洋舰队，而且攻占了中国的旅顺军港，对中国人民进行了疯狂野蛮的大屠杀。战败的中国不但向日本支付了巨额赔款，而且还把台湾岛割让给了日本。

中国国防力量的落后，一次又一次的战败，更加助长了帝国主义列强的侵略野心。1900年，以德国为首，世界上各主要帝国主义国家组成了八国联军，向中国发动了前所未有的大规模侵略战争。八国联军凭借当时最先进的武器从天津登陆，中国军民虽然使用各种原始落后的武器进行了英勇顽强的抵抗，但由于清政府的软弱无能，实行投降主义，使帝国主义侵略军很快就攻陷了北京。侵略军进入北京之后，对中国人民进行了野蛮的烧杀抢掠，北京的街道上尸积如山、血流成河，侵略军冲进皇宫和居民家中进行抢掠，连庙里的佛像也不放过，使北京遭到了前所未有的浩劫。参加侵略的帝国主义分子就曾经说过，中国这次遭到的损失将永远也无法查清。这些所谓的西方文明国家，在中国犯下了人类历史上罕见的极其残暴的罪行。八国联军在大肆抢掠了中国、屠杀了中国人民之后，竟然还要求中国向他们赔款，逼迫清政府与他们签订了《辛丑条约》，赔偿白银将近十亿两，平均每个中国人将近二两，这是人类历史上从来没有过的最野蛮无耻的公开的强盗行径。20世纪初的历史，是中国最悲惨和屈辱的历史，中国因为落后而屡遭帝国主义列强的侵略，世界上大大小小的帝国主义国家都曾经侵略过中国，先后签订了1000多个侵犯中国主权的不平等条约，而帝国主义国家的侵略抢掠又使中国变得更加贫穷落后。

（三）近代晚期的中国国防

进入20世纪初，由于中国仍然处在反动腐朽的清王朝的统治之下，依然没有改变落后挨打的局面，各帝国主义国家继续加强对中国的侵略和瓜分。1904年，英帝国主义直接发动了侵略西藏的战争。当时，西藏地方政府曾经请求清政府出兵援助，但腐败无能的清政府却认为国家无力支援，反而劝说西藏地方政府向英国妥协让步，这遭到了西藏地方政府和人民的坚决反对。西藏人民团结一心，同仇敌忾，拿起原始落后的武器对英帝国主义的侵略进行了英勇顽强的抵抗，由于没有中央政府的支持，虽然浴血奋战，最后还是战败。英军攻占拉萨之后又迫使清政府签订了承认英国在西藏享有特殊权利的不平等条约，还乘机挑拨离间西藏地方政府与中央的关系，竭力收买和培养亲英分子，煽动西藏地方政府搞分裂主义活动，妄图把西藏从中国分裂出去，成为英国直接控制的殖民地。因为中国政府和西藏人民的坚决反对，英帝国主义的阴谋才没有得逞，但英国却一直没有停止煽动制造"西藏独立"的罪恶阴谋，不断对西藏进行渗透。

　　1905 年,日本与沙俄这两个帝国主义国家为了争夺在中国东北的霸权,相互之间爆发了战争。日、俄两国军队在中国的土地上展开了军事行动,给中国人民的生命、财产造成了非常惨重的损失,使中国的领土和主权遭受了又一场深重的灾难,腐朽无能的清政府不但不敢保护中国的主权,反而宣布实行“中立”,在中国东北为两国划分了“交战区”,听任帝国主义在中国领土上进行危害中国人民利益的战争。在这场战争中,中国人民的伤亡远远超过了日、俄两国军队的伤亡人数,使中国蒙受了世界上极其罕见的民族耻辱。日本打败俄国之后,两国根本不经过中国同意就擅自签订和约,重新划分了双方所侵占的中国东北的利益。在英国积极准备吞并中国西藏的同时,沙俄不仅加紧了在中国东北的扩张,而且还在积极策划煽动中国的外蒙古地方政府实现“独立”,建立由沙俄控制的所谓“大蒙古国”,并且在 1911年宣布外蒙古的“独立”。

　　清王朝灭亡之后,中国仍然没有摆脱落后挨打的命运。1914 年,第一次世界大战爆发后,中国北洋政府站在以英国、法国为首的协约国一边,对以德国、奥地利为首的同盟国宣战。中国虽然没有派军队直接参战,却派大批劳工到欧洲战场从事战争服务工作,直接支援了协约国军队的作战。但就在这时,日本以协约国成员为借口向霸占中国山东的德国军队发起进攻,打败德国军队之后,日本就认为山东是日本从德国手里取得的战利品,而不是中国的领土。1919 年,第一次世界大战以协约国的胜利宣告结束,中国作为战胜国本应当收回被战败国德国所侵占的山东的主权。但是,在巴黎和会上,以英法为首的西方列强却无视中国人民的正当要求,将中国的山东割让给了日本,世界帝国主义又一次赤裸裸地瓜分了中国的主权。中国政府迫于全国人民的坚决抗议,没有在和约上签字,但山东却被日本军队强占。北洋政府的软弱无能激起了全国人民的愤怒,从而爆发了伟大的五四运动。正是从这时起,中国人民开始觉醒了。在此之后不久的 1921 年,中国共产党诞生,中国的命运从此开始出现了根本性转折。

　　清王朝灭亡之后,北洋政府不但继续坚持投降卖国政策,而且北洋军阀各个派系之间还不断爆发争夺中央政权的内战,给中国人民带来了深重的灾难。所以,得到帝国主义支持的北洋军阀政府就成了中国革命的对象,刚刚诞生的中国共产党这时就与以孙中山为首的国民党团结合作发动了推翻北洋军阀的大革命。孙中山去世之后,由国共两党领导的北伐战争在全国人民的支持下,不断地取得胜利,北伐军迅速打败了北洋军阀的军队。正在这时,篡夺了北伐军领导权的蒋介石却在帝国主义的支持下发动了反革命叛变,大肆屠杀共产党人和革命群众,这就迫使中国共产党创建人民军队,开始了由中国共产党领导的推翻国民党反动派的革命战争。

　　蒋介石在打败北洋军阀之后,并没有真正统一中国。从 1928 年到 1930 年,国民党内部的各派军阀又接连爆发内战。蒋介石为了打败对手,于 1930 年调动了张学良的东北军主力进关参加军阀混战,结果造成了东北边防军事力量的空虚,盘踞在中国东北的日本关东军就乘机于 1931 年 9 月 18 日突然向沈阳的中国军队发起进攻,当地驻军一面抵抗,一面请求中央政府派兵支援。但是,蒋介石却忙于内战,对外实行妥协投降政策,下令东北军不要抵抗,以防事态扩大。于是,日本侵略军迅速占领了东北三省,几千万东北人民就此沦为了亡国奴。但是,东北的中国军民在中国共产党的领导下一直坚持着抗日武装斗争。而这时蒋介石不敢抵抗日本的侵略,却去乞求国联主持公道来迫使日本退出东北,所以就一再镇压中国人民要求抗日的爱国运动,对人民群众说:“暂取逆来顺受态度,以待国际公理之判断。”国民党政府的妥协让步助长了日本帝国主义的嚣张气焰,日本根本不理会国联的谴责,反而退出了国联。蒋介石仍然坚持对外妥协投降政策,拒绝中国共产党提出的停止内战、一致对外的主张,集中军队进攻中国共产党领导的革命根据地。从 1931 年到 1936 年,蒋介石先后调动了上百万的军队去进攻"围剿"革命根据地。而这一时期,日本乘机又侵略华北,继续蚕食中国领土。由于蒋介石把主要军事力量用于反人民的内战,日本抓住时机于 1937 年发动了全面侵华战争,并于当年 12 月 13 日攻占国民政府首都南京,制造了惨绝人寰的南京大屠杀[①],30 万同胞死于日军的屠刀之下。国民党坚持的妥协投降政策并没有遏制日本侵略者的野心,这促使了中国人民团结起来,同仇敌忾,坚决抵抗日本帝国主义的侵略。在中国共产党的努力下,经过半年多艰难曲折的谈判,1937 年 9 月初,国共两党合作正式形成,实现了全民族总动员的抗日战争。

当时的日本是亚洲最强大的国家,每年钢产量达 700 万吨,能够自己制造飞机、坦克、航空母舰,拥有上百万现代化军队。而中国却是落后的农业国家,钢产量只有 20 多万吨,连自行车都造不出来,只能制造一些简单的武器,大部分武器来自外国,军队的装备非常落后。因此,在抗日战争初期,日本军队凭借先进的武器迅速占领了大半个中国。但是,日本取得的只是表面的胜利,并没有达到完全歼灭中国军队主力的目的。由于实现了国共合作,中华民族实现了空前的大团结,全国军民团结一心,英勇杀敌,给日本侵略军以极其沉重的打击,通过平型关战役、淞沪会战、忻口会战、台儿庄战役、武汉会战、昆仑关战役、长沙会战等重大战役,中国军队彻底粉碎了日本帝国主义企图速战速决三个月灭亡中国的战略目标。

毛泽东同志提出了运用持久战战胜日本帝国主义的战略方针。中国军队坚持运用长期的游击战争抗击日本军队,使日本军队无法完全消灭中国军队,除了少数城市和铁路线外,也无法完全控制中国,因而根本就不可能实现灭亡中国的"美梦"。中国这时又成了国际反法西斯同盟的成员,与国际反法西斯国家团结一致,在中国共产党的领导下,中国人民终于打败了日本帝国主义,收回了包括台湾在内的全部被侵占的领土,取得了自鸦片战争以来第一次反对帝国主义侵略战争的彻底胜利,为世界和平作出了巨大的贡献。抗日战争的胜利也振奋和锻炼了中国人民,成为中华民族由衰败走向振兴的重大转折点。

(四)新中国成立以后的国防

1949 年 10 月 1 日新中国成立,中国人民从此真正站起来了。中国废除了一切从前与外国签订的不平等条约,彻底洗刷了 100 多年来任人宰割的耻辱,成为了真正独立自主的国家。正当中国人民进行和平建设的时候,朝鲜战争在 1950 年爆发。美国立即出兵进行干涉,并且不顾中国警告,将战火烧到了鸭绿江边,派兵进驻台湾海峡,直接威胁到我国的安全。为了保卫世界和平,保卫中国的安全,中国人民被迫进行了抗美援朝战争。面对世界头号强国美国的高度现代化的军队,中、朝人民团结一心,不怕牺牲,终于以劣势武器打败了动用了除核武器以外所有先进武器的美国军队,最后迫使美国军队在停战协定上签了字,承认了自己的失败。抗美援朝战争的胜利,不但保卫了新中国的安全,而且保卫了世界和平。帝国主义反动派并不甘心失败,继续不断进行危害中国主权和安全的活动。1959 年,在国际反动势力的支持下,西藏分裂主义分子发动了要实现"西藏独立"的武装叛乱。在广大西藏人民的支持下,人民解放军迅速平定叛乱,维护了国家主权的统一和安全。人民解放军在历次边境自卫还击和反击作战中,捍卫了祖国的尊严。

新中国成立后,以毛泽东同志为首的中国共产党人高度重视国防现代化建设,不但大力

---

① 为纪念死难同胞,2014 年 2 月 27 日,经第 12 届全国人大常委会第七次会议通过,将 12 月 13 日设立为南京大屠杀死难者国家公祭日。

发展国防科学技术,而且建立起了自己的国防工业,人民军队终于装备上了自己国家生产的现代化武器。更为重要的是,我们依靠自己的力量研制出了"两弹一星"①,打破了帝国主义国家的核垄断。我国的军事技术达到了世界先进水平,大大增强了我国的军事威慑力,提高了我国的国际地位,有力地保卫了国家的安全。

知识链接

山西的国防历史

山西地域具有重要的军事战略地位,境内有雁门关、宁武关、偏关、娘子关、平型关等众多关隘,为历代兵家必争之地。历史上的秦赵长平之战、宋抗辽金之战、唐开国之战等皆发生在山西境内。今山西省会太原所在之古都晋阳曾经是 9 个王朝的国都、陪都,累计 300 余年,时间跨度近 1400 年。

公元前 453 年发生了晋阳之战,赵、魏、韩三家联合消灭智氏,三分晋国,史称"三家分晋",所以山西也被称为"三晋"。

公元前 260 年,发生了著名的长平之战,赵国被秦国打败。秦始皇统一中国,把全国划分为三十六郡,以后又不断增设到四十多郡。山西境内有五郡:雁门郡、代郡、太原郡、上党郡、河东郡。

由于山西在军事上处于战略要地,它成为北方新起部族的根据地。从殷周以来,匈奴就一直威胁着中原的各代王朝。公元 304 年,匈奴首领刘渊在左国城(今离石)起兵,逐步控制了屯留、高平、平遥、介休,自称汉王。并州刺史刘琨奉西晋王朝的命令,负责并、冀、幽三州的军事,在晋阳一带抗拒匈奴及其别部达九年多时间,受到中原人民的拥护。

隋朝建立以后,天下设总管府。在山西设总管府的有并、代、隰、朔四个州,而以并州为首。为了防御北方强大的突厥国的侵扰,隋文帝派他的儿子杨广率领军队驻守在晋阳。这时,国家统一,社会安定。

隋末天下纷乱,群雄竞起。任隋朝河东道抚慰大使和太原留守职务的李渊,在他的儿子李世民和晋阳令刘文静等策划下,率三万兵力,从太原起兵反隋。他们渡过黄河,进军关中,经过多年征战,终于在公元 618 年建立唐朝,重新统一中国。唐王朝对山西十分重视,认为这里是"龙兴"之地,于是把晋阳城定为北都,在这里广积军粮、兵器和甲胄。

公元 979 年,宋太宗赵光义率领大军出击北汉,北汉主刘继元开城投降宋朝,北汉将领杨业也奉命向宋王朝投降。

高欢父子、李渊父子、李存勖、石敬瑭、刘知远和刘崇兄弟都靠着晋阳这个地方争夺天下当了皇帝,所以当时传说晋阳城是"龙城",太原东北的系舟山是"龙角"。宋朝军队在攻占晋阳以后,把千古闻名的晋阳城放火烧毁,又把系舟山头铲平。

南宋以后,战乱不止,北方经济遭到严重破坏。山西因有太行山为屏障,受战火摧残相对其他地方较少。

公元 1271 年忽必烈(元世祖)建立元朝,把山东和山西作为"腹里"之地,派驻大量的蒙古军加以统治。

公元 1351 年,韩林儿、刘福通等率领红巾军起义。起义军曾分路北伐:由关铎和潘诚率领的中路军于公元 1357 年进攻山西,攻破陵川,夺取潞州,北上占领冀宁(太原),并向北面的大同进发,另一支分出去的红巾军出绛州、沁州,越过太行到上党,沿途横扫数千里。

公元 1368 年,明军占领太原,元军败退到甘肃,但仍屡次骚扰明朝的边境。朱元璋封他的三个儿子为藩王,进驻山西时刻防备元朝残余势力的侵扰。这几个藩王都拥有重兵,并重新修整、加固旧长城和太原城,以此来巩固边防。

明代中期,正德(明武宗朱厚照年号)、嘉靖(明世宗年号)年间,陈琦兄弟在潞城县青羊山起义,失败后被捕。陈琦的儿子陈卿继续领导农民坚持斗争。公元 1528 年明世宗动员山西、河南等省军队分四路围攻青羊山,才把起义军镇压下去。为了加强对这一地区的控制,明朝特在青羊山设置了平顺县。

①　"两弹一星"是指原子弹、导弹和卫星。

明朝末年,爆发了以李自成、张献忠为首的农民大起义。起义军的首领之一王嘉胤在陕西起义后,曾多次率领队伍攻入山西,攻占许多州县,山西成了明民与起义军的主要战场。1644 年,李自成率领 50 万兵马,由陕西渡过黄河,经禹门口(河津市龙门)进入山西,攻陷太原,破宁武关,一路挺进攻入北京,明朝灭亡。清兵入关后,李自成又从北京退回山西,指示部将陈永福用坚壁清野的办法牢固地把守太原。太原被清军攻占后,全省范围内的抗清斗争依然蓬勃发展。1648 年,姜瓖在大同宣布反清,第二年初占领崞县原平镇,他的部将姚举攻取忻州,下石岭关;另一名部将刘延夺取了繁峙、静乐、交城、石楼、永和等县;曲沃李建寿,运城虞永、韩昭宣,潞安苏升等都纷纷起义,响应姜瓖抗击清兵,曾在晋祠和清军进行过激烈的战斗。

中国进入半殖民地半封建社会以后,山西的经济、文化发展受到严重破坏。但是,山西人民英勇地抗击了外敌的侵略,革命火种遍布全境。早在 1921 年,中国早期的马克思主义者高君宇,就在太原组建社会主义青年团,开展革命活动。红军长征到达陕北后,毛泽东同志亲自率领红军主力渡河东征,在晋西、晋中、晋南各地遍撒革命火种。抗日战争爆发后,八路军三大主力(115 师、120 师、129 师)挺进山西,相继创立了晋察冀、晋西北、太行、太岳等敌后抗日根据地。14 年抗战中,山西是华北抗战乃至全国抗战的重要战略支点;山西地方党组织培养了 15 万名共产党员,根据地向八路军输送了 70 多万热血青年,民众提供军粮 6 亿公斤、军鞋 6500 万双。据不完全统计,在晋绥区,我军将士牺牲 1.37 万人,负伤 3 万余人,仅晋西北 24 个县,被敌屠杀 12.74 余万人,伤残者 8.28 万人,失踪与被抓 9.1 万余人;在晋察冀区,我军将士死伤 71 万余人,仅晋西区 31 个县,就被杀害 8.2 万余人,伤残者 7 万人;在太行太岳区,我军将士牺牲 1.35 万余人,伤 3.23 万余人,仅太行山区级干部就牺牲 1434 人,被敌残杀民众 16.86 万余人,太岳区被杀害 8.58 余万人。解放战争期间,山西成为支援全国解放的战略基地,广大民众积极支援前线,大批地方干部南下或东进、西进,奔赴新区,为中国革命的胜利作出了重大贡献。[①]

新中国成立后,山西继承和发扬老区光荣的革命传统,积极投身社会主义建设,充分发挥山西的煤炭等资源的优势,为全国的发展提供了大量的能源。在国防军工领域,山西境内建设有大型军工企业若干家,如晋西机器集团、汾西机器集团、太原重型钢铁集团、兴安化工厂、新华化工厂、北方风雷机器厂等,它们为新中国的国防和军队建设作出了积极贡献,在常规兵器、雨水雷、航空航天等领域取得了显著的成就。21 世纪以来,山西继续秉承老区革命传统,发挥自身优势,为我国的国防建设作出积极的贡献。

三、中国国防历史的启示

我国漫长的国防历史,有过声威远播、天下归附的辉煌;有过引而不发、强虏驻足的宁静;有过遍体鳞伤、不堪回首的屈辱;也有过抗敌卫国的巨大胜利。在实现中华民族伟大复兴的征途中,重温这一漫长的历程可以从中得到以下有益启示。

(一)经济发展是国防强大的基础

经济是国防的物质基础,国防的强大有赖于经济的发展。早在春秋时期齐国的政治家管仲就提出"富国强兵"的思想,商鞅则更直接地指出"兵不强,不可以摧敌;国不富,不可以养兵",富国是强兵之本、强兵之急。这一观点抓住了国防强大的根本所在。我国古代凡是有作为的政治家、军事家和王朝,无不强调富国强兵。秦以后的汉、唐、明、清各代前期国防的强盛,都是与民休养生息、发展经济的结果;与此相反,以上各代的衰败,也都由于经济的衰落以致国防的孱弱所致。无数历史史实证明,经济发展是国防强大的基础。

---

① 降大任著,山西史纲[M],山西人民出版社 2004 年,第 5 页.

（二）政治开明是国防巩固的根本

政治与国防紧密相关，国家的政治是否开明，制度是否进步，直接关系到国防能否巩固，只有良好的政治才是固国强兵的根本。

纵观我国数千年的国防历史，不难发现，凡是兴盛的时期和朝代，多十分注重修明政治，实行较开明的治国之策。原本西陲小国的秦国，从商鞅变法开始，修政治，名法度，发展生产，繁荣经济，国防日渐强大，为并吞六国奠定了坚实的基础；大唐初建之时满目疮痍，百废待兴，正是由于制定并实施了一系列开明的政治制度，使国家很快从隋末的战争废墟中恢复过来，成为国力昌盛、空前统一的大唐帝国。凡是衰落的时期和朝代，无不因为政治腐败导致国防虚弱。唐朝中期以后，两宋乃至于晚清都是如此。

（三）国家统一和民族团结是国防强大的关键

翻开几千年的国防史，人们会发现这样一个规律：凡是国家统一、民族团结的时期，国防就巩固、强大；凡是国家分裂、民族矛盾尖锐的时期，国防就虚弱、颓败。近代西方列强对我国发动的一系列侵略战争，使我国山河破碎，有国无防，一个重要的原因就是，清朝统治者在侵略者面前，不仅不进行反侵略的正义战争，反而认为"患不在外而在内"。统治者采取与人民对立的立场，尽管广大人民奋起反抗侵略者，但都处于自发、分散的状态，缺乏统一指挥，没有形成一致对外的合力，无法改变战争的局面。抗日战争时期，中国共产党主张全国军民团结起来，建立广泛的抗日民族统一战线，共同抵抗日本侵略。同时，坚持人民战争的战略指导方针，放手发动群众，同全国军民一道有效地打击了日本侵略者，最后取得了抗日战争的全面胜利。历史证明，国家的统一和民族的团结才是国防的真正钢铁长城。

（四）国家科学技术的发展是国防强大的保证

中国古代战争的频繁也促进了军事技术的发展，在冷兵器时代，中国的武器技术在许多方面领先于世界。中国人最先发明了火药，宋朝军队在战争中已经使用了火器。元朝军队西征欧洲，火器技术也发挥了重要作用。明朝比较重视西方技术的学习以及对火器的研究，军队火器装备水平也达到了当时的世界领先水平。清朝统一中国以后，实行了严格的闭关锁国政策，军队仍然使用着几千年前的大刀长矛，这就使中国军队的武器仍然长期地停留在冷兵器时代，根本无法抵御帝国主义军队先进的洋枪大炮。

落后就要挨打，其中最主要的就是军事技术的落后。这就是中国国防历史给我们的最沉痛的教训。今天，世界已经进入了新的军事革命时代，科学技术正在成为直接的战斗力，在战争中发挥着不可替代的决定性作用。国防的强大已经不能只看军队的人数和武器的数量，而是要看军队人员的科学技术素质和武器装备的技术水平。所以加强国防建设的首要任务就是发展科学技术，在信息化战争时代就是要实现我军的信息化，实现中国特色军事革命，国家只有拥有适应时代发展要求的先进的国防科技，才能从根本上保证拥有立足世界的军事优势，才能使国家具有强大的军事威慑力，才能使任何敌人都不敢来威胁我们的安全。

思考题

1. 中国古代国防理论的主要内容有哪些？
2. 中国近代国防历史经历了哪几个阶段？
3. 中国国防历史的启示有哪些？

第三节　国防法律法规 *

国防法律法规是依法治国、依法治军的重要法律依据,是国家法律的重要组成部分,是加强国防和武装力量建设的法律依据,它调整的对象是国防行为或国防社会关系,是全面提高部队战斗力的重要保证,也是做好战争准备,赢得战争胜利的根本保障。

一、国防法律法规的概念和体系结构

(一)国防法律法规的概念

国防法律法规是国家制定和认可的调整国防行为或国防社会关系的法律规范的总称。它调整着国家同地方和一般公民在国防活动中的关系,调整着武装力量内部的关系,也调整着国家国防活动的对外军事关系,对巩固国家的国防和维护国家军事利益具有十分重要的作用。

(二)国防法律法规的体系结构

国防法律法规体系是由一系列规范国家行为的具体制度构成的有机联系的统一体。这些制度主要有:国防活动的基本原则,国家机构的国防职权制度,武装力量制度,边防、海防和空防制度,国防科研生产管理制度,国防教育制度,国防动员和战争状态制度,公民、组织的国防义务和权利制度,军人的义务与权益制度,对外军事关系制度,军事设施保护制度,特别行政区驻军制度,国防法律责任制度等。它主要有以下四个层次。

1. 宪法中的国防条款

宪法是国家的根本大法。国防制度作为国家的重要制度,国防职权和国防义务作为国家机关和全体公民的基本职权和基本义务,在宪法中占有重要地位,是宪法的重要组成部分。宪法具有最高的法律效力,任何其他法律文件都不能与宪法相抵触。

2. 国防法律

国防法律又可分为国防基本法律和国防基本法律以外的法律。国防基本法律是全国人民代表大会制定的规范国防行为或国防社会关系的法律规范的总称。它的效力仅次于宪法。《中华人民共和国国防法》和《中华人民共和国兵役法》都属于国防基本法律。

国防基本法律以外的法律,是由全国人民代表大会常务委员会制定和修改,规定国防基本法律以外的某一方面国防行为的规范性法律文件。它的效力低于宪法和国防基本法律。《中华人民共和国国防教育法》《中华人民共和国领海及毗连区法》《中华人民共和国保守国家秘密法》和《中华人民共和国军事设施保护法》等就属于这一法律类型。

3. 国防法律法规

国防法律法规是国务院单独或者和中央军委联合发布的、旨在执行宪法和国防法律的规范性文件。其效力低于宪法和国防法律。我国制定了一大批国防法律法规,比如《中华人民共和国飞行基本规则》《征兵工作条例》《军人抚恤优待条例》《国防交通条例》和《民兵武器装备管理条例》等。

4. 地方性国防法律法规

地方性国防法律法规是省、市、自治区、直辖市人民代表大会及其委员会制定的,在其行政辖区内贯彻落实国防法律、国防法律法规的规范性文件。其效力低于国防法律法规。比如,1989 年 3 月 10 日山西省颁布的《山西省国防教育暂行条例》。

二、国防法律法规的特性

国防法律法规是国家法律的组成部分,是由国家制定或认可,并强制实施的行为规范,具有法律的一般特性,即鲜明的阶级性、高度的权威性、严格的强制性、普遍的适用性和相对的稳定性。同时,国防法律法规还具有区别于其他法规的特殊性,主要表现在以下三个方面。

(一)调整对象的军事性

法律是调整社会关系的行为规范,不同的法律规范用来调整不同领域的社会关系,国防法律法规所调整的是国防和武装力量建设领域的各种社会关系,包括军队内部的社会关系、武装力量内部的社会关系、武装力量与外部的社会关系等。这些带有军事性的社会关系是国防法律法规特有的调整对象,是其他任何法律规范所不能代替的,这是国防法律法规特性的基本表现。调整对象的军事性并不意味着国防法律法规只适应军队,不适应地方。国防是国家行为。国防和武装力量建设领域的社会关系是军事性的,但这些社会关系所涉及的行为主体并不都是军队和军人,政治、经济、外交、文化、科技和教育等各个部门和社会各阶层人士都与国防有关。因此,一切社会团体和个人都必须按照国防法律法规的要求,履行自己的国防义务。

(二)司法适用的优先性

国防法律法规优先适用,是指在解决与国防利益、军事利益有关的法律问题时,如果国防法律法规和普通法律都有相关的规定,要以国防法律法规的规定作为评判是非的标准和采取行动的准则。优先适用不是指的先后顺序,而是一种排他性的单项选择。在涉及国防利益、军事利益的案件中,只适用国防法律法规,不适用普通法律。"特别法优先于普通法"是国际公认的法律适用原则。特别法是对特定人、特定领域、特定事项在特定时间内有效的法律。国防法律法规属于特别法。

(三)处罚措施的严厉性

国防法律法规所保护的国防利益,是关系国家兴衰存亡的最根本的国家利益,因而对危害国防利益的犯罪实行比较严厉的处罚。同一类型的犯罪,危害国防利益的从重处罚。

三、我国主要的国防法律法规

国防法律法规作为国防活动的基本法律规范,其主要任务是调整和规范国家在国防领域中的各种关系,把国防建设纳入法治化轨道,确保革命化、现代化、正规化建设总目标的实现。我国现行的国防法律法规主要包括以下内容。

(一)《中华人民共和国宪法》

《中华人民共和国宪法》(以下简称《宪法》)是我国的根本大法,其中关于国防和军事制度的规定构成国防基本法类中具有领率作用的部分。《宪法》对我国国防建设的规定主要包括以下三点。

《宪法》规定了公民保护祖国的义务。第五十四条规定:"中华人民共和国公民有维护祖国的安全、荣誉和利益的义务,不得有危害祖国的安全、荣誉和利益的行为。"第五十五条规定:"保卫祖国、抵抗侵略是中华人民共和国每一个公民的神圣职责。依照法律服兵役和参加民兵组织是中华人民共和国公民的光荣义务。"

《宪法》规定了武装力量的任务和建设目标。第二十九条规定:"中华人民共和国的武装力量属于人民。它的任务是巩固国防,抵抗侵略,保卫祖国,保卫人民的和平劳动,参加国家建设事业,努力为人民服务。国家加强武装力量的革命化、现代化、正规化的建设,增强国防力量。"

《宪法》规定了中央军事委员会的地位和作用。第九十三条规定:"中华人民共和国中央军事委员会领导全国武装力量""中央军事委员会实行主席负责制"。第九十四条规定:"中央军事委员会主席对全国人民代表大会和全国人民代表大会常务委员会负责。"

(二)《中华人民共和国国防法》

《中华人民共和国国防法》(以下简称《国防法》)是根据《宪法》制定并于1997年通过(2009年、2020年两次修订)的一部综合性的调整和规范国防与武装力量建设的基本法律。它是用来调整和指导国防领域中各种社会关系的基本法律规范,它在国防法律法规体系中占有统帅地位并起着核心作用,是其他军事立法的基本法律依据。

1. 国防活动的基本原则

2020年新修订的《国防法》第四条规定:"国防活动坚持以马克思列宁主义、毛泽东思想、邓小平理论、"三个代表"重要思想、科学发展观、习近平新时代中国特色社会主义思想为指导,贯彻习近平强军思想,坚持总体国家安全观,贯彻新时代军事战略方针,建设与我国国际地位相称、与国家安全和发展利益相适应的巩固国防和强大武装力量。"

第五条规定:"国家对国防活动实行统一的领导。"

第六条规定:"中华人民共和国奉行防御性国防政策,独立自主、自力更生地建设和巩固国防,实行积极防御,坚持全民国防。国家坚持经济建设和国防建设协调、平衡、兼容发展,依法开展国防活动,加快国防和军队现代化,实现富国和强军相统一。"

第七条规定:"保卫祖国、抵抗侵略是中华人民共和国每一个公民的神圣职责。中华人民共和国公民应当依法履行国防义务。一切国家机关和武装力量、各政党和各人民团体、企业事业组织、社会组织和其他组织,都应当支持和依法参与国防建设,履行国防职责,完成国防任务。"

第八条规定:"国家和社会尊重、优待军人,保障军人的地位和合法权益,开展各种形式的拥军优属活动,让军人成为全社会尊崇的职业。中国人民解放军和中国人民武装警察部队开展拥政爱民活动,巩固军政军民团结。"

第九条规定:"中华人民共和国积极推进国际军事交流与合作,维护世界和平,反对侵略扩张行为。"

2. 国防基本制度

《国防法》规定了国家机构的国防职权,武装力量,边防、海防、空防,国防科研生产和军事订货,国防经费和国防资产、国防教育等基本制度内容。

(三)《中华人民共和国兵役法》

《中华人民共和国兵役法》(以下简称《兵役法》)是中华人民共和国关于公民参加武装组

织或在武装组织之外承担军事任务、接受军事训练的法律,是国家的基本法律之一。

新中国成立后,国家十分重视《兵役法》的制定工作。1953 年 3 月 23 日,中华人民共和国主席毛泽东签署命令,成立中央军事委员会兵役法委员会,负责领导《兵役法》的制定工作。1955 年 7 月 30 日,经第一届全国人民代表大会第二次会议审议通过,公布了第一部《中华人民共和国兵役法》,共 9 章 58 条。规定实行义务兵役制,取代以往实行的志愿兵役制。1978 年 3 月 7 日,第五届全国人民代表大会常务委员会第一次会议通过了《关于兵役制问题的决定》,将义务兵役制改为义务兵与志愿兵相结合的制度。1980 年 8 月,中央军委成立了修改《兵役法》领导小组和办公室,着手对 1955 年公布的《兵役法》进行修改。1984 年 5 月31 日,第六届全国人民代表大会第二次会议审议通过了新的《中华人民共和国兵役法》,共12 章 65 条。规定实行义务兵役制为主体的义务兵与志愿兵相结合、民兵与预备役相结合的兵役制度。20 世纪 90 年代以来,根据形势的发展,《兵役法》的部分条款已不适应国防和军队建设的需要。因此,1998 年、2009 年、2011 年、2021 年,经全国人民代表大会常务委员会审议通过,对《中华人民共和国兵役法》进行了四次修正。

2021 年 8 月 20 日第十三届全国人民代表大会常务委员会第三十次会议修订通过的《兵役法》,共包括总则、兵役登记、平时征集、士兵的现役和预备役、军官的现役和预备役、军队院校从青年学生中招收的学员、战时兵员动员、服役待遇和抚恤优待、退役军人的安置、法律责任、附则共 11 章 65 条,其核心是确定国家兵役制度和服兵役的形式。例如:

第三条　中华人民共和国实行以志愿兵役为主体的志愿兵役与义务兵役相结合的兵役制度。

第五条　中华人民共和国公民,不分民族、种族、职业、家庭出身、宗教信仰和教育程度,都有义务依照本法的规定服兵役。

第十五条　每年 12 月 31 日以前年满 18 周岁的男性公民,都应当按照兵役机关的安排在当年进行初次兵役登记。

第二十条　年满 18 周岁的男性公民,应当被征集服现役;当年未被征集的,在 22 周岁以前仍可以被征集服现役。普通高等学校毕业生的征集年龄可以放宽至 24 周岁,研究生的征集年龄可以放宽至 26 周岁。

第二十五条　现役士兵包括义务兵役制士兵和志愿兵役制士兵,义务兵役制士兵称义务兵,志愿兵役制士兵称军士。

第三十三条　现役军官从下列人员中选拔、招收:(一)军队院校毕业学员;(二)普通高等学校应届毕业生;(三)表现优秀的现役士兵;(四)军队需要的专业技术人员和其他人员。战时根据需要,可以从现役士兵、军队院校学员、征召的预备役军官和其他人员中直接任命军官。

第四十九条　军人按照国家有关规定,在医疗、金融、交通、参观游览、法律服务、文化体育设施服务、邮政服务等方面享受优待政策。公民入伍时保留户籍。军人因战、因公、因病致残的,按照国家规定评定残疾等级,发给残疾军人证,享受国家规定的待遇、优待和残疾抚恤金。因工作需要继续服现役的残疾军人,由所在部队按照规定发给残疾抚恤金。军人牺牲、病故,国家按照规定发给其遗属抚恤金。

第五十七条　有服兵役义务的公民有下列行为之一的,由县级人民政府责令限期改正;逾期不改正的,由县级人民政府强制其履行兵役义务,并处以罚款:(一)拒绝、逃避兵役登记的;(二)应征公民拒绝、逃避征集服现役的;(三)预备役人员拒绝、逃避参加军事训练、担负战备勤务、执行非战争军事行动任务和征召的。有前款第二项行为,拒不改正的,不得录用为公务员或者参照《中华人民共和国公务员法》管理的工作人员,不得招录、聘用为国有企业和事业单位工作人员,两年内不准出境或者升学复学,纳入履行国防义务严重失信主体名单实施联合惩戒。①

知识链接

大学生参军入伍政策

一、应征入伍条件

1. 征集对象和范围。征集对象以高中(含职高、中专、技校)毕业以上文化程度的青年为主,同等条件下,优先征集学历高的青年和应届毕业生。征集的女青年,为普通高中应届毕业生和普通高等学校全日制应届毕业生及在校生。应征当年已被普通高等学校录取及正在高校就读的学生应征并且符合条件的,优先批准入伍。(大学1—4年级均可办理休学手续,参军入伍)

2. 应征学生的年龄规定。男性普通高等学校在校生为当年12月31日以前年满18至22周岁,毕业生可放宽到24周岁;女性普通高等学校在校生为当年12月31日以前年满18至20周岁,毕业生可放宽到22周岁。

3. 应征学生的政治条件。必须是热爱党、热爱祖国、热爱军队,政治历史清白,无劣迹,遵纪守法,品德优良,敢于奉献,赤胆忠心报国,志在国防事业的优秀青年学生。

4. 应征学生的身体条件。应征学生右眼裸眼视力不低于4.6,左眼裸眼视力不低于4.5;屈光不正,准分子激光手术后半年以上,无并发症,裸眼视力4.8以上,眼底检查正常,视力达到相应标准为合格。男生身高不低于160厘米,体重不超过标准体重(标准体重=[身高—110]公斤)的30%,不低于标准体重的15%;女生身高不低于158厘米,体重不超过标准体重(标准体重=[身高—110]公斤)的20%,不低于标准体重的15%。同时,其他各项身体检查必须符合规定条件。

二、报名方式

1. 报名网址。全国征兵报名工作实施网上报名。所有自愿参军入伍的学生首先在"全国征兵网"上进行兵役登记,然后申请应征报名或直招士官报名。报名网址为:http://www.gfbzb.gov.cn/。

2. 报名时间。兵役登记时间:1月10日至6月30日;应征报名时间:男兵1月10日8月5日,直招士官6月5日至7月25日,女兵6月25日至8月5日。(高校新生登录"全国征兵网"填写个人信息后,下载打印《保留入学资格申请表》,也可到入伍地县人民政府征兵办公室领取并填写《保留入学资格申请表》;在8月5日以后收到录取通知书的,应由县、乡兵役机关将其网上报名的学历由"高中应届毕业生"更改为"高校新生"。)

3. 报名应征地。高校新生在户口所在地应征;普通高校在校生和应届毕业生既可在高校所在地应征,也可以在户口所在地应征。经政治审查、体格检查合格并符合其他征集条件的,由县(市、区)人民政府征兵办公室批准入伍。批准入伍时间统一为每年9月1日,新兵的军龄一律从9月1日起算。义务兵服现役的期限,按照《兵役法》规定的2年执行。

三、优先优待政策

1. 大学生参军入伍除享受义务兵正常优待外,还享受优先报名应征、优先体检政审、优先审批定兵、优先安排使用政策以及体检绿色通道。

2. 入伍大学生按规定享受优待政策,优待金由批准入伍地发放,其家庭享受军属待遇,由户籍所在地负责落实相关优待。

---

① 参见2021年8月20日第十三届全国人民代表大会常务委员会第三十次会议修订通过的《中华人民共和国兵役法》。

3. 国家资助学费。国家对应征入伍服义务兵役的高校学生,在入伍时对其在校期间缴纳的学费实行一次性补偿或获得的国家助学贷款实行代偿;应征入伍服义务兵役前正在高等学校就读的学生(含高校新生),服役期间按国家有关规定保留学籍或入学资格、退役后自愿复学或入学的,国家实行学费减免。学费补偿,国家助学贷款代偿和学费减免标准,本专科学生每人每年最高不超过1.2万元,研究生每人每年最高不超过1.6万元;由中央财政提前下拨,保证国家资助金及时发放到位。

四、就业服务政策

1. 高校毕业生退役后一年内,可视同当年的应届毕业生,凭用人单位录(聘)用手续,向原就读高校再次申请办理就业报到手续,户档随迁(直辖市按照有关规定执行)。

2. 退役高校毕业生士兵可参加户籍所在地省级毕业生就业指导机构、原毕业高校召开的就业招聘会,享受就业信息、重点推荐、就业指导等就业服务。

3. 在招录公务员,参照公务员法管理机关(单位)工作人员,招聘事业单位工作人员时,同等条件下优先录用(聘用)符合政府安排工作条件的退役大学生士兵;退役士兵报考公务员、应聘事业单位职位的,在军队服现役经历视为基层工作经历,服现役年限计算为工龄。

4. 国有、国有控股和国有资本占主导地位企业在拿出一定比例的工作岗位定向招收符合政府安排工作条件的退役士兵时,同等条件下优先招收退役大学生士兵。

5. 乡镇补充干部、基层专职武装干部配备时,注重从退役大学生士兵中招录;对返乡务农的退役大学生士兵,鼓励通过法定程序积极参与村居"两委"班子的选举。

6. 按照国家规定发放退役金,由安置地的县级以上地方人民政府接收,根据当地实际情况,发给经济补助,安置地的县级以上地方人民政府组织其免费参加职业教育、技能培训,经考试考核合格的,发给相应的学历证书、职业资格证书并推荐就业。

五、复学升学政策

1. 复学(入学)。应征入伍服兵役前正在高等学校就读的学生(含高校新生),服役期间按国家有关规定保留学籍或入学资格,退役后2年内允许复学或入学。

2. 考试升学加分。普通高校应届毕业生应征入伍服义务兵役退役后3年内参加全国硕士研究生招生考试,初试总分加10分,同等条件下优先录取;在部队荣立二等功以上的,符合研究生报名条件的可免试(指初试)攻读硕士研究生。

3. 政法干警招录。各地拿出政法干警招录培养体制改革试点招录培养计划的20%左右,用于招录大学生退役士兵,不再实行加分政策。对在服役期间荣立个人三等功以上奖励的退役士兵,报名和录用时在同等条件下优先考虑。鼓励高学历退役士兵报考试点班,并适当增加招录大学生退役士兵的比例。

4. 免修军事技能。高校在校生(含高校新生)参军入伍退役后复学或入学,免修军事技能训练,直接获得学分。

5. 设立"退役大学生士兵"专项硕士研究生招生计划。根据实际需求,每年安排一定数量专项计划,专门面向退役大学生士兵招生。专项计划规模控制在5000人以内,在全国研究生招生总规模内单列下达,不得挪用。

6. 将高校在校生(含高校新生)服兵役情况纳入推免生遴选指标体系。鼓励开展推荐优秀应届本科毕业生免试攻读研究生工作的高校在制定本校推免生遴选办法时,结合本校具体情况,将在校期间服兵役情况纳入推免生遴选指标体系。在部队荣立二等功及以上的退役人员,符合研究生报名条件的可免试(指初试)攻读硕士研究生。

7. 将考研加分范围扩大至高校在校生(含高校新生)。退役人员在继续实行普通高校应届毕业生退役后按规定享受加分政策的基础上,允许普通高校在校生(含高校新生)应征入伍服义务兵役退役,在完成本科学业后3年内参加全国硕士研究生招生考试,初试总分加10分,同等条件下优先录取。

8. 放宽退役大学生士兵复学转专业限制。大学生士兵退役后复学,经学校同意并履行相关程序后,可转入本校其他专业学习。

备注:从2021年开始,统一调整为年两次征兵,春季一次,秋季一次,具体时间可查询学校征兵部门。山西省征兵工作办公室和中北大学联合开发的全国高校第一门征兵入伍公开课《向祖国报到》。网址:https://mooc1-1.chaoxing.com/course/213752006.html。同学们可以通过该课程了解大学生参军入伍的详细政策。

（四）《中华人民共和国国防教育法》

国防教育，是国防建设的重要组成部分，是提高国家、民族和每一个公民的国防观念、奠定全民国防意识的社会系统工程。

我国教育法明确规定国家在受教育者中进行国防教育。《中华人民共和国国防教育法》（以下简称《国防教育法》）已于 2001 年 4 月 28 日通过施行。该法是适应我国的国情和我国所面临的国际安全形势的。根据立法的指导思想，《国防教育法》明确了"国防教育是巩固和建设国防的基础，是增强民族凝聚力、提高全民素质的重要途径"；明确了"国防教育贯彻全民参与、长期坚持、讲求实效的方针，实行经常教育与集中教育相结合、普及教育与重点教育相结合、理论教育与行为教育相结合的原则"；要求"针对不同对象确定相应的教育内容分类组织实施"；明确了国防教育的领导体制和各级国防教育工作机构的职责；并确定国家设立全民国防教育日。同时，《国防教育法》还对学校国防教育、社会国防教育、国防教育的保障以及法律责任都作了明确规定。这部法律的制定，集中反映了各方面的意见和建议，充分体现了广大人民群众的意愿，为全民国防教育健康、持久、深入地开展下去，提供了可靠的法律保障。

1. 国防教育的地位和目的

（1）国防教育的地位

国防教育既是国防建设的重要组成部分也是社会主义精神文明建设的重要组成部分。国防教育的目的和内容与社会主义精神文明建设的目的和内容在总体上具有统一性，其核心都是提高公民的素质，弘扬爱国主义精神，激励全体公民为把我国建设成为富强、民主、文明的社会主义国家而奋斗。

（2）国防教育的目的

国防教育的目的包含两个层次：第一层次是增强国防观念、掌握基本的国防知识、发扬爱国主义精神。"增强国防观念"，就是使广大国民有"忧患兴邦"的意识，认识到西方敌对势力正把我国视为主要的目标，在我国周边环境也存在许多不安定因素；使广大国民有"爱国尚武"的意识，使青少年了解人民解放军的历史和优良传统，懂得"没有一个人民的军队，便没有人民的一切"的深刻道理，认识人民军队在社会主义现代化建设中的地位和作用，形成拥军、爱军、优属的社会风气；使广大人民树立"全民皆兵"的意识，不断深化对现代化条件下人民战争的理解，激起关注国家兴衰和安危的责任感。"掌握基本的国防知识"，就是指公民了解和掌握有关国防的基本知识和基本理论，如国防基础理论、军事知识、国防历史、国防形势、国防法制，并掌握必要的军事技能。"发扬爱国主义精神"，就是要激励公民对祖国大好河山、科学文化、悠久历史、优良传统的热爱，对祖国、对人民的忠诚和对国家前途命运的关心。第二层次是更深层次的目的，它要求公民在达到第一层次的目的后能"自觉履行国防义务"。要突出国防义务的内容和作用，着力培养公民的国防义务观念，广泛宣传履行国防义务的典型，严厉抨击逃避履行国防义务的行为，从而形成"为国防尽义务光荣"的良好社会风尚。

2. 国防教育的方针和原则

国防教育的方针即全民参与、长期坚持、讲求实效。全民参与是指国防教育必须覆盖到国家的全体公民，必须发动全民参与，把国防教育的对象单纯局限于民兵，或者局限于军队，或者局限于直接在国防第一线的人员都是不全面的。国防教育的原则即经常教育与集中教育相结合、普及教育与重点教育相结合、理论教育与行为教育相结合。

3. 国防教育的组织和保障

进行国防教育,除了强调国防教育的地位,明确国防教育的目的,制定国防教育的方针和原则之外,更重要的是要在国防教育的组织实施和各种保障方面,建立一套行之有效的制度。首先,要健全教育领导机构。国务院、中央军事委员会和省、自治区、直辖市的人民政府以及有关军事机关,应当采取措施,加强国防教育工作。其次,要建立教育网络体系。一切国家机关和武装力量、各政党和各社会团体、各企业事业单位都应当组织本地区、本部门、本单位开展国防教育。尤其要发挥学校在国防教育中的作用,学校的国防教育是全民国防教育的基础。各级各类学校应当设置适当的国防教育课程,或者在有关课程中增加国防教育的内容。最后,完善教育经费保障。进行国防教育,除了有良好的领导组织之外,还应完善各种保障措施,各级人民政府应当将国防教育纳入国民经济和社会发展计划,保障国防教育所需的经费。

(五)《中华人民共和国国防动员法》

《中华人民共和国国防动员法》(以下简称《国防动员法》)于 2010 年 2 月 26 日由第十一届全国人大常委会第十三次会议通过并予以公布,2010 年 7 月 1 日起施行。《国防动员法》共十四章七十二条,是国家为组织实施国防动员而制定的法律,对国防动员的方针、原则、组织机构、基本内容和基本制度等作了全面规定,是规范国防动员活动的基本法律依据。

《国防动员法》规定了我国国防动员的组织领导体制。第八条规定:"国家的主权、统一、领土完整和安全遭受威胁时,全国人民代表大会常务委员会依照宪法和有关法律的规定,决定全国总动员或者局部动员。国家主席根据全国人民代表大会常务委员会的决定,发布动员令。"第九条规定:"国务院、中央军事委员会共同领导全国的国防动员工作。"

《国防动员法》明确了国防动员需建立完善的基本制度,主要包括国防动员计划、实施预案与潜力统计调查制度、国防动员计划和国防动员实施执行情况的评估检查制度、预备役人员储备与征召制度、战略物资储备和调用制度、战争灾害的预防与救助制度等。

《国防动员法》规定了公民和组织的国防勤务义务。规定:"十八周岁至六十周岁的男性公民和十八周岁至五十五周岁的女性公民,应当担负国防勤务","国防勤务,是指支援保障军队作战、承担预防与救助战争灾害以及协助维护社会秩序的任务"。

知识链接

《反分裂国家法》

《反分裂国家法》是在 2005 年 3 月 14 日由第十届全国人民代表大会第三次会议通过的一部反对和遏制"台独"分裂势力分裂国家、促进祖国和平统一的重要法律,对于维护台湾海峡地区和平稳定,维护国家主权和领土完整,维护中华民族的根本利益具有重大而深远的意义。

《反分裂国家法》体现了坚决维护国家主权与领土完整的坚定立场。"世界上只有一个中国,大陆和台湾同属一个中国,中国的主权和领土完整不容分割""台湾问题是中国内战的遗留问题。解决台湾问题,实现祖国统一,是中国的内部事务,不受任何外国势力的干涉""台湾是中国的一部分。国家绝不允许'台独'分裂势力以任何名义、任何方式把台湾从中国分裂出去""完成统一祖国的大业是包括台湾同胞在内的全中国人民的神圣职责"。第八条明确指出:"'台独'分裂势力以任何名义、任何方式造成台湾从中国分裂出去的事实,或者发生将会导致台湾从中国分裂出去的重大事变,或者和平统一的可能性完全丧失,国家得采取非和平方式及其他必要措施,捍卫国家主权和领土完整。"

《反分裂国家法》明确了国家采取措施维护台湾海峡地区和平稳定,发展两岸关系。这些措施包括:一是鼓励和推动两岸人员往来,增进了解,增强互信;二是鼓励和推动两岸经济交流与合作,直接通邮通航通商,密切两岸经济关系,互利互惠;三是鼓励和推动两岸教育、科技、文化、卫生、体育交流,共同弘扬中华文化的优秀传统;四是鼓励和推动两岸共同打击犯罪;五是鼓励和推动有利于维护台湾海峡地区和平稳定、发展两岸关系的其他活动。国家依法保护台湾同胞的权利和利益。

《反分裂国家法》明确了国家主张通过台湾海峡两岸平等的协商和谈判,实现和平统一。协商和谈判可以有步骤、分阶段进行,方式可以灵活多样。台湾海峡两岸可以就下列事项进行协商和谈判:一是正式结束两岸敌对状态;二是发展两岸关系的规划;三是和平统一的步骤和安排;四是台湾当局的政治地位;五是台湾地区在国际上与其地位相适应的活动空间;六是与实现和平统一有关的其他任何问题。

四、公民的国防义务和国防权利

国防是国家生存和发展的安全保障,每一位公民都必须承担相应的国防义务,在履行国防义务的同时,也享有一定的国防权利。

(一)公民的国防义务

公民的国防义务,是指宪法和法律规定的公民在国防活动中必须履行的某种责任。它要求负有国防义务的公民,在国防活动中必须依法作出或不作出某种行为。我国公民的国防义务,主要包括兵役义务、接受国防教育的义务、保护国防设施的义务、保守国防秘密的义务、协助国防活动的义务等。

1. 公民的兵役义务

兵役义务是公民最重要的一项国防义务。我国《兵役法》第三条规定:"中华人民共和国公民,不分民族、种族、职业、家庭出身、宗教信仰和教育程度,都有义务依照本法的规定服兵役。"根据我国《兵役法》,公民履行兵役义务主要有三种形式:服现役、服预备役、参加军事训练。

2. 接受国防教育

国防教育是巩固和建设国防的基础,是增强民族凝聚力、提高全民素质的重要途径。《中华人民共和国教育法》明确规定,国家在受教育者中进行国防教育。《中华人民共和国国防教育法》明确规定国防教育贯彻全民参与、长期坚持、讲求实效的方针,提出加强新形势下的全民国防教育。

知识链接

普通高校学生接受国防教育和军事训练的有关规定

《中华人民共和国国防法》

第四十五条规定:"学校国防教育是全民国防教育的基础。各级各类学校应当设置适当的国防教育课程,或者在有关课程中增加国防教育的内容。普通高等学校和高中阶段学校应当按规定组织学生的军事训练。"《中华人民共和国兵役法》

第四十五条规定:"普通高等学校的学生在就学期间,必须接受基本军事训练。"

第四十六条规定:"普通高等学校设军事训练机构,配备军事教员,组织实施学生的军事训练。"

《全民国防教育大纲》

第二十三条规定:"高等学校应当对学生进行全面系统的国防教育,增强学生的国防观念和国家安全意识,强化民族自信心、自尊心和自豪感,激发爱国主义、集体主义和革命英雄主义精神,掌握基本的国防知识与技能,全面提高国防素养。"

第二十四条规定："高等学校应当设置军事理论课程""时间不少于三十个学时""对学生学习情况,应当进行严格的考勤考核,成绩记入档案""高等学校在完成规定的学时之外,应当积极开设国防教育选修课和举办国防知识讲座"。

第二十五条规定："高等学校应当开展学生军事训练,实际训练时间为二至三周,训练成绩记入学生学籍档案。"

3. 保护国防设施

军事设施是国家安全保障中十分重要的物质因素。《中华人民共和国军事设施保护法》要求,所有组织和公民都有保护军事设施的义务,与任何危害军事设施安全的行为作斗争。

4. 保守国防秘密

所谓国防秘密,是指关系国家防卫安全与利益,依照法定程序确定,在一定时间内或只限一定范围内的人员知悉的军事或与军事有关的政治、经济、外交、科技、文化等方面的事项。一个国家的国防秘密,不仅关系着现实政权的巩固、社会的稳定,而且关系着未来战争的胜败、领土的得失。所以,它影响着整个国家的生存、安全与发展。《中华人民共和国国防法》要求,"公民和组织应当遵守保密规定,不得泄露国防方面的国家秘密"。

5. 协助国防活动

公民应当支持国防建设,为武装力量的军事训练、战备勤务、防卫作战等活动提供便利条件或者其他协助。当前应重点做好以下工作:加强国防宣传,教育公民履行兵役义务,妥善安置军队转业和离、退休干部,搞好军人及其家属的优抚工作。

(二)公民的国防权利

根据义务与权利相一致的原则,上述公民的国防义务,亦是其国防权利。此外,还有以下三种相对独立的国防权利。

1. 对国防建设提出建议

这一权利,是公民依宪法享有对国家事务的建议权在国防建设方面的体现。我国现行《宪法》规定:"中华人民共和国公民对任何国家机关和国家工作人员,有提出批评和建议的权利";"一切国家机关和国家工作人员必须依靠人民的支持,经常保持同人民的密切联系,倾听人民的意见和建议,接受人民的监督,努力为人民服务"。公民的批评建议权,充分体现了我国人民当家做主的社会主义性质。在我们国家,人民是国家的主人,公民有权关心国防建设,有权对国防建设提出建议。

2. 制止、检举危害国防的行为

制止、检举危害国防的行为是对宪法关于公民有维护国家安全、荣誉和利益的义务和关于公民检举权规定在国防方面的体现。维护国防利益是维护国家安全的直接体现,制止、检举危害国防的行为,不仅是公民的义务,也是公民的权利。这一权利表现为两个方面:一方面,公民为维护国家利益,依法对危害国防的行为,即对行为人违反国家的有关法律,不履行国防义务,超越国防权利的界限,对国防造成破坏或侵害的行为,予以制止、检举。另一方面,要求国家对公民为维护国防利益而行使的制止、检举权,予以支持和保护;对检举的危害国防利益的违法犯罪行为,必须查清事实,严肃处理,决不允许对检举人进行压制和打击报复。否则,将承担法律责任。

3. 国防活动中经济损失受补偿

这一规定,既保护了公民的经济权利,又有利于调动公民依法积极参加国防建设和军事活动的积极性。需要指出的是,公民在国防活动中享有的经济损失补偿,与其在民事活动中享有的损害赔偿是不同的。从请求权的根据上看,国防活动中经济补偿的请求根据,是因公民参加国防建设和军事活动而产生的直接经济损失;而民事活动中损害赔偿的请求根据,是因公民的权利受到侵犯而产生的损失。从损失偿付的性质上看,国防活动中经济损失的补偿不是由于违法行为而产生的,所以不具有制裁性;而民事活动中的损害赔偿是由于违法行为而产生的,所以具有制裁性。从损失偿付的范围上看,国防活动中经济损失的赔偿,仅限于直接的经济损失,而不包括间接的经济损失和非经济损失,且对直接经济损失的偿付,视情况可以是全部的,也可以是部分的;而民事活动中的损害赔偿,是以实际造成的损失为限,既包括直接经济损失,也包括间接经济损失,且对损失应当全部偿付。

思考题

1. 国防法律法规的概念是什么?
2. 国防法律法规的特性有哪些?
3. 我国主要的国防法律法规有哪些?
4. 公民的国防权利和义务有哪些?

第四节　国防建设*

国防建设是国家为提高国防实力而进行的各方面的建设,主要包括:武装力量建设,边防、海防、空防及战场建设,国防科技与国防工业建设,国防法制建设,国防动员建设,国防教育,以及与国防相关的交通、通信、能源、航天建设等。中华人民共和国成立后,经过七十多年的艰苦努力,我国国防建设取得了举世瞩目的成就。今天的中国之所以巍然屹立于世界的东方,并享有很高的声誉,主要是因为我国在政治上独立、经济上发展和国防的不断强大。

一、国防领导体制

《宪法》规定了中国共产党在国家生活包括国防事务中的领导地位和作用。《国防法》规定:"中华人民共和国的武装力量受中国共产党领导。"《宪法》和《国防法》还分别规定了全国人民代表大会及其常务委员会、中华人民共和国主席、中华人民共和国国务院、中华人民共和国中央军事委员会在国防方面的职权。

(一)中共中央的国防领导职权

中国共产党作为执政党,是领导中国社会主义事业的核心力量。中共中央在国家生活包括国防事务中发挥着决定性的领导作用。有关国防、战争和军队建设的重大问题,都是由中共中央、中央军委、中央政治局及其常务委员会作出决策并通过必要的法定程序,作为党和国家的统一决策贯彻执行。《中国人民解放军政治工作条例》规定:"中国人民解放军必须置于中国共产党的绝对领导之下,其最高领导权和指挥权属于中国共产党中央委员会和中央军事委员会。"

(二)全国人民代表大会及其常务委员会的国防职权

中华人民共和国全国人民代表大会是最高国家权力机关。它在国防方面的职权主要有：决定战争与和平的问题；制定有关国防方面的基本法律；选举中央军事委员会主席，根据中央军事委员会主席的提名，决定中央军事委员会其他组成人员，并有权罢免以上人员；审查和批准包括国防建设计划和计划执行情况的报告；审查和批准包括国防经费预算在内的国家预算和预算执行情况的报告；改变或者撤销全国人民代表大会常务委员会在国防方面的不适当的决定；应当由全国人民代表大会行使的国防方面的其他职权。

全国人民代表大会常务委员会在国防方面的职权主要有：在全国人民代表大会闭会期间，如果遇到国家遭受武装侵犯或者必须履行国际间共同防止侵略的条约的情况，决定战争状态的宣布；决定全国总动员或者局部动员；制定有关国防方面的法律；在全国人民代表大会闭会期间，审查和批准包括国防建设计划在内的国民经济和社会发展计划，包括国防经费预算在内的国家预算在执行过程中所必须作的部分调整方案；监督中央军事委员会的工作；在全国人民代表大会闭会期间，根据中央军事委员会主席的提名，决定中央军事委员会其他组成人员的人选；根据最高人民法院院长和最高人民检察院检察长的提请，任免军事法院院长和军事检察院检察长；决定同外国缔结的有关国防方面的条约和重要协定的批准和废除；规定军人的衔级制度；规定和决定授予国防方面的国家勋章和荣誉称号；全国人民代表大会授予的国防方面的其他职权。

（三）国家主席在国防方面的职权

中华人民共和国主席在国防方面的职权主要有：根据全国人民代表大会的决定和全国人民代表大会常务委员会的决定，宣布战争状态；根据全国人民代表大会的决定和全国人民代表大会常务委员会的决定，发布动员令；公布全国人民代表大会及其常务委员会制定的有关国防方面的法律；根据全国人民代表大会常务委员会的决定，授予国防方面的国家勋章和荣誉称号；根据全国人民代表大会常务委员会的决定，批准和废除同外国缔结的有关国防方面的条约和重要协定。

（四）国务院在国防方面的职权

中华人民共和国国务院是国家最高权力机关的执行机构，是最高国家行政机关。它在国防方面的职权是领导和管理国防建设事业，包括：编制国防建设发展规划和计划；制定国防建设方面的方针、政策和行政法规；领导和管理国防科研生产；管理国防经费和国防资产；领导和管理国民经济动员工作和人民武装动员、人民防空、国防交通等方面的有关工作；领导和管理拥军优属工作和退役军人保障工作；领导国防教育工作；与中央军事委员会共同领导民兵的建设和征兵工作及边防、海防、空防和其他重大安全领域防卫的管理工作；法律规定的与国防建设有关的其他职权。

（五）中央军事委员会在国防方面的职权

中央军事委员会是党和国家最高军事机关，领导全国武装力量。其主要职权包括：统一指挥全国武装力量；决定军事战略和武装力量的作战方针；领导和管理中国人民解放军和中国人对武装警察部队的建设，制订规划、计划并组织实施；向全国人民代表大会或全国人民代表大会常务委员会提出议案；根据宪法和法律，制定军事法规，发布决定和命令；决定中国人民解放军和中国人民武装警察部队的体制和编制，规定中央军事委员会机关部门、战区、军兵种和中国人民武装警察部队等单位的任务职责；依照法律、军事法规的规定，任免、培训、考核和奖惩武装力量成员；批准武装力量的武器装备体制和武器装备发展规划、计划，协同国务院领导和管理国防科研生产;会同国务院管理国防经费和国防资产;领导和管理武装动员工作、预备役工作;组织开展国防军事交流与合作;法律规定的其他职权。

中央军委实行主席负责制,中央军委主席实际即为全国武装力量的统帅。中央军委组成人员为:中央军委主席,副主席若干人,委员若干人。2016年军改之后,中央军委下设七个部(厅)、三个委员会和五个直属机构,即中央军委办公厅、联合参谋部、政治工作部、后勤保障部、装备发展部、训练管理部、国防动员部,中央军委纪律检查委员会、政法委员会、科学技术委员会,中央军委战略规划办公室、改革和编制办公室、国际军事合作办公室、审计署、机关事务管理总局。

为了加强国防领导的协调,国务院和中央军事委员会还建立了协调会议的制度。《国防法》规定,国务院和中央军事委员会可以根据情况召开协调会议,解决国防事务的有关问题。会议决定的事项,由国务院和中央军事委员会在各自的职权范围内组织实施。国家还建立了国防动员委员会,它是国务院、中央军委领导下主管全国国防动员工作的议事协调机构。国家国防动员委员会主任、副主任由国务院、中央军委领导兼任,委员由国务院有关部委、军队总部有关领导组成。国家国防动员委员会下设国家人民武装动员、国家经济动员、国家人民防空、国家交通战备四个办公室。

中华人民共和国设立中央军事委员会,领导全国武装力量,中央军事委员会实行主席负责制。这是有关国家体制和军队领导体制很重要的规定,是党中央的重大决策。设立国家的中央军事委员会,绝不是取消或者削弱党对军队的领导。党的中央军委和国家的中央军委实际上是一个机构,组成人员和军队的领导职能完全一致,只是在党内和国家机构内同时有两个地位,而这在国家体制上是完全必要的。这样的领导体制不但能够保证党对军队的领导,而且便于运用国家机器,加强军队各方面的工作,加强军队的革命化、现代化、正规化的建设。中国国防领导体制的突出特点,就是国防领导权集中在中共中央,国防建设和国防斗争的大政方针由中共中央制定,武装力量的最高领导权属于中共中央。中国国防建设的巨大成就和国防斗争取得的伟大胜利,充分说明这是适合中国国情、体现中国特色和优势的国防领导体制。

二、防御性的国防政策

中国的社会主义国家性质,走和平发展道路的战略抉择,独立自主的和平外交政策,"和为贵"的中华文化传统,决定了中国始终不渝奉行防御性的国防政策。

(一)坚决捍卫国家主权、安全、发展利益

这是新时代中国国防的根本目标。

慑止和抵抗侵略,保卫国家政治安全、人民安全和社会稳定,反对和遏制"台独",打击"藏独""东突"等分裂势力,保卫国家主权、统一、领土完整和安全。维护国家海洋权益,维护国家在太空、电磁、网络空间等安全、利益,维护国家海外利益,支撑国家可持续发展。

中国坚定维护国家主权和领土完整。南海诸岛、钓鱼岛及其附属岛屿是中国固有领土。中国在南海岛礁进行基础设施建设,部署必要的防御性力量,在东海钓鱼岛海域进行巡航,是依法行使国家主权。中国致力于同直接有关的当事国在尊重历史事实和国际法的基础上,通过谈判协商解决有关争议。中国坚持同地区国家一道维护和平稳定,坚定维护各国依据国际法所享有的航行和飞越自由;维护海上通道安全。

解决台湾问题,实现国家完全统一,是中华民族的根本利益,是实现中华民族伟大复兴的必然要求。中国坚持"和平统一、一国两制"方针,推动两岸关系和平发展,推进中国和平统一进程,坚决反对一切分裂中国的图谋和行径,坚决反对任何外国势力干涉。中国必须统一,也必然统一。中国有坚定决心和强大能力维护国家主权和领土完整,决不允许任何人、任何组织、任何政党在任何时候、以任何形式、把任何一块中国领土从中国分裂出去。我们不承诺放弃使用武力,保留采取一切必要措施的选项,针对的是外部势力干涉和极少数"台独"分裂分子及其分裂活动,绝非针对台湾同胞。如果有人要把台湾从中国分裂出去,中国军队将不惜一切代价,坚决予以挫败,捍卫国家统一。

(二)坚持永不称霸、永不扩张、永不谋求势力范围

这是新时代中国国防的鲜明特征。

国虽大,好战必亡。中华民族历来爱好和平。近代以来,中国人民饱受侵略和战乱之苦,深感和平之珍贵、发展之迫切,决不会把自己经受过的悲惨遭遇强加于人。新中国成立七十多年来,中国没有主动挑起过任何一场战争和冲突。改革开放以来,中国致力于促进世界和平,主动裁减军队员额 400 余万。中国由积贫积弱发展成为世界第二大经济体,靠的不是别人的施舍,更不是军事扩张和殖民掠夺,而是人民勤劳、维护和平。中国既通过维护世界和平为自身发展创造有利条件,又通过自身发展促进世界和平,真诚希望所有国家都选择和平发展道路,共同防范冲突和战争。

中国坚持在和平共处五项原则基础上发展同各国的友好合作,尊重各国人民自主选择发展道路的权利,主张通过平等对话和谈判协商解决国际争端,反对干涉别国内政,反对恃强凌弱,反对把自己的意志强加于人。中国坚持结伴不结盟,不参加任何军事集团,反对侵略扩张,反对动辄使用武力或以武力相威胁。中国的国防建设和发展,始终着眼于满足自身安全的正当需要,始终是世界和平力量的增长。历史已经并将继续证明,中国决不走追逐霸权、"国强必霸"的老路。无论将来发展到哪一步,中国都不会威胁谁,都不会谋求建立势力范围。

(三)贯彻落实新时代军事战略方针

这是新时代中国国防的战略指导。

新时代军事战略方针,坚持防御、自卫、后发制人原则,实行积极防御,坚持"人不犯我,我不犯人;人若犯我,我必犯人",强调遏制战争与打赢战争相统一,强调战略上防御与战役战斗上进攻相统一。

贯彻落实新时代军事战略方针,服从服务党和国家战略全局,落实总体国家安全观,强化忧患意识、危机意识、打仗意识,积极适应战略竞争新格局、国家安全新需求、现代战争新形态,有效履行新时代军队使命任务。根据国家面临的安全威胁,扎实做好军事斗争准备,全面提高新时代备战打仗能力,构建立足防御、多域统筹、均衡稳定的新时代军事战略布局。坚持全民国防,创新人民战争的战略战术和内容方法,充分发挥人民战争整体威力。

中国始终奉行在任何时候和任何情况下都不首先使用核武器、无条件不对无核武器国家和无核武器地区使用或威胁使用核武器的核政策,主张最终全面禁止和彻底销毁核武器,不会与任何国家进行核军备竞赛,始终把自身核力量维持在国家安全需要的最低水平。中国坚持自卫防御核战略,目的是遏制他国对中国使用或威胁使用核武器,确保国家战略安全。

(四)坚持走中国特色强军之路

这是新时代中国国防的发展路径。

建设同国际地位相称、同国家安全和发展利益相适应的巩固国防和强大军队,是中国社会主义现代化建设的战略任务,是坚持走和平发展道路的安全保障,是总结历史经验的必然选择。

新时代中国国防和军队建设,深入贯彻习近平强军思想,坚持政治建军、改革强军、科技兴军、依法治军,聚焦能打仗、打胜仗,推动机械化信息化融合发展,加快军事智能化发展,构建中国特色现代军事力量体系,完善和发展中国特色社会主义军事制度,不断提高履行新时代使命任务的能力。

新时代中国国防和军队建设的战略目标是,到 2020 年基本实现机械化,信息化建设取得重大进展,战略能力有大的提升。同国家现代化进程相一致,全面推进军事理论现代化、军队组织形态现代化、军事人员现代化、武器装备现代化,力争到 2035 年基本实现国防和军队现代化,到 21 世纪中叶把人民军队全面建成世界一流军队。

(五)服务构建人类命运共同体

这是新时代中国国防的世界意义。

中国人民的梦想与世界人民的梦想息息相通。一个和平稳定繁荣的中国,是世界的机遇和福祉。一支强大的中国军队,是维护世界和平稳定、服务构建人类命运共同体的坚定力量。

中国军队坚持共同、综合、合作、可持续的安全观,秉持正确义利观,积极参与全球安全治理体系改革,深化双边和多边安全合作,促进不同安全机制间协调包容、互补合作,营造平等互信、公平正义、共建共享的安全格局。

中国军队坚持履行国际责任和义务,始终高举合作共赢的旗帜,在力所能及的范围内向国际社会提供更多公共安全产品,积极参加国际维和、海上护航、人道主义救援等行动,加强国际军控和防扩散合作,建设性参与热点问题的政治解决,共同维护国际通道安全,合力应对恐怖主义、网络安全、重大自然灾害等全球性挑战,积极为构建人类命运共同体贡献力量。[①]

三、积极防御的军事战略

积极防御战略思想是中国共产党军事战略思想的基本点。在长期革命战争实践中,人民军队形成了一整套积极防御战略思想,坚持战略上防御与战役战斗上进攻的统一,坚持防御、自卫、后发制人的原则,坚持"人不犯我,我不犯人;人若犯我,我必犯人"。

新中国成立后,中央军委确立积极防御军事战略方针,并根据国家安全形势发展变化对积极防御军事战略方针的内容进行了多次调整。1993 年,制定新时期军事战略方针,以打赢现代技术特别是高技术条件下局部战争为军事斗争准备基点。2004 年,充实完善新时期军事战略方针,把军事斗争准备基点进一步调整为打赢信息化条件下的局部战争。

中国社会主义性质和国家根本利益,走和平发展道路的客观要求,决定中国必须毫不动摇坚持积极防御战略思想,同时不断丰富和发展这一思想的内涵。根据国家安全和发展战略,适应新的历史时期形势任务要求,坚持实行积极防御军事战略方针,与时俱进加强军事

---

① 中华人民共和国国务院新闻办公室:《新时代的中国国防》,新华社,2019。

战略指导,进一步拓宽战略视野、更新战略思维、前移指导重心,整体运筹备战与止战、维权与维稳、威慑与实战、战争行动与和平时期军事力量运用,注重深远经略,塑造有利态势,综合管控危机,坚决遏制和打赢战争。

实行新形势下积极防御军事战略方针,调整军事斗争准备基点。根据战争形态演变和国家安全形势,将军事斗争准备基点放在打赢信息化局部战争上,突出海上军事斗争和军事斗争准备,有效控制重大危机,妥善应对连锁反应,坚决捍卫国家领土主权、统一和安全。实行新形势下积极防御军事战略方针,创新基本作战思想。根据各个方向安全威胁和军队能力建设实际,坚持灵活机动、自主作战的原则,你打你的、我打我的,运用诸军兵种一体化作战力量,实施信息主导、精打要害、联合制胜的体系作战。

实行新形势下积极防御军事战略方针,优化军事战略布局。根据中国地缘战略环境、面临安全威胁和军队战略任务,构建全局统筹、分区负责,相互策应、互为一体的战略部署和军事布势;应对太空、网络空间等新型安全领域威胁,维护共同安全;加强海外利益攸关区国际安全合作,维护海外利益安全。

实行新形势下积极防御军事战略方针,坚持以下原则:服从服务于国家战略目标,贯彻总体国家安全观,加强军事斗争准备,预防危机、遏制战争、打赢战争;营造有利于国家和平发展的战略态势,坚持防御性国防政策,坚持政治、军事、经济、外交等领域斗争密切配合,积极应对国家可能面临的综合安全威胁;保持维权维稳平衡,统筹维权和维稳两个大局,维护国家领土主权和海洋权益,维护周边安全稳定;努力争取军事斗争战略主动,积极运筹谋划各方向各领域军事斗争,抓住机遇加快推进军队建设、改革和发展;运用灵活机动的战略战术,发挥联合作战整体效能,集中优势力量,综合运用战法手段;立足应对最复杂最困难情况,坚持底线思维,扎实做好各项准备工作,确保妥善应对、措置裕如;充分发挥人民军队特有的政治优势,坚持党对军队的绝对领导,重视战斗精神培育,严格部队组织纪律性,纯洁巩固部队,密切军政军民关系,鼓舞军心士气;发挥人民战争的整体威力,坚持把人民战争作为克敌制胜的重要法宝,拓展人民战争的内容和方式方法,推动战争动员以人力动员为主向以科技动员为主转变;积极拓展军事安全合作空间,深化与大国、周边、发展中国家的军事关系,促进建立地区安全和合作架构。[②]

四、新中国国防建设成就

新中国成立以来,在党中央、中央军委的领导下,我国国防和军队建设取得了举世瞩目的巨大成就,逐步建立了有中国特色的现代化国防体系,在社会主义建设进程中发挥了重大作用。

(一)军队革命化、现代化、正规化建设取得了巨大成就

新中国成立后,中国人民解放军不断向革命化、现代化和正规化迈进。特别是改革开放以来,我国国防实力得到进一步加强,国防现代化建设,尤其是军队建设,有了突破性进展,取得了一系列重大成就。1949年10月1日,当毛泽东同志在天安门向全世界庄严宣告中华人民共和国成立时,经过长期考验的中国人民解放军,也迈开了建设诸军兵种构成的合成军队的坚实步伐。当时的中国人民解放军基本上是一支单一的以普通步兵为主的陆军,海军、空军刚具雏形,而陆军中的炮兵、装甲兵、通信兵、工程兵等技术兵种所占比例非常小。经过

---

② 中华人民共和国国务院新闻办公室:《中国的军事战略》,新华社,2015。

七十多年的努力,中国人民解放军实现了由单一陆军向陆军、海军、空军、火箭军和战略支援部队诸军兵种合成军队的发展。其中,陆军在步兵的基础上,相继建立了装甲兵、炮兵、防空兵、航空兵、工程兵、通信兵、防化兵、电子对抗兵等兵种及各种专业勤务部队,发展成为诸兵种合成的现代陆军,成为既能独立遂行作战任务又能与海军、空军、火箭军、战略支援部队实施联合作战的强大军种;海军由潜艇部队、水面舰艇部队、航空兵、陆战队、岸防兵等兵种组成,成为一支多兵种合成,具有核常双重作战手段的现代海上作战力量;空军由航空兵、地面防空兵、空降兵、通信兵、雷达兵、电子对抗兵、技术侦察兵、防化兵等兵种组成,成为一支多兵种组成的战略性军种,具备了较强的防空和空中进攻作战能力,一定的远程精确打击和战略投送能力;火箭军由核导弹部队、常规导弹部队等组成,成为一支精干有效、核常兼备的战略力量,具备陆基战略核反击能力和常规导弹精确打击能力,可随时按党中央和中央军委的命令给敌方以摧毁性的打击;战略支援部队主要是将战略性、基础性、支撑性都很强的各类保障力量进行功能整合后组建的,是维护国家安全的新型作战力量,是我军新质作战能力的重要增长点。不仅如此,在武器装备方面,我国不仅拥有以航空母舰为代表的技术先进、种类齐全的现代作战平台,而且拥有具有战略威力的核武器。军队建设逐步实现了由数量规模型向质量效能型,由人力密集型向科技密集型的根本转变。

目前,中国人民解放军适应国家安全环境新变化,紧紧围绕实现新时代强军目标,坚持政治建军、改革强军、科技兴军、依法治军,全面加强练兵备战,以只争朝夕的精神推进国防和军队现代化,努力建设世界一流军队,坚决有效维护国家主权、安全、发展利益,为实现"两个一百年"奋斗目标和中华民族伟大复兴的中国梦提供坚强安全保证。

(二)建立了独立完备、综合配套的国防科技工业体系

国防科技是衡量一个国家综合国力的重要标志之一,也是国防现代化建设的重要方面。新中国成立以来,我国的国防科技工业从无到有、从小到大、从落后到先进,建立了包括电子、船舶、兵器、航空、航天和核能等门类齐全、综合配套的科研实验生产体系,取得了一大批具有国内、国际先进水平的科研成果,为我军现代化建设和切实增强我国综合国力作出了重要贡献。

在军事电子方面,逐步发展成为具有相当规模、门类齐全的新兴工业部门,特别是在情报侦察、预警探测、指挥控制、信息通信和电子对抗等方面,为我军提供了各种新式装备和产品,进一步增强了部队的信息化作战能力;在船舶工业方面,先后自行研制建造了核动力潜艇、常规动力潜艇、导弹驱逐舰、导弹护卫舰(艇)、导弹快艇、航空母舰等作战舰艇,以及各种辅助船舶和新型鱼雷、水雷、反水雷武器等新装备;在兵器工业方面,研制生产了一大批具有先进性能的装甲车辆、火炮、弹药、轻武器、军用光电器材和综合火控、指挥系统等新型武器装备,为我军现代化作出了重要贡献。

在航空工业方面,能够生产先进的歼击机、歼击轰炸机、轰炸机、直升机、运输机、教练机、无人机等,基本满足了海空军作战和飞行训练的需要。2019年10月1日,庆祝新中国成立70周年大阅兵中,以运20、歼20、直20、轰6N、无侦11、攻击2等为代表的新一代空中作战装备集体亮相,我国航空武器装备取得了跨越式发展;在航天科技工业方面,能够制造地地、地空、海空和空空导弹武器系统,运载火箭、各种应用卫星的研制和实验能力以及各种应用卫星的发射能力,居世界先进水平。2019年12月16日,我国在西昌卫星发射中心用长征三号乙运载火箭以"一箭双星"方式成功发射第52、第53颗北斗导航卫星,标志着北斗三号全球系统核心星座部署完成,为实现全球组网奠定坚实基础;2016年11月3日,我国最大推力新一代运载火箭长征五号首飞成功,是我国由航天大国迈向航天强国的重要标志,为我国

新一代运载火箭系列化、型谱化发展奠定了坚实技术基础;2016年9月15日,"天宫二号"发射成功,并在2016年10月19日与"神舟十一号"对接成功,首次实现了我国航天员中期在轨驻留,我国空间实验室阶段任务取得重要成果;2020年7月23日,我国首次发射"天问一号"火星探测器;2020年7月31日,中共中央总书记、国家主席、中央军委主席习近平在北京宣布,由我国独立自主设计建造的"北斗三号"全球卫星导航系统建成并正式开通;2020年12月17日,我国"嫦娥5号"月球采样任务圆满完成;2021年10月16日,"神舟十三号"载人飞船与空间站组合体完成自主快速交会对接。航天员翟志刚、王亚平、叶光富进驻天和核心舱,中国空间站开启有人长期驻留时代。

在核工业方面,我国不仅可以生产原子弹、氢弹,还掌握了核潜艇制造技术,形成了可靠的战略核威慑力量。在和平利用核能方面我国也取得了突破性进展,先后与巴西、阿根廷、英国、美国、韩国、俄罗斯、法国等30多个国家签订双边核能合作协定,开展各项合作与交流,并为发展中国家提供力所能及的帮助。

(三)进一步建立和完善了适合中国国情的国防动员制度

完善国防动员体制,其主要目的就是要建立一支雄厚的国防后备力量。新中国成立后,国防动员体制逐步发展和完善。1994年成立国家国防动员委员会,2010年颁布《中华人民共和国国防动员法》,2016年成立中央军委国防动员部。尤其是《中华人民共和国国防动员法》的颁布施行,对健全适应经济社会发展的国防动员体制机制,科学规范各级政府、军事机关、公民和组织在国防动员活动中的责任、权利和义务,依法加强和保障国防动员建设,都起到了积极的推动作用。

《中华人民共和国国防动员法》明确规定全国人民代表大会常务委员会依照宪法和有关法律的规定,决定全国总动员或者局部动员。国家主席根据全国人民代表大会常务委员会的决定,发布动员令。国务院、中央军事委员会共同领导全国的国防动员工作,根据全国人民代表大会常务委员会的决定和国家主席发布的动员令,组织国防动员的实施,规定在国家主权、统一、领土完整和安全遭受直接威胁的紧急情况下,国务院、中央军事委员会可以根据应急处置的需要,采取该法规定的必要的国防动员措施,同时向全国人民代表大会常务委员会报告,规定国家国防动员委员会在国务院、中央军事委员会的领导下负责组织、指导、协调全国的国防动员工作,军区国防动员委员会、县级以上地方各级国防动员委员会负责组织、指导、协调本区域的国防动员工作,规定国防动员委员会的办事机构承担本级国防动员委员会的日常工作,依法履行有关的国防动员职责,等等。这些规定对加强国防动员工作的集中统一领导,为有关各方履职尽责、协调一致地抓好国防动员工作提供了法律依据。

(四)军民融合发展上升为国家战略

在中华民族实现伟大复兴的征程中,富国和强军都是我国现代化建设的战略任务,是发展中国特色社会主义、实现中华民族伟大复兴的两大基石。坚持富国和强军的统一,必须统筹经济建设和国防建设,走出一条军民融合式发展路子,这是我们党深刻总结长期探索军民结合、寓军于民的历史经验得出的科学结论。

新中国成立以来,我们党在领导国防和军队建设实践中,始终致力于探索军民结合、寓军于民的路子。1956年,毛泽东同志在最高国务会议上第一次提出了"军民两用"问题,强调国防工业生产要有两套设备,平时为民用生产,一旦有需要,就可以把民用生产转化为军用生产。1982年,邓小平同志针对我国军工自成体系、军民分割状况,进一步提出国防工业要贯彻"军民结合、平战结合、军品优先、以民养军"的方针,强调军工体制必须"结束另一个天地的时代"。进入 20 世纪 90 年代,江泽民同志提出了"寓军于民"思想,并把"寓军于民"作为创建国防科技工业新体制的核心内容。21 世纪,当代科技革命、产业革命和新军事变革迅猛发展,国防经济与国民经济、军用技术与民用技术的结合面越来越广、融合度越来越深、融合条件越来越充分,军队信息化建设和信息化作战对经济、科技和社会发展的依赖性也空前增强。为适应这一要求,胡锦涛同志明确提出"走出一条中国特色军民融合式发展路子"重大战略思想,把"军民结合、寓军于民"提升到国家战略层面,拓展到经济、科技、教育、人才、社会服务等各个领域,从而在更广范围、更高层次、更深程度上把国防和军队现代化建设融入经济社会发展体系之中。①

习近平同志担任党和国家领导人以来,明确提出走军民融合发展的道路,把军民融合上升为国家战略。2017 年 1 月 22 日,中共中央政治局召开会议,决定设立中央军民融合发展委员会,由习近平同志任主任。中央军民融合发展委员会是中央层面军民融合发展重大问题的决策和议事协调机构,统一领导军民融合深度发展,向中央政治局、中央政治局常务委员会负责。习近平总书记指出,要着眼于贯彻军民融合发展战略,推动跨军地重大改革任务,推动经济建设和国防建设融合发展。着力解决制约军民融合发展的体制机制问题,努力构建统一领导、军地协调、顺畅高效的组织管理体系,国家主导、需求牵引、市场运作相统一的工作运行体系,系统完备、衔接配套、有效激励的政策制度体系,形成全要素、多领域、高效益的军民融合深度发展格局。这为新时代深入实施军民融合发展战略指明了方向。

知识链接

山西省举行军民融合发展推进大会

2018 年 9 月 27 日,山西省军民融合发展推进大会在太原召开,来自军民融合领域的中央单位、科研院所、高等院校和科技企业嘉宾齐聚太原煤炭交易中心,共商深入推进军民融合、助推山西转型发展之策,签署合作协议。时任省长楼阳生在作主旨推介时说,山西是我党军工事业的主要发源地之一,红色基因和军工底蕴深厚,国防科技工业基础坚实,军工科研生产门类齐全。近年来,省委、省政府深入实施军民融合发展战略,初步构建起统一领导、军地协调、顺畅高效的军民融合发展组织管理体系,在先进装备制造、大数据、新能源、新材料、网络安全等领域谋划实施一批重大项目,加大金融支持力度,促进军民融合产业集群集聚集约发展,鼓励在晋军工科研院所和企业深化改革、开展协同创新,军民融合深度发展呈现良好势头。他期望中央有关部门一如既往给予山西有力指导,支持我省在军民融合体制机制创新上先行先试,通过需求牵引支持我省企业深度融入"民参军"。诚邀中央军工企业集团、高等院校和科研机构来晋深化合作,充分发挥军地双方资源、资金、技术、人才、市场等优势,深化产学研合作,加强项目共建共享,携手推动我省高质量转型发展。我们将为军民融合深度发展提供全方位、多层次、立体式服务和支持,让更多军民融合大项目、好项目、新项目在山西落地见效,形成军地相互支撑、共同发展、加快转型的生动局面。会上,签署了山西省人民政府与中国电子科技集团公司项目合作协议,山西转型综改示范区、部分地方、企业与有关中央军工企业、高校院所等签约,共签约重大项目 15 个,涉及先进装备制造、新能源汽车、轨道交通、通用航空、节能环保、新一代信息技术等产业及股权合作。本次大会以"开放·融合·创新·发展"为主题,旨在聚合优势资源,在更高层次、更大范围、更深程度上开创山西军民融合发展新局面。

（资料来源：山西省人民政府网站,2018 年 9 月 26 日）

① 陈波:《普通高校军事课教科书——军事理论》人民出版社 2019,

思考题

1. 我国国防领导机构的设置及其职权是什么？
2. 我国奉行什么样的国防政策？
3. 我国的军事战略方针是什么？
4. 如何理解军民融合发展战略？

第五节 武 装 力 量*

武装力量,是国家或政治集团所拥有的各种武装组织的总称,一般以军队为主体,由军队和其他正规与非正规的武装组织构成,是国防力量的主体。《国防法》规定:"中华人民共和国的武装力量,由中国人民解放军现役部队和预备役部队、中国人民武装警察部队、民兵组成。"它的基本体制是"三结合"。中国武装力量,是以全国人民为基础,在中国共产党领导下,经过长期的战争和社会建设实践,逐步形成并发展起来的。

一、人民军队的光辉历程

英雄的军队

1927年,中国共产党领导的农民运动不断高涨,从根本上动摇了帝国主义和封建势力统治基础的时候,蒋介石和汪精卫公开背叛孙中山先生制定的国共合作政策和反帝反封建的纲领,大规模屠杀共产党员和革命群众。第一次国内革命战争的失败,给幼年的中国共产党以极其深刻的教训:没有一支人民的军队,便没有人民的一切。8月1日,周恩来、贺龙、叶挺、朱德、刘伯承等人领导了震惊中外的南昌起义。中国人民在中国共产党的领导下,第一次独立地拿起武器,组织人民军队,武装反击国民党反动派,从此开始了中国革命以武装斗争为主要形式的新阶段。"南昌起义诞新军,喜庆工农始有兵",1933年7月,中华苏维埃共和国临时中央政府批准中央革命军事委员会的决定,每年的8月1日为中国工农红军诞生纪念日。后来,成为中国人民解放军的建军节,"八一"则成为这支军队的军旗和军徽的标志。

(一)在土地革命战争中创建发展

中国共产党各地方组织,在中共中央统一部署和领导下,发动了一系列武装起义,开始了创建革命军队的新时期。毛泽东、朱德领导红军在井冈山及其周围地区发动群众开展游击战争,创建了第一个农村革命根据地。中国共产党领导的武装起义遍及全国12个省140多个县。这些起义,虽然大都遭到挫折和失败,但是,它不仅有力地打击了国民党反动派的残酷镇压,而且保留了一部分武装力量,建立了一支能够真正代表人民利益的军队,特别是以毛泽东为代表的中国共产党人武装夺取政权思想的形成,为中国共产党组织军队、独立领导武装斗争奠定了理论基础。

1927年9月,毛泽东率领工农革命军第一军第一师到达江西省永新县的三湾村,针对部队思想混乱、纪律涣散、不少人经不起战斗失利和艰苦环境的考验、有些干部随意打骂和侮辱士兵等情况,毛泽东决定集中时间对部队进行整顿和改编。三湾改编后,毛泽东又提出三大纪律和八项注意。1929年12月,红军第四军第九次代表大会在福建省上杭县的古田村召开。会议通过了毛泽东起草的《中国共产党红军第四军第九次代表大会决议案》(或称"古田会议决议")。该决议规定了红军的性质、宗旨和任务,重申了红军建设的根本思想,指出了中国的红军是一个执行革命政治任务的武装集团。古田会议决议是建党建军的纲领性文献,它创造性地解决了把以农民为主要成分的军队建设成为无产阶级性质的新型人民军队的根本问题,是无产阶级建军理论的重大发展,它成为中国人民解放军建军史上的重要里程碑,为无产阶级新型人民军队的建设和发展奠定了理论基础。1930年,中国工农红军经历了建军史上一次历史性的变革。在这次变革中,红军相继建立了军团和方面军一级组织,从组织体制上基本适应了以由游击战为主向以运动战为主的军事战略转变的需要,部队建设有了条例、条令作依据,党对军队的领导和部队政治工作也得到了加强,红军建设进入了新的阶段。1930年11月至1931年7月,红军胜利地粉碎了敌人第一、第二、第三次"围剿"。1931年11月,中华苏维埃共和国中央革命军事委员会成立,朱德任主席,王稼祥、彭德怀任副主席,统一领导各苏区红军的作战和建设。这时,全国主力红军已发展到15万人,基本上形成了主力红军、地方红军和群众武装相结合的武装力量体制。1933年9月,蒋介石集中100万兵力,对各根据地发动空前规模的第五次"围剿"。由于王明等"左"倾冒险主义领导者推行一条错误的军事路线,导致了反"围剿"的失败。1934年10月,中央红军被迫长征。1935年1月,红军占领贵州遵义城后,中国共产党在遵义召开了政治局扩大会议。这次会议建立了以毛泽东为代表的新的中央领导,改变了过去党中央的"左"倾机会主义的领导,使得红军和中共中央在极其危险的情况下转危为安,由挫折走向胜利。

土地革命战争中,中国共产党培养了一大批懂得党的政策、善于应付复杂局面的军政干部,建立和锻炼了一支以步兵为主,有少量骑兵、炮兵、工兵、通信兵分队的不怕艰苦困难的英勇善战的新型人民军队,并为这支军队后来的发展壮大,为战胜日本帝国主义做了重要的政治准备和组织准备。

(二)在抗日战争中的发展

抗日战争爆发后,1937年8月25日,中共中央军委发布命令,将中国工农红军第一、第二、第四方面军和陕北工农红军改编为国民革命军第八路军(9月11日改称第十八集团军,但习惯上仍称八路军),八路军下辖第115师、第120师、第129师,加上后方留守处共4万6000人。10月12日,南方8省13个地区的红军和游击队,统一编为国民革命军陆军新编第四军(简称新四军),下辖4个支队,全军共1万余人。人民军队进入在民族解放战争中发展壮大的历史时期。

> **知识链接**
>
> **平型关大捷**
>
> 1937年7月7日,日军制造卢沟桥事变,发动了蓄谋已久的全面侵华战争。在这民族危亡之际,由中国共产党倡导和全国各族人民抗日救亡潮流的推动下,终于达成国共两党两军团结抗战的协议。以国共两党合作为基础的抗日民族统一战线形成。红军主力改编为国民革命军第八路军,相继开赴华北抗日前线。
>
> 9月上中旬,日本侵略军第5师团与关东军察哈尔兵团沿平绥路向山西北部进犯,大同及晋北、绥东地区先后陷于敌手。阎锡山调集8万余兵力在平型关至雁门关一线设防。敌第5师团向内长城要隘平型关进攻,企图与察哈尔兵团在雁门关汇合南犯太原,进而侵占华北战略要地山西省。9月22日,第5师团21旅团向平型关一线各主要阵地发动猛攻,遭到守军各部的奋勇抵抗。

　　为配合正面守军坚守平型关,率先抵达山西灵丘的八路军第 115 师根据第二战区的作战计划和八路军总部命令,(于 9 月 25 日在平型关东侧乔沟一线峡谷公路设伏,以英勇顽强、不怕牺牲的革命精神,一举歼灭日军 1000 余人,缴获大批武器弹药及其他军用物资,取得八路军出师抗日首战大捷)与此同时,115 师独立团和骑兵营,分别在驿马岭、三山、倒马关等地阻击增援平型关之敌,歼灭日军 400 余人。八路军平型关之战,是全国抗战爆发以来中国军队的第一个大胜仗,给全国军民以很大鼓舞,对提高我党我军的威望产生了巨大影响。我军也初步取得了对日军作战的经验。此后,"首战平型关,威名天下扬"的词句,便载入了《八路军军歌》,广为传颂。①

　　十四年抗日战争,是中华民族百余年来反抗帝国主义侵略第一次取得完全胜利的民族解放战争。毛泽东军事思想在实践中也得到进一步丰富和发展,他在红军长征胜利以后,联系十年土地革命战争的实际,研究了古今中外的军事理论,特别是马克思列宁主义的军事理论,先后撰写了一批军事和哲学论著,把丰富的实践经验上升到科学的军事理论,建立了毛泽东军事思想科学体系,指导了人民军队的发展壮大,使这支军队在抗日战争中发挥了中流砥柱的作用。

(三)在解放战争时期成长壮大

　　解放战争初期,八路军、新四军等部队坚决执行"以歼灭国民党有生力量为主而不是以保守地方为主"的战略方针,以运动战为主要作战形式,集中优势兵力各个歼灭敌人。首先,中原军区部队胜利突围,转到陕南、鄂西地区,分别组成鄂豫陕和鄂西北军区;接着,华中、山东野战军在苏中、淮北地区迎歼敌军,先后进行了苏中、淮北、鲁南、莱芜等战役,其中,华中野战军在苏中同优势敌人连续进行了 7 次作战,歼敌 5 万余人,被誉为"七战七捷";东北部队三次出击松花江以南之敌,四次进行保卫临江地区作战;晋冀鲁豫野战军先后举行了定陶、临沂等战役,晋察冀和晋绥野战军先后进行了大同、集宁、保卫张家口等战役。各战略区部队都在运动战中歼灭了大量敌人,打破了敌人的全面进攻。解放战争进入第二年,人民解放军总兵力由 127 万人增加到 195 万余人,其中正规军由 61 万人发展到近 100 万人,武器装备也得到了改善,特别是炮兵有了加强。各解放区部队先后由战略防御转入战略进攻,并把进攻的重点置于敌人兵力薄弱的中原地区。人民解放军由防御转入进攻,使中国进入了一个新的历史转折点。1948 年 9 月,中共中央政治局会议决定在解放战争的第三年,争取打前所未有的歼灭战,并根据过去两年部队发展的形势和作战的情况,提出了建设 500 万人民解放军,在大约五年左右的时间内(从 1946 年 7 月算起),从根本上打倒国民党反动统治的任务。中央军委果断地同国民党进行战略决战,就地歼灭敌人的重兵集团,辽沈、淮海、平津三大战役相继展开。以三大战役为主的大规模战略决战的胜利,使国民党军队的主力归于消灭,蒋介石赖以维持其反动统治的基础已从根本上瓦解。至 1950 年 6 月,解放战争以消灭国民党军 807 万人的光辉战果而胜利结束。

　　解放战争的胜利是第二次世界大战后重大的政治事件,它不仅推翻了奴役中国人民两

---

　　① 高凤山.平型关战役文献资料汇编[M].北京:中共党史出版社,2012.

千多年的封建势力和几十年来的官僚资本统治,建立了新中国,而且打败了奴役中国人民的帝国主义势力,结束了一百多年来帝国主义和殖民主义侵略、欺侮中国各族人民的历史。通过解放战争的锻炼,中国人民解放军在各个方面更加发展壮大,战斗力显著提高;作为指引这支军队从胜利走向胜利的毛泽东军事思想也在实践中获得了重大发展。

(四)新中国成立后的发展

新中国的成立,揭开了中国历史发展的新纪元。1949 年 10 月 1 日中华人民共和国开国大典这一天,毛泽东检阅了浴血奋战了 22 年的中国人民解放军。通过天安门的陆海空三军强大阵容,标志这支基本上由翻身农民组成的队伍开始拥有了现代化的军兵种,宣告人民解放军的建设进入了一个新阶段。人民军队除继续完成统一祖国大陆的使命外,担负起保卫社会主义国家领土完整、国家安全和参加社会主义现代化建设的伟大任务。人民军队先后进行了抗美援朝、抗美援越、进军新疆西藏、东南沿海作战、中印边境自卫反击作战、中苏边境自卫反击作战、西沙海战、中越边境自卫反击作战、南沙海战以及国土防空、海上驱逐、边境防护作战等上千次的战斗任务,有效履行了保卫祖国的领土安全的神圣使命。同时,人民军队不断加强自身革命化、现代化和正规化建设,先后组建了空军、海军、炮兵、装甲兵、防空军、公安军、工程兵、铁道兵、第二炮兵等兵种,人民军队已由单一陆军发展成为由诸兵种合成的现代化革命军队。到新中国成立 10 周年的 1959 年,国庆阅兵式上的人民解放军面貌一新。受阅官兵不但着新式军装、佩戴军衔,而且出现了新型的国产武器装备。这支军队再也不是昨天的"小米加步枪",而是步入了飞机坦克加大炮的新阶段。1964 年 10 月 16 日,中国第一颗原子弹爆炸成功,打破了超级大国的核垄断。两年后,中国第一枚导弹核武器发射成功,中国从此有了可用于实战的核导弹。紧接不久,中国第一颗氢弹爆炸,中国成为世界上第四个掌握氢弹技术的国家。1970 年 4 月 24 日,中国第一颗人造地球卫星发射成功,它标志着中国"两弹一星"国防尖端科技攻关全面成功。1966 年 7 月,中国的战略导弹部队——第二炮兵成立,中国从此有了核反击部队。在新中国成立 35 周年的盛大阅兵式上,第二炮兵的神秘面纱终于揭开了。看到中国战略导弹威武整齐的方阵,外国使节和西方记者惊叹不已。1983 年,中国第一艘弹道导弹核潜艇加入中国海军的战斗序列。1988 年 9 月27 日,中国战略核潜艇水下发射运载火箭获得成功,标志着中国具备了可靠的二次核反击的能力。1997 年 7 月 1 日,中国人民解放军驻香港部队进驻香港;1999 年 12 月 20 日,中国人民解放军驻澳门部队进驻澳门,这是中国国家主权在香港和澳门的象征,是保持香港和澳门长期繁荣稳定的重要保证。

二、人民军队的性质宗旨

军队的性质和宗旨,关系军队建设的全局,决定军队发展的根本方向。自 1927 年中国人民解放军建军以来,尽管在名称、编制、体制等方面不断发生变化,但人民军队的性质和宗旨始终不变。无论形势、任务和所担负的职责与使命如何改变,人民军队的政治方向永远不会改变。

(一)人民军队的性质

1. 党的军队

中国人民解放军是党的军队,这是在中国革命的历史实践中形成的。军队是属于阶级的,这是马克思主义的一个基本观点。中国人民解放军作为一支新型的无产阶级军队,是在党的绝对领导和直接指挥下的革命队伍。在中国革命的伟大斗争中,人民军队作为执行党的政治任务的武装集团,一诞生便和党天然地联系在一起,为实现党的历史任务而战斗。在半殖民地半封建社会,中国革命的一个基本特点,是武装的革命反对武装的反革命,这就决定了我们党必须独立掌握一支人民军队,使之成为党从事革命斗争的工具。没有一支人民的军队,就不能推翻帝国主义、封建主义和官僚资本主义这"三座大山",也就没有中华民族的解放和复兴。从这个意义上说,人民军队是中国共产党实现民族解放的工具,也是党的纲领路线、方针政策的直接传播者和实践者。在中华人民共和国成立后,中国人民解放军从革命战争时期在党的领导下为夺取全国政权而进行武装斗争的重要力量,转变成为社会主义建设时期巩固人民民主专政的坚强柱石、保卫社会主义祖国的钢铁长城和建设中国特色社会主义的重要力量。党需要通过人民军队筑起防止敌人进攻的新长城,挺起民族振兴的脊梁;人民军队肩负着民族的希望,更要去实现民族的希望。所以,在武装斗争的年代,中国共产党人始终把人民军队的建设、发展和运用,作为党的工作重点;同样,取得全国政权后,党要巩固自己的执政地位,确保社会主义江山永不变色,完成所肩负的历史使命,也必须从根本上加强人民军队建设,建立一支强大的现代化、正规化革命军队。"夺取政权靠枪杆子,巩固政权也离不开枪杆子",这是一条颠扑不破的真理。

2. 人民的军队

《中华人民共和国宪法》规定:"中华人民共和国的武装力量属于人民。"这是从根本上对我国武装力量性质的肯定。任何军队和武装力量都是属于一定的阶级并为这个阶级利益服务的。一切反动军队都是维护剥削阶级利益的,是与广大人民相对立的,是压迫、剥削劳动人民的工具。人民军队的广大指战员来自人民,同人民群众有着共同的利益和奋斗目标,这就使人民军队从根本上区别于一切反动军队。中国人民解放军之所以有无坚不摧的强大力量,就是因为参加这个军队的人不是为着少数人或狭隘集团的私利,而是为着广大人民群众的利益和全民族的利益而结合、战斗的。除了中国人民的根本利益,这支军队没有也不允许有超越于人民利益之上的特殊利益。与人民保持着不可分离的血肉联系,是人民军队的特色。由于人民军队处处以人民群众的利益为最高利益,全心全意为人民服务,所以人民群众总是把人民军队当作自己的"子弟兵""最可爱的人",千方百计地从精神上,人力、财力、物力上鼓励和支持自己的军队,使人民军队不断发展壮大,赢得了一个又一个的胜利。离开人民群众的支持,就没有人民军队的成长、壮大和胜利。人民解放军与人民的这种骨肉之情和鱼水关系,是永远无法分离的。

3. 社会主义国家的军队

马克思主义的国家学说认为,军队是国家为了进攻或防御而维持的有组织的武装集团,是国家的主要组成部分,谁想夺取国家政权,并想保持它、巩固它,谁就应有强大的军队。自有国家以来,军队就是国家机器的主要组成部分。这也就是说,作为国家政权的主要成分,军队是从属于国家的。人民军队作为国家机器的一部分,所发挥的职能作用,集中反映在为国家服务上。随着社会主义国家政权的建立,人民解放军不仅是党的军队、人民的军队,而且成为社会主义国家的军队。保卫社会主义祖国,建设社会主义国家,是人民军队肩负的两个历史任务。

党的军队、人民的军队和社会主义国家的军队,完整地表述了人民军队的根本性质。党的军队,揭示了人民军队的阶级属性;人民的军队,从宗旨和力量源泉上揭示了人民军队的政治本色;社会主义国家的军队,则是从军队在国家机器中的地位作用立论,揭示了人民军队的政权属性。

（二）人民军队的宗旨

中国人民解放军的唯一宗旨是紧紧地和中国人民站在一起,全心全意地为中国人民服务。马克思列宁主义认为,军队掌握在哪个阶级手中,就为哪个阶级服务。人民军队是中国共产党缔造和领导的无产阶级性质的军队,始终为了人民的解放、人民的利益和人民的幸福去工作、去战斗、去奉献。

1. 全心全意为人民服务是人民军队建军的根本目的

全心全意为人民服务的宗旨,规定了人民军队的全部职能、全部工作和建军的其他原则,是人民军队一切工作和全部活动的根本出发点和落脚点。它要求人民军队的全体人员,都以广大人民的利益、全民族的利益为出发点和归宿点,除此之外,不得有自己特殊的利益,也不得为任何少数人或狭隘集团的私利服务;始终同人民群众保持最密切的联系,同甘共苦,生死相依,一刻也不脱离群众,更不能凌驾于群众之上,成为压迫、剥削、奴役人民群众的工具;全体官兵在为人民服务的奋斗中,要求做到完全、彻底、大公无私,为了人民的利益不惜牺牲个人利益以至生命。人民军队的整个历史就是一部全心全意为人民服务的历史,人民军队的战斗历程就是一部为着广大人民群众的利益而战斗的壮丽史诗。从抢渡大渡河的十七勇士、宁死不屈的狼牙山五壮士、舍身炸碉堡的董存瑞,到用身体堵枪口的黄继光、牺牲自己救活朝鲜儿童的国际主义战士罗盛教、把有限的生命投入到无限的为人民服务之中的雷锋,以及新的历史条件下人民军队在各条战线上涌现出来的许多英雄模范人物,他们的英雄行为,就是人民军队全心全意为人民服务宗旨的集中体现和崇高代表。

2. 全心全意为人民服务是人民军队的最高原则

在革命战争年代,毛泽东曾深刻阐述了这个宗旨对于人民军队建设和进行人民战争的深刻意义。他指出,在全心全意为人民服务的宗旨下,我们这支军队,具有战胜任何艰难困苦的一往无前的精神,它要压倒一切敌人,而决不被敌人所屈服。在这个宗旨下,这个军队有一个很好的内部和外部团结,官兵之间、上下级之间,军事工作、政治工作、后勤工作之间,军民之间、军政之间、本军友军之间,都是团结一致的;有一个正确的争取敌军官兵和处理俘虏的政策,对于敌方投降、反正或放下武器后愿意反对共同敌人的,一概表示欢迎,并给予适当的教育,对于一切俘虏不许杀害、虐待和侮辱。在这个宗旨下,这个军队形成了为人民战争所必需的动员方法、武装力量体制和一整套战略战术;形成了为人民战争所必需的一系列的政治工作,其任务是团结全军,团结友军,团结人民,瓦解敌军和保证战斗胜利;利用战斗和训练间隙,从事生产任务,借以克服经济困难,改善军队生活和减轻人民负担;等等。所有这些,都是人民军队能够战胜强大敌人的重要保证。

在新的历史时期,我们党、国家和人民军队面临着更为复杂的形势和更加繁重的任务,肩负着新的历史使命,这对人民军队坚持全心全意为人民服务的宗旨也提出了新的更高的要求。信息化条件下的战争更加残酷、激烈,要在这样的战争中战胜敌人,更加需要有压倒一切敌人而不屈服的一往无前的战斗精神。坚持人民军队既定宗旨,使人民军队广大官兵得以建立起为人民而战的强大精神支柱,他们就敢于赴汤蹈火,为人民勇献自己的鲜血和生命。全心全意为人民服务的宗旨,是人民军队生存发展的基础和力量的源泉,是不断提高战斗力的坚实思想基础。牢记这个宗旨,始终不渝地贯彻实现这个宗旨,人民军队就会无往而不胜。

三、中国武装力量的构成

武装力量是国家或政治集团所拥有的各种武装组织的统称,中华人民共和国武装力量体制,是在中国共产党领导中国人民进行长期的革命战争中逐步形成的。解放战争时期,中国共产党领导中国人民,为适应人民战争的需要,逐步建立发展了野战军、地方军和民兵三结合的武装力量体制。

新中国成立后,大规模的武装斗争逐步停止,国家进入了和平建设的新时期。这时候,我国武装力量面临的任务发生了很大的变化:它一方面要防备和抵御侵略,坚决打击外部来犯之敌;另一方面又要维护社会治安,保证社会稳定,防止国内外敌对势力从内部进行颠覆和破坏。在这种情况下,我国对于如何改进传统的三结合武装力量体制,如何保证其适应新的任务的需要,曾经进行了长时间的实践和探索。

武装力量的新体制,既可在平时满足维护国内安全的需要,又能在战时充分发挥解放军、武警部队和民兵三结合武装力量体制的优点,并使之更有力量。所以说,这一新体制符合我国的国情、军情,符合我国武装力量的性质和特点,是新形势下完成国防使命的客观要求。

《国防法》规定:中华人民共和国的武装力量,由中国人民解放军、中国人民武装警察部队、民兵组成。中央军事委员会领导并统一指挥全国武装力量。

(一)中国人民解放军

中国人民解放军是中华人民共和国武装力量的主要组成部分,是抵抗侵略、保卫祖国、维护国家主权和安全的主要力量。

中国人民解放军由现役部队和预备役部队组成,在新时代的使命任务是为巩固中国共产党领导和社会主义制度,为捍卫国家主权、统一、领土完整,为维护国家海外利益,为促进世界和平与发展,提供战略支撑。现役部队是国家的常备军,主要担负防卫作战任务,按照规定执行非战争军事行动任务。

预备役部队按照规定进行军事训练、执行防卫作战任务和非战争军事行动任务;根据国家发布的动员令,由中央军事委员会下达命令转为现役部队。[①]

(二)中国人民武装警察部队

中国人民武装警察部队,是以武装的形式执行国内安全保卫任务的现役部队,是中华人民共和国武装力量的重要组成部分,是保卫社会主义现代化建设的一支重要力量。武警部队按照多能一体、有效维稳的战略要求,发展执勤安保、处突维稳、反恐突击、抢险救援、应急保障、空中支援力量,完善以执勤处突和反恐维稳为主体的力量体系,提高以信息化条件下执勤处突能力为核心的完成多样化任务的能力。

按照《中共中央关于调整中国人民武装警察部队领导指挥体制的决定》,自2018年1月1日零时起,中国人民武装警察部队由党中央、中央军委集中统一领导,不再列国务院序列。调整武警部队领导指挥体制,是党中央作出的重大政治决定,是完善和发展中国特色社会主义军事制度的重大创新举措,是加强党对人民解放军和其他人民武装力量的绝对领导,确保

---

① 《中华人民共和国国防法》第22条。

党和国家长治久安的重大政治设计和制度安排,是全面加强武警部队现代化建设的关键之举。

武警部队在维护国家安全和社会稳定、保卫人民美好生活中肩负着重大职责,实行"中央军委－武警部队－部队"领导指挥体制,武警部队的根本职能属性没有发生变化,不列入解放军序列。公安边防部队、公安消防部队、公安警卫部队退出现役,国家海洋局领导管理的海警队伍转隶武警部队,武警黄金、森林、水电部队整体移交国家相关职能部门并改编为非现役专业队伍,撤收武警部队海关执勤兵力,彻底理顺武警部队领导管理和指挥使用关系。调整后,武警部队包括内卫部队、机动部队、海警部队等。按照多能一体、有效维稳的战略要求,加强执勤、处突、反恐、海上维权和行政执法、抢险救援等能力建设,努力建设一支强大的现代化武警部队。[1]

(三)民兵

民兵是不脱产的群众武装组织,是人民解放军的助手和后备力量。《国防法》第 22 条规定:"民兵在军事机关的指挥下,担负战备勤务、执行非战争军事行动任务和防卫作战任务。"《兵役法》第 39 条规定:"乡、民族乡、镇、街道和企业事业单位建立民兵组织。凡十八周岁至三十五周岁符合服兵役条件的男性公民,经所在地人民政府兵役机关确定编入民兵组织的,应当参加民兵组织。根据需要,可以吸收十八周岁以上的女性公民、三十五周岁以上的男性公民参加民兵组织。国家发布动员令后,动员范围内的民兵,不得脱离民兵组织;未经所在地的县、自治县、市、市辖区人民政府兵役机关批准,不得离开民兵组织所在地。"

《兵役法》第 40 条规定:"民兵组织分为基干民兵组织和普通民兵组织。基干民兵组织是民兵组织的骨干力量,主要由退出现役的士兵以及经过军事训练和选定参加军事训练或者具有专业技术特长的未服过现役的人员组成。基干民兵组织可以在一定区域内从若干单位抽选人员编组。普通民兵组织,由符合服兵役条件未参加基干民兵组织的公民按照地域或者单位编组。"

三、中国武装力量的使命任务

进入新时代,中国军队依据国家安全和发展战略要求,坚决履行党和人民赋予的使命任务,为巩固中国共产党领导和社会主义制度提供战略支撑,为捍卫国家主权、统一、领土完整提供战略支撑,为维护国家海外利益提供战略支撑,为促进世界和平与发展提供战略支撑。

1. 维护国家领土主权和海洋权益

中国拥有 2.2 万多千米陆地边界、1.8 万多千米大陆海岸线,是世界上邻国最多、陆地边界最长、海上安全环境十分复杂的国家之一,维护领土主权、海洋权益和国家统一的任务艰巨繁重。

中国军队严密防范各类蚕食、渗透、破坏和袭扰活动,维护边防安全稳定。中国同周边 9 个国家签订边防合作协议,同 12 个国家建立边防会谈会晤机制,构建起国防部、战区、边防部队三级对外交往机制,常态化开展友好互访、工作会谈和联合巡逻执勤、联合打击跨境犯罪演练等活动。同哈萨克斯坦、吉尔吉斯斯坦、俄罗斯、塔吉克斯坦开展边境裁军履约工作。

---

[1] 中华人民共和国国务院新闻办公室:《新时代的中国国防》,新华社 2019-7-14。

加强中印方向稳边固防,采取有力措施为和平解决洞朗对峙事件创造有利条件。强化中阿边境管控,严防暴恐分子渗透。加强中缅方向安全管控,维护边境地区安宁和人民安全。

组织东海、南海、黄海等重要海区和岛礁警戒防卫,掌握周边海上态势,组织海上联合维权执法,妥善处置海空情况,坚决应对海上安全威胁和侵权挑衅行为。

组织空防和对空侦察预警,监视国家领空及周边地区空中动态,组织空中警巡、战斗起飞,有效处置各种空中安全威胁和突发情况,维护空中秩序,维护空防安全。

着眼捍卫国家统一,加强以海上方向为重点的军事斗争准备,组织舰机"绕岛巡航",对"台独"分裂势力发出严正警告。

2. 保持常备不懈的战备状态

军队保持战备状态,是有效应对安全威胁、履行使命任务的重要保证。中央军委和战区联合作战指挥机构严格落实战备值班制度,常态组织战备检查、战备拉动,保持随时能战状态,不断提高联合作战指挥能力,稳妥高效指挥处置各类突发情况,有效遂行各种急难险重任务。

解放军和武警部队强化战备观念,严格战备制度,加强战备值班执勤,扎实开展战备演练,建立正规战备秩序,保持良好战备状态,有效遂行战备(战斗)值班、巡逻执勤等任务。

3. 开展实战化军事训练

军事训练是和平时期军队的基本实践活动。中国军队坚持把军事训练摆在重要位置,牢固树立战斗力这个唯一的根本的标准,完善军事训练法规和标准体系,建立健全训练监察体系,组织全军应急应战军事训练监察,落实练兵备战工作责任制,开展群众性练兵比武活动,不断提高实战化训练水平。

全军兴起大抓实战化军事训练的热潮。各战区强化联合训练主体责任,扎实开展联合训练,结合各战略方向使命任务,组织"东部""南部""西部""北部""中部"系列联合实兵演习,努力提高联合作战能力。

陆军广泛开展军事训练大比武,实施"跨越""火力"等实兵实装实弹演习。海军拓展远海训练,航母编队首次在西太平洋海域开展远海作战演练,在南海海域和青岛附近海空域举行海上阅兵,组织"机动"系列实兵对抗演习和成体系全要素演习。空军加强体系化实案化全疆域训练,组织南海战巡、东海警巡、前出西太,常态化开展"红剑"等系列体系对抗演习。火箭军组织对抗性检验性训练、整旅整团实案化训练,强化联合火力打击训练,常态化开展"天剑"系列演习。战略支援部队积极融入联合作战体系,扎实开展新型领域对抗演练和应急应战训练。联勤保障部队推进融入联合作战体系,组织"联勤使命"系列演习演练。武警部队按照覆盖全国、高效联动、全域响应、多能一体的要求,实施"卫士"等系列演习。

4. 维护重大安全领域利益

核力量是维护国家主权和安全的战略基石。中国军队严格核武器及相关设施安全管理,保持适度戒备状态,提高战略威慑能力,确保国家战略安全,维护国际战略稳定。

太空是国际战略竞争制高点,太空安全是国家建设和社会发展的战略保障。着眼和平利用太空,中国积极参与国际太空合作,加快发展相应的技术和力量,统筹管理天基信息资源,跟踪掌握太空态势,保卫太空资产安全,提高安全进出、开放利用太空能力。

网络空间是国家安全和经济社会发展的关键领域。网络安全是全球性挑战,也是中国面临的严峻安全威胁。中国军队加快网络空间力量建设,大力发展网络安全防御手段,建设与中国国际地位相称、与网络强国相适应的网络空间防护力量,筑牢国家网络边防,及时发现和抵御网络入侵,保障信息网络安全,坚决捍卫国家网络主权、信息安全和社会稳定。

5. 遂行反恐维稳

中国坚决反对一切形式的恐怖主义、极端主义。中国武装力量依法参加维护社会秩序行动,防范和打击暴力恐怖活动,维护国家政治安全和社会大局稳定,保障人民群众安居乐业。

武警部队执行重要目标守卫警戒、现场警卫、要道设卡和城市武装巡逻等任务,协同国家机关依法参加执法行动,打击违法犯罪团伙和恐怖主义活动,积极参与社会面防控,着力防范和处置各类危害国家政治安全、社会秩序的隐患,为"平安中国"建设作出重要贡献。

解放军依法协助地方政府维护社会稳定,参加重大安保行动及处置其他各类突发事件,主要承担防范恐怖活动、核生化检测、医疗救援、运输保障、排除水域安全隐患、保卫重大活动举办地和周边地区空中安全等任务。

6. 维护海外利益

海外利益是中国国家利益的重要组成部分。有效维护海外中国公民、组织和机构的安全和正当权益,是中国军队担负的任务。

中国军队积极推动国际安全和军事合作,完善海外利益保护机制。着眼弥补海外行动和保障能力差距,发展远洋力量,建设海外补给点,增强遂行多样化军事任务能力。实施海上护航,维护海上战略通道安全,遂行海外撤侨、海上维权等行动。

2015年3月,也门安全局势严重恶化,中国海军护航编队赴也门亚丁湾海域,首次直接靠泊交战区域港口,安全撤离621名中国公民和279名来自巴基斯坦、埃塞俄比亚、新加坡、意大利、波兰、德国、加拿大、英国、印度、日本等15个国家的公民。

7. 参加抢险救灾

参加国家建设事业、保卫人民和平劳动,是宪法赋予中国武装力量的使命任务。依据《军队参加抢险救灾条例》,中国武装力量主要担负解救、转移或者疏散受困人员,保护重要目标安全,抢救、运送重要物资,参加道路(桥梁、隧道)抢修、海上搜救、核生化救援、疫情控制、医疗救护等专业抢险工作,排除或者控制其他危重险情、灾情,协助地方人民政府开展灾后重建工作等任务。[①]

四、人民解放军的体制编成

(一)领导指挥体制

领导指挥体制改革是适应现代军队专业化分工和信息时代能打仗、打胜仗的要求,提高军队作战效能和建设效益的重大举措。按照"军委管总、战区主战、军种主建"原则,强化军委集中统一领导和战略指挥、战略管理功能,打破长期实行的总部体制、大军区体制、大陆军体制,构建新的军队领导管理和作战指挥体制。

调整组建新的军委机关部门。优化军委机关职能配置和机构设置,由过去的总参谋部、总政治部、总后勤部、总装备部四总部调整为军委机关15个职能部门,作为军委集中领导的参谋机关、执行机关、服务机关。指挥、建设、管理、监督等路径更加清晰,决策、规划、执行、评估等职能配置更加合理。

完善军兵种领导管理体制。整合原四总部的陆军建设职能,成立陆军领导机构;整合各

---

① 中华人民共和国国务院新闻办公室:《新时代的中国国防》,新华社2019-7-14。

军种和军委机关的战略支援力量,成立战略支援部队;第二炮兵更名为火箭军;整合主要承担通用保障任务的战略战役力量,成立联勤保障部队,构建起"中央军委－军种－部队"的领导管理体系(见图1－1)。

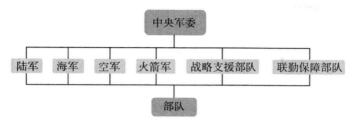

图1－1　军队领导管理体系架构图

建立健全联合作战指挥体制。健全军委联合作战指挥机构,组建战区联合作战指挥机构,形成平战一体、常态运行、专司主营、精干高效的联合作战指挥体系。撤销沈阳、北京、兰州、济南、南京、广州、成都7个大军区,成立东部、南部、西部、北部、中部5个战区。通过改革,构建起"中央军委－战区－部队"的作战指挥体系(见图1－2)。

图1－2　军队作战指挥体系架构图

建立健全法治监督体系。组建新的军委纪律检查委员会(军委监察委员会),由中央军委直接领导,向军委机关部门和各战区派驻纪检组;组建新的军委政法委员会,按区域设置军事法院、军事检察院;组建军委审计署,改革审计监督体制,全部实行派驻审计,形成决策权、执行权、监督权既相互制约又相互协调的权力运行体系。

(二)军兵种编成

1. 陆军

中国人民解放军陆军,是以步兵、装甲兵、炮兵、陆军航空兵等为主体,主要在陆地上遂行作战任务的军种。陆军对维护国家主权、安全、发展利益具有不可替代的作用。包括机动作战部队、边海防部队、警卫警备部队等,下辖5个战区陆军、新疆军区、西藏军区等。东部战区陆军下辖第71、72、73集团军,南部战区陆军下辖第74、75集团军,西部战区陆军下辖第76、77集团军,北部战区陆军下辖第78、79、80集团军,中部战区陆军下辖第81、82、83集团军。按照机动作战、立体攻防的战略要求,加快实现区域防卫型向全域作战型转变,提高精确作战、立体作战、全域作战、多能作战、持续作战能力,努力建设一支强大的现代化新型陆军。

2. 海军

中国人民解放军海军,是海上作战行动的主体力量,担负着保卫国家海上方向安全、领海主权和维护海洋权益的任务。海军在国家安全和发展全局中具有十分重要的地位。海军包括潜艇部队、水面舰艇部队、航空兵、陆战队、岸防部队等,下辖东部战区海军(东海舰队)、南部战区海军(南海舰队)、北部战区海军(北海舰队)等。战区海军下辖基地、潜艇支队、水面舰艇支队、航空兵旅等部队。按照近海防御、远海防卫的战略要求，加快推进近海防御型向远海防卫型转变，提高战略威慑与反击、海上机动作战、海上联合作战、综合防御作战和综合保障等方面的能力，努力建设一支强大的现代化海军。

知识链接

南海大阅兵

2018年4月12日，中央军委在南海海域举行了海上阅兵，人民海军48艘战舰铁流澎湃，76架战机振翅翱飞，1万余名官兵雄姿英发，伴随着激昂的分列式进行曲，受阅舰艇按作战编组成战略打击、水下攻击、远海作战、航母打击、两栖登陆、近海防御、综合保障等7个作战群，以排山倒海之势破浪驶来。受阅飞机组成舰载直升机、反潜巡逻作战、预警指挥、远海作战、对海突击、远距支援掩护、制空作战等10个空中梯队，在受阅舰艇编队上方凌空飞过。水下蓝鲸潜行，海面战舰驰骋，天上银鹰翱翔，汇成一部雄浑的海天交响曲……这是新中国历史上规模最大的海上阅兵，是新时代人民海军的豪迈亮相。

3. 空军

中国人民解放军空军是以航空兵为主体，遂行空中作战任务的军种。空军在国家安全和军事战略全局中具有举足轻重的地位和作用，包括航空兵、空降兵、地面防空兵、雷达兵、电子对抗部队、信息通信部队等，下辖5个战区空军、1个空降兵军等。战区空军下辖基地、航空兵旅（师）、地空导弹兵旅（师）、雷达兵旅等部队。按照空天一体、攻防兼备的战略要求，加快实现国土防空型向攻防兼备型转变，提高战略预警、空中打击、防空反导、信息对抗、空降作战、战略投送和综合保障能力，努力建设一支强大的现代化空军。

4. 火箭军

中国人民解放军火箭军是由第二炮兵更名而来，是我军的一个新军种。火箭军在维护国家主权、安全中具有至关重要的地位和作用，包括核导弹部队、常规导弹部队、保障部队等，下辖导弹基地等。按照核常兼备、全域慑战的战略要求，增强可信可靠的核威慑和核反击能力，加强中远程精确打击力量建设，增强战略制衡能力，努力建设一支强大的现代化火箭军。

知识链接

战略导弹部队建设之初，"中国火箭之父"钱学森就发出了成立中国人民解放军火箭军的呼声。据记载，钱学森在给几位开国将领们讲课时，就在黑板上写下"火箭军"三个字，讲到兴奋之处，钱学森大声说道："中国人完全有能力自力更生制造出自己的火箭。我建议中央军委成立一个新的军种，名字可以叫'火军'，就是装备火箭的部队。"

1958年6月毛泽东在一次军委扩大会议上指出："原子弹就是这么大的东西，没有那东西，人家就说你不算数。那么好吧，我们就搞一点吧，搞一点原子弹、氢弹，我看有10年功夫完全可能。"1966年10月27日，我国成功地进行了导弹与核弹头结合的实弹飞行试验，从此具备了核反击实战能力。核武器作为一种威力巨大的武器，其威慑力不亚于毁伤力，政治意义大于军事意义。邓小平曾深刻地指出："如果60年代以来中国没有原子弹、氢弹，没有发射卫星，中国就不能叫有重要影响的大国，就没有现在这样的国际地位。"事实证明，我国正是拥有了核武器和战略导弹部队，超级大国们才对我国另眼相看，我国在国际政治、外交斗争中，才有了更大的发言权和主动权。这充分说明，掌握核武器，建设好火箭军，对确立中国的大国地位、提高中国在国际上的影响力起着十分重要的作用。

5. 战略支援部队

中国人民解放军战略支援部队于2015年12月31日成立。战略支援部队是中国特色现代军事力量体系中决胜未来战争的关键性力量。习近平总书记深刻指出:战略支援部队是维护国家安全的新型作战力量,是我军新质作战能力的重要增长点。战略支援部队包括战场环境保障、信息通信保障、信息安全防护、新技术试验等保障力量。按照体系融合、军民融合的战略要求,推进关键领域跨越发展,推进新型作战力量加速发展、一体发展,努力建设一支强大的现代化战略支援部队。

6. 联勤保障部队

联勤保障部队是实施联勤保障和战略战役支援保障的主体力量,是中国特色现代军事力量体系的重要组成部分。其包括仓储、卫勤、运输投送、输油管线、工程建设管理、储备资产管理、采购等力量,下辖无锡、桂林、西宁、沈阳、郑州 5 个联勤保障中心,以及解放军总医院、解放军疾病预防控制中心等。按照联合作战、联合训练、联合保障的要求,加快融入联合作战体系,提高一体化联合保障能力,努力建设一支强大的现代化联勤保障部队。[1]

 **思考题**

1. 人民军队的性质是什么?
2. 人民军队的宗旨是什么?
3. 我国武装力量的构成是什么?
4. 中国人民解放军都有哪些军兵种?

第六节 国防动员*

国防动员亦称战争动员,是指国家为准备战争和实施战争而在相应的范围内由平时状态转入战时状态所采取的统一调动人力、物力和财力的紧急措施。现代国防动员通常包括武装力量动员、国民经济动员、人民防空动员、交通运输动员和政治动员等。

一、国防动员概述

(一)国防动员的产生与发展

国防动员最早被称作战争动员。战争动员产生于奴隶社会时期,发展于封建社会和资本主义社会时期。自工业革命后,战争动员进入全面发展时期。尤其是规模空前的两次世界大战的发生,为战争动员进入成熟阶段提供了客观条件。一是战争动员的规模空前扩大。如第二次世界大战中,参战各国动员的总兵力达到 1.1 亿余人。其中,德国为 1700 万人,日本近 1000 万人,苏联 1136 万人,美国 1212.3 万人。人力、物力、财力的动员量高于以往任何战争。二是战争动员的范围进一步扩展。两次世界大战期间,真正将经济、政治、外交等领域全部纳入了战争动员范围,将工业、农业、商业、财政金融、交通运输和邮电通信等经济部门进一步纳入了战时轨道,使得整个战争动员体系日趋完备,"综合动员"的性质日益明显。三是战争动员呈现出持续性的特征。在整个战争期间连续多批次地实施人力、物力和财力的动员,已成为参战各国的普遍做法。四是战争动员体制和制度不断完善。到第二次世界大战前夕,各参战国纷纷建立或改组了战争动员领导机构,对战争动员实施统一的领

---

① 中华人民共和国国务院新闻办公室:《新时代的中国国防》,新华社 2019-7-14。

导,如美国设立了战时资源委员会。与此同时,战争动员法规日臻完善。比如,第二次世界大战期间,各主要参战国已形成由动员基本法和动员专项法构成的战争动员法规体系。其中,动员基本法如德国的《战时授权法案》、日本的《国家总动员法》、英国的《紧急全权国防法案》、苏联的《关于战时状态法令》等。专项动员法有经济动员法、人力动员法、国防生产法、征用法等。

中国在抗日战争时期,为了夺取抗战的胜利,中国共产党进行了广泛深入的政治、军事、经济等方面的动员。1937年8月,中国共产党发表了《抗日救国十大纲领》,号召全国各族人民和社会各阶层、各民主党派团结起来,积极参加抗日战争,形成了抗日民族统一战线,出现了全面抗战的总动员局面。各抗日根据地广泛动员人民群众参军参战,开展游击战争,在敌后战场给日寇以沉重打击。中华人民共和国成立后,在历次局部战争的作战中,都进行了不同规模的战争动员。如在抗美援朝战争中,在全国深入进行了"抗美援朝、保家卫国"的宣传教育,激发了广大军民的爱国热情,在全国迅速动员了200多万民兵、青年参加中国人民志愿军,还动员了大批汽车司机、铁路员工和医务、通信人员担负战争勤务。与此同时,在全国开展的捐献运动,共捐献人民币5.56亿元,可购买3710架战斗机。这些动员活动,为保障战争的胜利作出了重要贡献。

(二)国防动员的地位与作用

国防动员是国防活动的重要内容,是准备和实施战争的重要措施。无论是古代战争还是现代战争,全面战争还是局部战争,常规战争还是非常规战争,都离不开动员。因此,国防动员在保障赢得战争胜利等诸多方面,都具有十分重要的地位与作用。

1. 国防动员是打赢战争的基础环节

为遏制战争爆发或为夺取战争的胜利积聚强大的战争力量,是国防动员的基本功能与任务。因为,战争是实力的较量,任何不具备强大实力的国家,要赢得战争的胜利是不可想象的。战争动员不仅能够通过平时的准备,为战争实施积聚强大的战争潜力,而且可以通过建立一套平战转换机制,使这种潜力在战争爆发后迅速转化为实力,从而为保障战争的胜利奠定必要而坚实的物质基础。同时,现代战争的巨大破坏性,使人们不得不把制止战争的爆发作为降服战争这个恶魔的重大步骤予以重视,因此,在这种情况下,战争动员所积聚的巨大能量同样是战略家们所倚重和借助的力量。战争动员是遏制危机的有效手段。实践中,有许多国家通过积聚力量和显示使用力量的决心,有效地制止了战争的爆发。

2. 国防动员是应对紧急突发事件的有效措施

国防动员的最初功能是应对战争的需要,但现代条件下,随着各种灾难事故和突发事件的频繁发生,人们已把国防动员的功能予以拓展,让它同样可以在应对和处置各类突发事件中发挥其应有作用。因此,当国家遇到此类突发事件时,国防动员活动可以凭借其自身的准备和特有的机制,使国家或地区在需要时进入一定的应急状态,动员国家、军队和社会的一定力量,抗御自然灾害、处置各种自然和人为的事故与灾难,使国家和社会处于正常运转状态,维护人民群众的生命财产安全。

3. 国防动员是支援经济和社会发展的重要力量

国防动员可以用于支援国家经济建设。国防动员建设实行"平战结合、军民结合、寓军于民"的原则,在和平时期动员建设的成果可以直接为经济建设服务。加强动员建设还可以节约国防开支,有利于国家集中力量发展经济。和平时期,国家的中心任务是提高社会生产力,改善人民生活,对国防建设不可能有很多的投入,必须提高国防建设的效益。要用有限的国防经费,获得尽可能强的国防力量,一个有效的办法就是建设精干的常备军,大力加强后备力量建设,健全完善动员体制机制,做到"平时少养兵,战时多出兵"。这样,不仅可以经常保持较强的国防整体威力,为国家提供可靠的安全保障;而且可以减轻国家负担,促进经济和社会发展。

二、国防动员的内容

(一)武装力量动员

武装力量动员,是国家将军队和其他武装组织由平时状态转入战时状态所进行的活动。武装力量动员是战争动员的核心。武装力量动员通常包括现役部队动员、预备役部队和民兵动员。现役部队动员,是指将人民解放军各军兵种部队和武装警察部队从平时编制转为战时编制,按动员计划进行扩编,达到齐装满员,并按照国家战略计划实施展开。预备役部队动员,是指征召大批预备役人员成建制地转服现役,充实预备役部队,使之能够担负作战任务。民兵动员,主要是指组织发动民兵担负参战支前任务。民兵是保卫祖国的一支重要力量,战时可以配合军队作战和担负支援保障任务,也可以独立担负后方防卫作战和维稳任务。

(二)国民经济动员

国民经济动员,是国家将经济部门、经济活动和相应的体制从平时状态转入战时状态所进行的活动。国民经济动员是战争动员的基础和重要内容,对于充分发挥国家的经济潜力,提高军品生产能力,及时满足战争对各种物资和勤务保障的需求,具有重要的作用。国民经济动员主要包括工业动员、农业动员、贸易动员、财政金融动员、科学技术动员、医药卫生动员和劳动力动员等。

工业动员就是国家调整和扩大工业生产能力,增加武器装备及战争需要的其他工业品产量的活动。农业动员,就是国家调整和挖掘农业生产潜力,维护农业设施,增加粮食、棉花、油料、肉类及其他农副产品的产量和国家征购量,满足战争和人民生活对农产品的需求。贸易动员,就是国家在商品流通领域实行战时管理体制和战时商贸政策,控制商品流通秩序和流向,以满足战争和人民生活对各种商品的需求。财政金融动员,是国家为保障战争需要而采取的筹措和分配资金,维持财政金融秩序的活动。科学技术动员,是指为保障战争对科学技术的需要,国家统一组织和调整科研机构,科研人员,科研设备、资料及成果所进行的活动。医药卫生动员,是指统一调度和使用医药卫生方面的人力、药品器材、设备和设施,满足战争对于医药卫生的需要所进行的活动。劳动力动员,就是国家统一调配和使用劳动力,开发劳动力资源,以满足武装力量扩编、军工生产及其他领域对人力的需求所进行的活动。

(三)人民防空动员

人民防空动员,是国家发动和组织人民群众防备敌人空袭、消除空袭后果所进行的活动。在现代战争中,远距离精确打击成为重要的作战样式,如2018年4月14日,美英法三国就是从海上发射110枚远程巡航导弹空袭了叙利亚的重要目标。因此,当前大、中城市和经济基础设施面临的空袭威胁日益严重。人民防空动员对于减轻空袭危害,减少人民群众生命财产损失,保持后方稳定,保存战争潜力,具有重要的作用。人民防空动员主要包括人防预警动员、群众防护动员、重要经济目标防护动员、人防专业队伍动员等。

人防预警动员，是为了及时获取防空斗争所必需的情报，为组织民众防护和进行抢救抢修提供信息保障。群众防护动员，是为了保护人民生命安全，保存后备兵员和劳动力资源，保证人心安定和社会稳定，维持战时生产和生活秩序。重要经济目标防护动员，是为了减轻战争破坏程度，保护关键的生产能力。空袭经济目标、摧毁国防潜力对战争的进程和结局具有决定性影响，搞好重要经济目标防护动员十分重要。相对于政治、军事目标，重要经济目标数量多、单位面积大，情况千差万别，抗打击能力弱，敌空袭这类目标成功率最高。平时，国家经济部门在安排大型项目建设和调整产业结构时，就应充分考虑重要经济目标的防护要求，战时应积极动员有关部门、企业和社会力量，采取综合防护措施，如搬迁疏散、转入地下，伪装欺骗、示假隐真，空中设障、多方拦截等，提高整体防护能力。人民防空专业队伍，是根据战时消除空袭后果的需要，按照专业系统组成的担负抢救抢修等防空勤务的群众性组织。人防专业队伍动员的主要任务是：平时组建各种人防专业队伍，进行必要的训练和演练，有针对性地落实抢救抢修器材、装备和物资；战时适当扩充人防专业队伍，组织开展抢救、抢修行动，消除空袭后果，维护社会治安。

（四）交通动员

交通动员，包括交通运输动员和通信动员，是国家统一管制各种交通线路、设施、工具和通信系统，组织和调动交通、通信专业力量为战争服务的活动。交通和通信是人员、物资和信息流动的物质载体，交通动员对于保障军队的机动和其他人员、物资的前送后运，保障作战指挥和通信联络的畅通，具有重要的作用。

交通运输动员，是国家为了适应战争需要，组织和利用各种交通运输线路、设施和工具，进行人员、物资和装备输送的活动。交通运输动员主要包括铁路、公路、水路和航空等运输方式的动员。铁路运输具有运载量大、速度快、效率高的特点，可担负远距离、大重量的运输任务，是在战略、战役后方实施大规模运输的主要手段。搞好铁路运输动员，要求在平时必须搞好通往主要作战方向的铁路网络的规划建设，修筑必要的铁路运输保障设施和防护工程，重要线路应修建支线、多线、迂回线等。公路运输具有灵活机动、周转速度快、适应性强等特点，既可独立完成运输任务，又可与其他运输方式相衔接进行运输。特别是在铁路运输遭到破坏的情况下，公路运输将担负更重的运输任务。搞好公路运输动员，主要是采取一切组织和技术管理措施，加强战场公路网建设，组织各种运输力量参加军事运输，提高战时公路运输的保障能力。水路运输具有运量大、成本低、隐蔽安全、航线不易被破坏等特点，是海上作战和江河水网地区部队机动和物资输送的主要手段。水路运输动员的能力，主要取决于海洋和内陆江河航路的开辟和利用，还取决于造船工业的发达程度，以及港口设施、设备的状况等。因此，为提高水路运输动员能力，必须充分开发水路运输潜力，发展造船工业，尽可能多地修建港口、码头等，以适应战时军事运输的需要。航空运输具有快速、灵活、一般不受地形条件限制等特点，适用于紧急情况下输送人员、物资。特别是在水路、陆路交通受阻的情况下，航空运输是完成前送后运任务的主要手段。为提高航空运输的动员能力，应根据战时动员需要，按照平战结合的原则规划建设各种飞机跑道和机场，开辟空中航线，储备航空运输需要的各种飞机及其各类专业技术人员等。

通信动员，是指国家为了适应战争需要，统一组织调动通信资源和力量，综合运用多种通信手段，保证通信联络安全、稳定、畅通所进行的活动。在信息化条件下，战时指挥协同的通信量大大增加，通信动员的任务十分繁重。通信动员涉及面广、内容复杂，动员对象既有通信技术人员，也有通信装备和器材；涉及的行业，既有有线通信系统，也有无线、移动、卫星通信系统和互联网；参与动员的人员，既有政府部门的业务管理人员，也有军队系统的相关管理人员，还有通信网络运营商和通信装备生产商。要做到各类人员有机协调、统一行动，实现各类通信网络兼容互通、系统集成，确保通信畅通，必须加强对通信动员的集中统一领导和指挥。

知识链接

1953年东山岛战役中的交通运输动员

1953年7月15日，国民党军对东山岛发动了一次大规模袭击。东山岛战役是沿海战事中重要的一役。

东山岛为福建第二大岛，位于闽粤交界的外海，福建军区派公安第80团主力及1个水兵连共1200人驻守该岛，福建军区和广东军区事先还制订了东山岛遭到攻击时的增援计划。

东山袭击行动的指挥官是金门防卫司令胡琏。因解放军主力位于泉州，国民党于是先出动空军炸毁了泉州通往东山岛的必经之路九龙江桥，力图使泉州增援部队3天时间赶不过来，以实现快打快跑的策略。7月15日，金门国民党第19军第45师等部1万多人搭乘数艘驱逐舰和登陆艇南驶。次日拂晓，国民党军登陆东山岛，解放军第31军即令机动部队第272团火速增援。

16日凌晨2时，福建省交通厅接军区通知："限17日晨3时前，集中汽车200辆于福州、泉州两地待命。"各地运输部门闻风而动，一面电告各汽车站就地集中车辆，并将木炭车全部改燃汽油，限时赶赴指定地点；一面派出干部分赴沿线督促检查，协助调配车辆，组织油、胎供应和负责临时修车任务。漳州地区接令后立即集中93辆汽车，并令其中69辆状况较好的车辆迅速于16日下午1时驶抵指定地点泉州，其余24辆留供当地调遣。同日上午10时，漳浦县也集中了68辆汽车，由当地驻军调用。原定集中于福州的车辆，16日下午按新的部署，改驶泉州、旧镇两地集中。至17日凌晨3时，实际集中于泉州、旧镇两地的汽车已达222辆；延至上午7时30分，集中车辆又增至268辆，超过预定集中车辆数。

16日晚10时30分，福建省交通厅发出命令："限两天内，集中闽北200辆汽车抵福州待命。"散驻在闽北各地的车辆连夜就地卸货，应召而发，日夜兼程，翻越了海拔1260米高的筹岭。于限期内赶抵福州的汽车达208辆；尚有应调集于建瓯的汽车122辆。此外，浙江、江西等兄弟省汽车运输部门，亦纷纷派车前来支援。

在东山岛战役中，除军车外，先后从各地赶抵前沿集中的地方汽车共达489辆，其中国营176辆，民营313辆；总行驶40万公里，运送物资1912吨，运送人员1.14万人次。当时全省就有一半以上车辆在24小时之内赶赴前线，其余没有应调的车辆也全部进入战备状态，为全力支援东山岛战役，组成了一支坚强的钢铁运输队伍。

担负前方运输任务的行车人员，英勇顽强战斗。客车驾驶员杜标16日晨从漳州开车到漳浦，接到紧急支前命令后，不顾敌机扫射，以最快速度运送漳浦独立团的部分指战员走到陈岱（该团抢渡八尺门，先登上东山岛，飞奔后林村，配合当地民兵歼灭国民党空降伞兵487人）；为保卫八尺门渡口，使增援部队顺利渡海，杜标驾驶的这辆客车又连续3天3夜运送部队、弹药20多趟，行程达2000多公里。货车驾驶员王惠，为运送部队战士和枪支、弹药，整整跑了7天，两眼布满血丝，仍坚持不下火线。福厦沿线的福州、泉州等汽车保修工人，夜以继日抢修车辆，支援前线；特别是靠近前方的漳州保养场，任务更为艰巨，工人们在1天之内就把全部停场车辆赶修完成；紧接着又投入抢修过往车辆的东山岛战役。从东山岛战役开始至结束，前后7天共抢修部队等过往各类汽车133辆，保证了前方战斗的需要。

历时一天一夜的东山岛战役,解放军死伤被俘者计1250余人,国民党死伤被俘者则高达3379人。东山岛战役证明了解放军沿海的机动能力已大幅提高,这意味着过去三年国民党军利用海空军优势在闽浙沿海岛屿肆意进出的优势结束了。东山岛战役胜利结束后,龙溪地委、军分区奖给漳州公司支前模范锦旗1面,杜标、王惠被授予支前模范光荣称号。

战斗期间,毛泽东亦十分关注,曾到总参作战室询问战况。战斗结束后,毛泽东对东山岛战役的胜利给予了高度评价。

(五)政治动员

政治动员,是国家为进行战争而开展的宣传、教育、组织工作和外交活动。政治动员是战争动员的一项重要内容,并为其他领域的动员活动提供思想保障。

政治动员主要包括国内政治动员和国际政治动员。国内政治动员,是政府、军队和社会团体等,运用各种宣传舆论工具,对全国军民进行以爱国主义和革命英雄主义为核心的国防教育,使之增强国防观念,坚定打败敌人、夺取胜利的信心。在国内政治动员中,对军人及其家属实行优待和抚恤政策是十分重要的,可以起到激励将士奋勇杀敌、勇立战功,引导全社会拥军优属、为争取战争胜利做贡献的作用。国际政治动员,是国家通过各种外交活动和对外宣传,揭露敌人的战争阴谋,控诉敌人的战争暴行,瓦解敌方的战斗意志,争取各国的声援和支持,建立国际统一战线,或者结成国际联盟。

三、国防动员的组织实施

国防动员的组织实施,通常按照进行动员决策、发布动员令、充实动员机构、修订动员计划和落实动员计划的步骤进行。

(一)进行动员决策

进行动员决策,是战争动员实施过程中首先需要解决的问题。只有实施了动员决策,整个国家的政治、军事、经济、文化和外交等部门和领域才能相应地转入战时体制,进行动员的各项活动。进行战争动员决策的关键,是正确分析判断敌情,必须充分利用各种手段,广泛收集各国尤其是敌对国家的政治、经济、军事等方面的情况,并对这些情况进行综合分析,尽早洞察敌对国家的战争企图,从而视情况确定动员实施的时机、规模和方式等。

(二)发布动员令

动员令是宣布全国或部分地区、某些部门转入战时状态的命令。动员令的发布,关系战争的胜负和国家的命运,由最高权力机关或国家元首、政府首脑发布。《国防法》规定:全国人民代表大会依照宪法规定,决定战争和和平的问题,并行使宪法规定的国防方面的其他职权。全国人民代表大会常务委员会依照宪法规定,决定战争状态的宣布,决定全国总动员或者局部动员,并行使宪法规定的国防方面的其他职权。中华人民共和国主席根据全国人民代表大会的决定和全国人民代表大会常务委员会的决定,宣布战争状态,发布动员会,并行使宪法规定的国防方面的其他职权。

发布动员令的方式,分为公开发布和秘密发布两种。公开发布动员令,一般是在战争即将或已经爆发的情况下,运用一切宣传工具和通信手段,把爆发战争的真实情况和战略态势告诉全体军民。秘密发布动员令,一般是在战争已不可避免,但尚未爆发的情况下施行,通常执行严格的保密限制,只秘密通知政府有关部门和军事机构等。

(三)充实动员机构

动员机构是指平时负责动员准备、战时负责动员实施的组织领导机构。一旦实施战争动员,和平时期的动员机构,无论在人力上还是物力上,都难以适应需要,必须及时调整和加强。一是要增加人员;二是增加支出保障需要。与此同时,还要使其具有较高的权威性。战争动员事关国家安危,责任重大,如果权力有限,指挥无力,处处受制,就难以完成繁重的动员任务,影响战争成败。

(四)修订动员计划

战争动员计划,是实施战争动员的依据。在面临战争的情况下,由于国际战略环境和国内条件都发生了变化,事先制订的动员计划难免与战争的实际情形不完全吻合,所以要及时予以修订。修订战争动员计划,一般是在既定计划的基础上进行,并往往与充实动员机构同时进行。

(五)落实动员计划

落实动员计划,是使计划见之于行动,是实施战争动员的关键环节。动员令发布之后,负有动员任务的地区和部门,应根据修订的动员计划,迅速转入战时体制。各行业以及社会生活的各个方面,都应以保障战争胜利为轴心迅速进行调整。其中,武装力量要迅速转入战时状态。现役军人一律停止转业和退伍、停止探亲和休假,外出人员立即归队。预备役部队应迅速集结、发放武器装备,并抓紧训练,准备承担作战任务。民兵应做好应征准备,同时启封武器装备,成建制进行训练,并准备承担各项任务。各行业、各阶层都要动员起来,落实战争动员任务,为赢得战争胜利贡献自己的力量。

思考题

1. 国防动员的概念是什么?
2. 国防动员的地位和作用有哪些?
3. 国防动员的主要内容有哪些?
4. 国防动员的组织实施有哪些步骤?

第二章 国家安全

教学目标：了解国家安全概念的产生、发展及其科学内涵，了解判断国家安全威胁的分析方法，充分理解认识总体国家安全观的主要内容；深刻认识我国地缘环境的基本特点，以及当前我国面临的安全形势，提升大学生的防间保密意识；了解我国海洋安全权益、面临威胁和应对策略，正确把握和认识当前国际战略环境，不断增强国家安全意识。

参考学时：8 学时

第一节 国家安全概述

"国家安全"是一个由"国家"和"安全"两个概念组成的复合概念，特指与国家安全相关的实践、思想及战略谋划与战略指导。国家安全概念的产生、定义及内涵，是一个不断发展的过程。

一、国家安全的内涵

我国学者对国家安全概念也尚无统一的认识。有的学者认为：国家安全是指国家生存和发展没有或很少受到重大威胁的状态，也是指对国家生存和发展利益的保障。这种理解，只强调了国家安全的客观状态，而没有强调主观感受。有的学者认为：国家安全是指国家在客观上不存在威胁、主观上不存在恐惧的一种状态。这种理解，从客观和主观两个方面强调了国家安全是不受威胁和不存在恐惧的状态。有的学者认为：国家安全是指国家的主权、领土、政治制度、人民生命财产等处于不受威胁的状态。国家安全是保障国家生存与发展、社会安定和人民安居乐业的基本条件，是国家利益的集中体现，内容丰富，含义宽泛。这种理解，从国家安全的客观状态方面，明确了国家安全的内涵与外延。有的学者分析了关于国家安全的各种认识后认为："安全是有主体的，当安全的主体是国家时，便构成了国家安全……国家安全就是一个国家处于没有危险的客观状态，也就是国家既没有外部的威胁和侵害又没有内部的混乱和疾患的客观状态。"[①]

2015 年 7 月 1 日，第十二届全国人民代表大会常务委员会第十五次会议通过了新的《中华人民共和国国家安全法》(以下简称《国家安全法》)，该法对"国家安全"的定义是："国家安全是指国家政权、主权、统一和领土完整、人民福祉、经济社会可持续发展和国家其他重大利益相对处于没有危险和不受内外威胁的状态，以及保障持续安全状态的能力。"这个定义，从国家法律的视角，科学界定了我国国家安全的内涵和外延，明确了维护国家安全的各项任务，对于建立健全国家安全制度和国家安全保障措施，为构建国家安全体系，走出一条中国特色国家安全道路奠定了坚实的法律基础。这一定义，明确了"国家安全"的诸多内涵：

第一，国家安全的主体是国家。安全有不同的主体，不同的主体有不同的安全问题。当安全的主体是国家时，便构成了国家安全。

---

① 刘跃进：《国家安全学》，中国政法大学出版社 2004 年版，第 51 页。

第二,国家安全的客体可以是任何现实的物体、系统及其组成部分。这些安全客体需要得到安全保护,使其免受损害或破坏。我国国家安全的客体,既包括个人与全体公民、社会组织和国家机构,也包括国家政权、主权、统一和领土完整以及其他国家利益领域组成的不同系统。

第三,"国家安全"概念本身虽然非常抽象、非常概括,但它全面反映了国家安全现实。国家安全是一个国家既没有外部威胁和侵害又没有内部混乱和疾患的客观状态。国家安全包括外部安全和内部安全两个方面,既重视外部安全,又重视内部安全,才是符合国家安全概念的全面的国家安全观。

第四,国家安全是一种国家利益,但不是一般利益,而是国家的基本利益。我国的国家安全利益构成,涉及国家政权、主权、统一和领土完整、人民福祉、经济社会可持续发展和国家其他重大利益。我国的国家安全构成要素,既包括传统国家安全利益维护问题,也包括非传统国家安全利益维护问题。

第五,国家安全不仅指没有威胁和危害的客观状态和心理感受,还包括保障国家持续安全状态的能力。如果没有保障国家持续安全状态的能力,国家安全必然受到威胁与危害。

二、总体国家安全观

2014 年 4 月 15 日,习近平总书记主持召开中央国家安全委员会第一次会议,首次提出总体国家安全观,系统阐述了总体国家安全观的基本内涵、指导思想和原则,为开创国家安全工作新局面指明了方向。

(一)总体国家安全观的内涵

总体国家安全观是富有中国特色的国家安全体系,习近平总书记指出,当前我国国家安全内涵和外延比历史上任何时候都要丰富,时空领域比历史上任何时候都要宽广,内外因素比历史上任何时候都要复杂,必须坚持总体国家安全观,以人民安全为宗旨,以政治安全为根本,以经济安全为基础,以军事、文化、社会安全为保障,以促进国际安全为依托,走出一条中国特色国家安全道路。贯彻落实总体国家安全观,必须既重视外部安全,又重视内部安全,对内求发展、求变革、求稳定、建设平安中国,对外求和平、求合作、求共赢、建设和谐世界;既重视国土安全,又重视国民安全,坚持以民为本、以人为本,坚持国家安全一切为了人民、一切依靠人民,真正夯实国家安全的群众基础;既重视传统安全,又重视非传统安全,构建集政治安全、国土安全、军事安全、经济安全、文化安全、社会安全、科技安全、信息安全、生态安全、资源安全、核安全等于一体的国家安全体系;既重视发展问题,又重视安全问题,发展是安全的基础,安全是发展的条件,富国才能强兵,强兵才能卫国;既重视自身安全,又重视共同安全,打造命运共同体,推动各方朝着互利互惠、共同安全的目标相向而行(见图 2—1)。

总体国家安全观强调用辩证思维和协调理念看待和维护国家安全,既着眼于实现"两个一百年"奋

图 2—1　总体国家安全观

斗目标,又着眼于国家的长治久安和中华民族的永续昌盛;既看到机遇,强调增强战略定力,维护和延长我国发展的重要战略机遇期,又居安思危,强调增强忧患意识,重视把握重要战略机遇期内涵和条件的变化;既重视长期存在的政治、经济、社会、军事等领域,又重视信息、生态、资源、海洋、外空、网络等新兴领域;既强调顺应世界潮流,充分利用国际大势有利因素,又坚定地从中国国情出发,走中国特色国家安全道路;注重把国家发展与国家安全、国家安全与社会稳定、内部安全与外部安全、国土安全与国民安全、传统安全与非传统安全、本国安全与别国安全、安全体制机制与安全意识能力等联系起来,统分结合,点面结合,一般与重点结合,动态把握,贯通驾驭各种复杂情况。

(二)总体国家安全观的基本原则

1. 坚持党对国家安全工作的绝对领导的原则

中国共产党是中国特色社会主义事业的领导核心。国家安全工作既是中国特色社会主义事业的重要组成部分,也是中国特色社会主义事业的坚强安全保障,坚持党对国家安全工作的绝对领导必然成为国家安全工作必须遵循的根本政治原则。《国家安全法》通过并施行后,这一原则以法律形式进一步得到确认。《国家安全法》第四条明确规定:"坚持中国共产党对国家安全工作的领导,建立集中统一、高效权威的国家安全领导体制。"

2. 坚持国家利益至上的原则

走中国特色国家安全道路,必须坚持国家利益至上。国家利益是一个主权国家在国际社会中生存需求和发展需求的总和。必要的条件不存在,国家就不能生存,如国土、人口和主权等。需要的条件不存在,国家就不能发展,如和平的周边环境、充分的能源供应和平等的贸易关系等。国家利益反映的是国家作为整体的需求,因而往往具有至高无上的特点。就当今世界各国而言,其利益可以说都有"神圣"的一面,在这里,"神圣"是指"极其崇高而庄严""不可侵犯"。国家安全工作的根本使命就是捍卫国家利益。国家利益是制定国家安全战略的出发点,决定国家安全目标及其实现手段和途径。

3. 坚持以人民安全为宗旨的原则

人民安全是国家安全最核心的部分,其他安全都应统一于人民安全。人民安全高于一切,是总体国家安全观的精髓所在。总体国家安全观坚持以人民安全为宗旨,继承发扬了中国共产党全心全意为人民服务的宗旨和优良传统,彰显了深厚的人民情怀,既符合历史规律,也体现了时代与发展的新要求、新方向,对走出一条中国特色国家安全道路具有重要的现实指导意义。

4. 坚持共同安全的原则

当今世界各国人民命运与共,唇齿相依。全球化深入发展,国与国之间利益交织,彼此关切,形成深层次的相互依赖。任何国家都不可能脱离世界而实现自身安全,也不可能将自身安全建立在其他国家不安全的基础上。安全应该是普遍的、平等的、包容的,共同安全具有丰富而深刻的科学内涵。所谓共同,就是尊重和保障每一个国家的安全。坚持共同安全是走中国特色国家安全道路的必然要求,推进国际安全合作需要有关各方相向而行。推进国际安全合作需要推动和平解决国际争端、推进国际安全领域的合作以及推进地区安全领域的合作。

5. 坚持促进中华民族伟大复兴的原则

当代中国正处于关键而又特殊的阶段,把国家安全工作放到中华民族伟大复兴的历史征程中加以领导和运筹,是中国特色国家安全道路的基本发展方向。中华民族伟大复兴是当代中国最伟大的梦想。实现中华民族伟大复兴的中国梦,就是要实现国家富强、民族振兴、人民幸福。维护国家安全是中华民族伟大复兴的重要保障。面对新形势新任务,要从战略高度将国家安全工作贯穿于中华民族伟大复兴全过程,不断提高战略谋划能力、开拓创新能力,牢牢掌握做好国家安全工作的主动权。对内求发展、求变革、求稳定,对外求和平、求合作、求共赢。[①]

(三)总体国家安全观的主要内容

根据总体国家安全观,国家安全的主要内容包括政治安全、国土安全、军事安全、经济安全、社会安全、文化安全、科技安全、信息安全、生态安全、资源安全、核安全、生物安全等方面。这里既包括传统安全,也包括非传统安全,它们在动态联系中影响着整个国家安全系统。同时,总体国家安全观是开放的安全观,具有包容性、开放性、动态性。随着高新技术的迅猛发展,国家安全领域大大拓展,出现了太空、深海、极地、网络等新兴领域的安全内容。

1. 传统安全

传统安全以维护国家主权为核心,涉及政治、军事、外交、情报等领域。传统安全的行为主体一般都来自主权国家,带来的威胁关系到民族、国家和政权的生死存亡。

(1)政治安全

政治安全是指国家主权、领土、政权、政治制度、意识形态等方面相对处于没有危险和不受内外威胁的状态,以及保障持续安全状态的能力。政治安全是国家安全的根本,国家的社会、经济、科技、网络、军事等其他领域安全的维系,最终都需要以政治安全为前提条件。

(2)国土安全

国土安全主要指一个国家主权范围内的领陆、领水(包括内水和领海)、领空相对处于没有危险和不受内外威胁的状态,以及保障持续安全状态的能力。这是传统的国家生存空间范围的安全。随着科技发展以及经济技术开展和经济发展需要,国家生存空间领域也在不断拓展,网域、天域和经济海域等空间的安全也需要引起重视。国土安全是立国之基,是传统安全备受关注的首要方面。

(3)军事安全

军事安全是指国家不受外部军事入侵和战争威胁的状态,以及保障持续安全状态的能力。军事安全既是国家安全体系的重要领域,也是国家其他安全的重要保障。军事安全关系到国家主权和领土完整不受侵犯,关系到国家生死存亡和长治久安,世界各国都将其视为维护核心利益的重要保证。

2. 非传统安全

非传统安全是相对传统安全而言的,是指除军事、政治和外交冲突以外的其他对主权国家及人类整体生存与发展构成威胁的因素。

(1)经济安全

经济安全是指经济全球化时代一国保持其经济存在和发展所需资源有效供给、经济体系独立稳定运行、整体经济福利不受恶意侵害和非可抗力损害的状态和能力。它包括两个方面,一是国内经济安全,即一国经济处于稳定、均衡和持续发展的正常状态;二是国际经济安全,即一国经济发展所依赖的国外资源和市场的稳定与持续,免于供给中断或价格剧烈波动而产生的突然打击,散布于世界各地的市场和投资等商业利益不受威胁。经济安全是国家安全的基础。

---

① 《总体国家安全观干部读本》编写组:《总体国家安全观干部读本》,第70页,人民出版社2016年版.

（2）社会安全

社会安全是指防范、消除、控制直接威胁社会公共秩序和人民群众生命财产安全的治安、刑事、暴力恐怖事件，以及规模较大的群体性事件等。社会安全工作涉及打击犯罪、维护稳定、社会治理、公共服务等各个方面，涉及生产、工作、生活各个环节。社会安全是国家安全的重要内容。

（3）文化安全

文化安全是指一国文化相对处于没有危险和不受内外威胁的状态，以及保障持续安全状态的能力。文化是民族的血脉，是人民的精神家园。文化安全是国家安全的重要保障。

（4）科技安全

科技安全是指科技体系完整有效，国家重点领域核心技术安全可控，国家核心利益和安全不受外部科技优势危害，以及保障持续安全状态的能力。科技安全是国家安全体系的重要组成部分，是支撑国家安全的重要力量。维护科技安全既要确保科技自身安全，更要发挥科技支撑引领作用，确保相关领域安全。

（5）信息安全

信息安全主要是指信息的完整性、可用性、保密性和可靠性。信息安全主要考虑对信息资源的保护，其实质就是要保护信息系统或信息网络中的信息资源免受各种类型的威胁、干扰和破坏，即保证信息的安全可靠。广义的信息安全是指一个国家或地区的信息化状态和信息技术体系不受威胁和侵害；狭义的信息安全是指信息系统（包括信息网络）的硬件、软件及其数据、内容等不被破坏或泄露，不被非法更改，信息系统保持连续可靠运行，信息服务不中断的一种状态。

（6）生态安全

生态安全是指一个国家具有支撑国家生存发展的较为完整、不受威胁的生态系统，以及应对内、外重大生态问题的能力。生态安全是人类生存发展的基本条件。生态环境的恶化对人类生存的威胁，如同战争威胁一样生死攸关。

（7）资源安全

资源安全是指保证各种重要资源充足、稳定、可持续供应，在此基础上，追求以合理价格获取资源，以集约节约、环境友好的方式利用资源，保证资源供给的协调和可持续。从国家安全的角度看，资源的构成包括水资源、能源资源、土地资源、矿产资源等多个方面。资源作为战略保障，是国家维护政治、军事安全的基础，是经济社会平稳可持续发展必不可少的要素。

（8）核安全

核安全是指对核设施、核活动、核材料和放射性物质采取必要和充分的监控、保护、预防和缓解等安全措施，防止由于任何技术原因、人为原因或自然灾害造成事故发生，并最大限度地减少事故情况下的放射性后果，从而保护工作人员、公众和环境免受不当辐射危害。维护核安全，既具有军事意义，即防范核威胁和核攻击；也具有非军事意义，即防范核犯罪、核事故所造成的核危害。

（9）生物安全

生物安全一般是指由现代生物技术开发和应用对生态环境和人体健康造成的潜在威胁，及对其所采取的一系列有效预防和控制措施。2020年，新冠疫情暴发后，习近平总书记强调，要从保护人民健康、保障国家安全、维护国家长治久安的高度，把生物安全纳入国家安全体系。2020年10月17日，13届全国人大常委会第22次会议表决通过了《生物安全法》，自2021年4月15日起实行。

3. 新兴领域安全

随着太空、深海、极地、网络等领域高新技术的迅猛发展和海外利益的广度和深度不断拓展,国家安全的"领域"和"利益"大大拓展。

(1)太空安全

太空安全是指国家的太空利益不受损害和威胁,以及国家各项利益不受来自外层空间的损害和威胁的状态和过程,也称为航天空间安全、外层空间安全、空间安全。太空安全的主要内容包括:利用外层空间的权利、航天活动不受干扰、航天系统受保护。

(2)深海安全

深海安全是指国家在国际海底区域的活动、资产和其他利益不受损害和威胁的状态,以及保障持续安全状态的能力。深海安全的主要内容包括:安全进出、科学考察和开发利用不受干扰。

(3)极地安全

极地安全是指国家在南极和北极的活动、资产和其他利益不受损害和威胁的状态,以及保障持续安全状态的能力。极地安全的主要内容包括:安全进出、科学考察和开发利用不受干扰。

(4)网络安全

网络安全是指网络系统的硬件、软件及其系统中的数据受到保护,不因偶然的或者恶意的原因而遭受到破坏、更改、泄露,系统连续可靠正常地运行,网络服务不中断。根据不同的环境和应用,网络安全的主要类型包括运行系统安全、网络上系统信息的安全、信息传播安全和信息内容安全。

三、公民在国家安全中的责任和义务

强化公民的国家安全意识和责任,是国家安全的固本之策和长久之计。人民是国家安全事务的参与者和管理者,是维护国家安全的力量源泉和坚强后盾。公民、企业事业组织和其他社会组织,都应当树立国家安全意识,增强维护国家安全的责任感使命感,自觉维护国家安全。

(一)维护国家安全需要人人作出贡献

维护国家安全需要构筑人民防线和社会堤坝。人民是历史的创造者,也是国家安全的维护者。国家安全的根基在人民、力量在人民、血脉在人民,人民对国家的认同和支持是维护国家安全的不竭动力。只有动员群众,依靠人民,才能切实有力地维护国家安全。只要人人为维护国家安全积极作出贡献,全社会都动员起来、行动起来,就能铸成坚强有力的人民防线,筑牢坚如磐石的社会堤坝,使危害国家安全者无处藏身,危害国家安全的行为无法得逞。发扬"人民战争"的优良传统,万众一心,众志成城,群策群力,同仇敌忾,国家安全就能得到切实维护和有力保障。

维护国家安全需要全社会的共同努力,各人民团体、企业、社会组织是维护国家安全的重要力量,其作用不可或缺,可以大有作为。为维护国家安全作贡献的方式也多种多样,既可以在进入紧急状态、战争状态或者实施国防动员的情况下,积极配合国家安全专门机关征用本单位的人力、物力、财力,也可以在单位内部建立规章制度,形成组织网络,动员、组织本单位的人员防范、制止危害国家安全的行为,还可以通过培训、宣传、研讨、演练等形式,提升本单位及相关人员维护国家安全的意识和能力。

维护国家安全人人可为。公民可以通过各种方式为维护国家安全贡献智慧和力量,既可以为维护国家安全工作提供便利和协助,也可以为维护国家安全积极建言献策;既可以检举、制止危害国家安全的行为,也可以监督维护国家安全工作的开展。维护国家安全,要时时用心,事事留意,从点滴做起,积极贡献力量。

(二)公民要认真履行维护国家安全法律义务

依法维护国家安全的关键之一,就是每个公民都要认真履行国家安全法律义务。《中华人民共和国宪法》对公民维护国家安全的法律义务进行了规定。其中第一条规定,禁止任何组织或者个人破坏社会主义制度。第四条规定,禁止对任何民族的歧视和压迫,禁止破坏民族团结和制造民族分裂的行为。第十五条规定,国家依法禁止任何组织或者个人扰乱社会经济秩序。第三十六条规定,任何人不得利用宗教进行破坏社会秩序、损害公民身体健康、妨碍国家教育制度的活动。第五十二条规定,中华人民共和国公民有维护国家统一和全国各民族团结的义务。第五十三条规定,中华人民共和国公民必须保守国家秘密。第五十四条规定,中华人民共和国公民有维护祖国的安全、荣誉和利益的义务,不得有危害祖国的安全、荣誉和利益的行为。第五十五条规定,保卫祖国、抵抗侵略是中华人民共和国每一个公民的神圣职责。每个公民都应恪守宪法规定的法律义务,自觉承担起维护国家安全的责任。《国家安全法》第七十七条规定,公民和组织应当履行下列维护国家安全的义务:①遵守宪法、法律法规关于国家安全的有关规定;②及时报告危害国家安全活动的线索;③如实提供所知悉的涉及危害国家安全活动的证据;④为国家安全工作提供便利条件或者其他协助;⑤向国家安全机关、公安机关和有关军事机关提供必要的支持和协助;⑥保守所知悉的国家秘密;⑦法律、行政法规规定的其他义务。任何个人和组织不得有危害国家安全的行为,不得向危害国家安全的个人或者组织提供任何资助或者协助。第七十八条规定,机关、人民团体、企业事业组织和其他社会组织应当对本单位的人员进行维护国家安全的教育,动员、组织本单位的人员防范、制止危害国家安全的行为。第七十九条规定,企业事业组织根据国家安全工作的要求,应当配合有关部门采取相关安全措施。《中华人民共和国反间谍法》第四条规定,中华人民共和国公民有维护国家的安全、荣誉和利益的义务,不得有危害国家的安全、荣誉和利益的行为。一切国家机关和武装力量、各政党和各社会团体及各企业事业组织,都有防范、制止间谍行为,维护国家安全的义务。第十九条规定,机关、团体和其他组织应当对本单位的人员进行维护国家安全的教育,动员、组织本单位的人员防范、制止间谍行为。第二十至二十五条则具体规定了公民和组织的六项义务,即:①应当为反间谍工作提供便利或者其他协助。②发现间谍行为,应当及时向国家安全机关报告;向公安机关等其他国家机关、组织报告的,相关国家机关、组织应当立即移送国家安全机关处理。③在国家安全机关调查了解有关间谍行为的情况、收集有关证据时,有关组织和个人应当如实提供,不得拒绝。④应当保守所知悉的有关反间谍工作的国家秘密。⑤不得非法持有属于国家秘密的文件、资料和其他物品。⑥不得非法持有、使用间谍活动特殊需要的专用间谍器材。除此以外,其他法律法规也有关于维护国家安全的义务性规定。要认真学习有关国家安全和保密工作的法律法规、规章制度,在维护国家安全上依法履行义务。违反国家安全法律,实施危害国家安全的行为,必将受到严厉惩处。根据《中华人民共和国刑法》《中华人民共和国反恐怖主义法》等法律的规定,这些行为包括:一是阴谋颠覆政府,分裂国家,推翻社会主义制度;二是参加间谍组织或者接受间谍组织及其代理人的任务;三是窃取、刺探、收买、非法提供国家秘密;四是策划、勾引、收买国家工作人员叛变;五是组织、策划、准备实施、实施恐怖活动,宣扬恐怖主义,煽动实施恐怖活动,组织、领导、参加恐怖活动组织,为恐怖活动提供帮助;六是进行危害国家安全的其他破坏活动。

（三）公民要自觉维护国家安全利益

国家安全利益是国家最高利益，每个公民都应当成为国家安全利益的自觉维护者。只有广大公民将维护国家安全视为自觉行动，愿意为国家安全工作贡献更多力量，国家安全利益才能得到更加持久、更加可靠的维护。

树立国家安全利益高于一切的观念。国家安全涉及社会生活的方方面面，是国家、民族生存与发展的重要保障。在实现中华民族伟大复兴中国梦的过程中，我国国家安全利益不断拓展，公民维护国家安全利益的自觉性也随之得到提升。广大公民要始终将维护国家安全利益放在首要位置，强化国家安全利益的底线思维，大力弘扬爱国主义精神，增强民族自信心和自豪感，积极主动维护国家安全。

树立严格保密的意识。公民在上网、与境外人员交流以及面对提出敏感问题人员的时候，一定要提高法治意识，增强国家安全观念；提高警惕、坚守底线，防止被套取情报信息甚至被蛊惑策反。国家之间的利益较量更多地依赖于现代信息传播技术，随着社会信息化深入发展，计算机网络和手机泄密呈高发态势。要加强保密技能学习，严格遵守有关法律法规，严防计算机网络和手机泄密。

提升维护国家安全的能力素质。每个公民都应该积极参加国家安全法律法规知识的教育和普及活动，努力做到学法、懂法、守法。善于识别危害国家安全的害群之马，善于识别各种伪装。积极支持和协助国家安全专门机关开展工作。国家安全专门机关需要公民配合工作时，每个公民都应当按照有关法律法规要求，认真履行法定义务，提供便利和协助，如实提供情况和证据，做到不推、不拒，更不得以暴力、威胁等方式妨碍执行公务。①

> **知识拓展**
>
> **对国家安全威胁的分析**
>
> **一、威胁的动因**
>
> 威胁必须是客观存在的，既不能对存在的威胁视而不见，认为太平无事，也不能扩大敌情，人为地制造威胁，扩大军备。前者的后果，可能导致国家的"危"和"亡"。后者的后果，可能将大量的经费消耗在过度的备战之中，从而影响国家正常的经济建设，导致综合国力由此衰落。古今中外，由于穷兵黩武，国家由强转衰的事例是很多的，第二次世界大战中的德国和日本就是鲜明的一例。一个国家判定周边国家能否对本国构成威胁，要分析各方面的动因：有因领土争执而互为仇敌的，如埃及与以色列曾为西奈半岛而大动干戈；有因民族宿怨而互相戒备的，如阿拉伯民族和以色列的矛盾，一直是中东地区动荡不安的根源之一；有因社会制度的根本分歧而诉诸武力的，如第二次世界大战后资本主义国家总把社会主义国家当作敌人，并发动了侵朝战争和侵越战争；有因意识形态的差异而相互指责、颠覆和戒备的，如一些垄断资产阶级国家总把遏制共产主义当作国家安全的基本政策，抛出所谓"遏制""超越遏制"战略，炮制莫须有的"中国威胁论"等；有因宗教信仰不同而引起战争的，最典型的要算曾持续百年之久的十字军远征了，消灭异教徒成了当时"圣战"的神圣口号；有因经济利益发生矛盾而导致军事冲突的，1990年的海湾危机最能说明这个问题。伊拉克入侵科威特，主要是为了掠夺石油资源和赖债，美国出兵伊拉克主要也是掠夺海湾的能源利益；有因反对恐怖主义而发动战争的，如美国与阿富汗的战争。

---

① 陈波：《普通高等学校军事课教科书——军事理论》，第77-80页，人民出版社2019年版.

对于存心侵略别国的霸权主义来说，就是没有原因也可以制造原因，借以引起争端和战争。如第一次世界大战，德国、奥地利就借弗朗斯·斐迪南王储被害而发起大战，造成了世界上的第一次浩劫。再如美国2001年发动伊拉克战争的"原因"是因为"伊拉克生产大规模杀伤武器"，可是直到战争结束后，也没有查到"证据"，美国事先所说的原因是不存在的。

总之，一个国家之所以对他国构成威胁，总是事出有因的。不是历史遗留的矛盾，就是现实存在的冲突。一般说来，实行霸权主义、扩张主义等强权政治的国家，是构成威胁的主要原因。威胁分析是对各种原因的综合分析。通过威胁分析，确定有针对性的战略是威胁分析的目的所在。

二、威胁的构成要素

一般说来，构成威胁有两大要素：实力与企图。

实力是构成威胁的客观要素，是第一位的要素。强国一般有较多的条件对弱国构成威胁，而弱国一般没有能力对强国构成威胁。国家的强弱是能否构成威胁的实力要素。威胁分析，就要分析邻国的力量要素。只有那些比自己力量强大的或与自己力量相当的国家，才有实际可能对本国构成全面威胁。至于那些比自己弱小的国家，即使他有威胁本国的企图，也只是心有余而力不足，不敢轻易地采取威胁行动。就是有所行动，也只是局部威胁。

如何判明一个国家的威胁实力呢？实力是多方面的，有政治、外交、经济、科技、教育、军事等。这里说的威胁实力主要指的是军事实力，即军队数量的多寡、装备的强弱、训练的优劣、作风的良莠、补给的盈乏等。一国的军事实力超过了国家防御的需要，他就有力量，就有可能对另一国构成威胁。

企图是构成威胁的主观要素，也是不可忽视的重要要素。实力是威胁的第一位要素，但不是唯一要素，能否构成威胁，一看实力，二看企图。一个国家有了强大的实力，并无扩张、侵略别国的野心，就不会对别国构成威胁。没有强大的实力，但一心称雄称霸，也可能会对别国构成威胁。对威胁要素的分析，既要分析实力，也要分析企图，两者缺一不可。

当然，判明一个国家的威胁企图的根本方面，还应从它的政治制度和推行的对外政策方面去分析。如果这个国家是霸权主义、扩张主义、军国主义，推行强权政治，又有强大的实力，它就有较多的可能对别国进行侵略，从而构成不可忽视的威胁。判明一个国家的威胁企图，虽然有些征兆可寻，但企图毕竟是一种主观的思想状态，有多变性，需要掌握情报，并进行认真思索、比较，才能从诸多现象中得出本质的判断结论。

三、威胁的类型

威胁分析的另一个重要方面，是威胁类型分析。明确威胁的不同类型，可以有区别地对待不同威胁，使战略应对的针对性更强、更实际。

潜在威胁，是在现实中还没有构成，而未来有可能构成的威胁。如一个国家素有称霸之志，但一时不具备称霸的实力，或有强大的经济实力但眼下暂无匹配的军事实力等。

全面威胁，是指对一个国家的全境范围内的威胁。这种威胁一般只在强国对弱国时才可能出现。国家的全面威胁，涉及国家的根本利益，关系到国家的生死存亡，是国家的头等大事。

局部威胁，是指对一个国家范围内的局部地区威胁，这种威胁，一般发生在两个或多个国家之间的部分领土争端、边界纠纷，或者是其他主权利益、经济资源等问题的瓜葛，不能以和平方式解决时出现的。局部威胁在相对和平时期出现的频率较高。

主要威胁，是若干现实威胁中的重点威胁。当一个国家存在着多个邻国的不同威胁时，就要分析哪一国的威胁是主要威胁，从而将战略的重点针对主要威胁。一般说来，全面威胁与局部威胁相比，往往是主要威胁。但当全面威胁消除时，这种主要威胁也随之消失，则另一种主要威胁将取而代之。在存在若干局部威胁时，其中也有一个可能形成主要威胁。

次要威胁，是若干现实威胁中的非重点威胁。局部威胁与全面威胁相比，通常属于次要威胁，但有时也可能扩大为主要威胁。当若干个局部威胁同时存在时，其中有主要威胁和次要威胁。

综合威胁,是指军事手段与非军事手段相结合的威胁。在相对和平时期,研究综合威胁有特殊意义。威胁一般不会是单一的,除了军事威胁之外,还有经济威胁、政治威胁、精神威胁、生态威胁、恐怖主义方面的威胁,以及自然灾害的威胁和世界性传染疾病的威胁等。对付这些威胁,也需要有综合的相应手段。

四、威胁的应对

威胁分析的目的,在于认清国家的安全形势,作出正确的战略抉择。受威胁的国家,一般都是弱国。弱国对待强国的威胁,有三种选择:一是硬对硬,"宁为玉碎,不为瓦全",拼死对抗强国的威胁;二是软对硬,屈服于威胁,在城下之盟中,力求尽可能多地保全自己的利益;三是软硬兼施,在维护国家利益的原则基础上,力争缓和或化解威胁,同时做好威胁转化为战争的准备。当威胁转化为战争时,在坚决抗击中,随时伺机争取进行停战谈判。第一种选择,有民族气节,斗志可嘉,但"玉碎"了于国家何益? 第二种选择忍辱偷生,历史上越国的勾践卧薪尝胆后虽也复国称霸,但这是一种特殊情况下的选择,国家利益将受到严重损害。第三种选择,弱而不畏,备而能抗,运筹帷幄。就第三种选择而言,其具体内容,主要有五个方面:

第一,在思想上对威胁要有警觉性。任何一个国家,在任何情况下,即使是在和平时期,都不能沉浸于和平麻痹的状态之中,在战争根源没有消除之前,在霸权主义、扩张主义等强权政治还很猖獗的世界里,绝对不能放松对战争应有的警惕。用古人的三句话来自励是很有意义的。一句话是,"天下虽安,忘战必危",在和平情况下,忘掉可能发生的战争是很危险的。另一句话是,"无敌国外患者,国恒亡",认为没有敌国外患,放松了警惕,往往会造成亡国。还有一句话是,"安国之道,先戒为宝",保障国家安全,先做好戒备是最重要的。

第二,明确保卫国家利益的坚强决心,不怕威胁,不怕战争,不怕任何强大的敌人。同时揭露对方威胁企图的非正义性,对内动员群众,同仇敌忾,对外争取他国,争取支持。

第三,认真做好反威胁的一切准备。尤其在军事上要严阵以待,"先为不可胜,以待敌之可胜"。严密做好对待威胁的准备,也为化解威胁具备了最实际的条件。

第四,力争消除威胁,不使其转化为战争。在分析面临威胁情况之后,不管威胁的大小和威胁的类型,首先要选择用非战争手段(为外交斡旋、经贸谈判、文化交流、军事演习等)化解威胁。

第五,战争来临时,动员军民坚决抗击,在打击敌人猖狂气焰之后,伺机进行停战谈判,力争再次消弭威胁,恢复和平。①

思考题

1. 国家安全的内涵是什么?
2. 总体国家安全观的指导原则有哪些?
3. 总体国家安全观的主要内容有哪些?
4. 公民在国家安全中的责任和义务有哪些?

第二节　国家安全形势*

国家安全形势是一个国家对自身安全环境的宏观判断,涉及在一定时期内对国家核心利益所受到的威胁及其来源的综合分析和评估。国家安全形势分析传统上是从国家地理环境和历史等地缘政治环境出发,近年来传统安全、非传统安全问题越来越相互交织。

---

① 张保国:《和平发展与公民国防观培养研究》,第186页,军事科学出版社2012年版.

一、我国地缘环境及地缘安全

我国是陆海兼备的东亚大国,现有的陆地疆域为960万平方公里,海洋国土约300万平方公里。中国是世界上陆海邻国最多的国家,而且多陆海强邻,这是中国周边安全环境最显著的特点。中国陆地边界22000多公里,苏联解体后,有陆地邻国14个,分别是蒙古、俄罗斯、朝鲜、越南、老挝、缅甸、尼泊尔、不丹、印度、巴基斯坦、阿富汗、塔吉克斯坦、吉尔吉斯斯坦、哈萨克斯坦。海上邻国除朝鲜和越南陆地相邻外,还有韩国、日本、菲律宾、马来西亚、文莱、印度尼西亚6个国家。此外,由于历史等方面的原因,有些国家虽与中国无共同边界或海域,但与中国的关系历来相当密切,如柬埔寨、泰国、新加坡、孟加拉等,一般我们也把它们看成是邻邦。

我国及其周边地区是世界上人口最密集,社会、经济发展最不平衡的地区。世界上14个人口过亿的国家有8个是在这个地区,分别是中国、印度、印度尼西亚、俄罗斯、日本、巴基斯坦、孟加拉国、菲律宾。在中国的周边,既有世界第三大经济体日本,也有所谓新兴工业化国家和地区,如韩国、中国台湾、马来西亚、新加坡等,也有在世界最贫穷国家榜上有名的缅甸、老挝、柬埔寨、孟加拉国、蒙古等。一直处在战火之中的阿富汗,人均年收入连维持最低生活水准都十分困难,中国周边地区如此巨大的经济发展差距,给地区经济合作和安全合作带来相当大的困难。

我国及其周边地区也是世界上大国最集中的地区,而且军事强国多,核扩散形势亦相当严峻。冷战结束后,世界公认的五大力量中心有四个在这一地区角逐,除欧盟与中国没有直接的利害冲突外,美、日、俄均与我国有复杂的利害关系。

从地理位置看,美国不能算是中国的邻国,但从地缘政治的角度看,美国却是我国最大的邻国。自从太平洋战争爆发后,美国深深卷入了东亚事务,美国开始把中国看成是其战后在远东的战略基地,并妄图扭转中国革命的历史进程。新中国成立后,美国以共产主义集团铁板一块的眼光看待中国与苏联的关系,以各种手段遏制中国的发展,威胁中国的安全。20世纪70年代初,面对苏联的咄咄逼人之势,美国又借中国以抗衡苏联。20世纪90年代中期以来,面对中国经济实力的迅速增强,美国国内某些势力又大肆渲染"中国威胁论",超前"遏制"、防范性"遏制"中国之声不绝于耳。可以说,美国对中国安全的影响几乎无处不在,而且在可以预见的将来,美国是中国完成祖国统一大业和维护国家安全最大的外部因素。

日本是中国的海上强邻,是当今世界仅次于美、中的第三大经济体,又是一个曾经对中国进行过侵略并且其统治者至今对此没有清醒反省的国家,还是一个拥有巨大潜力掌握核武器的国家。日本的常规军备也十分可观,装备有隐形飞机F-35、准航空母舰以及世界上数量最强的航空反潜力量,就常规军备质量而言,亚太地区(美国除外)无出其右者。

自苏联解体以来,国际战略格局"高岸为谷,深谷为陵"的沧桑巨变,迫使中俄两国领导人重新审视对方的战略价值和相互关系,这是中俄关系发展的动力。但从地缘政治的角度看,中俄双方都不能以过于浪漫的情调看待两国关系。"瘦死的骆驼比马大",俄罗斯继承了苏联的大部分遗产,依然是军事强国和核超级大国。根据斯德哥尔摩国际和平研究所的报告,截至2016年1月,俄罗斯以拥有7290枚核弹头排在首位。大国意识和强国精神是俄罗斯民族的灵魂,俄罗斯从来就不甘心沦为世界二流国家。中国在发展"中俄全面战略协作伙伴关系"的同时,应注意世界各大力量之间的战略平衡,以灵活、务实的外交争取中国最大的战略回旋余地和安全利益。

印度是与中国接壤并存在领土争端的陆上强邻,同样具有悠久历史文化传统的印度正雄心勃勃谋求冲出南亚,走向世界,西方舆论将此形象地形容为"印度象"正在追赶"中国龙"。但是印度领导人仍以旧的思维模式审视世界,结果将不可避免地给外部世界带来冲击和负面影响,也不可避免地会在中国周边安全环境中注入诸多不测因素。印度在冷战后推行"地区性有限威慑"军事战略,国防开支连年增加,2017年军费开支高达639亿美元。印度从俄罗斯引进了潜艇、航空母舰、战斗机和防空导弹,是亚洲第一个拥有航母的国家。尤为严重的是,印度一直进行着核武器的研制和开发。1998年5月,印度进行了5次地下核试验,而且是以对付所谓的"中国威胁"为借口的,公开走上了核武化的道路。紧接着,巴基斯坦也进行了核试验。印度在研制核武器的同时,加紧研制远程运载工具。目前它已试射了可用活动发射台发射的"烈火-5"型中远程弹道导弹,能够携带重达1吨的核弹头,该型导弹带有基于全球定位系统的先进的制导和指挥系统,发射半径为5000公里,足以覆盖我国全境,这对我国安全产生了重大而直接的影响。

21世纪是海洋的世纪,中国的发展战略将面向海洋,中国的安全威胁也主要来自海洋。1992年2月,我国颁布《中华人民共和国领海及毗连区法》,第二条明确宣布:"中华人民共和国的陆地领土包括中华人民共和国大陆及其沿海岛屿、台湾及其包括钓鱼岛在内的附属各岛、澎湖列岛、东沙群岛、西沙群岛、中沙群岛、南沙群岛以及其他一切属于中华人民共和国的岛屿。"由于历史的原因,我国宣布的陆地领土钓鱼岛与日本有领土争端,南沙诸岛与东南亚国家存在领土争端。1982年4月,第三次联合国海洋会议通过了《联合国海洋法公约》。该公约首次以国际法的形式,对领海、毗连区、大陆架、专属经济区等做了具体规定。其中专属经济区的规定唤醒了沿海国家开发和维护海洋资源的意识,进而引发了争夺海洋岛屿、海洋国土、海洋资源和海洋通道的新一轮较量,使世界的主要热点集中到海洋上。所谓专属经济区,是指领海以外并邻接领海的区域,其宽度从领海基线量起不超过200海里,沿海国对此海域中的生物和非生物资源享有主权。1996年5月,中国批准《联合国海洋法公约》,承担该条约的权利与义务。由于中国与海上邻国之间没有400海里以上的海洋空间,因此各自宣布的经济专属区不可避免地出现重叠,中国与8个海上邻国均有海洋争端,争议海域面积达到150万平方公里,约占我国海域辖区的1/2。中国的领土完整、海洋权益要维护,邻国的合理权益也要尊重,如何妥善处理海洋争端,是影响中国安全与发展面临的一个非常棘手的问题。

"在战略中,像在房地产中一样,地理位置是决定价值的主要因素。"①繁华都市房地产的价值与荒郊野村房地产的价值不可相提并论,各国由于地理位置的不同,其地缘战略地位也有天壤之别。例如,就领土面积而言,巴西也是一个大国,但由于南美洲不是世界地缘政治的重心,因此巴西的地缘战略地位无法与中国相比。中国位于世界地缘政治的中心舞台——欧亚大陆的东部,是典型的陆海复合型国家。长期以来,浩瀚的太平洋、漫长的陆地疆界既给中国对外交往提供了便利,同时又使国家安全面临风险和挑战。

19世纪末,美国海军战略家马汉提出著名的海权论。马汉在论述海权和陆权在亚洲的争夺时认为,当前的主要利益焦点是中国,它幅员广大又处于动荡之中;另外,在中国四周还有着其他陆上的或海上的富庶地区,它们构成了从爪哇到日本的东亚世界。而东亚世界则"以中国为中心"。

马汉强调,单纯据有海洋的表面——这是海权的所在——并不能补偿无法在大陆立足

---

① [美]安德鲁·内森等:《长城与空城计——中国对安全的寻求》,新华出版社1997版,第15页。

的损失。海上强国需要在中国海岸拥有地盘,并开辟它与世界的自由交通,它们可以直言不讳地声明长江的可航行河段是它们进入中国内陆的必经之路和在当地发挥影响的中心。事实正是如此,在中国近代史上,在帝国主义列强瓜分中国的狂潮中,长江中下游流域成了英美的势力范围。和马汉同时代的英国地缘政治学家麦金德于20世纪初提出了与海权论针锋相对的新观点——陆权论。麦金德认为,哥伦布时代即海权对陆权享有优势的时代已经结束,以铁路、航空为核心的科学技术的进步使主动权转移到大陆国家手中,现在,构成新的权势中心的是欧亚内陆地带(麦金德称之为心脏地带或枢纽地区)。在新的条件下,大陆强权有可能利用自己战略的不易攻击性(因为心脏地带无法由海上到达)、领土的连续性、庞大的自然资源、铁路网、有效的组织力量以及刚刚出现的空中力量建立一个帝国,并借以发展起足以威胁海洋国家的海上强权。在麦金德的地缘政治蓝图中,心脏地带大致与冷战时期苏联东欧集团控制的地区吻合,枢纽以外地区,在一个巨大的内新月形地区中,有德国、奥地利、土耳其、印度和中国;在外新月形地区中,有英国、南非、澳大利亚、美国、加拿大和日本。海权和陆权谁胜谁负,就要看谁能控制边缘地带。枢纽国家向欧亚大陆边缘地区的扩展,使力量对比转过来对它有利,这将使它能够利用巨大的大陆资源来建立舰队,那时这个世界帝国也就在望了。相反,如果边缘地带被海洋强国所控制,则可以进一步控制心脏地带,从而建立世界帝国。

第二次世界大战期间,美国学者斯皮克曼提出"边缘地带"理论。他认为欧亚大陆上的边缘地带是"中间地带",处于心脏地区和海洋之间,是海上强国与大陆强国发生冲突的地带,"中间地带"才是世界地缘政治的"核心地带"。他特别重视欧亚大陆在世界格局中的地位,认为美国在地理位置上被欧亚大陆以及非洲和澳洲包围着,美国的战略宗旨是维护欧亚大陆的均势,绝不允许欧亚大陆出现一个统一的和压倒其他所有国家的权力中心。为此,美国必须积极干预欧亚大陆的事务,控制该大陆的边缘地带。斯皮克曼甚至把麦金德的名言修改成:谁统治了边缘地带,谁就统治了欧亚大陆,谁统治了欧亚大陆,谁就掌握了世界的命运。斯皮克曼提出,美国参加第二次世界大战的真正目的就是不使边缘地带统一在单一强权之手。斯皮克曼在第二次世界大战尚未结束之前就反复强调,美国在战后如果要保存自己对国际局势的控制权,就必须防止"边缘地带"落入苏联之手。

斯皮克曼的边缘地带论对战后美国对外政策产生了很大影响。正如美国学者威廉·富兰克林在《美国战略政策与欧亚边缘地带》一文中所说的:"很明显,自从第二次世界大战以来,美国所采取的国家战略,在骨子里所代表的也就是斯皮克曼所提倡的'边缘地带'战略观念……是以围堵(遏制)麦金德所谓心脏地区的向外扩展为主要目标,而其手段则为增强具有战略重要性的欧亚边缘地带。"事实上,在罗斯福的对外政策中,就有在边缘地带对苏联的力量进行控制的一面。在欧洲,罗斯福的设想是,在东欧问题上暂时不与苏联摊牌,在巴尔干地区则形成一种东西方的均势,最终把苏联势力挤出这个地区。在远东,罗斯福也采取了类似的办法,即通过承认苏联在中国东北地区的利益,换取苏联承认国民党政府的承诺。总的说来,就是通过对苏联部分让步的办法,以保障美国对欧亚大陆边缘地带的控制。不过,罗斯福对苏政策的设想是建立在美苏合作的基础之上的。罗斯福去世之后,美苏关系迅速由盟友转变为敌手,中国革命的节节胜利也打破了美苏商定的雅尔塔体制,美国的遏制战略便应运而生了,马歇尔计划和杜鲁门主义即是美国遏制战略的具体体现。在亚洲,杜鲁门主义的地缘政治解释就是:"美国的战略边界已经不再是南北美洲的西部海岸,它们乃是位于亚洲大陆的东海岸。相应地,我们根本的战略任务就是确保在亚洲大陆的港口不会集结和派出较大的两栖力量。"据此,美国于20世纪50年代初在东亚、东南亚和南亚拼凑了一个对苏联和新中国的包围圈。美国的这种对苏联(后来加上中国)的遏制战略,用斯皮克曼的理论来概括,就是在欧亚大陆的边缘地带保持一种美国的军事优势,以此压制苏联向边缘地带突破进而向西方海上力量挑战的企图。这一基本思路一直是冷战前期美国对苏战略的指导原则。从地缘战略的角度看,我们理解了为什么美国因"失去"中国而歇斯底里,为什么"失去"中国后还要顽固干涉中国的内政——台湾问题。还在新中国成立前夕,尽管美国政府对蒋介石集团已失望至极,但美国并不打算放弃台湾。"白宫、国务院和军方一致认为,中国共产党控制台湾危及美国在西太平洋的战略地位,因为这意味着苏联能够利用台湾,在战时有效地攻击从日本到马来半岛的海上航线,加强它控制琉球群岛和菲律宾的能力,造成对美国安全非常有害的战略后果。"从美国战后的地缘战略出发,美国肯定是要干涉台湾问题的,朝鲜战争的爆发不过是最终使美国下定了决心而已。

由于中国巨大的存在和特殊的地理位置,在整个冷战期间,中国始终是美苏两个超级大国借重和制衡的对象,这一方面说明了中国国际战略地位的重要,另一方面又说明了中国安全环境的险恶。中苏分裂表面上看是意识形态的原因,但隐藏其后的是苏联从沙俄时代就已梦寐以求的东西:得到中国旅顺这一对苏联海军有重大战略意义的军港,使苏联海军能更容易进入太平洋。赫鲁晓夫明为要与中国建立联合舰队,实为梦想获得中国的制海权,使苏联取得与美国抗衡的有利的战略地位。新中国领导人在维护国家主权问题上是从不含糊的,毛泽东坚决顶住了赫鲁晓夫建立联合舰队的无理要求,这恐怕才是中苏关系破裂的深层次原因。

在尼克松、基辛格筹划打开中美关系大门的过程中,中国的地缘战略地位始终是他们考虑中国问题的压倒性因素。既然中国不愿听命于苏联,而且中苏关系从论战升级为热战,那么中国的存在就是美国抗衡苏联可资利用的战略资源。1969年3月珍宝岛事件后,美国一直探究中苏冲突的种种可能。美国担心苏联对中国的全面入侵不仅会破坏地缘政治,而且也会打破世界上的心理平衡。基辛格回忆道,在1969年8月14日国家安全委员会会议上,"总统以他的革命性的理论使他的内阁同僚大吃一惊,他说,苏联是更具有侵略性的一方。如果听任中国在一场中苏战争中被摧毁,那是不符合我们的利益的。一个美国总统宣称一个共产主义大国、一个我们与之没有任何联系的长期以来的敌人的生存,对我们具有战略利益,这是美国外交政策中的一件大事"。随后,西方报纸盛传关于苏联拟袭击中国核设施的消息,美国对此表示严重关注。基辛格在回忆录中写道:"我们不能无视苏联对中国的进攻。这会打破世界的力量平衡,会在全世界造成这样一种印象,苏联正在实现它的统治。"

尼克松1972年访华后,中、美、苏之间建立起了著名的"战略大三角"关系。值得注意的是,这个三角中的第三角不像其他两角一样是超级大国,也不像日本那样是个贸易大国,或者像欧洲那样是个繁荣先进的地区。中国虽然贫穷落后,却有着重要的战略地位和灵活的外交,能够对两个超级大国的安全发出挑战。如果中国站在美国的一边,它可以遏制苏联的力量;如果站在苏联的一边,它就会有助于苏联扩张力量而损害美国的利益。

中国战略地位的重要性和安全环境的复杂性这一对矛盾并没有随着冷战的结束而消失。西方学者指出,中国位于亚洲的中心,区域环境复杂,有许多难相处的邻邦,夹在美俄两大势力范围之间。所有这些因素说明中国地理位置困难,但又说明它战略地位重要,而且有能力实现它的对外政策目标。在外交方面,中国跟印度、巴西、印尼之类的其他发展中国家不在同一档次。机遇和挑战总是并存的,如何趋利避害,是中国对外战略和安全战略研究的长期课题。

二、我国国家安全面临的威胁与挑战

随着国际形势的深刻演变、国家利益的全方位拓展和国内经济社会持续转型,我国面临的安全威胁日趋多元复杂,遇到的外部阻力和挑战逐步增多,生存安全问题和发展安全问题、传统安全威胁和非传统安全威胁相互交织,维护国家统一、领土完整和发展利益的任务复杂艰巨。

(一)美国对我国国家安全构成全方位挑战

冷战结束后,美国成为唯一的超级大国,对世界事务有着举足轻重的影响力。美国利用其唯一超级大国的地位,采取了扩张型的外交政策,频繁干涉他国内政,中国作为正在崛起的最大的发展中国家,一直受到美国战略围堵。美国虽然与中国加强了经贸等各方面的往来,但对中国的防范与遏制并没有停止,2017年版的《美国国家安全战略》报告中38次提到中国,将中国明确定义为美国的"战略竞争对手",中国面临的各种国家安全问题都或多或少有着美国的影响。

为遏制中国,美国在中国周边地区形成了针对中国的战略合围圈。在中国东部,凭借《美韩共同防卫条约》《美日共同防卫条约》,以及其在韩日和太平洋地区的军事部署对中国进行遏制。借朝核危机升温之际,美国在韩国部署"萨德"导弹防御系统。美国还推动日本防务现代化,试图重新武装日本以制衡中国。在中国东南,为控制太平洋和印度洋的连接通道,美国在西北太平洋地区构成了三道岛链防线:第一道防线是韩国、中国台湾、越南;第二道防线是日本、冲绳、菲律宾、马来西亚、泰国;第三道防线是小笠原群岛、澳大利亚、新西兰。近年来,美国推行"亚太再平衡"战略,将美国的战略中心转移到亚太地区,特别是将东南亚纳入美国围堵中国的战略中。美国推行的"自由和开放的印度洋—太平洋"战略则进一步将地缘范围扩大至印度和南亚,并联合日本、澳大利亚和印度打造针对中国的四国同盟。美印关系得到进一步提升,印度成为美国制衡中国战略的又一支点。在中国西部,美国借反恐之机将军事势力渗透到了阿富汗,从而为插手中亚事务,也为从西边遏制中国创造了条件。在新兴国家安全领域,美国近年来加大了对中国的打压,不顾国际法和国际贸易规则,发动对中国的贸易战、科技战、金融战等,滥用其霸权地位试图遏制中国在经济和科技上的发展。

> **延伸阅读**
>
> 截至2015年,美国在亚太地区部署有36.8万人的兵力,5个航母打击群,飞机近1100架,海军官兵约14万人。其中在西太平洋地区兵力约15.3万人,主要部署在韩国、日本、关岛、夏威夷等。包括:陆军1个集团军部、2个师、5.7万人;海军及陆战队1支编号舰队(第7舰队)、1个舰载机联队、1个陆战师、1个陆战航空联队约90艘舰艇、150架飞机,兵力约6.1万人;空军3个航空队、9个飞行联队、约300架各型战机,兵力约3.5万人。美军常驻西太地区的舰艇主要分布在日本横须贺基地、佐世保基地以及美国关岛和夏威夷基地。其中横须贺基地部署有最新的"罗纳德·里根"号核动力航母、3艘导弹巡洋舰、8艘导弹驱逐舰、1艘两栖指挥舰;佐世保基地部署有两栖攻击舰、水雷对抗舰4艘;关岛部署有潜艇支援舰2艘、核动力攻击潜艇4艘;夏威夷部署有导弹巡洋舰2艘、导弹驱逐舰9艘、潜艇18艘。常驻西太的飞机主要包括F-15C/D、F-16C/D、F-22A、RC-135V/W侦察机、E-3C预警机、B-52战略轰炸机、B-2隐形轰炸机、RQ-4B全球鹰无人侦察机等。[①]

---

① 中国南海研究院:《美国在亚太地区的军力报告》,时事出版社2016年版。

（二）陆上安全威胁

我国陆上周边国家和人口众多，各大战略力量利益交汇、矛盾纠结，是冷战格局遗留问题最集中、核扩散和恐怖主义威胁最严重的地区。冷战结束以来，在多种因素的共同作用下，我国陆上周边的热点问题更趋复杂，国家间关系多变，必须引起重视。鉴于中国与陆上邻国之间的交往要早于现代国家的形成，因此在建立现代国家之后往往存在两国边界确定的问题，并经常成为两国矛盾的焦点。1949 年中华人民共和国成立时，没有一条边界是确定的，有的只是不平等条约划定的边界，多年形成的传统习惯线和实际控制线。在新中国成立初期，"团结一切亚非拉民族独立国家"和向社会主义阵营"一边倒"是中国外交的基石，边界问题被搁置。然而自 20 世纪 50 年代中后期开始，随着国际局势的变化，边界争端变得异常激烈和突出。中国与印度、苏联、越南等国发生的冲突基本上都是边界冲突。经过中国与周边国家的不懈努力，目前，除印度和不丹（未与中国建立外交关系）外，中国已与 12 个邻国确定了陆地边界。中印关于边界问题的磋商也仍在进展中，两国近年来在边境地区也发生了一些对峙事件，在当前的地缘政治形势中也容易成为双边关系的隐患，易为别有用心的大国所利用。

中国陆上安全的另一大隐患来自于邻国的安全问题。中国陆上邻国不但多而且安全形势复杂。全世界公开宣称拥有核武器、拥有核技术以及核生产能力的国家大多在中国周边。全世界军事力量排在世界前 25 位的国家中有 8 个在中国周边，世界上军队人数在百万人以上的国家中，俄罗斯、印度、朝鲜等都是我们的陆上邻国。大国、强国集中，我国国家安全面对的困难和压力也大大增加。

朝核问题对我国陆上安全有一定程度影响。朝鲜半岛处于东亚的地理中心，从陆地和海洋方向面对着中国的东北、华北、华东等多个战略地区，是中国东北部地区的战略屏障。朝鲜的核试验和弹道导弹发展，曾加剧了这一地区的紧张局势，增大了我国维护东北安全稳定的压力。朝鲜的核武发展也会冲击核不扩散体系，迫使日韩重新考虑其核安全政策，有可能触发地区军备竞赛，使得地区大国间关系紧张。美日已经借机强化了军事同盟和军事存在，加快部署导弹防御系统，按照他们的意图推动东北亚地区安全机制。美日的封锁和制裁还将加重朝鲜经济和政治困难，对我国东北的社会稳定产生不利影响。各大国围绕朝鲜核问题的角逐和博弈还会持续进行，这不仅关乎半岛局势，而且牵动东北亚战略格局，直接影响我国周边安全。

缅甸、阿富汗等国国内局势动荡也给中国国家安全尤其是边境地区的安全带来一定的挑战。缅甸北部的战乱影响到我国云南地区，不仅有武器越境直接伤害我国边民的风险，还有可能有难民涌入。而阿富汗多年的内战也使得其成为恐怖主义分子的藏身地和训练场，威胁我国边疆地区的安全。中亚地区的安全与稳定形势仍然复杂多变，对新疆地区乃至整个中国都产生着较大影响。民族分裂主义、宗教极端势力和恐怖主义的泛滥以及对我国边疆少数民族地区的渗透都是国家的安全隐患，特别是"大中东"地缘政治位置的不断提升，宗教激进主义势力在中亚国家的扩张趋向，"东突"组织的猖獗活动等，对我国西北边疆少数民族聚居地区的经济、政治安全具有极大的影响。

（三）海上安全威胁

中国的海上安全问题主要包含了海洋领土与权益争端、能源安全和关键通道安全等方面。海上领土与权益的争端，一方面有历史的原因，另一方面也有当代国际法的原因。中国与日本在东海的岛屿问题因日本 2012 年"国有化"钓鱼岛而激化。钓鱼岛归属是二战的历史遗留问题,本应随日本战败而归还中国。南海诸岛自古以来就是中国领土,中国对南海诸岛声索主权有历史依据。1982 年 4 月第三次联合国海洋会议通过了《联合国海洋法公约》,但是这个公约在某些方面反而带来了更多的争端。该公约首次以国际法的形式,对领海、毗连区、大陆架、专属经济区等做了具体规定。其中"专属经济区"的规定唤醒了沿海国家开发和维护海洋资源的意识,进而引发了争夺海洋岛屿、海洋国土、海洋资源和海洋通道的新一轮较量,使世界的主要热点集中到海洋上。由于中国与海上邻国之间没有 400 海里以上的海洋空间,因此各自宣布的经济专属区不可避免地出现重叠,中国与 8 个海上邻国均有海洋争端,争议海域面积达到 150 万平方公里,约占我国海域辖区的 1/3。尤其是南海问题近年来经常为某些西方国家和媒体炒作,试图将其作为"中国威胁论"的明证,挑拨中国与东南亚地区国家的关系。美国也经常以所谓"航行自由"为名派军舰在南海挑衅中国。2014 年以来,中国在南海岛礁的建设,有力地增强了我国守护南海领海、维护海洋权益的能力。

　　由于中国国内油气资源有限,随着我国经济的发展,对进口石油的依赖越来越大,2018年对海外石油的依存度接近 70%。而大量的进口石油需要通过海上运输,使得我国的能源安全依赖于海上运输通道的安全。中国的诸多海上邻国控制了关键的运输通道,尤其是马六甲海峡。不仅是石油运输,中国作为世界第一大贸易国,货物的运输也极为依赖这些通道,因此能源安全和海上关键通道的安全事关我国经济发展的根基。

延伸阅读

具有重要战略地位的南海

　　南海是沟通太平洋与印度洋、连接亚洲与大洋洲的"桥梁",其东北部的台清海峡和西南端的马六甲海峡横扼南北两端的出入口,有着极为重要的战略价值。

　　南海及其附近的群岛一起构成了对亚洲大陆的包围圈,既是缘海国家争夺海权的必由之路,又是海缘国家争夺陆权的战略基点。越南强调南海是其"天然屏障",菲律宾则认为南沙群岛是"正对菲律宾群岛腰部的一把匕首"。

　　南沙群岛及其附近海域延伸至马六甲海峡,是世界海洋海运最繁忙的海域之一。它是世界海运量第二大的海上航道,仅次于位于欧洲的地中海。这一海域不仅是东盟各国的经济命脉,而且也是欧洲、美国、日本、俄罗斯和澳大利亚等国海上航运的生命线。据统计,经过这一海域的国际贸易量占整个世界贸易量的 80% 左右;世界一半以上的大型油轮及货轮都要经过该水域;经马六甲海峡进入南海油轮是经过苏伊士运河的 5 倍、巴拿马运河的 15 倍;通过南海的各类舰船平均每年 10 万余艘,即每天达 270 余艘。日本和韩国 90% 以上的石油,台湾 98% 以上的石油进口都必须经过该区域。在美国各种原油进口中,亚太地区提供的天然橡胶占 88%、棕油占 99%、椰油占 95%、钛占 97%、锡占 82%,其中大部分原料要通过南海航线运输。同时南海也是世界液化天然气最大的产区和贸易区,经过该地区输出的液化天然气占世界液化天然气总贸易量的 2/3,其中的 3/4 运往日本,其余的销往中国台湾和韩国。南海是中国进出口贸易的生命线,中国对欧洲、非洲和印度洋沿岸国家的贸易都要经过南海。

　　南海上空也是世界重要的航空通道。中国、韩国、日本与东南亚各地来往的航线,菲律宾与中南半岛各地来往的航线都要经过南海上空。西欧—中东—远东航线是世界最繁忙的航空线之一,它连接巴黎、伦敦、法兰克福等西欧主要机场和远东的新加坡、中国香港、北京、东京等机场,南海空域也是这条航线的重要通道;西欧—东南亚—澳新、远东—澳新的部分航线也要经过这里。正是因为南海有着重要的军事战略地位,使得周边一些国家垂涎三尺,他们无视中国的领土主权与国际法,不断蚕食南海诸岛。[①]

---

① 周建平、余世建:《中国海洋国土知识地图集》,湖南地图出版社 2010 年版。

（四）新兴领域和海外利益面临新挑战

随着科学技术的发展,新兴领域的国家安全也面临着巨大的挑战。随着信息化社会的推进,网络空间成为最重要的新兴领域。中国的网民数量在 2018 年 12 月底已达 8.29 亿,人们的日常生活也已经离不开网络,大量的政治经济社会活动依赖于网络。但是,网络空间也充满了安全挑战。虚假信息政治宣传借助网络渗透,影响我国的政治安全。网络谣言、颓废文化和淫秽、暴力、迷信等违背社会主义核心价值观的有害信息影响我国的文化安全,侵蚀大众的心灵健康,各种网络攻击更是直接危害我国的经济安全和国家安全。大国将网络空间武器化,利用网络进行情报侦听、破坏别国基础设施等活动,未来将成为我国国家安全的最严重威胁之一。

太空也是国家安全的重要新兴领域。随着人类进入太空时代,卫星提供了通信、广播、信息收集、导航等国家社会正常高效运作的关键基础功能。而太空的重要性也使得各国加强了对太空控制权的争夺,2019 年 12 月 20 日美国正式组建太空军,成为其第六大军种,美、俄、印都等国进行过反卫星武器的测试,太空安全将成为国家安全越来越重要的部分。

极地成为大国博弈的新领域。随着科学技术的发展,人类对极地的探索和开发不断深入,其在经济、科研、军事等方面的巨大价值越来越多地为人们所认识。同时,全球气候变暖使极地的自然条件发生变化,开发利用极地特别是北极资源的可能性迅速上升。在这种情况下,各国针对极地的争夺明显变得激烈,美、俄等大国先后出台新的战略举措,加大投入,对极地经营进行长远的、全局性的谋篇布局。极地已经成为各国战略竞争重要的新型领域。[1] 当前极地已成为我国国家利益向海外拓展的重要方向。如在北极方向,我国不仅获得了北极理事会永久观察员国资格,建立"黄河"科考站,我国商船也已经过东北航道驶达欧洲,这标志着我国成为北极事务的重要参与方和利益相关方。特别是北极所拥有的航道和资源价值,也将极大影响我国的海外运输和能源进口。在南极方向,经过多年艰苦努力,我国已发展成为南极科考的"第一方阵国",先后建立多个科学考察站,为扩展南极活动奠定了较好基础。因此,极地的安全将对我国国家安全构成新挑战。

海外利益安全是国家安全的重要组成部分,主要包括海外能源、资源安全以及海外公民、法人的安全,其维护方式多种多样,如开展海上护航、撤离海外公民、应急救援等。目前,我国已成为全球第一货物贸易大国和主要对外投资大国,随着自身实力不断增强以及与世界联系日益紧密,特别是"一带一路"建设的加快实施,我国企业、机构和人员大规模"走出去",海外利益的广度和深度不断拓展。从对外投资看,2015 年我国境内投资者对全球 155个国家和地区的 6532 家境外企业的非金融类直接投资达到 1180.2 亿美元,同比增长14.7%。截至 2015 年 12 月底,我国累计对外非金融类直接投资达到 86304 亿美元。我国境外中资企业数量持续增加,海外资产规模不断扩大。2015 年我国对外承包工程业务完成营业额 1540.7 亿美元,同比增长 8.2%。从出国(境)人数看,截至 2015 年年底,我国累计派出各类劳务人员 802 万人次;2015 年我国出境旅游达到 1.2 亿人次,经国务院批准的我国公民出境旅游目的国家和地区已达 151 个,我国成为全球第一大出境旅游消费国和亚洲第一大出境旅游客源国。[2] 随着我国推进全方位对外开放,"一带一路"建设深入实施,"走出去"的深度、广度和节奏前所未有,国家利益快速向海外扩展和延伸,国际市场、海外能源资源、

---

① 张仕波:《战争新高地》,第 81 页,国防大学出版社 2018 年版.
② 《总体国家安全观干部读本》编写组:《总体国家安全观干部读本》,第 83 页,人民出版社 2016 年版.

战略通道和资产安全以及海外机构、人员面临的恐怖袭击风险明显上升,维护国家安全和发展利益的压力增大。[1]

(五)国家统一依然面临各种分裂势力的挑战

维护国家统一是我国的核心国家利益,也是国家安全的重要内容。近年来,境内分裂势力与国外反华政治势力相勾结,严重危害我国国家安全,打击各种分裂势力和维护国家统一的任务依然繁重。

近年来,在两岸人民的共同努力下,两岸关系总体保持了和平、繁荣和发展,经贸联系不断加强,社会和人民的交往也日趋增多,但是"台独"势力依然没有停止活动,尤其在民进党执政期间,各种隐性"台独"的活动依然层出不穷。国际上,美国依据其"与台湾关系法",长期对台军售,为"台独"势力提供各种支持,2018年更是通过所谓"与台湾交往法"要加强美台官方交往,严重违反一个中国原则及中美三个联合公报规定,向"台独"分裂势力发出错误信号,给两岸关系造成严重冲击。美国对台政策是影响台海局势稳定的根源之一,"台独"分裂势力及其分裂活动仍然是两岸关系和平发展的最大威胁。

西藏、新疆分裂势力依然活跃。印度虽然表示承认西藏是中国的一个自治区,是中国领土的一部分,不允许西藏分裂势力在印度领土上从事分裂中国的政治活动,却暗中支持达赖集团进行分裂活动,企图以此增加向中国施压的筹码。有些西方国家也与达赖集团保持关系,为西藏分裂势力提供各种支持。新疆分裂势力与宗教极端势力、恐怖主义联合成为影响我国新疆地区稳定的严重威胁。

近年来,一小撮"港独"分子与境外反华势力相勾结,煽动民众,挑拨香港与内地的关系,试图破坏香港的稳定,诋毁"一国两制"的实践,严重损害我国国家安全。

三、维护国家安全的对策

面对严峻的国家安全形势,中国国家安全工作应当坚持总体国家安全观,以人民安全为宗旨,以政治安全为根本,以经济安全为基础,以军事、文化、社会安全为保障,以促进国际安全为依托,维护各领域国家安全,构建国家安全体系,走中国特色国家安全道路。

(一)增强大国之间战略互信,保持大国关系稳定

大国对国际事务有主导作用,对中国的安全环境有着巨大的影响。尤其是美国,目前在政治、军事、经济和科技领域依然保持着最为强大的实力,是我国战略安全环境最大的外在影响因素之一。因此,正确处理大国关系、建立战略互信、维护稳定成为处理国家安全问题的重要手段。

(二)促进共同经济发展,为和平提供经济基础

虽然世界形势复杂多变,各种安全威胁层出不穷,但是和平与发展仍是主流。许多问题,尤其是发展中国家的问题,都是社会经济发展落后的结果。通过推动共同经济发展,可以有效地帮助各国解决内部问题,并以经济互动促进战略和政治互信,以经济往来推动社会交往、文明互动,推进双边关系的进展,让经贸关系成为双边或多边关系的稳定器。

---

[1] 军委政治工作部:《习主席国防和军队建设重要论述读本》,第8—10页,解放军出版社2016年版.

(三)和平解决争端,发展多边机制,推动规则建设

要致力于和平解决争端,中国与周边大多数邻国签订的边界条约即是这种和平解决争端的范例,为将来解决类似问题提供了范本。同时,也应注重多边机制和规则建设,中国积极参与多边机制的建设,如建立上海合作组织,为维护中国西部以及中亚地区的稳定,打击恐怖主义提供制度支持。此外,中国与东盟在南海问题上一直致力于"南海行为准则"的谈判,并取得了重要进展,为和平解决南海争议奠定了基础,并维护了地区的自由与稳定。

(四)发展伙伴关系,密切军事交流合作,同时做好军事斗争准备

随着全球化的进程不断深入,国家安全问题日趋错综复杂、互相关联,早已不是一个国家能单独解决的了。许多的国家安全挑战需要多个国家共同应对,因此发展伙伴关系、密切军事交流合作成为新时代解决国家安全问题的必要手段。在重视和平解决争端的同时,也不能放弃使用武力。在任何时候,强大的军事力量都是保卫国家安全的最后一道屏障。没有强大的武力做后盾,和平协商解决争端就没有了基础。正如古罗马的军事家韦格蒂乌斯所言,想要和平,请准备战争。[①]

(五)坚持自主创新,抢占第四次工业革命科技制高点

未来的国家间竞争已经变成了科技的竞争,在新技术不断涌现并应用于国家安全领域的今天,没有足够的科技水平就完全无法应对层出不穷的新挑战。而技术上的发展要强调自主创新的重要性,核心科技是买不来的,核心科技一旦受制于人,国家安全也就受制于人。美国的霸权依赖于其科技和金融上的强大,中国要反对霸权主义、维护自己的安全,就必须努力抢占以人工智能、量子通信、脑科学、5G 通信等为端倪的第四次工业革命的科技制高点。

 思考题

1. 我国地缘环境的特点有哪些?
2. 为什么说美国对我国国家安全构成全方位挑战?
3. 新兴领域国家安全都有哪些?
4. 维护我国国家安全的对策有哪些?

第三节　国际战略形势*

当今世界正面临"百年未有之大变局",多边主义面临挑战,大国关系深入调整,全球政治、经济、军事、科技格局正在发生历史性变化。尽管国际环境总体稳定,经济全球化持续发展,世界各国之间的联系越来越紧密,但同时,世界仍不太平,霸权主义和强权政治仍然存在,传统安全问题与非传统安全问题相互交织,国际战略形势仍面临诸多挑战。

---

① 陈波:《普通高校军事课教科书——军事理论》,第 92—93 页,人民出版社 2019 年版.

一、国际战略格局

(一)国际战略格局的内涵

国际战略格局是国际体系中的主要大国在一定历史时期内形成的相对稳定的实力结构。判断特定时期的国际战略格局主要看两个因素：一是大国实力结构，即力量对比，通常使用综合国力对其进行衡量；二是大国之间的战略关系。

国际政治学者习惯于用"极"来表示国际体系中的主要大国，并根据其数量的多少把国际战略格局划分为单极、两极和多极三种基本形态。在单极格局中，国际体系内只有一个超级大国，其实力超群、具有全球影响，其他国家无法对其行动形成实质约束。在两极格局中，国际体系内有两个超级大国，其实力旗鼓相当且远远超过其他国家。在多极格局中，国际体系内有三个及以上数量的大国，而且彼此之间实力差距不大。受大国之间战略关系的影响，国际格局三种基本形态具有许多变种，最具代表性的是"一超多强"格局。

(二)国际战略格局的现状

1. 美国推行单边主义，谋求建立单极世界

冷战后，美国成为唯一的超级大国，世界出现了"一超多强"的局面。美国经济连续高速增长，国力日益增强，军事实力强大，政治影响广泛，综合实力处于绝对领先地位，为其独自称霸世界提供了雄厚的基础。因此，美国极力保持"一超"的局面，企图构建美国领导下的单极世界。近年来，美国政府在国际问题上单边主义色彩更浓，不顾国际舆论的普遍反对，废除《反弹道导弹条约》，在波兰、韩国、日本等国部署导弹防御系统。在政治上，极力推行以美国为模式的所谓"全球民主化"；在经济上，倚仗其强大的经济实力，以进行经济制裁为手段，迫使别国无限度地开放市场，利用高科技和不等价交换等手段剥削发展中国家；在军事上，保持庞大的"防务"开支，努力发展高、新、尖武器，在世界各地部署军事力量并建立军事联盟，插手干涉别国内部事务。在全球战略方面，既联合又试图控制欧洲；既利用又制约日本；以北约东扩为手段，进一步挤压削弱俄罗斯；2017年特朗普上台后发布的首份《国家安全战略报告》直接将中国定位为能在全球范围内对美国的优势地位形成长远挑战和威胁的大国，[①]加大了对中国的打压和防范力度，派军舰驶入我南海岛礁12海里，向中国台湾地区出售武器升级，甚至鼓吹美国军舰停靠台湾。不顾多数国家的强烈反对，拒绝接受《京都议定书》，退出《伊核协定》，谋求建立美国主导下的单极世界的企图不断膨胀。

2. 欧盟势力影响日益扩大

冷战结束后，欧盟在内统外扩与壮大实力方面都取得了重大突破。其一，正式接纳中东欧和地中海的两个国家入盟。欧盟现在拥有27个成员国。包括两个联合国安理会常任理事国和两个核大国，400多万平方公里土地面积和5亿多人口，欧盟实际上已将绝大多数欧洲国家和幅员统合在自己麾下。其二，欧盟首脑会议一致通过《欧洲宪法》草案。这是欧盟一体化的重大成果，为欧洲第一部宪法的出世做好了铺垫，也昭示欧盟将通过实质性的机构和体制改革，有效推行共同外交和防务政策，为在国际舞台扮演分量更重的角色练好"内功"。其三，欧盟的经济形势比较稳定，经济实力大幅提升，欧元在国际金融体系中的地位大

---

① 刘畅：《特朗普〈国家安全战略报告〉评析》，《和平与发展》，2018年第1期，第48页。

幅攀升。这些表明欧盟在提升实力地位和统合欧洲的道路上实现了一次历史性跨越,朝着建设"欧洲人的欧洲"和世界独立一极目标迈出了实质性步伐。随着一体化的扩大、深化和实力的壮大,欧盟独立自主意识日益增强。它不再甘当美国的伙计,要求在北大西洋联盟中进行权利再分配和角色重新定位,力争与美国建立新的平等伙伴关系。由于战略利益的差异,欧盟在国际秩序观、格局观、安全观、对待非西方大国和发展中国家及中东局势等当代世界重大问题上,同美国的距离越来越大,对美国说"不"也越来越多。法国、德国等欧盟核心国家在伊拉克战争问题上甚至同美国持反对意见。特别是欧盟不认同美国的单极战略而主张多极化,并阔步朝着世界独立一极的目标迈进,对美国的单极战略构成有力挑战。因此,欧盟在国际上发出的声音更为响亮有力,欧盟的地位、作用日益增强。无疑,未来欧盟将是国际社会具有重要影响力的一极。

3. 俄罗斯意欲重振大国地位

20世纪90年代以后,俄罗斯国内形势不稳,金融危机严重、生产停滞、经济滑坡,大国地位受到严重削弱,但它毕竟拥有良好的工业和科技基础,拥有丰富的资源和巨大的发展潜力,在军事上,它仍然是唯一能够和美国相抗衡的核大国。在普京执政后,俄罗斯社会趋向稳定,经济开始恢复性增长,而且增长的质量明显提高,突出表现为:经济增长的绝大部分是依靠内需的拉动,出口的贡献率不到1/3,而此前的情况正好相反。同时,近几年呈现出各行业全面增长的态势,一系列宏观经济指标有较大的改善。近年来,俄罗斯经济维持较高的年均增长率,将跻身世界主要经济体之列。俄在财力有限的情况下,利用高科技提升防务能力,保持了世界第二大军事强国的地位。随着经济的复苏,俄罗斯加快了军队建设和武器装备更新换代的步伐,重振大国的意图更加明显。2014年,俄罗斯兵不血刃收复克里米亚;2015年9月,俄罗斯暗度陈仓,闪电出兵叙利亚,又一次震惊了世界。俄罗斯的发展将证实邓小平同志的预言:未来多极世界,俄罗斯算一极。

4. 日本走向政治军事大国步伐加快

近年来,日本在加速向政治大国目标迈进的过程中,其军事外向化倾向越来越明显。虽然日本仍声称坚持"专守防卫"政策,但实际上已转而实行"主动先制"的积极防御战略。日本发布新版《日本的防卫》白皮书强调恐怖主义和大规模毁伤性武器扩散对国际安全环境构成重大威胁,渲染"中国军事威胁论",突出朝核问题对日本安全的重大威胁,同时提出要"遏制侵略于未然",并将其解释为"以足够有力的军事力量作威慑,使对手放弃对日武装侵略的企图"。该白皮书还强调,日本自卫队将以"更加积极主动"的姿态参加海外维和行动,使日本在国际舞台上扮演更重要的角色。日本还提出要对敌人导弹发射基地实施"先发制人"打击。而且,日本进一步拓展了战略视野,提出"领域防御"的新概念,把包括领陆、领海、领空、海上航线、偏远孤岛和专属经济区等在内的广泛领域均作为其防御范围。在战略布局上,日本将重点移至西部和西南方向,加强对整个西南岛屿链的防御,这既有基于其威胁判断的考虑,也有加强海洋权益争夺的用意。这些都表明,日本由经济大国向政治大国甚至军事大国转变的步伐正在加快。

5. 印度实施全面赶超的军事战略

一是从陆上战略向海洋战略转变。"走向印度洋,称霸南亚"是印度长期以来的战略梦想。冷战结束后,印度的战略重心向印度洋转移,组建远东海军司令部,加强对印度洋地区的管控,扩大海上边界,在逐步实现对印度洋控制的同时,其势力也伸向南中国海。二是从常规战略向核战略转变。1998年以后印度已经成为事实上的核国家,为了进一步增强核威慑,印度目前正在努力构筑以陆基核打击力量为主体、以空中和海基核打击力量为辅的"三位一体"的核打击力量体系,加快核武器实战化的进程和步伐。三是从消极性防御向主动性进攻转变。印度新军事战略的核心正在由消极防御变为积极防御,强调主动出击,打"有限战争",争取以较小的代价取得最佳的效果。在新形势下,印度的新军事战略特别强调并突出了"攻势防御",其基本内涵是:在战争初期把战火引向敌国领土,在对方国土上歼灭敌方有生力量,而不是坚守国土。在这一新的攻势作战思想支配下,今后印军在作战行动中将广泛运用机动作战、快速反应、"先发制人"、突然打击等作战样式。

6. 中国综合国力稳步上升

中国经济持续保持快速增长,综合国力迈上新台阶,目前已成为世界第二大经济体,2018 年 GDP 总量达到了 919281 亿元(折合 13.892 万亿美元)[①],经济总量已经占到世界经济总量的 16%,对世界经济的贡献率超过 30%,是带动世界经济增长的主要动力源之一。在综合实力和对世界和平与发展的贡献显著提升和增大的基础上,中国在外交上不断开拓进取,国际地位和作用明显增强,在地区和世界事务中日益发挥重要的影响。中国坚持走和平发展的道路,努力与世界各国平等互利合作,不单纯追求己方利益,而是力主双赢,并积极加强区域合作,推动共同发展,不断为促进全球发展和繁荣作出重要贡献。中国高举和平、发展、合作的旗帜,坚持原则,伸张正义,更加积极参与国际事务,在力所能及的范围内支持和援助其他国家,充分发挥出一个负责任大国的作用,国际影响日益增大。

7. 区域一体化组织蓬勃发展

广大中小国家为了在新的形势下有效地维护自己的独立和主权,提升本国的国际地位,在致力于自身发展的同时,联合自强、走区域一体化道路的势头更加猛烈。除了区域组织不断发展外,大区域一体化组织也在形成和加强。除欧盟、东盟外,近年还涌现出非洲联盟和南美洲联盟。

(三)未来国际战略格局的发展趋势

1. "多极化"将是未来国际战略格局发展的必然趋势

从现实情况看,如前所述,由于各种战略力量的制衡,美国企图建立一家独霸的单极世界构想,只能是一厢情愿的梦想。从历史经验看,世界上从来就没有永远的"霸权",大英帝国的衰落就是历史见证。可以预见,美国的单极世界之路也是行不通的,多极化是必然的趋势。美国"一超"的局面既是两极体制被打破后的必然现象,又是一个终将被多极化体制所取代的暂时的历史过程。世界政治经济发展的不平衡所导致的均衡化趋势,是世界战略格局中两极体制解体并最终走上多极化的根本动因。

2. 未来国际战略格局中各方关系将日趋复杂化

两极格局解体后,当今世界的五大力量都在通过调整对外政策来寻求自己的有利地位。美国虽然认为它是"唯一有能力进行全球干预的超级大国",但也开始承认世界多极化的现实。因此,美国的对外政策也在进行调整,特别是"9·11"事件后,美国出于"反恐"的需要,也在局部调整其外交政策和安全战略。在欧洲,美国一方面积极推进北约东扩,另一方面也顾及俄罗斯在苏联地区的特殊利益。同时,美国还改变了过去只要西欧盟国尽义务而不给权利的做法,支持西欧联盟在维护欧洲安全方面发挥更大的作用。在亚洲,着手建立美日之间的新型同盟关系,支持日本在参与亚太事务中承担更多的义务、给予更多的权利。对中国采取"全面接触"战略,使中美关系得到一定程度的改善。俄罗斯也在积极调整对外政策,努

---

① 《2018 年国民经济和社会发展统计公报》,国家统计局网站,2019 年 2 月 28 日。

力恢复大国地位和作用。俄坚持在苏联地区的"特殊责任和特殊利益",反对北约东扩,并将外交政策的重点逐步转移到亚太地区。欧盟在积极推进欧洲政治、经济一体化的同时,也在加强欧洲自身的防务力量,逐步削弱美国对欧洲的控制和影响。日本为了谋求政治大国和军事大国地位,一方面加强日美同盟关系,另一方面也积极寻求改善与亚洲国家的关系,谋求在参与国际和地区事务时发挥更大的作用。中国在大力发展经济的同时,通过开展灵活的、全方位的外交,明显改善了和周边国家的关系,进一步提高了国际地位和对国际事务的发言权。这些情况说明,随着"冷战"后国际形势的发展,当今世界几大力量的地位和关系已经发生了重要变化,呈现出多边性、多变性、复杂性的发展趋势。

3. 中国在多极格局中的地位与作用将愈显突出

中国是一个发展中的社会主义大国,也是当今维护世界和平的重要力量。随着中国自身综合国力的不断增强,作为未来多极格局中的重要一极,中国对世界的影响是多方面的,其主要作用体现在三个方面,即在反对霸权主义和强权政治上起制约作用,在经济发展上起示范作用,在维护第三世界权益的斗争中起重要作用。2015 年 9 月 28 日,习近平总书记在纽约联合国总部出席第 70 届联合国大会一般性辩论并发表题为《携手构建合作共赢新伙伴,同心打造人类命运共同体》的重要讲话。习近平强调,和平、发展、公平、正义、民主、自由,是全人类的共同价值,也是联合国的崇高目标。当今世界,各国相互依存、休戚与共。我们要继承和弘扬联合国宪章的宗旨和原则,构建以合作共赢为核心的新型国际关系,打造人类命运共同体。

二、国际战略环境

当前国际战略环境总体和平,发达国家与新兴国家力量对比更加平衡,这一基本面没有改变。但各国面临的安全挑战新旧交织、更加复杂。

(一)国际战略环境总体和平

20 世纪 80 年代中期,邓小平同志作出"和平与发展是当今时代的两大主题"的战略判断。时过 30 多年,这一判断经受住了时间的考验,世界和平发展大势没有逆转,国际战略环境仍然总体稳定。在当今世界,和平力量不断上升,世界大战打不起来,大国之间爆发大规模冲突的可能性降至历史新低,全面对抗也难以想象;尽管存在军事安全竞争,主要大国并没有陷入类似于一战、二战或冷战时期的军备竞赛,作为国际战略稳定基石的国际军控和裁军机制仍然有效运行;而且大国之间建立了定期举办的战略对话机制和较为通畅的首脑热线,经济全球化和跨国人文交流大趋势并没有根本逆转,这些都是止战促和的积极因素。但是,国际战略环境总体和平稳定并非意味着没有局部战争、冲突、对抗或危机。大国之间彼此无战争,但部分大国仍然或者直接卷入地区冲突,或者提供资金、武器、情报,或者提供军事培训打代理人战争,2011 年西方国家出兵利比亚、2015 年美俄角力叙利亚即是鲜明例证;大国之间没有全面对抗,但部分大国在特定领域、地区、时间存在尖锐矛盾,中美围绕"萨德"入韩、南海、贸易纠纷等问题曾经或者仍然存在激烈博弈,美俄则自 2014 年以来因乌克兰冲突、网络攻击、美国大选等问题矛盾不断升级。国际军控与裁军体制虽仍在有效运转,但因美国退出《美苏消除两国中程和中短程导弹条约》、在韩国部署"萨德"系统等受到损害。经济全球化虽为大势所趋,近期却也因英国"脱欧"、美国贸易保护主义抬头而受挫。

（二）国际战略力量此消彼长

国际战略力量是指在国际体系中占据重要地位、发挥重大影响的国家或国家集团。国际战略力量的数量和构成并非固定不变，而是随各国综合国力变动而不断变化。冷战时期，美国和苏联两个超级大国傲视群雄，是最主要的两大国际战略力量。冷战之后，苏联解体，国际体系呈现"一超多强"的格局，作为世界唯一超级大国的美国是当仁不让的国际战略力量。除美国之外，还存在中国、印度、欧盟、俄罗斯和日本五大次级战略力量。

以 2008 年国际金融危机为标志，大国之间发展更为不平衡，实力分化加剧，国际战略力量更替加快。国际战略力量变化的总方向是西方发达国家实力下降，新兴经济体力量上升。不过，在西方发达国家内部和新兴经济体内部，各国实力发展也不均衡，其分化程度甚至不亚于发达国家和新兴经济体的差距。以国内生产总值为例，2008—2018 年，美国相对于中国、印度而言优势大幅下降，但与其他发达国家相比优势却显著增加了。如果仅仅从军费开支来看，各国军事力量的变动方向与经济领域大致相似。国际战略力量的变动已经反映到国际政治经济现实中。在国际货币基金组织和世界银行等主要国际经济组织中，以中国为代表的新兴经济体的投票权显著增加。七国集团的影响力和受关注度明显降低，而金砖五国则走过"金色十年"，日益成为国际舞台上的重要角色。

（三）大国战略竞争加剧

在彼此大规模武装冲突可能性降低的同时，主要大国之间的战略竞争却趋于激烈，竞争领域从传统的地区热点向网络、极地、太空等战略新边疆扩展，从传统的军事安全领域向高新技术和经济领域扩散。大国战略竞争趋于激烈，一方面是因为美国等国家内部政治思潮发生重大转变，民粹主义上升，从强调自由开放转为强调本国利益优先；另一方面则源于国际权力快速转移带来的刺激，新兴经济体希望获得与自己实力相匹配的国际地位，以美国为首的守成大国则试图减缓甚至遏制其发展势头。

美国明确以中俄为"战略竞争对手"，宣称中俄等"修正主义国家"是美国的"首要关切"，对外释放掀起大国竞争、加剧大国对抗的信号，致使大国博弈与战略竞争重回国际政治舞台中心。一方面，美国继续加大对俄经济金融制裁，推动北约加强对俄军事部署，在德国举行冷战后欧洲最大规模的"炮兵演习"，并加紧向欧洲部署最新型 B-52H 战略轰炸机。俄罗斯则通过《关于影响（反制）美国和其他国家不友好行为的措施的法律》，普京总统"国情咨文"展示先进军备及对美强硬政策，双方同时还在叙利亚等中东热点问题上继续角力。另一方面，美国首提"中国战略目标是取代美国优势地位"，首次明确将中国列为美国的"首要对手"，全面加大对华压制，令中美关系迎来严峻期。美国在经贸方面无端指责中国对美国经济侵略、威胁美国和世界的知识和技术产权，悍然发动贸易战，威胁对中国输美产品全面加征关税，并以国家安全为由限制中资在美并购和双方科技人文交流，导致中美经贸摩擦呈现常态化、长期化之势，并显露出向科技、金融、网络等领域蔓延的苗头；安全方面，美国在南海问题上加大搅局施压，同时大打"台湾牌"、出台"与台湾交往法案"等；外交方面，美国掀起新一轮"中国威胁论"，加紧在全球遏阻中国影响力的上升。外媒还披露，美国政府正在酝酿"制定统一对华政策"，"以像对抗苏联一样对抗中国"。[1]

---

[1] 中国现代国际关系研究院：《国际战略与安全形势评估 2018/2019》，第 6 页，时事出版社 2019 年版.

延伸阅读

何谓"修昔底德陷阱"?[①]

古希腊历史学家修昔底德在分析伯罗奔尼撒战争时,认为战争爆发的根本原因是雅典城邦的崛起引起了当时已经确立强国地位的斯巴达的恐惧。由此引申而来的"修昔底德陷阱",是指新型大国的崛起将会引起老牌强国的担忧,这种担忧有可能会转变为敌意和进攻。

这一说法最早由格雷厄姆·艾利森提出,他是哈佛大学肯尼迪学院的贝尔弗科学与国际事务研究中心主任。艾利森认为,长年累月的误判和不安情绪有可能使良性竞争关系变为敌对,甚至更糟。2012 年 8 月 21 日,艾利森曾在伦敦《金融时报》发表《太平洋突现修昔底德陷阱》一文,专门对此进行详细阐述。文章称,中国在南海和东海钓鱼岛问题上的态度日益强硬,但这种姿态本身并没有其预示的未来趋势更让人瞩目。二战后的 60 年里,美国主导下的"太平洋和平",为亚洲国家实现历史上最快的经济增长,提供了安全框架。然而,如今中国已崛起为大国,且未来 10 年内将超过美国成为全球最大的经济体。中国要求修改别国制定的规则,并不让人惊讶。未来几十年里,国际秩序的决定性问题是,中美能否避免陷入"修昔底德陷阱"?这位历史学家提醒人们,今天,当崛起大国挑战霸主国家时——如同公元前 5 世纪的雅典和 19 世纪末的德国,双方都将面临危险。大多数情况下,此类挑战都以战争收尾。要想获得和平结果,两国政府和社会需要对各自的态度和行为作出重大调整。

(四)国际安全威胁新旧交织

随着世界多极化、经济全球化、文化多样化、社会信息化的深入和推进,人类面临的国际安全威胁新旧交织,错综复杂。一方面,传统安全问题没有消失,持续威胁国际和平与稳定大局。尽管冷战结束已近 30 年,冷战思维和强权政治阴魂不散,"修昔底德陷阱"的历史枷锁仍然时刻困扰着大国关系。西方大国对外干预推出新形式,利用新媒体新技术煽动发展中国家民众街头抗议,在东欧、中亚推动"颜色革命",在中东地区掀起"阿拉伯之春"运动,致使上述地区陷入动荡甚至大规模武装冲突。在军控和裁军方面,美俄双边军控体系出现裂痕,未来走向不容乐观;核大国加快核武库升级换代,全球核裁军进程久滞不前;伊朗与朝鲜核问题反复变化,仍是中东和中亚地区稳定的巨大隐患。

另一方面,新兴安全威胁或者非传统安全问题不断增多,为国际安全局势增添新的变数。近几年,全球恐怖主义发展势头总体受到遏制,但其形式多变、手段更新,仍然是头号人类公敌,全球反恐压力依然巨大。受美国退出应对气候变化的《巴黎协定》的影响,全球气候治理进程遭受重大挫折。网络安全成为全球安全中的显性议题,如何让互联网技术造福人类而非沦为战争与冲突的帮凶考验着各国的智慧。中东、拉美等地的战争或冲突带来大量难民,在造成重大人道主义危机的同时,还对接受国的社会治安构成巨大挑战。如何建设一个不同文明互学互鉴、彼此包容的世界仍然困难重重。

(五)国际新安全观应运而生

传统的安全观强调各国以实力求和平、借同盟之力求安全,把国家军事与政治安全视为核心甚至唯一安全领域,为此不惜牺牲邻国、小国的安全利益。然而,在全球日益相互依赖的今天,任何一国都难以独善其身,即以一己之力实现本国绝对安全,从别国动荡中收获稳定。以传统安全观为指引,难以实现持久和平与普遍安全。在应对当今新旧交织、错综复杂

---

① 《世界军事》2013 年第 18 期。

的国际安全威胁方面,国际社会期待听到中国声音,看到中国方案,中国的声音和方案就是践行共同、综合、合作、可持续的"新国家安全观"。

"新国家安全观"强调共同、综合、合作与可持续安全,是照亮世界和平与安全的一盏明灯。自 2014 年 5 月由习近平总书记首次正式提出之后,"新国家安全观"得到越来越多的国际认同,为各国走出已延续数千年的"安全困境"指出了方向。但同时也应该看到,传统安全观仍然在西方大国中占据主导地位,美国等国的政治精英和军事高层仍然迷信实力特别是军事实力的作用。可以预见,在相当长的时间内,两种安全观将相互竞争,各国人民追求持久安全的美好向往与冰冷残酷的国际政治现实也会共同存在。

三、世界军事安全形势

当前世界军事安全形势总体稳定,但仍存在诸多不确定因素:传统安全威胁与非传统安全威胁交互作用;国际战略角逐日趋复杂化;国际军控和核裁军态势日趋复杂。大国对战略优势、战略高地、领土权益的争夺不遗余力,世界安全局势在和平稳定的总体态势下暗流涌动;一些大国调整安全战略和军事战略,加大国防投入,加快军队转型,发展先进军事技术和武器装备,战略核力量、军事航天、反导系统、全球及战场侦察监视成为强军重点。一些发展中国家也积极谋求拥有先进武器装备,提升军力发展水平。各国更加重视以军事手段配合外交斗争,一些地区局部军备竞赛升温,国际军控和防扩散体制面临重大挑战。

(一)军事热点此起彼伏,恐怖活动回潮加剧

局部地区持续动荡、军事热点问题此起彼伏是近年世界安全局势的基本特点。非洲依然是世界最动荡的大陆。自从 2011 年席卷中东北非的"茉莉花革命"爆发以来,突尼斯、埃及、利比亚、阿尔及利亚、马里等国先后陷入动荡,特别是利比亚爆发了大规模内战,至今仍处于战乱和动荡之中。2013 年 1 月,马里共和国发生叛乱,法国派出约 4000 名军人对重要目标——马里恐怖极端组织发动连续空袭和地面攻击;2013 年底,中非共和国又生内乱,法国再次采取军事干预行动;南苏丹政府军和反政府军之间的激战时有发生,已经导致数千人丧生,超过 12 万人被迫逃离家园。中东局势迷雾重重,叙利亚内战爆发以来,已经造成数百万人流离失所。尽管随着 2015 年俄罗斯的介入,战场形势逐步稳定,和平曙光初现,但是美英法等国借口化学武器袭击事件,两次使用巡航导弹大规模空袭叙利亚,以色列由于反对伊朗在叙利亚的军事存在而加强了军事打击,使叙利亚未来的局势迷雾重重。乌克兰危机持续动荡,2018 年 11 月 25 日发生的刻赤海峡事件[①],进一步激化了俄乌矛盾,由于冲突双方严重对立,互不相让,其内部又存在亲西方和亲俄罗斯两大势力,加之俄乌矛盾尖锐,难以协调,背后又有俄罗斯与美欧地缘战略争夺的背景,乌克兰问题前景不容乐观。2015 年爆发的也门内战,背景十分复杂,既有伊斯兰教什叶派和逊尼派两大教派之间的冲突,也有中东两大地区强国沙特和伊朗的影响,短期内难以解决。

国际恐怖主义势力在某些国家和地区加速回潮。尽管 ISIS 在中东的势力受到了沉重打击,但国际恐怖主义分子受到了 ISIS 的鼓励,在世界范围呈现出了扩散趋势。近些年的

---

① 2018 年 11 月 25 日,乌克兰海军船只"别尔江斯克号"、"尼科波尔号"和"亚内卡布号"三艘军舰穿越俄罗斯边境,并向刻赤海峡航行。对峙期间,俄罗斯船只向乌克兰军舰开火,并扣押了硬闯该海域的三艘乌克兰军舰。此外,俄方已按俄联邦刑法第 322 条第 3 部分(非法越过国界)进行刑事立案。随后,乌克兰国宣布进入全面战备状态,乌克兰总统波罗申科签署命令终止乌克兰同俄罗斯签订的两国友好、合作与伙伴关系条约。

第二章　国家安全

一系列恐怖袭击事件再次警示人们恐怖势力的威胁并未走远,如何综合使用包括军事力量在内的各种手段有效反恐,成为摆在国际社会面前的严峻课题。

(二)军事部署调整加速,地缘竞争不断升级

近年来,有关国家军事部署的调整呈加速推进态势。美国对涉及国家安全的重大问题进行了全面、系统的评估,陆续出台了《四年防务评估报告》《弹道导弹防御评估报告》《核态势评估报告》以及《国家安全战略报告》,标志着美国政府的战略调整已经进入新阶段。一方面,在战略目标上,主张恢复反恐战争的"本来面目",将打赢当前战争作为首要战略目标,具有明显的收缩意向。2010年美军宣布从伊拉克撤出所有作战部队,2011年又宣布开始从阿富汗撤军。另一方面,作为亚太再平衡战略的"两翼",美国加强对第一岛链和第二岛链的军事部署,西太平洋战略格局出现新的变化。2013年4月,美海军"夏洛特号"攻击型核潜艇入驻关岛,与此前部署的3艘洛杉矶级攻击型核潜艇在第二岛链组成核心"门闩"。2013年,美海军最先进的P-8海上反潜巡逻机部署到日本。美还确定在日本京都府京丹后市再部署一部X波段雷达,加强第一岛链的情报侦察。同时,美国正在通过美日澳、美日韩两个三角对话在亚洲建立与欧洲类似的导弹防御系统。与此同时,安倍主导的日本政治右倾化和军事化步伐明显加快,成为导致地区安全形势趋紧的重要根源。2013年,日本国会参议院通过新建"国家安全保障会议"法案,将军政大权集中于首相、外务大臣、防卫大臣和内阁官房长官四人手中。此后,日本又颁布《国家安全保障战略》、新版《防卫计划大纲》和《中期防卫力量整备计划》,明确提出要大力强化日本军事能力,提高自卫队威慑力和实战能力。

美俄在反导问题上的较量依然未见缓和。2013年,美国宣布将在波兰建设第三阶段反导系统,在阿拉斯加州新增14个陆基导弹拦截装置。美国部署在罗马尼亚南部德韦塞卢空军基地的反导基地已经完工。俄罗斯针锋相对,在西部军区和南部军区部署伊斯坎德尔-M战役战术导弹系统,发展了使用米格-31M战斗机携带的"匕首"空射高超音速导弹系统,希望借此反制美国和北约的欧洲导弹防御计划。

(三)军事转型步伐加快,大国军备竞争激烈

美军把继续深化军事转型作为一项主要任务,并把武器装备建设纳入军事转型一体化进行规划,突出强调发展"攻防兼备"的整体作战能力。2013年,美海军将航母与X-47B无人舰载战斗机有效结合的尝试获得成功,全新的福特级核动力航母"福特号"下水,开始了美军航母的更新换代。

受美国"战车"加速的驱使,世界各国纷纷加大军事投入,军备竞争呈现激烈态势。俄继续把战略核力量和防空反导力量作为建设重点,加快部署新一代RS-24陆基洲际弹道导弹,陆续装备"北风之神"级战略核潜艇,升级战略轰炸机。日本武器装备向大型化、远程化、高端化发展。满载排水量2.7万吨的"出云号"直升机驱逐舰(其实就是准航母)服役,从美国采购的F-35隐形战斗机开始服役。英国海军斥巨资研制新型45型导弹驱逐舰和2艘"伊丽莎白女王"级航空母舰,还拟投资200亿美元建造4艘先锋级核潜艇。法国提出把加强海外用兵作为提升法国全球战略影响力的一个重要举措。

(四)网络战走上前台,太空竞争加剧

近年来,很多国家对网络、太空这两大公共空间的重视程度明显加大,战略投入不断增大,竞争日趋激烈。这必将会对世界军事安全形成新的重大挑战。美国新版《国家军事战略

• 81 •

报告》提出，"所有国家的安全和繁荣都依赖于海洋、太空和网络"，"美军在全球公地的自由行动越来越受到国家和非国家行为体的挑战"。对此，该战略报告将"确保美军在全球公地的自由进入和调动"视为"国家安全的核心要素""美军的永久使命"。美国对抢占全球公共空间问题的这种重视程度和迫切态度，也传导了世界其他国家，起到了推波助澜的作用。

首先，各国竞相抢占网络空间军事制高点。2010 年美国高调宣布网络空间司令部成立，2011 年又出台了《国防网络安全战略》。随后公布的《网络空间国际战略》更是将其网络战推向了新高度。在这份文件中，美国高调宣布"网络攻击就是战争"，表示如果网络攻击威胁到美国国家安全，将不惜动用军事力量。2013 年，五角大楼组建 4000 人的网络部队。法国宣布组建"网络战快速反应部队"，英国官方也公开承认正在研发网络武器，北约拟筹建网络假想敌——"网络红军"，力图将北约"计算机应急响应能力"提升为"全面作战能力"。紧随其后，韩国也创建了网络司令部，俄罗斯、朝鲜和以色列等国的网军组建取得新进展。一系列事态发展均表明，世界已经走到网络战的危险边缘。

其次，各大国太空战略发展步伐明显加快。太空不仅以自己独特的优势成为真正的世界战略制高点，而且是争夺未来战争主动权的战略枢纽。2011 年美国发布的《国家安全太空战略》，提出了未来 10 年美国应对太空领域竞争的战略举措，并多次实验了 X-37B 轨道试验飞行器。俄罗斯重新启动了其格洛纳斯星群的全面重建恢复计划，并已连续发射了 6 颗卫星。欧洲也加速了伽利略全球卫星导航系统的建造速度。而日本则推出《2005—2025 年航空航天规划》，提出 2025 年建立月球研究基地，根据这种形势，各国加强太空合作和积极构建太空秩序的形势更显紧迫，未来太空竞争的程度由此也可见一斑。

 思考题

1. 国际战略格局的内涵是什么？
2. 国际战略格局的现状及发展趋势如何？
3. 当前国际战略环境的特点有哪些？
4. 当前世界军事形势如何？

第三章　军 事 思 想

教学目标: 了解军事思想的内涵以及形成与发展过程,了解国外代表性军事思想,熟悉我国军事思想的主要内容、地位作用和现实意义,理解习近平强军思想的科学含义和主要内容,树立科学的战争观和方法论。

参考学时: 6 学时

第一节　军事思想概述

什么是军事思想? 这是我们学习军事理论必须首先正确认识的最基本问题。军事思想是关于战争、军队和国防等基本问题的理性认识,是人们长期从事军事实践的经验总结和理论概括。由于军事思想是对人类军事活动中的基本问题的认识,军事思想也就是整个军事体系的理论基础。

一、军事思想的本质内涵

军事思想,是人们对军事活动客观规律的认识,是人们在军事活动实践中的指导思想。人们学习、研究军事思想的根本目的应当是什么呢? 有人认为,学习、研究军事思想就是为了保证我们在军事斗争、战争中能够取得最后的胜利。显然,这是一种非常片面的认识,原因就在于缺乏对军事思想的本质内涵的深刻理解。那么,什么是军事思想的本质内涵呢?

(一)军事思想的真谛和最高境界是避免战争

我们必须认识到,人们创立、学习、研究、运用军事思想的首要目的就应当是尽量避免战争,尽量用非军事的手段来达到战争所要达到的目的,解决那些引起战争的矛盾冲突,而不是千方百计地利用军事手段来夺取战争的胜利,不把军事手段作为解决矛盾冲突的唯一选择。正如孙子所指出的那样:"是故百战百胜,非善之善也;不战而屈人之兵,善之善者也……故善用兵者,屈人之兵而非战也。"世间的战争,往往是因不同利益集团的巨大利益的矛盾冲突而引起的,但解决这些矛盾的方法和手段并非只有军事这种唯一的手段。国家之间、民族之间、政治集团之间的矛盾冲突,并非都只能采用武力和武力威胁来解决,武力并不是唯一的选择,有些矛盾冲突就是可以用非军事手段的政治方式或外交方式来予以解决的。因此,世界上有些战争也是可以避免的,人们完全可以采用非军事的手段来达到自己预期的目的。所以,人们对军事思想认识的最高境界,也就是运用非军事的方式和手段来处理有可能引起战争的矛盾冲突,这才是对军事思想的本质内涵的正确认识和理解,是对军事思想的真谛的正确认识。

在新的历史条件下,我们对某些矛盾冲突已经有了运用非军事的手段予以解决的可能。邓小平提出的"一国两制,和平统一"的构想,就为我们在这方面创立了正确认识军事思想本质内涵的光辉范例。如果人们能够正确认识战争可能造成的惨重伤亡和巨大破坏的严重后果,采取一种对国家、对民族,甚至是对人类负责任的态度,就会首先选择避免战争,力争采用非军事的手段来解决相互之间的矛盾冲突,这才是对军事思想这个理论本质内涵的真正的正确理解。人类的历史就是一部战争史,战争曾经给人类造成过无比巨大深重的灾难,一次又一次地引起人类的深刻反思。历史已经到了今天,在经济全球化的浪潮中,人类应当再次运用自己的智慧来反思历史,应当仔细地想一想,我们这一代人怎样对人类的今天和未来负责,怎样用非军事的手段来处理相互之间的矛盾冲突,怎样尽量避免战争,时代的发展必然会促使人类达到对军事思想认识的最高境界。

(二)军事思想的真谛和最高境界还在于遏制战争

我们还必须认识到,真正地坚持正确的军事思想还表现在当人们面临难以采用非军事手段解决矛盾冲突,而且这种矛盾冲突就要演变为战争时,则应当力求采用非战争的军事手段来遏制和制止战争,以避免战争可能造成的巨大损失,而不是把战争手段作为唯一的选择。因为人类的军事活动运用军事力量的较量和斗争,既包括战争手段,也包括非战争手段。因而,当一个国家的安全面临威胁的时候,首先就应当努力加强自身国防和军事力量的建设,从各方面做好反击侵略战争的军事准备,从根本上全面地增强自己的军事威慑力。中国古代春秋时期,秦国军队准备偷袭郑国,郑国得知消息之后,立即做好了战争准备,并且派人进行外交斡旋,秦国见到郑国已经提前做好了战争准备,最后就被迫放弃了原定的进攻计划。因此,郑国也就得到了安全,避免了一场战祸。当年,法西斯德国曾经准备进攻瑞士,但是,德国得知了瑞士虽然没有常备军,却实行全民皆兵的国防体制,人民群众人人手中都有枪支弹药,并且经常进行军事训练,如果进攻瑞士将会面临巨大伤亡,德国最后被迫放弃了进攻瑞士的战争计划。瑞士人民就是依靠自己认真的国防建设,成功地遏制了侵略战争的发生,保卫了自己的安全。

显然,一个国家如果有正确的军事思想的指导,就可以运用自己的军事力量,采用非战争的手段来遏制战争,保卫自己的安全。威慑也是遏制战争、维护和平的有力手段,这也是对军事思想的真谛的正确理解。

国家可以通过显示自己的军事实力和使用军事力量的坚强意志和决心,进行军事演习和战争动员,随时做好战争的准备,对敌方的战争威胁给以应答,从而给敌方造成强大的军事压力,动摇其战争意志,力争将战争消灭于爆发之前。世界历史充分证明,运用显示军事力量的非战争手段是有可能遏制和制止战争的,也是能够消除战争威胁和战争爆发的危险的。例如,1962年,美国面对苏联部署在古巴的导弹威胁时,就采取了一系列准备战争的军事行动,显示了自己军事力量的强大和进行战争的决心和意志,终于迫使苏联做了妥协让步。这就是一个运用非战争手段遏制战争的成功范例。

所以,我们必须正确认识军事思想的本质,在今天要努力加强国防现代化建设,不断增强我国的军事威慑力,宁可备而不战,也不能丝毫放松军备建设,以使我国在面临战争威胁时具有能够对敌方构成强大威慑的军事实力,使我们真正有能力做到不战而屈敌之兵,真正能够运用非战争的和平手段来解决战争问题,从而使我们强大的军事实力真正成为保卫和平的手段,而不是战争的手段。使我们能够拥有足以对任何危害我国安全、发展和领土主权完整的敌人构成强大威慑的军事实力,从而使我们能够运用强大的军事力量的威慑作用代替战争手段来保卫国家的安全。

20世纪五六十年代,在我国经济非常困难的时期,我国人民宁肯缩衣节食也要发展核武器以增强我们的军事威慑力,从而极大地遏制了国际霸权主义对我国安全的威胁。这确实是毛泽东同志领导的党中央在那个历史时代所作出的英明战略决策。

（三）军事思想的作用也在于使战争成为真正的政治手段

如果我们面对的是关系国家安危、民族荣辱的尖锐矛盾和冲突,采用非军事的手段和非战争手段都不能避免和遏制战争,当敌人要把战争强加于我们的时候,我们在军事斗争中应坚持以正确的军事思想为指导,以保证在战争中能够夺取胜利,实现我们的政治目的,维护我们国家的安全和发展。战争是我们实现政治目的的手段,但不是唯一的手段,而只应当是我们实现政治目的的一种从属于政治手段的手段,绝没有只为战争而进行的战争,必须使战争服从于政治的目的和需要。因此,真正意义上的战争应当是维护和平、制止战争、实现政治目的的政治手段,战争绝不只是赢得战争的手段,军事思想也绝不只是夺取战争胜利的思想理论,而是指导运用战争手段达到政治目的的思想理论。因而,正确的军事思想就绝不是要使一场战争的胜利成为下一场战争爆发的原因的思想理论,而应当是让战争成为实现和平的手段,成为制止战争的手段。

所以,在战争中我们也要努力使军事手段与政治手段相结合,战争手段与非战争手段相结合,使战争的规模和破坏程度受到必要的限制,以尽量减少战争造成的伤亡和破坏,以达到战争的政治目的为战争的目标。任何国家在无法避免的战争中,首先都应当坚持人道主义的基本原则。这在今天已经成为人类历史发展的必然要求,是人类社会进步的体现。

以毛泽东为代表的中国共产党人,始终把革命战争看作是实现革命目的的一种手段,因此,在革命战争中能够正确处理政治斗争与军事斗争的统一问题。在中国革命中始终掌握着政治斗争的主动权,依靠人民、代表人民、动员组织人民为人民的翻身解放而奋斗,代表着中国的发展方向。在解放战争中,中国共产党不仅在战场上取得了胜利,而且还建立了广泛的革命统一战线,团结了国内的一切进步力量,取得了政治上的胜利,这就加速了国民党反动政权的全面失败。人民解放军在取得了军事优势之后,继续努力用非军事手段和非战争手段来解决战争问题,在解放战争中通过积极的政治工作,争取了大批国民党军队起义和投降,用和平方式解放了大批城市。直到战争后期,中国共产党还给国民党政府以和平谈判的机会,力争用和平方式解决战争问题。这一切,都是为了维护中国人民的根本利益,都是为了最大限度地减少战争的破坏。因而,中国革命战争的胜利,就是世界战争史上正确认识、理解军事思想的本质内涵和真谛的光辉范例。

（四）军事思想的作用在于实现战争的理性化

我们要正确认识军事思想的本质内涵,还必须深入认识战争这种政治手段所应当具有的规律性。战争是政治的手段,政治又是实现经济利益的手段。利益上的竞争与实现利益的资源的有限性和稀缺性,分配机制的不合理,必然会引起国家之间、民族之间、政治集团之间的矛盾冲突,发展到严重的程度就会导致战争的爆发。在今天,我们还不可能彻底地消灭引起战争的社会根源,因而就不能存在消灭战争的幻想。所以,我们要真正地学习、研究、理解和运用军事思想,首先就要力争避免战争的出现,遏制可能爆发的战争,对已经出现的战争应当努力加以制止,防止它的扩大和蔓延,对于不可避免的战争和无法制止的战争,则应当运用战争予以应对,坚决用正义战争反对非正义的战争。但是,在战争中却必须努力实现战争的理性化。我们进行的战争应当以达到战争应有的政治目的为限,而不应使战争成为没有理性、没有节制的反人类、反人道的破坏与屠杀,不能把战争由手段变为目的,绝不能不择手段地去夺取战争的胜利。

二、军事思想的地位作用

军事思想在军事科学中居于重要地位。我国军事科学界认为,现代军事科学包括军事理论科学和军事技术科学两大部分,其中军事理论科学由军事思想和军事学术组成。可见军事思想在军事科学体系中占有极其重要的地位。就相互关系而言,军事理论是先导,它对军事技术的运用和发展起指导作用,军事技术又对军事理论的发展与变革有重大影响;军事思想还是军事学术的理论基础和指导思想,制约与影响着军事学术的发展。

军事思想对军事实践具有宏观的、根本的指导作用。一是为认识军事问题提供基本观点。人们总是基于一定的思想观念,去评判军事问题的是非与价值,进而确定对其采取何种态度和行动。运用马列主义的战争理论去看待战争,就能全面认识战争在人类社会生活中的作用,正确判断正义战争与非正义战争,坚持正义的、进步的、革命的战争去反对非正义的、反动的、反革命的战争。二是为进行军事预测提供思想方法。科学的军事思想,揭示了军事领域矛盾运动的规律,为军事预测提供了正确的认识论和方法论工具。恩格斯和列宁关于资本主义列强之间的争夺将导致世界大战的预见,毛泽东关于中国人民抗日战争进程与结局的论断,就是科学地进行宏观预测的范例。三是为从事各项军事实践活动提供全局性指导。人们从事军事实践活动,离不开军事思想的指导。军事实践的成效与军事思想的科学与否关系甚大。以科学的军事思想作指导,军事实践可以保持正确的方向,并能达到预期的目的。否则,军事实践的方向就难免发生全局性的偏差,达不到预期的目的。我党领导的广大军民之所以能够在历次革命战争中以劣势装备战胜优势装备的国内外强敌,根本原因是有毛泽东军事思想的正确指导。欧洲一些国家在第二次世界大战初期战略防御的失败,与这些国家当时的军事思想存在非科学性,特别是保守主义,有直接的关系。

三、军事思想的基本构成

作为对人类军事活动的客观规律认识的军事思想,是由两个不同层次的部分所组成的。一个是高层次的军事哲学;另一个是基础层次的军事活动实践的基本指导原则。

(一)军事哲学

军事哲学,是军事思想的最高层次,是哲学与人类军事活动实践相结合的产物。哲学是指人们对整个自然界、社会和思维的一系列根本看法,它回答的是"世界是什么"和"怎样认识世界与改造世界"这样一些普遍性的根本问题。哲学具有高度的抽象性和理论指导性,是对客观事物的本质的认识。军事哲学是对人类军事活动的本质的认识,是从宏观的高度上对人类军事活动的客观规律的认识和把握。因此,军事哲学既是人们正确认识军事活动问题的认识论,又是人们正确认识军事活动问题的思想方法论。军事哲学所回答的问题是人类军事活动中的一些最根本的问题。例如,人类军事活动的实质问题、战争的起源、战争的消亡、战争与政治、战争与经济、战争与社会的发展、战争与道德、战争与科学、战争与哲学、战争与民族素质、战争与教育等一系列根本性的问题。由此可以说,军事哲学也就是军事思想这个理论中的核心与指导思想。

军事哲学是在一定哲学思想观念的影响与指导下,从宏观的整体上对人类军事活动的认识所作出的高度抽象的理论概括,所以,军事哲学是对人类军事实践活动认识的根本观点和根本方法。如果不能上升到对人类军事活动认识的根本观点的高度,人们对军事活动的认识所产生的思想观点就不是军事哲学,就是一般的、低层次的军事思想观点,也就不可能在军事思想的整个体系中具有指导作用。例如,孙子所说的"知己知彼,百战不殆"就是一种军事哲学思想的观点,因为这是人们在军事活动中所必须坚持的认识论和方法论,是对整个人类军事活动都具有根本性的指导意义的。因此,如果我们不能确立正确的军事哲学思想,也就不可能掌握正确的军事思想。

(二)军事活动实践的基本指导原则

军事活动实践的基本指导原则,是军事思想中的基础部分,是人们对具体的军事活动实践中的客观规律的认识,也就是人们从微观上对军事活动客观规律的认识,因而就是人们在具体的军事活动实践中必须遵循的客观规律。人们只有遵循这些基本指导原则,才有可能在军事活动中实现自己的目的,违背这些基本原则,也就必然会受到惩罚。

军事活动实践的指导原则,实际上是军事哲学与人类军事活动实践相结合的产物,只有确立正确的军事哲学的指导,人们才有可能确立正确的军事活动实践的指导原则,简称军事原则。

人们要实现军事活动中的目的,就必须正确认识军事活动实践中的许多关系问题。这些问题,都是军事活动实践中指导原则的体现。例如,人们在军事活动的实践中必须正确认识战略、策略、谋略、战术、精神士气、情报、指挥、后勤等,这些基本问题也都是军事活动实践中的具体的指导原则问题。再如,在战争中如果人们不能制定正确的战略,就不可能取得军事活动的胜利。如果人们不重视军事情报信息,又怎么会有正确的指挥呢?这些军事活动实践中的基本指导原则,都是具体的军事活动中的客观规律的体现,是人们在实际的军事斗争中必须遵循的客观规律。在战场上,人们如果违背这些原则,就必然会受到惩罚。

军事活动实践的基本指导原则,主要表现是人们对军事活动实践中经验的总结。这种总结,其实质也就是对微观上的军事活动客观规律的认识,人们是在发现这些原则,运用这些原则,而不是在发明创造这些原则,虽然这些认识都是人们在军事活动中用血的代价所换取来的。古今中外的优秀军事家之所以能够取得成功,原因就是他们能够发现这些原则和在实践中正确运用这些基本原则,使自己的主观意志与客观规律相互统一。谁能遵循这些原则,谁就能在军事斗争中取得胜利,谁违背这些原则,谁就只能遭到失败。因此,军事哲学与军事活动实践的指导原则是统一的,只有将二者结合统一起来,我们才能形成完整的军事思想体系。

 思考题

1. 军事思想的本质内涵是什么?
2. 军事思想的地位、作用有哪些?
3. 军事思想的基本构成包括哪些方面?

第二节　国外军事思想*

战争伴随着人类的发展历史。在波澜壮阔的历史发展长卷中,人类不断总结战争经验,摸索战争规律,经过数千年的积累,如今各种军事思想异彩纷呈。作为人类文明的重要组成部分,国外军事思想形成了各具特色的军事理论体系,是世界军事思想的重要组成部分。

一、国外古代军事思想

国外古代军事思想发源于公元前 4000 年左右的欧洲大陆、北非及西亚地区。随着奴隶制国家和社会形态的出现，西方早期军事文明也应运而生，伴随着激烈的战争、冲突与绵延不断的军事较量，在总结和继承其他文明古国军事理论的基础上，古希腊和古罗马的军事思想获得显著发展。

(一)古希腊军事思想

西方文明起源于地中海世界的希腊，但是希腊人并不是单一的人种和文明。公元前4000 年左右，小亚细亚的佩拉斯吉人首先来到希腊半岛，最早在这里定居下来，后来陆续有克里特、迈锡尼和多里安人等到来，慢慢形成了独特的古希腊文化。公元前 8 世纪以后，古希腊出现了许多采用不同政治制度的大大小小的城邦国家，其中以雅典和斯巴达最为著名。这个时期的希腊战争冲突不断，由于文化以及战争方式的限制，战争在古希腊社会生活中处于边缘地位。在这个时代，战争显然难以产生深刻的军事思想。在民间传唱的诗歌中有对战争的描述，如《荷马史诗》《伊利亚特》中描述了更早时期的特洛伊战争，战争中的木马计反映了战争中谋略的使用。

公元前 5 世纪，与来自东方的强大的波斯帝国的两次战争，改变了希腊人对战争的看法。波斯帝国的军队不遵从希腊人的阵地战，但是希腊人的步兵装备使得他们面对来自东方的很少防护的步兵时占有优势，而且为了应对波斯人强大的海军，雅典人也建立了强大的海军舰队，最终，联合在一起的希腊人击败了不可一世的波斯帝国。但是战争也改变了希腊人，在接触了波斯人骑兵、步兵等不同的作战方式后，希腊人逐渐意识到自己原有作战方式的局限。而后雅典与斯巴达之间又爆发了争霸战争——伯罗奔尼撒战争。这些战争催生了新的军事思想，这些军事思想散见于一些历史著作中，比如希罗多德的《历史》和修昔底德的《伯罗奔尼撒战争史》。在伯罗奔尼撒战争之后，希腊城邦很快衰落了。而北部的马其顿人则改良了希腊人的方阵步兵，使其装备更为轻便灵活，并辅以骑兵。他们兴起后迅速征服了希腊，随后亚历山大大帝转向东方，一直进军到印度，并将希腊文化传播到了所征服的地区，确立了希腊文化在古典时代的世界地位，史称希腊化时期。

虽然很少像同时期的中国那样产生系统的专门的军事著作，但希腊人也将对战争的思考融入了他们的文化。在诗歌、历史、艺术、哲学等著作中都不乏军事思想的内容。

1. 战争的起源

通常而言，古希腊人对战争的起源的看法倾向于个体主义，从个人的激情、欲望等来解释战争的原因。在更早期的史诗中，战争往往被认为起源于神之间的冲突，而在柏拉图、亚里士多德的著作中，战争则源于人对于荣誉、金钱、财富、土地等的欲望，认为是人的欲望膨胀导致了冲突和战争。

在《伯罗奔尼撒战争史》中修昔底德对雅典和斯巴达的冲突的起源有一个经典的表述——使战争不可避免的真正原因是雅典势力的增长和因而引起斯巴达的恐惧，战争的根源在于国家间权力的变化，而为了保持其地位，实力相对下降的一方将不惜诉诸战争。也有作品认为战争的起源跟国内政治有关系，如柏拉图认为贵族政体的战争更多源自对于荣誉的追求，寡头政体则不敢武装人民，而亚里士多德提到在"坏"的政体中，统治者可能会为了维护其统治而发动战争。

2. 关于战争的胜负

早期的诗歌、民间传说中将战争的胜负归结为神或者命运的主宰。希腊时代的军事思想强调个人英雄主义，认为个人的勇气、美德等能够决定战争的过程，雅典人最伟大的领袖伯里克利说过，我们所依赖的不是阴谋诡计，而是自己的勇敢和忠诚。色诺芬称，在战争中决定胜利的不是兵员数目或力量，而是要看哪一方的部队……具有更坚强的心气。后来由于战争规模不断扩大，尤其是雅典人建立海军以后，对战争的经济基础更为强调。伯里克利说过，战争的胜利全靠聪明的裁断和经济的资源。他甚至制定了对伯罗奔尼撒联盟的持久战策略，试图以雅典的经济优势拖垮对手。在希腊社会的中后期，雇佣兵越来越频繁地出现在战场上，经济与战争的关系就显得更为明显。

3. 关于军队建设

希腊方阵兵时代的士兵都是公民，需要自备武器，平时劳作，打仗时间一般由双方约定进行，一般城邦也没有建立专业的军队。但是也有些希腊城邦完全不同，如斯巴达。斯巴达是一个军事贵族政体，依赖对奴隶阶层希洛人的奴役来获取生活所需，由于奴隶主斯巴达人的残酷，希洛人时常反叛，斯巴达人就变成了军事阶层来维持统治。所有斯巴达男人都要从军，男子自 7 岁以后就被编入军团参加军事训练，训练异常残酷，甚至连女子也要进行严格的体格训练以便生育强健的婴儿。在柏拉图设想的理想社会中，军事人才都要经过严格的训练，用来教育他们的材料都要经过严格的挑选，过滤掉不好的内容，使他们长大以后没有私欲，不为情感所主导，听从智慧理性的哲学王的指挥保卫城邦。在柏拉图看来，战士的勇敢也包含了智慧的成分，不然就是鲁莽。

希腊人传统的方阵兵作战对于纪律和秩序有着异常高的要求，因为一旦方阵被打开一个缺口则必败无疑。色诺芬强调了秩序与纪律的重要性，认为没有纪律的军队就是乌合之众。甚至在古希腊语中，谋略一词本身的意思就是秩序或军令。古希腊军队建设还包括对军人素质的讨论。色诺芬认为一个将领应该勇武、正义、慷慨、信义；亚里士多德强调审慎、节制、勇气和正义；亚历山大则以自己身先士卒、以身作则为傲。

（二）古罗马军事思想

古罗马从一个意大利半岛上的小拉丁城邦开始，逐步征服、兼并了周围的城邦，进而统一了意大利、地中海世界并最终建立了横跨欧亚非的大帝国。罗马人的军队最初也是基于公民兵，耕战并重，而后随着征服区域的扩大和战事的频繁，罗马通过马略的改革建立了常备军。罗马军队早期受希腊人方阵步兵的影响较大，仿照建立了兵团，但是罗马军团里无论是团体还是个体都更为灵活机动，并加入了其他武器和兵种的配合。

罗马人是一个注重实用的民族，在思想上不以深刻系统见长，主要继承了古希腊文化，并无太多发展。军事上，与希腊人类似，他们的军事思想散见于各种历史和传记中，包括波利比乌斯的《通史》、李维的《罗马史》、恺撒的《高卢战记》《内战记》等。这些著作注重以史为鉴，强调内政对于战争的重要性，强调军队的数量、战术、指挥官的才能乃至运气对于战争胜利的重要性。专门的军事著作有公元前 1 世纪阿斯克列底欧多图斯的《战术简要》、公元 1 世纪弗龙蒂努斯的《谋略》以及公元 4 世纪末韦格蒂乌斯的《兵法简述》等。《战术简要》详细记述了古希腊步兵方阵的士兵、布局以及行进等，甚至包括了军令。《谋略》一书将大流士、居鲁士、腓力、亚历山大、汉尼拔、恺撒、马略等的战例集合以讲述作战策略，共计有 4 卷 50 章 16 万多字。《兵法简述》的作者韦格蒂乌斯被誉为"古典世界最伟大的军事理论家"。《兵法简述》写于古罗马帝国衰亡之际，通过收集古希腊、古罗马的军事制度和理论提出了一系列的改革措施,试图效法古制来挽救帝国。《兵法简述》分为 5 章,包括如何招兵、练兵、军团编制、军官职责、战争战略、战术、阵地攻防以及海战等,该书注重历史经验、现实性和可操作性,包含了许多兵家常见之谈,如军事纪律、后勤保障的重要性等。在若米尼、克劳塞维茨之前,《兵法简述》是西方世界最重要的兵学著作。

(三)欧洲中世纪的军事思想

在西罗马帝国衰落后,西方陷入了漫长黑暗的中世纪。罗马人建立起来的国家机器崩溃,蛮族控制了西欧,甚至只有散落在各地的教会中的教士能够认识和书写文字。在蛮族入侵结束、封建君主国逐步建立之后,社会经济和文化有了一定的发展,并带来了文艺复兴。由于缺乏强大的国家,因此也没有大规模的军事行动,封建庄园供养的骑士阶层提供了主要的战争力量,战争是分散、小规模的。同时,由于中世纪教会的力量非常强大,基督教的教义强调反对暴力,而知识阶层又主要由教士构成,他们也因而排斥对战争的研究,所以西方的军事思想在中世纪是停滞的。

需要指出的是,在东罗马帝国,即拜占庭帝国,文明并没有崩溃,而是持续了千年。对于军事战略和谋略的思考也没有停止,并有莫里斯皇帝的《将军之学》和利奥六世的《战术》等伟大的军事著作产生。《将军之学》是一本应用型的手册,包含公元六七世纪拜占庭帝国军事策略的不同方面,是写给拜占庭帝国的将军使用的,书中包含的许多战略思想与《孙子兵法》多有类似,如在战前应好好研究对手,并根据不同的对手采用不同的策略等,但是这本书直到 1981 年才有首个希腊语印刷本,1984 年才有首个英译本,所以在西方产生的影响不大。公元 10 世纪左右的《战术》的著者是号称"智者"的利奥六世,该书与《将军之学》类似,详细记载了拜占庭帝国当时的军事制度和策略,并讨论了海战及当时的秘密武器"希腊火"。与《将军之学》类似,《战术》也是希腊语写就的,在拉丁语主导的西方世界的传播效果有限。虽然拜占庭的兵书在强调论道上类似于中国兵书,但是由于这些书都是从皇帝角度写就,因此缺少了中国古代兵书的人文主义关怀。

二、国外近代军事思想

世界近代从文艺复兴到第一次世界大战结束,是资本主义形成和上升、无产阶级作为独立政治力量开始登上历史舞台的时代。一方面,欧洲一些国家在文艺复兴运动、启蒙运动以及产业革命的推动下,率先实行军事思想的变革,以《战争论》《海权论》《制空权》等为代表的资产阶级军事思想体系得以确立;另一方面,以马克思主义军事理论为代表的无产阶级军事思想宣告诞生。[①]

(一)《战争论》的主要思想

《战争论》是普鲁士资产阶级著名的军事理论家卡尔·冯·克劳塞维茨(1780—1831)在总结以往战争特别是拿破仑战争的基础上写成的,全书共 3 卷 8 篇 124 章,第 1 篇"论战争的性质",第 2 篇"论战争理论",第 3 篇"战略概论",第 4 篇"战斗",第 5 篇"军队",第 6 篇"防御",第 7 篇"进

---

① 陈波:《普通高校军事课教科书——军事理论》,第 114—118 页,人民出版社 2019 年版.

攻",第8篇"战争计划"。其基本的思想观点如下。

1. 战争的本质

克劳塞维茨给"战争"下过很多定义,包括:战争是大规模的决斗,是强迫对方遵从己方意志的行动;战争作为双方的互动,结果必然也是这种相互影响的结果,而不是一方能单独决定的。最根本的是,战争不是一种独立自主的行为,战争的目的不在战争之内,而在政治之中,"战争无非是政治通过另一种手段的继续""所有战争都能看成政治行为"。这些认识使得他对政治形势非常重视。在克劳塞维茨看来,战争是"三位一体"的,包含了自然力,即原始暴力性、仇恨和敌意,盖然性和偶然性的作用,作为政治的工具性,这三者又分别对应人民、指挥官和他的军队、政府,或者说激情、才智和勇敢、政治。克劳塞维茨认为战争理论就是在这三者之间找到一个平衡,这三者的关系并不像自然规律一样确定,是动态的。

2. 战争中精神要素的作用

克劳塞维茨强调了战争中精神要素有着决定性的作用,"战斗过程中,精神力量的损失是决定胜负的主要原因"。精神要素包括指挥官的技巧、军队的经验和勇气、军队的爱国精神,这些不同要素之间的关系并不是固定的,而是流动的,要根据不同的情况来确定。克劳塞维茨也不否认物质因素的作用,毕竟数量上的优势不论在战术上还是在战略上都是最普遍的制胜要素。

3. 防御和进攻的辩证统一

在克劳塞维茨看来,防御是比进攻更强的作战形式,防御不是被动挨打,而是等待时机,等时机转为对己方有利时再转守为攻。防御最伟大的时刻是转守为攻的时候,战争的自然过程是由防御开始,以进攻结束。防御与进攻之间不能相互割裂,而应相互包含,缺一不可,进攻也是最好的防御。

4. 战争中的不确定性

由于战争的互动性,战争行为的对象有反作用,而且战争是个复杂的多人参与的大系统,各个部分相互联系,一点小的变化都可能会对结果有所改变。同时,战场中也充满了各种不确定性,情报信息有可能不确定甚至相互矛盾,而在瞬息万变的战场环境中,指挥官可能只能依靠直觉,而且战场中人的情绪等精神要素也会起作用。战争的不确定性像迷雾一样,人们总是不得不雾里看花,克劳塞维茨的这种观点与现代系统论的观点类似,而战争的不确定性也使得战争需要有创造性,这也是他所谓的战争天才。[②]

《战争论》不仅为西方军事学、战略学奠定了基础,成为人类历史上公认的体系完整的军事战略学著作,也是马克思主义军事科学的重要理论来源。马克思认为,克劳塞维茨具有"近乎机智的健全推断能力"。恩格斯称克劳塞维茨是普鲁士军事学术界的第一流人物,"在军事方面同若米尼一样,是全世界公认的权威人士"。列宁曾高度评价克劳塞维茨关于"战争无非是政治通过另一种手段的继续"的论断。

(二)《海权论》的主要思想

艾尔弗雷德·塞耶·马汉(1840—1914)是美国著名的海军理论家。他于19世纪80年代提出的"海权论",对以后世界各国海军的建设和发展产生了重要影响。1885—1889年,马汉在海军军事学院任教和担任院长期间,对海战艺术的研究倾注了极大的热情,达到了理论创作的高峰。他一边广泛阅读海上战争的历史资料,一边刻苦地备课,最后撰写了《海战

---

② [德]克劳塞维茨:《战争论》,第49—73页,解放军出版社2005年版.

史》和《舰队战术》讲稿。离开海军军事学院后，马汉立即对这些讲稿进行系统的整理和补充，从而写成了《海权对历史的影响》这部轰动世界的著作。

马汉在《海权对历史的影响》中所确立的"海权论"是指凭借海上实力及其控制海洋的能力达到控制世界的一种理论。

马汉认为一个国家的强大与海权密不可分。控制海洋在平时利于商业，在战时亦起主导作用。对马汉而言，海权是一个综合的概念，不仅包含了海上军事力量，也包含了非军事力量，"涉及了有益于使一个民族依靠海洋或者利用海洋强大起来的所有事情"。海上军事力量包括海军以及配套的各种港口等设施，而非军事力量则包括海上货运能力、港口吞吐能力、造船能力等。影响海权的六大客观要素有：地理位置，即国家安全的地缘环境以及在航线网络中的地位；自然结构，即海岸线与人民生计对海洋的依赖程度；领土范围，包括国土面积、海岸线长度以及港口特性；人口数量，尤其是从事海洋有关事业的人数；国民性格，即国民是否热衷于海外冒险和追求财富；政府特征，即政府的政策是否支持。这些要素决定了一个国家海权的大小。

马汉认为一个国家无论平时还是战时都要建立和不断发展海权。平时海军应该在各大洋巡航，保护关键航道，为商船护航。战时则要掌握制海权，消灭对方舰队或者将对方舰队封锁在港口之中。海战中要集中兵力，以一两次的舰队大决战消灭对方。同时，由于海上无地形可用，所以进攻是更好的作战方式，舰队要迅速占领有利位置发动攻势。为了获得制海权，一个国家还需要在合适的位置建立海军基地以便补给，同时也要控制海上交通线。

马汉的理论对美国海军发展和建立世界霸权的政策起到了重大的指导作用，美国海军在海权论的指导下迅速扩张，并成为美国全球霸权的基础。英、法、德等世界军事强国也纷纷将其作为制定国家发展战略的重要参考与指导。

(三)国外近代无产阶级军事思想

随着欧洲工人运动的勃兴，无产阶级作为一支新兴力量登上了人类历史舞台，近代西方无产阶级军事思想也孕育成长起来。在《德意志意识形态》中，马克思、恩格斯提出，战争作为一种人类现象，是社会生产力、生产关系的矛盾以及阶级矛盾的产物。在《共产党宣言》中，马克思、恩格斯明确提出了无产阶级革命要用暴力推翻现存的制度，建立无产阶级统治，并且"至今一切社会的历史都是阶级斗争的历史"。与克劳塞维茨等人不同，马克思、恩格斯的军事思想并没有集中在一本专著中，而是散落在大量的文章、社论、书的章节之中。马克思、恩格斯经历或仔细观察了1848年革命、克里米亚战争、美国内战、普法战争等19世纪主要的军事行动，并在此基础上发展了无产阶级的革命军事思想，对无产阶级军队建立、革命起义、战争的起源和作战方法等提出了一系列深刻的论断。除了大量报刊评论以外，《反杜林论》《家庭、私有制和国家的起源》等著作也对战争问题有科学的见解。

马克思和恩格斯的军事思想是在批判吸收近代资产阶级军事理论思想的基础上创立的，并系统地运用了历史唯物主义和辩证唯物主义的方法。在俄国革命和苏联时期，列宁和斯大林等人撰写了许多军事论著，继承了马克思主义军事理论的立场和观点，从战略决策、军事科学、军事学术到军队建设等各个方面进行了深入思考，极大地丰富了马克思主义军事理论在20世纪的实践。列宁在对俄国近代军事斗争研究以及领导十月革命的过程中，指出了俄国在日俄战争以及一战中失利的主要原因在于其政治、经济制度的落后，只有通过建立无产阶级专政的制度，俄国才能有效推动军事改革，建立无产阶级军队并取得战争胜利。列宁的主要军事著作包括《战争与革命》《革命军队和革命政府》《无产阶级革命的军事纲领》

等。斯大林领导了苏联军队在和平时期的建设并取得了二战的胜利,其军事思想为建设强大的机械化的社会主义现代军队提供了指导。在对第二次世界大战反思时,斯大林也指出第二次世界大战是垄断资本主义的必然产物,要消灭战争,就需要从根本上消灭帝国主义。斯大林的军事著作有《武装起义和我们的策略》《论俄国共产党人的战略和策略问题》《论红军的三个特点》等。

三、国外现代军事思想

当前,随着以信息技术为核心的高技术群体的不断发展,发端于西方的新军事革命不断向前推进,并且经过海湾战争、科索沃战争、阿富汗战争、伊拉克战争以及正在进行的叙利亚战争等多场战争的实践,使西方的军事思想得到了新的发展,陆续催生了"空地一体战"理论、"空海一体战"理论("全球公域进入与机动"联合概念)、"电子战"理论、"太空战"理论、"非对称作战"理论、"远程精确火力打击"理论、"网络中心战"理论、"混合战争"理论以及第三次"抵消战略"等新型军事思想。代表性的军事思想主要有"空海一体战"理论、"网络中心战"理论、"混合战争"理论以及第三次"抵消战略"等。

(一)"空海一体战"理论("全球公域进入与机动"联合概念)

"空海一体战"构想最初由美国空军于1984年首次提出,经过多年发展,到2010年"空海一体战"作战概念进入实质发展阶段,2015年1月更名为"全球公域进入与机动"联合概念。

"空海一体战"的实质是以空、海军一体化打击力量为主,综合运用多种作战方法和手段,在多维战场空间实施非对称联合打击的作战行动。该理论跟以往的作战理论相比,呈现出如下新特点。

"空海一体战"强调在核威慑背景下,充分利用美军在航空航天技术、网络技术、信息技术等方面的非对称优势,以关岛和日韩等盟国的作战和后勤基地为依托,以海空力量为主联合构成一个以天基系统为核心,由天基平台、空基平台和海基平台构成的多层次立体作战体系,在全维空间内加速实现其各种作战力量的有效融合。

"空海一体战"理论作为美军的一种未来联合作战理念,已将未来战场陆、海、空、天、网络、电磁空间等全部空间包括在内,并强调未来作战需要掌握制空权、制海权、制天权、制信息权、制网络权等"全域制权"。这是对现代作战"夺控三权"的进一步发展,也是美军始终追求理念、技术领先,始终确保绝对优势的具体体现。

(二)"网络中心战"理论

"网络中心战"是信息时代提出的一种全新的作战理念,它是建立在以网络为中心的思维基础上的一种作战行动,强调作战中心由平台转向网络,使得作战人员能够实时共享作战态势,提高作战指挥的效率。通过战场各个作战单元的网络化,把信息优势变为作战优势,使各分散配置的部队共同感知战场态势,协调行动,从而发挥最大作战指挥效能。

"网络中心战"的基本思想就是充分利用网络平台的优势,获取和巩固己方的信息优势,并且将这种信息优势转化为决策优势。"网络中心战"理论相比传统作战理论的明显优势有以下三个方面:一是能够充分利用分散配置的部队。以往由于能力受限,军队作战力量调整必须要以重新确定位置来完成,部队或者最大可能地靠近敌人,或者最大可能地靠近作战目标。如此，一支分散配置部队的战斗力形不成拳头，不可能迅速对情况作出反应或集中兵力发起突击，因为需要位置调整和后勤保障。网络体系建成后，可使分散配置的部队在不实施机动、不集中兵力的情况下，就集中战斗力。这样做的好处是减少部队在战场的活动痕迹，从而降低作战风险，减少伤亡。二是部队将更加耳聪目明。通过计算机网络体系，部队将对敌情了如指掌，对指挥官的意图一清二楚。三是部队能够最大限度发挥作战效能。作战空间的各作战单元用网络联为一体后，分散部署的兵力兵器既能有效地协调行动，也能为适应新的战场情况迅速转换作战样式，从而增强部队的灵活性和战斗力。

"网络中心战"的网络体系由无缝隙的互相连接的三个网络组成，即探测网络、交战网络和通信网络。把所有战略、战役和战术级探测器材联为一体的探测网络，能迅速提供"战场空间态势图"；交战网络又称打击网络，连接各主要武器系统；通信网络对前两者起支撑作用，是它们的神经中枢。

(三)"混合战争"理论

当前与未来的冲突将是多模式和多变性的，而不是以前非黑即白的简单划分，这一特征在 21 世纪初的几场局部战争中已经初现端倪。在经历了伊拉克和阿富汗两场战争后，美军对作战实践以及失利教训进行了不断总结，提出了"混合战争"的概念。"混合战争"理论在美国军事理论界引发了广泛关注，并很快得到了美军高层的重视。美军认为，按照传统或非传统、正规或非正规、高强度或低强度的标准来区分威胁已经无法体现安全环境的复杂性，美军正面临由常规军事能力、非常规军事能力、恐怖袭击以及犯罪活动交织而成的"混合威胁"。相应地，未来战争也不再是单一模式，而是多种模式的结合，是传统战争和非常规战争的混合体。在反恐战争陷入困境以及国际安全环境发生深刻变化的大背景下，"混合战争"理论正逐渐成为美军应对多元化安全威胁的战略指导思想。

总体而言，"混合战争"是指参战部队在同一战场空间内同时遂行多样式作战行动的一种战争模式。从战争实施者看，既可以是主权国家，也可以是非国家行为体；从参战力量看，既包括正规部队，也包括非正规力量，而且往往是两者的高度融合；从使用武器装备看，既包括主权国家军队才拥有的高技术武器，也包括简易爆炸装置等低端武器；从作战样式看，是常规战、非常规战、恐怖袭击和犯罪活动等手段样式的混合；从作战目的看，是击败对手和争取民心的结合；从战争涉及的领域看，是政治、军事、经济、信息和心理领域的混合。

> **知识拓展**
>
> #### 俄军对"混合战争"理论的运用
>
> "混合战争"理论源于西方军事学界，但也在俄罗斯获得认可并得以应用。2013 年底乌克兰危机爆发以来，俄罗斯高调应对，先是于 2014 年 3 月 1 日出兵控制克里米亚，后以打"代理人战争"的形式掩饰性地参与乌克兰东部的军事冲突，2015 年 9 月 30 日又出其不意地出兵叙利亚，空袭"伊斯兰国"极端恐怖组织。俄在乌克兰和叙利亚的军事行动综合运用了军事、政治、经济和外交等多种手段，将常规性与非常规性战争方式结合起来，打出了强有力的"组合拳"，令以美国为首的北约大为震惊。西方军事学界和国际问题学界的专家通过研究乌克兰危机和叙利亚危机中俄罗斯的军事行动，认定俄罗斯打的是"混合战争"。
>
> 俄罗斯联邦武装力量总参谋长瓦列里·格拉西莫夫大将在俄军事科学院 2015 年工作总结会议上做了题为《"混合战争"需要高技术武器和科学论证》的报告，首次系统阐述了俄军对"混合战争"的认知。由此，俄一些军事学者将"混合战争"理论称为"格拉西莫夫主义"。俄军队将领与军事理论家

非常重视这一理论，认为它是军事理论和实践的最新成果，并将其理念列入俄军事理论之中，从政治、战略和战术层面进行深入研究，并结合俄军实际，将之作为俄在乌克兰和叙利亚开展军事行动的理论指导进行实战演练，打造了特色鲜明的俄式"混合战争"，其实践和影响值得关注、研究。

从俄军在乌克兰、叙利亚的军事行动来看，俄式"混合战争"可谓新型战争形态。其间，俄罗斯为实现其战略目的，综合运用军事、政治、经济、外交及信息技术等传统和非传统手段，将隐蔽的常规军事行动、现代化的游击战与大规模的舆论宣传战以及网络战结合在一起。俄式"混合战争"彰显了俄综合利用紧急部署、电子战、信息战、特种部队和网络通信等手段应对国际重大危机事件的实力。在"混合战争"实践中，俄充分发挥自身各种优势，在一定博弈空间内同时进行多样式作战行动，采取高超的战略战术并取得了良好成效。

（四）第三次"抵消战略"

随着中俄等国军事实力不断提升，美国认为自身军事优势正在被逐步削弱。为夺取新一轮大国军事竞争的绝对优势地位，从 2012 年逐步走出伊拉克和阿富汗反恐战争泥潭的美国，于 2014 年推出以"创新驱动"为核心、以发展"改变未来战局"的颠覆性技术群为重点的第三次"抵消战略"。第三次"抵消战略"是在美国加速推进亚太"再平衡"战略背景下提出的，旨在通过发展新的军事技术和作战概念以改变游戏规则和未来战局，使美军在未来几十年内与主要对手的新一轮军事竞争中保持绝对优势，主要针对中俄等国日益提升的军事能力，特别是所谓的中国军队"反介入/区域拒止"能力（"反介入"即防止敌人将美军阻挡在作战区域之外，"区域拒止"即防止敌人在作战区域内限制美军的行动自由）。

美国第三次"抵消战略"的战略目标：一是运用美国持久的优势完成全方位的军事力量投射，即利用优势保持在任何时间和地点的持续前沿存在和力量投射，包括针对拥有日益成熟反介入/区域封锁系统和逐渐摆脱陆上和海上基地的对手。美国优势包括无人作战、远程空中作战、隐身空中作战、水下作战和复杂系统工程集成与运用等技术。二是增强封锁和惩罚性的威慑。改变传统的直接打击式的威慑战略，增强封锁与惩罚相结合的新威慑战略，即具备能够使对手知难而退和对其实施非对称报复性打击的能力。实现这种威慑效果的力量不是当前部署在敌人周边的美军部队，而是由能够通过海上平台和远程空中平台投送的全球性投送力量来承担。

清醒看待美军第三次"抵消战略"的本质，既要认真研究其具体行动，准备好应对措施，也要保持足够的战略定力，避免盲目跟随竞争。总体来看，美军第三次"抵消战略"的出台，映射出的是其"技术制胜"的军事战略思维。从历史的延续来看，美军的这种科技主导军事的思维，能有效提高并整合其科技创新能力，加快高新技术向军事应用转化的步伐，并且有助于在前沿颠覆性技术领域保持科技敏感度。然而，从我国的立场来看，对于美军的第三次"抵消战略"，我们要以更高层次的战略智慧超越美国固守的"冷战思维"，从国家长远发展的角度加快实施创新驱动发展战略，坚持引领未来，抢占科技革命和军事竞争的战略制高点。

思考题

1. 古希腊军事思想的主要内容是什么？
2. 《战争论》的主要思想有哪些？
3. 《海权论》的主要思想有哪些？
4. 代表性的国外现代军事思想有哪些？

第三节 中国古代军事思想*

一、中国古代军事思想的形成与发展

中国古代军事思想是在奴隶社会作为独立的意识形态形成以后才逐步出现的,它主要是指中国在奴隶社会、封建社会时期不同的统治阶级、军事家、军事论著者及其他特定个人对古代战争①和军队问题的理性分析和规律性总结。中国古代形成的军事思想虽然是对战争及经验的总结,包含了许多真理性的成分,反映了朴素唯物主义和辩证法思想,但有些思想带有夸张的、片面的甚至迷信的色彩,从总的历史进程来看,这些军事思想主要散见于一些典章文献中,并没有形成一个完整的体系。

(一)上古至夏商周:中国古代军事思想的孕育和形成

早在原始社会末期,华夏先民们便已经开始尝试总结战争实践经验,探索战争的奥秘。原始部落战争在上古时代就有,通过传说保留在古文献里。相传约公元前 3000 年,中国就出现过黄帝、炎帝、尤部落间的战争,以后又有尧、舜、禹攻三苗之战。从一些保存在中国古代典籍的零星资料看,在这些战争中人们就开始了对战争问题的思考。

夏、商、周是奴隶制社会形成和发展的时期,是古代军事思想萌芽的时期,也是中国古代军事理论孕育和逐步产生的时期。夏朝是我国军事史的开端,也是作战指挥开创之时,是原始公社解体、奴隶制确立的分水岭,从此战争成为阶级斗争的最高形式。约公元前 2100 年,夏朝已经出现了专门进行战争的军事组织——军队。夏朝的军队已由以血缘为基础的武装发展到以地域、财产为基础的奴隶主国家的武装,贵族军制也渐趋完善,军队的出现,标志着作战指挥开始成为现实。

到商朝时,青铜兵器取代石兵器成为主要武器,车战成为主要的作战方式,车兵为主要兵种。车战在战争中具有绝对统治地位。战车成为军力和国威的象征,"千乘之国"为大国之称,这一时期最著名的战争,有夏初的少康复国之战、商灭夏的鸣条之战、周灭商的牧野之战等,近代出土的殷商甲骨卜辞中,已有关于商朝军队追击、袭扰、用间战法的记载,说明在这些战争中已注意谋略的运用,在我国早期古代文献《尚书》《诗经》中,也可以看到记述夏、商、周战争的内容和一些军事谋略思想,《周礼》对西周的军事制度和军事职官有相当详细的记述。根据资料推断,最迟在春秋中期以前,《军政》《军志》《令典》等"舍事而言理"的专门的军事著作已经问世,这可以认为是中国古代军事理论产生的一个重要标志,记载了中国古代初期军事思想的精华。夏商时期的军事理论见于国家的典章法令和其他文献之中,这就说明当时军事思想也只能从古代文献典章中的一些军事理论片段中得到反映。总的来说,这一时期的军事思想以天命观为基本内容,已经产生了一定的谋略,到西周时期体现得更为明显。西周时期,开始注重人体力量,而且对战争的认识更为深入和全面。

---

① 中国古代战争发展,见之史籍或有些眉目的各类战争战例约有 3600 次之多。夏商、西周 38 次,春秋 384 次,战国 230 次,秦 9 次,西汉 124 次,东汉 278 次,三国 71 次,西晋 84 次,东晋 272 次,南北朝 178 次,隋 88 次,唐 192 次,五代 73 次,北宋、辽、西夏 256 次,南宋、金、蒙 295 次,元 208 次,明 579 次,清(鸦片战争前)244 次。

（二）春秋战国：中国古代军事思想在理论上进入成熟期

春秋战国时期是中国社会由奴隶制向封建制过渡的剧烈动荡和变革的时期，也是中国古代军事理论兴盛发展并逐渐走向成熟的时期。社会的急剧变革和动荡，为一大批原来社会地位较低的文士投身政治军事舞台、施展自己的才华和抱负提供了机遇和条件。他们或聚徒讲学、授业传道，或游说诸侯、著书立说，形成了百家争鸣的局面。另一方面，在军事上首先改进的是武器。春秋时期的青铜器在形制和重量上都有了较大改进，变得更轻便和更有杀伤力。同时，随着冶铁技术的掌握，更锋利坚硬的铁制武器被发明和逐渐应用于战场，这标志着中国社会开始进入铁兵器的时代，这一时期，铁兵器逐步武装军队，步兵、骑兵和舟师等新兵种在战争中发挥了更大的作用，郡县征兵制和募兵制取代世袭兵制。由于争霸和兼并战争日益频繁，战争在社会生活和国家兴亡中的地位更加重要。作战规模的扩大、作战样式的变化、作战方法的创新，使人们对战争的认识更加全面、深刻，战争成为诸子百家关注和探讨的最重要的课题之一。他们或倡导义战，反对杀人"盈城盈野"的兼并战争；或诅咒"兵者为不祥之器"，强调"柔弱胜刚强"；或主张"兼爱非攻"，严密城守。总之，各抒己见，形成"境内皆言兵"的局面。兵家学派更是异峰突起，引人注目，其代表人物如孙武、吴起、孙膑等，不仅直接活跃在战争舞台上，或登台拜将，或运筹帷幄，还写下了《孙子兵法》《吴子》《孙膑兵法》等一批军事理论的定鼎之作。这一时期，兵家内部各派既互相论辩驳难，又互相交流启发，有力地促进了军事理论的活跃与繁荣。战国时，齐威王甚至专门建立了稷下学宫，请来自各诸侯国的学者在这里讲学著述。据说，至今保留在《管子》中的许多论兵篇章就是这些讲学活动的记录。为了创建和实践新的军事学说，军事家们呕心沥血，身体力行。他们在继承商周以来军事思想的基础上，驱除了当时弥漫在军事决策领域的占卜送信的思迷雾，摒弃了"仁义礼让""不鼓不成列"等陈腐戒律，以国家利益为战争决策的出发点，以克敌制胜为军事学说的核心，极大地发挥了作战和用兵的艺术，中国古代军事思想和理论的发展至此进入一个兴盛和走向成熟的时期。

中国古代军事思想和理论成熟的主要标志是现存最早、举世公认的"世界第一兵书"——《孙子兵法》的问世。孙子即孙武，字长卿，诞生于春秋末期齐国的一个祖辈都潜心军事的世系家族。孙武的祖先陈完因内乱逃奔齐国并改姓田。后因齐国政局动荡，孙武由齐国到吴国，在好友伍子胥的举荐下，晋见雄心勃勃的吴王阖闾，献上自著的兵法十三篇。他新颖独到的见解受到吴王的盛赞，而以军法操练宫女时毅然处死不遵守军纪的吴王宠姬，则完全解除了吴王对他指挥才能的疑虑。于是孙武被任命为将军，在后来攻破楚国，威慑齐、晋的战争中发挥了重要作用。然而，使孙武名垂青史的主要不是他的军事实践，而是那部只有 13 篇、6000 余字的不朽名著《孙子兵法》。它从战略的高度，围绕战争准备与战争实施两个不同的阶段，运用五行相胜、阴阳相克的朴素辩证思维以及整体思维、定量分析、逻辑推演等方法，提出"兵者诡道""上兵伐谋""避实击虚""兵闻拙速""以迂为直""因敌制胜""致人而不致于人""示行动敌""造势任势"等一系列战略战术思想，构建起中国古代军事理论的基本体系。其内容之全面与理解之深刻，堪称经典。

秦自嬴政亲政开始，"奋六世之余烈"，先后兼并六国，第一次建立了统一的封建集权国家，秦统一六国后，中国封建社会进入了上升时期。两汉继承了秦的政治制度，在巩固国家统一方面，作出了积极的贡献。秦代修筑"万里长城"，以"用险制塞"，汉代推行军队屯田，以实边固防，这些都丰富了中国古代军事的理论与实践。秦汉时期出现的军事理论著作并不多，但值得一提的是，汉代在搜集整理古兵书、总结古代军事理论方面做了不少工作。著名军事家张良、韩信以及军事官员杨仆、任宏等人先后奉命搜集古代兵书,归纳合并古代兵法为 35 家,剔除其中的重复内容,分各家著述为兵权谋、兵形势、兵阴阳、兵技巧四类,在《孙子兵法》《吴子》等众多兵书的篇目分合、文字润色上也做了大量的工作,这对后来古代军事理论的继承、古代兵书的流传都功不可没。

(三)三国至宋元:中国古代军事思想在战争实践中不断丰富

三国至隋唐数百年间,统一战争、王朝更替战争、民族战争和农民起义战争交替发生,战争规模越来越大,军事活动的空间不断扩展,战火延伸至高原、荒漠、森林和海洋,出现了骑兵远距离战略迂回、大规模江河横渡、大规模城塞防御和远距离渡海登岛等一系列新的作战样式和军事行动。在这更复杂、更广阔的战争舞台上,军事家们的聪明才智得到了更充分的体现,施展出无数令人眼花缭乱的奇谋妙计,创造出骑兵以快制敌、长途奔袭、穷追猛打,步、骑、舟、车多兵种并用,水陆配合横渡江河,多路分进合击等新的战法,同时这一时期伴随着国家的分裂与统一、王朝的巩固与更替、多种政治力量的逐鹿与互动,军事战略思想得到了长足的发展。不少军事家和政治家开始注重考察现实战略与长远战略的关系,探讨联盟战略、统一战略以及制定和实施现实战略的艺术。

三国时期诸葛亮的战略分析名著《隆中对》,就是其中的重要成果,这一时期理论上建树最大的是唐代兵书《唐太宗李卫公问对》和《卫公兵法》。前者勾画了中国军事理论承传的历史轨迹,深刻归纳了《孙子兵法》的思想精髓;后者阐释了前人较少涉及的战略防御和战略持久理论,对《孙子兵法》所提倡的"兵贵神速""先机制敌"思想是极为有益的补充。

宋代兵冗国弱,军事上实行保守消极的战略方针,与辽、西夏、金、元军队的交锋多以失败告终,南宋时甚至连保住江南半壁山河都很困难。但就经济和文化、科技发展水平而言,宋却是一个足以辉映后世的时代。管形火器的发明及其在战争中的应用,为人类战争由冷兵器时代向热兵器时代过渡点燃了第一缕曙光,其主要标志是唐代的火药应用于军事领域,这一时期创造了火球、火箭等燃烧性火器。至南宋时,发明了世界上最早的管形火器——长竹竿火器和突火枪,这是近代枪炮的先导。元军把竹火枪改进为金属火铳,为近代枪炮的诞生奠定了基础。指南针的发明和应用对军事运输技术也作出了重大贡献。这一时期,发达的印刷术也为军事理论的广泛传播提供了更为便捷的途径。一方面,鉴于自汉代董仲舒提出"罢黜百家,独尊儒术"以来,儒学已成为中国占主流地位的意识形态,一些人以崇尚仁义的儒家价值观念否定"兵行诡道"的战争法则,兵学日渐式微;另一方面,有感于"庙堂无谋臣,边鄙无勇将,将愚不识干戈,兵骄不知战阵"的严重危机,宋人在搜集、整理和刊印军事著作上倾注了更多的精力。为了维护统治,宋代统治者确立了兵书在封建社会的正统地位,大力提倡文武官员研究历代军旅之讨伐要事,并组织编纂了中国第一部综合性兵书——《武经总要》,该书包括军事理论与军事技术两大部分,其后又将《孙子兵法》等七部兵书汇变为《武经七书》,作为武学的必修教材。同时为了培养武臣弟子和青年军官,宋王朝自熙宁五年(1072 年)正式兴办武学,教育学生攻读历代兵法,研究军事理论,并以弓马武艺训练学生,明清两朝也循此例先后设立武学和八旗官学。

中国古代军事思想,是中华各民族在长期文化交流过程中共同创造出来的,在整个中华民族内部分裂与统一、征战与融合的过程中,中原汉文兵书大量流入边疆少数民族地区,有些被翻译成契丹、西夏、女真、满文等民族文字,中原步兵结阵布防、筑城而守的战法被边疆民族所效仿。由北方游牧民族最早提倡和实施的骑兵两翼冲击战术、大规模骑兵集团迂回进攻战略等,也对汉、唐时期中原王朝组建强大骑兵集团,实施积极防御、远途奔袭的战略有不可低估的影响。作为中国历史发展进程中的重要转折点,可以说中华各民族融合的过程亦是中国古代军事思想的不断发展和完善的过程。

(四)明清:西方军事思想的传入与中国古代军事思想的深化、改造

明代和清代前期,中国的政治、经济有了新的发展,但整个封建社会则开始走向衰落。军事上,高度中央集权的统兵制度日趋巩固;随着中国火器技术的缓慢发展和西方军事技术的传入,火器大量装备部队并用于实战,使作战样式更加复杂;随着武学和武举的盛行,《武经七书》成为统兵将帅和武科举子的必读书。尤其值得一提的是明代茅元仪个人编著的中国古代最大的综合性兵书《武备志》,该书共 240 卷,约 200 万字,被称为"军事学的百科全书"。它在中国乃至世界军事史和军事学术史上都占有重要的地位,对于研究军事史等有极大的价值。这一时期,军事思想的发展在三个方面表现得比较突出:一是出现了将儒家政治伦理思想与兵家权谋之术相结合的倾向,强调将精神感化的理学、心学学说渗透到治军领域。明代抗倭将领戚继光将儒家理论思想和治兵伦理糅合在一起,编撰了《纪效新书》《练兵纪实》等兵书,强调练心、练胆、练气,提倡亲上死长、视敌如仇、视死如归。明末问世的《金汤借箸》一书在戚继光治军理论的基础上,进一步概括出忠爱、敢战、守法、勤习、敦睦、信义 6 条训兵原则,受到清前期将帅大臣们的普遍遵奉。二是倭寇从海上频频入侵,令古老的面海大国——中国第一次强烈意识到海防危机,客观上把加强海防理论研究的要求提上了日程。戚继光、俞大猷、郑若曾等人在抗倭斗争中,根据当时中国海上力量衰弱的实际情况,编写了《筹海图编》等海防著作,提出应大力发展海军,建设海岛、海岸和内陆城邑多层次的防御体系的主张。三是明代后期西方火器的传入和中国火器的发展,一定程度上冲击了中国传统的"重道轻器"的思想倾向。明代中后期,人们开始强调在进攻时,火器配置要短长相济,步兵冲锋要鸟枪、佛朗机火炮在前,三眼铳、火箭在后,骑兵则要三眼铳、火炮交替使用,以保证火力的发挥。攻城时主张用大炮轰,或以穴地攻城法炸开城垣。防守时注意将坚固的城防工事与火器威力相结合,构筑城壕、牛马墙、城墙等多重工事,令骑墙、敌台火力相交,修建附近敌台,以台护铳、以铳护城、以城护民,凭坚城用大炮消灭进犯之敌。记载西方传教士所传军事技术的著作《火攻挈要》和论述火器部队编成和战法内容的著作《车营叩答合编》就反映了当时军队装备的变化及其所带来的战术进步。

以《孙子兵法》为代表的中国古代兵学是辉煌的,但就总体而言,仍属于冷兵器时代的军事思想和理论。随着 17 至 18 世纪欧洲资产阶级革命的兴起、工业革命的出现、自然科学的蓬勃发展,战争形态发生了翻天覆地的变化,与之相适应的西方近代军事理论也出现了。但清王朝却长期奉行"闭关锁国"政策,对西方世界的巨大变化茫然无知。1840 年西方侵略者用"坚船利炮"轰开古老中国大门的时候,中国人才惊讶地发现,自己在很多方面已经落伍了。清军在鸦片战争中的惨败,使一些睁眼看世界的有识之士开始重新认识中国古代军事思想。魏源所著《海国图志》一书率先提出了"师夷长技以制夷"的口号,客观上提出了改造和发展中国古代军事思想的要求。

真正对中国古代军事思想和理论进行改造,还是在 19 世纪六七十年代"洋务运动"兴起之后。"洋务运动"的代表人物李鸿章在残酷镇压太平军、捻军起义的过程中,对洋枪洋炮产生了浓厚的兴趣。他就任直隶总督、北洋大臣之后,基于列强环伺的严峻局势,开始认识到古老的中国已面临"数千年未有之变局",西方列强的精兵利器是中国"千古未遇之强敌",只有认真学习西方军事理论,才可以"攘夷而自立"。这一时期,中国陆续翻译了一批西方军事著作,清廷内部还对一些过去奉为圭臬的军事理论观念进行激烈的讨论,引起军事理论在国

防政策和战略战术各个层面上的明显变化。19世纪70年代的"海防塞防之争",纠正了以往"重陆轻海"的传统倾向,确立了海防、塞防并重的战略格局;中法战争期间对援越问题的争论,强烈冲击了盛行多年的"宗藩"观念,代之以维护战略边疆的"藩篱"政策;对建设近代海军、修筑铁路和电报线的争论,则为增强中国军队的海上作战能力、战略机动能力和作战指挥能力奠定了思想基础。

中日甲午战争后,许多清醒的爱国志士不能再容忍近代中国军事改革的缓慢曲折进程,他们大声疾呼:今之战事非廿一史之战事所有也,今之战术非孙吴兵书中战术可尽也。要改变死守"旧日成法"、泥古不化的错误态度,广泛吸收西方军事理论精华,建立一个适应近代战争指导需要的军事理论体系,在编练新军的过程中,许多人也抨击以往军事改革仅及皮毛,不触动传统军事理论体系的倾向;主张仿西法采用新的编制体制,实行灵活机动、发扬火力、步骑炮兵协同配合的战术。这时,仿西人致富之本、大力发展工商业以之为国防建设基础的思想,建立完善的军事教育体制的思想,实行义务兵制度的思想,与列强争夺海权的思想等,逐渐为大多数人所接受,中国军事思想从此步入新的发展阶段。

二、中国古代军事思想的代表——《孙子兵法》

《孙子兵法》是我国和世界军事史上现存最早的、最有价值的、最有影响力的军事理论专著,包含计、作战、谋攻、形、势、虚实、军争、九变、行军、地形、九地、火攻、用间13篇,被中外称为"世界古代第一兵书""百世兵家之师"。其军事思想丰富而深邃,最早涉及战争全局问题,一定程度上反映了战争的本质属性,认为"兵者,国之大事",战争胜负不取决于鬼神,而是由政治、经济、天时地利、人事等多种因素所决定,尤其重视"民"对战争的态度,主张修明政治,于民以利,用亩大而税轻的办法以争取民心。提出"先胜而后求战""不战而屈人之兵"的战争指导思想。在中国和世界军事史上,首次概括出"知彼知己,百战不殆"这一普遍军事规律。注重全面分析敌我、众寡、强弱、虚实、攻守、进退、奇正等矛盾双方,总结出"以正合,以奇胜""攻其无备,出其不意""因敌而制胜"等若干至今仍有研究价值的作战指导原则。从政治范畴提出了以"道"为首的战争制胜论思想。

《孙子兵法》贯穿了对军事哲理的探索,反映了较丰富的朴素唯物论和辩证法思想,具有精深而完整的体系,在战争理论、战略战术和军队建设问题上都有精辟的分析和杰出的贡献。

(一)关于战争理论

春秋战国之际,是中国奴隶制社会向封建社会过渡的时期,内乱迭生、诸侯争霸与社会制度的交替过渡混杂在一起,战争作为社会历史运动为自己开辟道路的一种形式,表现得特别频繁。社会的前进,生产力的发展,生产关系的变革,也要求战争形式和军事制度有相应的变化。《孙子兵法》正逢其时。

在战争与政治的关系上,孙子提出政治是决定战争胜负的首要因素,他在《孙子兵法·计篇》中,开宗明义地说"兵者,国之大事",接着,指出决定战争胜负的因素有"道、天、地、将、法"五事,而五事中占第一位的是"主孰有道",这"道"就是政治,他说:"道者,令民与上同意,可与之死,可与之生,而不危也。"就是说,道就是使民众与国君上下同心,能做到这样,民众才会在战争中勇敢作战。孙子这里所说的民,是指新兴地主阶级成员,也包含平民、农民和工商业者。在奴隶社会里,统治者的军队只有贵族才能充任甲士,春秋后期,随着生产关系的变革和军队的扩大,许多国家实行"丘赋""丘甲"制度(即按土地数量征集兵员),一般民众也可以充当甲士,而且是军队成员的主要部分,他们的战斗意志与战争成败关系甚大。孙子敏锐地看到政治因素对战争胜负的决定作用,正确地提出"令民与上同意","主孰有道"为决定战争胜负的"五事"之首,表现了他在战争与政治关系问题上的远见卓识。

除了《孙子兵法·计篇》中的"主孰有道"以外,孙子还在《孙子兵法·形篇》中指出"善用兵者,修道而保法",在《孙子兵法·行军篇》中指出的"合之以文,齐之以武""与众相得"等,都强调了战争与政治密不可分的关系。

近代军事家克劳塞维茨提出"战争是政治的继续"的著名论断,孙子虽未能把战争与政治关系讲得如此清楚,但他已明确提出政治的好坏、君民的关系,是决定战争胜败的关键,这在两千多年以前的古代,是非常不简单的。

从战争与政治的关系出发,孙子在军事史上第一次提出了"上兵伐谋""不战而屈人之兵""以全争于天下"的思想。所谓"上兵伐谋",就是从战略上打破敌人的企图;所谓"不战而屈人之兵"就是用威慑战略、外交斗争等办法,不经过战争而取得胜利。这些思想是切合春秋时代而又有普遍意义的军事思想。

现代军事学认为,战争不仅是军事的争夺,而且是包括政治、军事、外交、经济、科技、文化、心理等多方位的总体斗争。孙子的"全争"思想,就是对当时总体斗争的概括,孙子只把战争作为实现政治目的一种手段,但不是唯一手段,这与现代军事学所说的"政治是不流血的战争,战争是流血的政治"非常吻合。

孙子不仅在一定程度上认识到战争与政治的关系,而且接触到了战争与经济的关系。孙子认为:"凡用兵之法,驰车千驷,革车千乘,带甲十万,千里馈粮,则内外之费,宾客之用,胶漆之材,车甲之奉,日费千金,然后十万之师举矣。"他还进一步阐明,"军无辎重则亡,无粮食则亡,无委积则亡"也就是说,如果进行战争但无必要的物质条件,那么战争就要失败。孙子从当时国家经济实力出发,除了主张速决战略外,还提出"役不再籍,粮不再载,取用于国,因粮于敌",主张用缴获敌人的物资来补充自己,这都表现了他对战争与经济关系的认识。

(二)关于战略战术

春秋时代几百年间,战争四百多次,《孙子兵法》总结这些战争的经验,在战略战术上探求出若干十分重要的普遍规律。

1."先胜而后求战",不打无把握之战

孙子主张对于战争应周密谋划,强调"庙算"(即战前决策),要求对敌我双方决定胜负的各种因素做全面比较。他说:"夫未战而庙算胜者,得算多也;未战而庙算不胜者,得算少也。多算胜,少算不胜,而况于无算乎!"在制订作战方案时,要"先为不可胜,以待敌之可胜",力求做到"立于不败之地,而不失敌之败也",他强调战争要做好充分准备,坚决反对打无把握之战。他主张包括战术动作在内的一切军事行动都必须"合于利而动,不合于利而止"。

2."知彼知己,百战不殆"

这是孙子发现的一条指导战争胜利的普遍规律,知彼知己,就是了解敌我双方与战争有关的各种情况。彼己两者缺一不可,"不知彼而知己,一胜一负;不知彼不知己,每战必败"。毛泽东对孙子发现的这条规律非常重视,他说:"有一种人,明于知己,暗于知彼;又有一种人,明于知彼,暗于知己。他们都是不能解决战争规律的学习和使用问题的。中国古代大军事学家孙武子书上'知彼知己,百战不殆'这句话,是包括学习和使用两个阶段而说的,包括从认识客观实际中的发展规律,并按照这些规律去决定自己行动、克服当前敌人而说的;我

们不要看轻这句话。""知彼知己,百战不殆"是适用于古今战争的普遍规律,而且也是指导政治、经济、文化、外交斗争的普遍规律。抽象言之,"己"是主观条件,"彼"是客观条件,"知彼知己,百战不殆"是无所不适用的普遍真理。

孙子认为,知彼知己,必先察敌之情,审敌之势,知敌之谋,这样才能"料敌制胜""动而不迷,举而不穷"。孙子认为,"用间"是了解敌情的重要方法。"用间"即使用间谍收集军事情报,进行研究。孙子认为这是用兵作战的"要事",整个军队,都要依靠正确的军事情报而采取行动。在临战状态下,孙子强调要用"相敌"(即现场观察)和武力挑动的方法来探明敌人的虚实,可惜在如何"知己"方面孙子没有论述。

3."致人而不致于人",掌握战争主动权

"致人"就是调动敌人,使敌受制于我,"致于人"就是被敌人左右,让自己受制于敌人。所以,"致人而不致于人"就是掌握战争的主动权,在孙子看来,这个主动权关系到战争的胜利或失败,关系到军队的生存或灭亡,战争主动权实为军队的"司命"。

孙子认为战争主动权不是凭空可以得到的,它是要经过主观努力去争取的。例如,在时机运用上,要占敌先机,做到"后人发,先人至",否则就会因落后陷入被动挨打的地步。在空间的运用上,要"先处战地而待敌","先居"有利地形,这样就可以"以逸待劳,以饱待饥,以安待动"。在战斗的部署上,要以示形等办法调动敌人。"故善动敌者,形之,敌必从之;予之,敌必取之;以利动之,以卒待之",如此等等。对于孙子提出的这条战略原则,历代兵家都极为重视。唐代名将李靖说:"兵法千章万句,不出乎'致人而不致于人'而已。"

4.我专敌分

孙子说:"故形人而我无形,则我专而敌分。我专为一,敌分为十,是以十攻其一也。"这就是说,我用示敌以伪形的方法调动敌人,就可以将己方的部队团聚在一起,而使敌人的部队分散,这样就可以把全体上的敌我相当或敌众我寡变为战役上、局部上的敌寡我众,以我之十对付敌之一。众寡不是固定、绝对的概念,实战中的众寡全系于主动和被动。孙子说:"寡者,备人者也;众者,使人备己者也""备前则后寡,备后则前寡,备左则右寡,备右则左寡,无所不备,则无所不寡"。这样我便能以众击寡。孙子关于众寡之用的战略,其深刻性、科学性令人叹为观止,它是普遍适用的军事原理,其抽象的哲学意义适用范围则更广泛。

5.兵贵神速

《孙子兵法》在总结战争指导原则时写道:"兵之情主速,乘人之不及""其疾如风""动如雷震"。又说"兵贵胜,不贵久""胜久则钝兵挫锐,攻城则力屈,久暴师则国用不足。夫钝兵挫锐,屈力殚货,则诸侯乘其弊而起,虽有智者不能善其后矣。故兵闻拙速,未睹巧之久也。夫兵久而国利者,未之有也"。这些都是说进攻作战要求速战速决,反对旷日持久。因为旷日持久的战争将使军队疲惫,锐气受挫,并消耗国家经济力量,造成师劳财竭的局面,在政治、军事上陷于危险的境地。

6.出奇制胜

孙子分析战争态势,认为"战势不过奇正",无论攻守、进退都可以分为奇、正两种态势。军事家指挥作战的重要原则,就是正确掌握奇正变化,出奇制胜。孙子说:"凡战者,以正合,以奇胜。故善出奇者,无穷如天地,不竭如江海。终而复始,日月是也。死而更生,四时是也。声不过五,五声之变,不可胜听也;色不过五,五色之变,不可胜观也;味不过五,五味之变,不可胜尝也;战势不过奇正,奇正之变,不可胜穷也。奇正相生,如循环之无端,孰能穷之哉!"

要做到出奇制胜,就要使自己的军事力量形成一种像激水和鸷鸟一般的态势。他解释说"激水之疾,至于漂石者,势也;鸷鸟之疾,至于毁折者,节也"。应用这种"其势险,其节短。势如彍弩,节如发机"的力量,对敌"攻其无备,出其不意"地猛烈打击,才能达到出奇制胜的目的。

7."避实而击虚"

孙子认为克敌制胜的基本战术就是避实而击虚。什么是虚和实?孙子形象地以卵和石来比喻说:"兵之所加,如以碫投卵者,虚实是也。"就是说,用兵的原则,要避开敌人的坚实之处,而攻击其虚弱之处。在《孙子兵法·虚实篇》里,孙子又说:"夫兵形象水,水之形避高而趋下,兵之形避实而击虚"。避实击虚,必先审察虚实之情。虚实之情表现在军事上,包括军队的数量、质量,将帅素质,上下关系,物资后勤等。大凡孙子所说的强弱、勇怯、饥饱、劳逸、治乱、众寡、锐气与惰归、有备与无备等都属于虚实的范畴。

"兵形象水""水因地而制行",所以兵也"无恒形"。为了做到"避实而击虚",就要根据兵"无恒形"的特点,经常研究敌情变化,并适应这种变化,及时转换虚实。所谓转换虚实,就是利用各种办法把敌之实转换为虚,把我之虚转换为实,造成用我之实击敌之虚的有利态势。孙子说的"故我欲战,敌虽高垒深沟,不得不与我战者,攻其所必救也;我不欲战,虽画地而守之,敌不得与我战者,乖其所之也"讲的就是这种虚实态势的转换。因为"攻其所必救"引敌离开"高垒深沟"而出战,则敌即由实而变虚;"乖其所之",把敌人引向歧途,则我即由虚而变实。巧妙地运用虚实转换,"能因敌变化而取胜者,谓之神"。

(三)关于军队建设

1.选将标准

孙子非常重视将帅的选拔。他认为"将"是"民之司命""国家安危之主",又说"夫将者,国之辅也。辅周则国必强,辅隙则国必弱"。孙子认为选拔将帅是军队建设的重大问题。在选拔将帅标准上,他坚持智(智慧多谋)、信(诚信可靠)、仁(爱抚士卒)、勇(勇敢坚定)、严(纪律严明)五项条件,他认为只有符合这五项条件的将帅,才能指挥军队胜利作战。他还对将帅的修养提出很高的要求,要将帅做到"静以幽,正以治",即深谋远虑和公正无私,要求他们"进不求名,退不避罪,唯民是保,而利于主"。他还要求将帅警惕和克服贪生怕死、鲁莽偏激等性格上的弱点。孙子的选将思想,是对传统的贵族垄断军队指挥权的世卿世禄制度的冲击,在军事制度改革上具有进步意义。

2.军队组建

孙子认为军队的组建应从编制入手。他说:"凡治众如治寡,分数是也。"所谓"分",即偏裨卒伍之分,所谓"数"即十、百、千、万之数,分数就是在军队的组织编制上,层层节制,各级将领官佐有职有权、各尽其责。他要求整个军队"分数"的原则是组织得严密而有条理,如"常山之蛇",首尾连贯,前后一体。他说:"故善用兵者,譬如率然。率然者,常山之蛇也。击其首则尾至,击其尾则首至,击其中则首尾俱至。"他认为,这样才能使整个军队"齐勇如一""刚柔皆得""携手若使一人"。为了做到这一点,他非常重视利用"鼓金旌旗"进行统一指挥。《孙子兵法》记:"《军政》曰:'言不相闻,故为之金鼓;视不相见,故为之旌旗。'夫金鼓旌旗者,所以,一民之耳目也,民既专一,则勇者不得独进,怯者不得独退,此用众之法也。故夜战多金鼓,昼战多旌旗,所以变人之耳目也。"在没有现代通信设备的古代,孙子这些主张,对军队的统一指挥非常重要。

3.治军原则

孙子在治军上主张爱兵,他要求将帅"视卒如婴儿""视卒如爱子",但这种爱决不可以不严格要求。他说:"厚而不能使,爱不能令,乱而不能治,譬若骄子,不可用也。"为了避免把士卒养成骄子,他主张加强对士卒的管理教育,严爱相兼,赏罚有信,他说:"卒未亲而罚之,则不服,不服则难用。卒已亲附而罚不行,则不可用。故合之以文,齐之以武,是谓必取。"

《孙子兵法》从诞生到现在,已经历两千四百多年,其中一些只适合古代情况的具体军事规律,已经失去现实意义,但是它所揭示的一般性的军事规律,依然在军事实践中奏效。

 **思考题**

1. 中国古代军事思想经历了哪些发展阶段?
2.《孙子兵法》的战争理论是什么?
3.《孙子兵法》中的战略战术思想有哪些?
4.《孙子兵法》中的军队建设思想有哪些?

第四节　当代中国军事思想*

当代中国军事思想是指以毛泽东、邓小平、江泽民、胡锦涛、习近平为代表的中国共产党人关于战争、军队和国防等基本问题的理性认识,是马克思主义基本原理与中国革命及建设的具体实践相结合的产物,是中国共产党人集体智慧的结晶。

一、毛泽东军事思想

毛泽东是伟大的无产阶级革命家、战略家、军事家和著名的军事理论家,是中国共产党、中国人民解放军和中华人民共和国的缔造者和领导者。在长期的革命战争实践中,毛泽东运用他的聪明才智,凝聚了全党全军的集体智慧,创造性地形成了毛泽东军事思想。

(一)毛泽东军事思想的科学含义

毛泽东关于中国革命战争、人民军队和国防建设以及军事领域一般规律问题的科学理论体系,是毛泽东思想的重要组成部分。它是马克思列宁主义普遍原理与中国革命战争和国防建设实际相结合的产物,是中国共产党领导中国人民及其军队长期军事实践经验的科学总结和集体智慧的结晶,同时也多方面汲取了古今中外军事思想的精华,是中国共产党领导中国革命战争、军队建设、国防建设和反侵略战争的指导思想。

(二)毛泽东军事思想的形成与发展

从1921年中国共产党成立到1935年遵义会议,是毛泽东军事思想的产生时期。我党在接受马列主义理论的过程中,逐渐认识到军事工作的重要性,并于第一次国共合作时期开始直接掌握和影响了部分军队,大革命失败的严酷现实,使党进一步认识到武装斗争在中国革命斗争中的极端重要性。毛泽东提出了"枪杆子里出政权"的著名论断。在井冈山斗争时期,毛泽东先后写成了《中国的红色政权为什么能够存在?》《井冈山的斗争》《星星之火可以燎原》等著作,创立了农村包围城市的道路理论。在具体的实践中,以农村根据地为依托,把武装斗争和土地革命结合起来,开展广泛的人民战争,制定了一系列适合红军特点的战略战术原则,规定了人民军队的一系列建军原则等,这为毛泽东军事思想科学体系的形成奠定了基础。

从遵义会议到抗战胜利,是毛泽东军事思想的形成时期。在这一时期,毛泽东及其他无产阶级革命家、军事家们先后发表了《中国革命战争的战略问题》《抗日游击战争的战略问题》《论持久战》《论联合政府》《游击战与运动战》等著作,进一步论证了武装斗争的重要性,发展了人民军队的建军理论;在理论上对人民战争思想作了深刻的阐述,使人民战争思想更加理论化、系统化,并提出了许多新的战略战术原则,形成了严谨的科学体系。

抗战胜利后,我军又经历了解放战争、抗美援朝以及社会主义革命和建设等时期。毛泽东军事思想得到了全面的运用、丰富和发展。解放战争中,毛泽东提出了著名的十大军事原则,连续取得了辽沈、平津、淮海三大战役的胜利,其战争指导艺术达到了炉火纯青的程度,先后发表了《抗日战争胜利后的时局与我们的方针》《集中优势兵力、各个歼灭敌人》《将革命进行到底》等大量文章、指示和电文,提出了"决定战争胜败的是人民,而不是一两件新式武器"的著名论断。抗美援朝时期,毛泽东根据当时的情况和特点,在《给中国人民志愿军的命令》《祝贺中国人民志愿军的重大胜利》《抗美援朝的伟大胜利和今后的任务》等著作和电文中,提出和阐述了在现代条件下进行反侵略战争的一系列建军和作战原则,为毛泽东军事思想增添了适应现代化战争的新内容。

(三)毛泽东军事思想的主要内容

毛泽东军事思想是一个内容十分丰富的科学体系,是由关于中国革命战争和国防问题的基本原理、原则构成的具有不同功能、不同作用,又相互联系、相互制约的有机整体。

1. 战争观和方法论

以毛泽东为代表的中国共产党人,在指导中国革命战争的伟大实践中,创造性地运用马列主义的辩证唯物论和历史唯物论,观察和分析战争的基本问题,认识和运用军事领域的辩证规律,阐明了无产阶级的战争观和方法论,主要包括:对战争的起源、战争的本质、战争的目的、现代战争的根源的认识及对待战争的态度;对战争与政治、经济、革命、和平等诸因素相互关联的看法;从研究战争规律入手,运用规律于自己的行动;从战争全局出发,观照全局,掌握关节;掌握认识战争情况的辩证过程,使主观指导始终同战争客观实际相一致;着眼其特点,着眼其发展,实现作战指导上的主动性、灵活性和计划性等。

2. 人民军队思想

以毛泽东为代表的老一辈无产阶级革命家、军事家,把人民军队建设问题作为进行武装革命的首要问题提出来。毛泽东把马列主义的建军学说和中国实际相结合,创造性地提出了一整套建军理论和原则,主要包括:人民军队是执行革命的政治任务的武装集团;全心全意为人民服务是人民军队的唯一宗旨;人民军队必须置于中国共产党的绝对领导之下;建立健全政治工作制度,开展强有力的政治工作;执行战斗队、工作队、生产队三大任务;坚持官兵一致、军民一致、瓦解敌军的三大原则;贯彻群众路线,实行政治、经济、军事三大民主;遵守三大纪律八项注意,实行自觉基础上的严格纪律;加强军队革命化、现代化、正规化建设;严格训练,严格要求,不断提高战斗力;发扬勇敢战斗、不怕牺牲和艰苦奋斗的优良作风;努力提高军事、政治、科学、文化水平,加强战备,增强作战能力,随时抵御外敌入侵,维护国家安全。

3. 人民战争思想

毛泽东把人民群众是历史的创造者这一历史唯物主义原理运用于指导战争,把依靠人民群众进行人民战争当作战争的基点,确立了中国共产党领导下,以人民军队为骨干,依靠广大人民群众建立农村革命根据地进行人民战争的伟大思想。[①] 人民战争是我党历来坚持的指导战争的根本路线,是我党唯一正确的战争指导思想,是毛泽东军事思想的核心内容,是我军战略战术的基础。它的基本内容是:革命战争是群众的战争,人民群众是战争伟力之最深厚的根源;兵民是胜利之本;人是战争胜负的决定因素,只有依靠、动员、武装人民群众,才能实行全面、彻底的人民战争;坚持党的绝对领导,是实行人民战争的根本保证;依靠和动员人民群众,是实行人民战争的坚实基础;强大的人民军队,是实行人民战争的骨干力量;坚持"三结合""一配合"是实行人民战争的正确组织形式和斗争形式;建立巩固的革命根据地,是实行人民战争的战略基地;运用灵活机动的战略战术,是实行人民战争的正确战争指导。

4. 人民战争的战略战术思想

人民战争的战略战术,体现了毛泽东人民战争思想的战略指导原则和作战方法,是毛泽东高超的战争指导艺术的总结,它揭示了中国革命战争的指导规律,是毛泽东军事思想中最精彩的部分,内容十分丰富。人民战争的战略战术思想,是建立在人民战争的基础之上,立足于以劣势装备战胜优势装备之敌的灵活机动的战略战术。它的主要内容有:把唯物辩证法运用于作战指导,从实际出发,不拘一格;有什么枪打什么仗,对什么敌人打什么仗,在什么时间、地点打什么时间、地点的仗;你打你的,我打我的,打得赢就打,打不赢就走;消灭敌人,保存自己;实行积极防御,反对消极防御;在战略上藐视敌人,在战术上重视敌人;集中优势兵力,各个歼灭敌人;运动战、阵地战、游击战三种作战形式紧密结合;执行有利决战,避免不利决战;进攻时防止冒险主义,防御时防止保守主义,退却时防止逃跑主义;每战力求有准备,不打无准备无把握之仗;慎重初战,不打则已,打则必胜;灵活运用兵力和变换战术;适时地实行战略转变;重视后勤保障和军队的适时休整等。

5. 国防建设思想

新中国成立后,毛泽东等老一辈无产阶级革命家,创立了国防现代化建设理论。其主要内容是:动员全国人民,保卫、建设新中国;国防不可没有,国防必须实现现代化;要建设一支现代化国防军;加强国防建设,首先一定要加强国家经济建设;国防建设要根据国家安全利益的需要,以积极防御的战略方针为指导;国防建设必须坚持独立自主的方针;在世界大战可能避免的相对和平的时期,要坚持精干的常备军与强大的后备力量相结合;要充分发挥我们自己的优势与国防威慑的重大作用等。

毛泽东军事思想,是一个完整的科学体系,各个组成部分互相联系、互相依存。在这个体系中,无产阶级的战争观和方法论是整个科学理论体系的理论基础,人民军队思想是建设人民军队的理论指南,人民战争思想是毛泽东军事思想的核心,灵活机动的战略战术是进行人民战争的方式和方法,国防现代化建设理论是进行国防建设、保卫国家安全,防止外敌入侵的指导方针和原则。

(四)毛泽东军事思想的历史地位和现实意义

以毛泽东为代表的中国共产党人,在长期的中国革命战争和军队建设过程中,把马克思主义军事理论同中国革命战争的具体实践相结合,实现了马克思主义军事思想中国化的第一次飞跃,形成了当代最先进的军事科学——毛泽东军事思想。它深刻地揭示了战争的本质和规律,全面回答和解决了当代面临的一系列重大军事问题,指导中国革命战争取得了伟大的胜利。毛泽东军事思想在中国乃至世界军事史上独树一帜,占有极其重要的历史地位。

---

① 庄福龄等主编:《毛泽东哲学思想史》,第335页,中国人民大学出版社2011年版.

1. 当代最先进的无产阶级军事理论

毛泽东、朱德、周恩来和邓小平等老一辈无产阶级革命家,在领导中国人民进行长期的革命战争和国防建设实践中,创造性地把马克思主义普遍原理与中国革命战争和国防、军队建设具体实践相结合,继承发展了古代、近代和现代的中外优秀军事理论,形成了内容极其丰富的毛泽东军事思想。毛泽东军事思想源于实践、指导实践,并接受了中国革命战争和国防、军队建设实践的检验,是迄今最完整、最系统的无产阶级军事理论。毛泽东军事思想不仅是我党我军的宝贵财富,而且在世界军事理论中也占有极为重要的地位,其重大作用和影响已经远远超越了时空界限,成为世界军事理论宝库中的璀璨明珠。

2. 创造性地丰富和发展了马克思主义军事理论宝库

毛泽东军事思想是以马克思主义为指导,创造性地解决了中国革命战争实际问题的科学的军事理论,它极大地丰富和发展了马克思主义军事理论的宝库。它系统地阐述了研究和指导战争的战争观和方法论,形成了具有中国特色的军事哲学思想,丰富和发展了马克思主义军事科学的理论基础和方法论;开辟了农村包围城市,武装夺取政权的革命道路,为马克思主义关于武装夺取政权的理论增添了新的内容;系统地提出了把以农民为主要成分的革命军队建设成为一支无产阶级性质的新型的人民军队的建军原则,使马克思主义关于无产阶级军队建设的理论得到了创造性的运用和发展;全面系统地阐述了依靠人民群众进行战争和夺取胜利的理论,形成了具有中国特色的无产阶级人民战争思想,极大地丰富了马克思主义人民战争学说;系统地制定了适合中国的人民战争战略战术原则,解决了以劣势装备战胜优势敌人的重大问题,使马克思主义人民战争战略战术原则更加全面系统。

3. 中国革命战争和国防现代化建设的理论指南

毛泽东军事思想是中国革命胜利的光辉记录,是已经被中国革命战争实践反复检验过的正确的军事理论。中国革命战争的伟大胜利充分肯定了毛泽东军事思想的历史地位。我国国防建设所取得的伟大成就,以及在国际斗争中所取得的胜利,都是和毛泽东军事思想的指导分不开的。毛泽东军事思想的全部命题、原理、原则,都是为了指导现实斗争而提出的,并在实践中不断接受检验,逐步丰富和发展。因此,毛泽东军事思想从它产生之日起,就是我们取得胜利的行动指南,是我军克敌制胜的法宝。正是在毛泽东军事思想的指引下,我们取得了革命战争的胜利,取得了国防现代化建设的成功和捍卫祖国领土、维护国家统一的成就。

4. 在世界范围内具有广泛而深远的影响

毛泽东军事思想从它形成之日起,就受到了国外的注意。特别是中国革命战争和支持印度支那人民抗美战争的胜利,更引起了世界上对毛泽东军事思想的极大关注。外国不少人士开始研究和探索毛泽东军事思想,各国的报纸、杂志竞相发表介绍毛泽东的文章,各种文字的研究专著相继出版,几乎所有论述战争、和平与革命的重要著作,都提到了毛泽东的名字。许多国家成立了毛泽东思想研究会等组织,出版了研究毛泽东思想的刊物。毛泽东的主要著作已成为各国军事家必读的经典,也已成为一些国家首脑人物的案头书。近些年来,国际上再次出现了"研究毛泽东和毛泽东军事思想热",研究机构迅速增加,专著论文迅速增多,课题也不断深化,毛泽东的著作在许多国家继续翻译出版。同时也大量出版了刘少奇、周恩来、朱德、邓小平等的著作,从而更加扩大了毛泽东军事思想在国际上的影响力。可见,毛泽东军事思想为世界军事理论增添了新内容,成为当代世界具有重大影响的军事科学,并将永远载入人类进步事业的史册。

知识拓展

毛泽东"十大军事原则"

"十大军事原则"是毛泽东同志创造性地运用马克思列宁主义唯物辩证法的观点,分析中国革命战争的特点而得出来的指导作战的原则,是由我国革命战争实践中来,而又经过战争实践考验过的制胜法宝,是毛泽东同志战略战术思想的集中表现,是我军作战方法最完备最科学的概括。它概括了军事原则中的全部问题,既是战略指导原则又是战役、战术指导原则,不仅运动战适用,阵地战、游击战也完全适用。这十条作战指导原则,最基本的是争取主动,集中优势、各个歼敌的歼灭战思想,每一条都贯穿着这一指导思想和为实现这一指导思想所必需的措施。在第三次国内革命战争中,我军就是遵照这些原则打败了蒋介石赢得了战争胜利的。十大军事原则之所以能够为我军充分运用发挥如此巨大的威力,是由于它建立在人民战争基础之上,充分发挥了人民军队的各种有利条件,扩大利用了敌人的弱点。

十大军事原则的具体内容是:

1. 先打分散和孤立之敌,后打集中和强大之敌。

2. 先取小城市、中等城市和广大乡村,后取大城市。

3. 以歼灭敌人有生力量为主要目标,不以保守或夺取城市和地方为主要目标。保守或夺取城市和地方,是歼灭敌人有生力量的结果,往往需要反复多次才能最后地保守或夺取之。

4. 每战集中绝对优势兵力(两倍、三倍、四倍,有时甚至是五倍或六倍于敌之兵力),四面包围敌人,力求全歼,不使漏网。在特殊情况下,则采用给敌以歼灭性打击的方法,即集中全力打敌正面及其一翼或两翼,求达歼灭其一部、击溃其另一部的目的,以便我军能够迅速转移兵力歼灭他部敌军。力求避免打那种得不偿失的或得失相当的消耗战。这样,在全体上,我们是劣势(就数量来说),但在每一个局部上,在每一个具体战役上,我们是绝对的优势,这就保证了战役的胜利。随着时间的推移,我们就将在全体上转变为优势,直到歼灭一切敌人。

5. 不打无准备之仗,每战都应力求有准备,力求在敌我条件对比下有胜利的把握。

6. 发扬勇敢战斗、不怕牺牲、不怕疲劳和连续作战(即在短期内不休息地接连打几仗)的作风。

7. 力求在运动战歼灭敌人。同时,注意阵地攻击战术,夺取敌人的据点和城市。

8. 在攻城问题上,一切敌人守备薄弱的据点和城市,坚决夺取之。一切敌人有中等程度的守备,而环境又许可加以夺取的据点和城市,相机夺取之。一切敌人守备强固的据点和城市,则等候条件成熟时然后夺取之。

9. 以俘获敌人的全部武器和大部人员,补充自己。我军人力物力的来源,主要在前线。

10. 善于利用两个战役之间的间隙休息和整训部队。休整的时间,一般不要过长,尽可能不使敌人获得喘息的时间。

二、邓小平新时期军队建设思想

在改革开放新的历史时期,邓小平以极大的创新精神和科学态度,指导国防和军队现代化建设,形成了邓小平新时期军队建设思想。

(一)提出和平与发展是当今世界两大问题的论断

邓小平从马克思主义关于战争与和平的基本观点出发,以一个战略家的眼光,对当今世界的时代主题进行了考察,作出了和平与发展是当代世界两大问题的科学判断。他指出,现在世界上有两个问题比较突出,一个是和平问题。现在有核武器,一旦发生战争,核武器就会给人类带来巨大的灾难。要争取和平就必须反对霸权主义,反对强权政治。另一个是南北问题,也叫发展问题。这个问题在目前十分突出。发达国家越来越富,一些发展中国家越来越穷。这个问题不解决,就会给世界经济发展和国际形势的稳定带来障碍。邓小平认为,和平与发展成为主题的时代,世界战争是可以避免的,争取世界和平是有希望的。和平与发展两大问题中,发展问题是核心,和平是基础。要把发展问题提高到全人类的高度来认识,没有和平安定的环境不可能有真正的发展。和平与发展两大问题,至今一个也没有解决。和平有希望,发展也有希望,但事情要靠人去做,要靠自己努力。邓小平这些论述把马克思主义战争与和平的理论向前推进了一大步。

(二)军队和国防建设指导思想实行战略性转变

邓小平在正确判断时代主题的基础上,提出军队和国防建设指导思想实行战略性转变。他认为,党的十一届三中全会以来,我军建设处在相对和平的国际环境和改革开放的国内环境之中。国家以经济建设为中心,客观上要求国防和军队建设从"早打、大打、打核战争"的临战准备状态,转到和平时期以现代化建设为中心的轨道上来,有计划有步骤地进行国防和军队现代化建设。军队要服从和服务于国家经济建设大局,要在这个大局下行动。国防和军队真正现代化,只有在国民经济建立了比较好的基础上才有可能。要在经济发展基础上,加大国防建设的投入,保障国防和军队建设的发展。军队建设必须转到以现代化为中心的发展道路上来,要坚持战斗力标准,注重质量建设,增强国防整体效能,不断提高军队建设的革命化、现代化、正规化水平。

(三)坚持积极防御的军事战略方针

邓小平从新的历史条件出发。坚持和发展积极防御军事战略理论。他指出,我赞成积极防御军事战略方针。坚持积极防御是与社会主义国家的性质和人民军队的本质相一致的,是社会主义中国坚持自卫原则的体现。我们是社会主义国家,永远不称霸,永远不会欺负别人。但是,我们也决不允许别人来欺负我们。积极防御本身不只是一个防御,防御中有进攻。敌人要打进来,我们就会叫敌人陷于人民战争的汪洋大海之中。贯彻落实积极防御军事方针,要采取适应客观实际的灵活的战略战术,不能太死,要具有灵活性。战争一旦打起来,就没有界限了。或先机或后发,或攻或守,或进或退,一切取决于如何有利于消灭敌人,争取战争的胜利。在现代条件下进行反侵略战争,我们的战略思想仍然是人民战争,要坚持和继承人民战争的优良传统,研究人民战争面临的新情况、新问题,不断探索新的战法,增强打赢现代条件下的人民战争能力。要坚持持久作战和以劣势装备战胜优势装备之敌的原则,树立敢打必胜的信心,充分发挥人民战争的整体威力,就一定能取得未来反侵略战争的胜利。邓小平的这些论述,是新的历史条件下对积极防御思想的发展。

(四)建设强大的现代化正规化革命军队

邓小平从新时期军队建设的实际出发,提出"必须把我军建设成为一支强大的现代化、正规化的革命军队"的总目标和总任务。虽然在新中国成立之初,就提出把我军建设成为现代化、正规化革命军队,但是 20 世纪 50 年代末到 60 年代中期,由于"左"倾错误,打乱了我军的现代化进程,使军队建设长期在低水平徘徊。"文化大革命"时期,由于林彪、"四人帮"的干扰破坏,我军现代化没有得到应有的发展,现代条件下作战能力较弱。1978 年党的十一届三中全会以后,全党以经济建设为中心,这对我军的现代化建设具有巨大的推动意义。1981 年 9 月,邓小平明确提出,"必须把我军建设成为一支强大的现代化、正规化的革命军队",为新时期我军建设确立了总目标和总任务。邓小平强调,要把我军建设成为现代化、正规化革命军队,首先要保持无产阶级军队的性质,坚持党的绝对领导,人民军队要永远忠于党、忠于国家、忠于社会主义、忠于人民,成为国家政权和社会主义制度的忠实捍卫者;要以现代化建设为中心,注重质量建设,走中国特色精兵之路,不断提高打赢现代战争的能力,使军队建设达到世界先进水平;要建立和完善科学合理的编制体制,使人与武器的结合达到最佳效果;要以法治军,从严治军,加强和改进军队思想政治工作,把教育训练提高到战略地位,促进军队战斗力的全面提高。邓小平提出的建设强大的现代化正规化革命军队的思想,赋予马克思主义军队建设理论以崭新的时代内容和鲜明的我军特色,是马克思主义军队建设理论的进一步丰富和完善。

(五)发扬优良传统,保持人民军队性质

邓小平一向重视军队的政治建设,强调军队是党的军队、人民的军队、社会主义国家的军队,是人民民主专政的柱石,肩负着保卫社会主义祖国、保卫四个现代化建设的使命。人民军队的优良传统是毛泽东等老一辈无产阶级革命家以及全军广大指战员在长期的军事实践中共同创造的宝贵财富,是人民军队战无不胜、坚无不摧的力量源泉和建设制胜的法宝。要保持人民军队的性质、宗旨,坚持人民军队建设的基本原则和基本制度,坚持党对军队的绝对领导,坚持军政一致、军民一致、官兵一致的原则,加强和改进军队思想政治工作。人民军队的优良传统不仅要恢复和发扬,而且要在新的历史条件下不断发展。

(六)改革和加强国防科技和国防工业

邓小平在领导国防建设过程中,极为重视国防科技和国防工业的现代化建设。他提出,国防科技和国防工业要贯彻以军养民、军民结合、平战结合的方针。要转变国防科技和国防工业部门的职能,使之从单纯为国防服务转到为整个国民经济服务上来,在人才、技术、设备等方面实行"军民兼容",加强军工技术、科研成果向民用转移。要加强国防科技和国防工业建设,必须发扬自力更生、艰苦奋斗和改革创新精神,不断提高国防科技与国防工业现代化水平。要重视国防高技术的研究,在世界高技术领域里占有一席之地,通过艰苦奋斗,逐步缩小同发达国家在这方面的差距。在自力更生的基础上,有选择地引进国外的先进技术以及必要的设备,吸取世界先进经验,提高国防工业的效益。邓小平的国防建设思想,是对毛泽东国防思想的继承和进一步发展。

邓小平新时期军队建设思想,开辟了在新的历史条件下党的军事指导理论创新和发展的新征程,是对毛泽东军事思想的继承和发展,是建设有中国特色社会主义理论的重要组成部分,是国防和军队现代化建设长期的指导方针。

三、江泽民国防和军队建设思想

江泽民主持军委工作期间,敏锐地洞察到国内外形势的重大变化,提出了一系列新论断、新举措以加强国防和军队建设,着重解决历史性课题、根本性指针及主导性原则,形成了江泽民国防和军队建设思想。江泽民国防和军队建设思想主要内容包括:①从国际关系全局和国家发展大局思考国防和军队建设问题;②始终不渝地坚持党对军队的绝对领导;③建设一支政治合格、军事过硬、作风优良、纪律严明、保障有力的人民军队;④确立新时期积极防御的军事战略方针,立足打赢高技术局部战争;⑤坚持和发展人民战争的战略思想和作战

方法;⑥把思想政治建设摆在全军各项建设的首位;⑦确立科技强军战略,进一步加强军队质量建设;⑧集中力量把我军武器装备特别是"撒手锏"装备搞上去;⑨把培养和造就大批高素质新型军事人才作为一项刻不容缓的战略任务;⑩努力完成机械化和信息化建设的双重任务,实现军队现代化的跨越式发展;⑪走出一条投入较少、效益较高的军队现代化建设路子;⑫依法从严治军;⑬在继承优良传统的基础上大胆改革创新。

(一)围绕"不变质"提出坚持党对军队的绝对领导,要求把思想政治建设摆在全军各项建设的首位

"不变质"问题,是江泽民始终最为关注的首要问题。坚持党对军队的绝对领导,也是我们取得革命战争胜利的重要法宝。江泽民强调,坚持党对军队的绝对领导,是我们永远不变的军魂,同时要把思想政治建设摆在全军各项建设的首位,确保军队在任何时候任何情况下都坚决听从党中央的指挥。在这一点上,人民解放军始终做到让党放心、让人民放心,党指到哪里就打到哪里,哪里有危险哪里就有人民解放军。

(二)围绕"打得赢"提出贯彻积极防御的军事战略方针,提高高技术条件下的防卫作战能力

"打得赢"问题,江泽民始终高度重视。1993年他主持制定了新时期积极防御的军事战略方针。新时期军事战略方针主要包含三方面内容:一是坚定不移而又与时俱进地坚持积极防御的战略思想。江泽民指出:"积极防御这个方针应该是我们的传家宝,要全面系统地学习,要完整准确地理解,要坚定不移地贯彻。同时,随着形势的变化,还应实事求是地继承和发展。"他认为,积极防御的军事战略方针是根据我国社会主义制度的性质和维护国家安全的需要制定的,同时能够适应新形势下我国安全环境和军事斗争任务发生的重大变化。二是立足打赢高技术局部战争。军事斗争准备的基点由应付一般条件下的局部战争转到打赢现代技术特别是高技术条件下的局部战争上来。三是研究高技术条件下人民战争的战略思想和作战方法。江泽民认为,应付高技术局部战争,我们真正的优势还是人民战争。关键要着眼于高技术局部战争的特点,深入研究和积极探索高技术条件下人民战争的指导规律。要求我们要完善国防动员体制,加强民兵和预备役部队建设,发展高技术条件下人民战争的战略战术。

(三)围绕"打得赢"实施科技强军战略,实现我军现代化的跨越式发展

如何顺应世界新军事变革的发展趋势,从我国国情和军情出发,推进中国特色的军事变革,建设一支能够打赢未来信息化战争的现代化正规化革命军队,是摆在国家面前的一项重大战略任务。江泽民关于国防和军队现代化建设的宏观构想是:实施一个战略;解决一个主要矛盾;实现两个根本性转变;完成双重历史任务;实现一个战略构想。这个构想,既从我国、我军的实际出发,又体现了面向世界、面向未来的特征;既强调我国、我军特色,又尊重世界军事发展的客观规律,重视世界军事发展的潮流。

四、胡锦涛国防和军队建设思想

胡锦涛关于国防和军队建设思想着眼新的形势和任务,总结国防和军队建设的特点规律,对国防和军队建设提出了新要求。胡锦涛国防和军队建设思想是一个有机的整体,本节重点介绍以下三个方面的内容。

（一）从党和国家事业发展全局出发，着眼实现富国与强军的统一，明确提出了以科学发展观为指导，统筹国防建设与经济建设的协调发展

胡锦涛强调，要依托国家经济社会发展，把国防建设融入现代化建设全局之中，统筹国防资源与经济资源，注重国防经济和社会经济、军用技术和民用技术、军队人才和地方人才的兼容发展，进一步形成国防建设和经济建设相互促进、协调发展的良好局面。一是树立国防建设与经济建设协调发展的观念。从国家讲，要在经济发展的基础上，逐步增加国防投入，保障和促进国防和军队现代化建设；从军队讲，要坚决服从服务于国家经济社会发展的大局，自觉在大局下行动。二是完善国防建设与经济建设协调发展的良性互动机制。要完善有利于军民统筹协调的体制机制。三是健全法规和政策，使国防建设与经济建设协调发展进入法制的轨道，制定相应的法规政策和军民通用技术标准。

（二）从军事斗争准备和军队建设发展全局出发，着眼实现党的意志、国家发展和人民利益，明确提出了"三个提供、一个发挥"的历史使命

胡锦涛站在党、国家和军队建设的战略高度，将我军历史使命科学概括为"三个提供、一个发挥"，即新世纪新阶段军队要为党巩固执政地位提供重要的力量保证，为维护国家发展的重要战略机遇期提供坚强的安全保障，为维护国家利益提供有力的战略支撑，为维护世界和平促进共同发展发挥重要作用。"三个提供、一个发挥"是对军队地位作用的新概括，是对我军职能任务的新拓展，是对人民军队性质宗旨的新要求，是对军队建设目标方向的新定位。胡锦涛着眼时代发展，提出要努力建设一支与我国地位相称和我国发展利益相适应的军事力量，进一步明确了新世纪新阶段我军建设发展的奋斗目标和努力方向。

（三）从民族复兴和时代发展需要出发，着眼发扬我军优良传统和政治优势，强化官兵精神支柱，对当代革命军人核心价值观作出了科学概括

从我军建设发展的历史看，核心价值观始终是我军特有的传统和优势。胡锦涛明确指出，当代革命军人核心价值观集中体现为"忠诚于党、热爱人民、报效国家、献身使命、崇尚荣誉"。忠诚于党，是对革命军人的根本政治要求，在当代革命军人核心价值观中，它是灵魂。热爱人民，是践行我军根本宗旨的思想和情感前提，在当代革命军人核心价值观中，它是本质。报效国家，是爱国主义传统在军人身上的集中体现，在当代革命军人核心价值观中，它是主题。献身使命，是忠诚于党、热爱人民、报效国家的集中体现，是当代革命军人实现自身价值的根本途径。崇尚荣誉，是践行忠诚于党、热爱人民、报效国家、献身使命的道德基础，是当代革命军人实现自身价值的特殊精神需求。①

五、习近平强军思想

习近平强军思想，是习近平新时代中国特色社会主义思想的"军事篇"，是马克思主义军事理论和当代中国军事实践发展的新境界，是马克思主义中国化的最新成果。习近平强军思想紧紧围绕新时代建设什么样的强大军队、怎样建设强大军队这一重大时代课题，提出一系列新思想新观点新论断新要求，构成了强军思想的理论体系，具有丰富的科学内涵。

---

① 陈波：《普通高校军事课教科书——军事理论》，第142—144页，人民出版社2019年版.

习近平强军思想的主要内容

思考题

1. 如何理解毛泽东军事思想的历史地位和现实意义？
2. 邓小平新时期军队建设思想的主要内容有哪些？
3. 江泽民国防和军队建设思想的主要内容有哪些？
4. 胡锦涛国防和军队建设思想的主要内容有哪些？
5. 习近平强军思想的主要内容有哪些？

第四章 现代战争

教学目标：了解战争的本质、根源和发展历程，理解新军事革命的内涵和发展演变，掌握机械化战争、信息化战争的基本形态、主要特征，代表性战例和发展趋势，使青年大学生能够树立打赢信息化战争的信心。

参考学时：6 学时

第一节　战争概述

战争是指"国家或政治集团之间为了一定的政治、经济目的，使用武装力量进行的大规模激烈交战的军事斗争，是解决国家、政治集团、阶级、民族、宗教之间矛盾的最高形式"[①]。

一、战争的本质

战争本质问题，在马克思主义产生以前一直悬而未决。西方近代著名军事理论家克劳塞维茨提出了"战争是政治的继续"这一著名论断，推动了人们对战争本质的认识。他不仅第一次明确提出了"战争无非是政治通过另一种手段的继续"的经典命题，而且还通过深入考察战争与政治的内在联系，具体规定了这一命题所包含的两方面的基本内容：在政治决定战争方面，阐明了政治孕育战争、政治支配战争、政治贯穿于战争三个基本观点；在战争反作用于政治方面，则阐明了政治必须同战争相适应的重要观点。然而，由于克劳塞维茨把政治看作是超越阶级对立的"整个社会的一切利益的代表"，因而他不可能真正揭示出战争的本质。马克思和恩格斯运用唯物史观的基本原理，深入考察战争本质，阐明了战争所继续的政治的阶级实质。马克思深刻指出，在阶级社会里，战争集中表现为"各国统治者和他们的臣民之间、国家和社会之间、阶级和阶级之间发生冲突"，当这种冲突日趋尖锐，以致剑拔弩张时，就"非诉诸武力不可"。[②]

马克思和恩格斯还通过揭示战争的阶级实质，联系参战国的社会政治状况考察战争的政治本质。比如，恩格斯在分析普法战争中法军初战受挫的原因时指出，法军的行动"与其说是决定于军事上的考虑，不如说是出于政治上的必要。一支 30 万人的军队几乎都在敌人的视野之内。如果不根据敌人营垒中所发生的情况，而根据巴黎所发生的或者可能发生的情况来决定自己的行动，那么它就已经失败一半了"。[③] 恩格斯还在分析普法战争中法军夏龙军团惨败色当的典型战例时说到，当时，法军面对敌人优势兵力的追击和堵截，本应退向中心——巴黎，待机破敌。然而，由于法国政府担心退向巴黎会引起其国内政治上的社会革命，竟强令法军远离巴黎，北上麦茨救援巴赞。甚至在法军前进受阻，再次提出退向巴黎时，也未予照准，终致酿成法军 8 万多官兵于色当向德军投降的特大悲剧。恩格斯据此指出，这种错误的战略行动不是战略家的计划，而是政治和军事冒险家的计划。法军之所以采取这

---

① 全军军事术语管理委员会：《中国人民解放军军语》，军事科学出版社 2011 年版．
② 马克思、恩格斯：《马克思恩格斯军事文集》（第一卷），第 218 页，战士出版社 1981 年版．
③ 马克思、恩格斯：《马克思恩格斯军事文集》（第五卷），第 115 页，战士出版社 1982 年版．

种"绝望的行为""只能解释为出自政治上的需要"。马克思和恩格斯还依据辩证唯物主义和历史唯物主义的基本原理,通过批判克劳塞维茨所谓超阶级的政治范畴,进一步把阶级社会的战争看作是一定阶级和国家的政治的继续。

列宁在继承马克思和恩格斯关于战争与阶级相互联系原理的基础上,以完全崭新的视角,明确而深刻地揭示了战争的政治本质。列宁认为,克劳塞维茨在战争与政治关系上的辩证观点,同马克思主义是一致的。列宁曾高度评价说:"辩证法的基本原理运用在战争上就是'战争无非是政治通过另一种手段(即暴力)的继续'。这是军事史问题的伟大作家之一克劳塞维茨所下的定义……这正是马克思和恩格斯一直坚持的观点。"列宁还明确指出:"'战争是政治通过另一种手段(即暴力)的继续',这是造诣极高的军事问题著作家克劳塞维茨说过的一句至理名言。马克思主义者始终把这一原理公正地看作考察每一场战争的意义的理论基础。马克思和恩格斯一向就是从这个观点出发来考察各种战争的。"①列宁在充分肯定克劳塞维茨关于"战争是政治的继续"命题的合理性的同时,对克劳塞维茨所说的"政治"范畴作了批判的改造。他针对克劳塞维茨所谓"我们只能把政治看作是整个社会的一切利益的代表"的看法,直截了当地提出了"政治是什么"的质疑。之后,列宁又给政治注入了经济和阶级的内涵,明确指出,政治是经济的集中表现,在阶级社会里,政治具有强烈的阶级性,并主要表现为各阶级之间的斗争,决不能脱离经济利益和阶级斗争妄谈政治。

在此基础上,列宁对克劳塞维茨关于"战争是政治的继续"的命题作了重要的补充和完善。他鲜明地指出,马克思和恩格斯"把每次战争都看作是当时各有关国家(及其内部各阶级)的政治的继续""战争是这个或那个阶级的政治的继续"。列宁还根据反对帝国主义战争和进行无产阶级革命战争的需要,把这一论断提升到揭示战争政治本质根本方法的高度来认识,深刻指出:"怎样找出战争的'真正实质',怎样确定它呢?战争是政治的继续。"这就不仅把"战争是政治的继续"的论断置于完全科学的基础之上,而且也为马克思主义研究一切战争的政治本质提供了最基本的理论依据。

列宁在把这个论断付诸实践、揭示帝国主义战争的政治本质时,特别强调确定战争政治内容的极端重要性。他指出:"应当研究战前的政治,研究正在导致和已经导致战争的政治。"列宁还指出:"从马克思主义的观点来看,在每个个别情况下,特别是对于每一次战争,都必须确定它的政治内容。但是,怎样确定战争的政治内容呢?任何战争都不过是政治的继续。"因为任何战争都是同产生它的政治制度和政策分不开的,某个国家或某个阶级在战时所推行的政治,必然是它们在战前长时期内所推行的政治的继续,只不过在行动方式或手段上不同罢了。所以,如果不懂得每个国家、每个阶级所发动的任何战争与它们战前的政治有密切的经济和历史的联系,不把战争同有关国家、有关国家的体系和有关的阶级在战前的政治联系起来,是根本不能理解和说明这个战争的。

列宁还根据"战争是政治的继续"的论点着重揭示了第一次世界大战的政治实质。列宁指出,以"战争是政治的继续"的观点考察第一次世界大战就会看到,"英、法、德、意、奥、俄这些国家的政府和统治阶级几十年来,几乎半个世纪以来实行的政治都是掠夺殖民地、压迫异族、镇压工人运动。当前这场战争正是这一政治的继续,也只能是这一政治的继续"②。列宁强调指出,第一次世界大战是资本主义世界两大军事集团——以德国和奥匈帝国为主的同盟国同以英国、法国、俄国为核心的协约国,为争夺世界霸权、重新瓜分殖民地和势力范围在

①　列宁:《列宁军事文集》,第231页,战士出版社1981年版.
②　列宁:《列宁军事文集》,第232页,战士出版社1981年版.

全球范围进行的一场帝国主义战争。"两个资本主义国家集团这样的联盟是由世界上几个最大的资本主义强国——英国、法国、美国、德国组成,它们几十年来的全部政治就是不断地进行经济竞争以求统治全世界,扼杀弱小民族,保证已囊括全世界的银行资本获得三倍和十倍的利润。这就是英国和德国的真正政治。……我们必须全面地研究和了解资本主义强国的两大集团(互相厮打的英国集团和德国集团)在战前整整几十年间的真正政治。不然的话,我们不仅会忘记科学社会主义和一切社会科学的基本要求,而且根本无法了解这次战争。"①列宁还批评说,庸夫俗子不懂得"战争是政治的继续",只会喊什么"敌人侵犯""敌人侵入我国";只关心军队打到了什么地方,以及谁打胜了等,而不去分析战争是由于什么政治原因打起来的,是什么阶级为了什么政治目的进行的,因此不可能搞清战争的真正本质。

毛泽东在总结中国革命战争经验的基础上,深化了关于战争与政治内在关系的认识。一方面,毛泽东阐明了战争一刻也离不开政治的道理。他指出:"'战争是政治的继续',在这点上说,战争就是政治,战争本身就是政治性质的行动,从古以来没有不带政治性的战争。"战争决不是单纯的军事行为,而是由一定时期内各种错综复杂的社会政治关系引起的,又总是为一定阶级、民族、国家和政治集团的政治目的服务的,它是政治性质的行为,它合乎逻辑地包含在政治范畴之内,从这个意义上说,战争就是政治,也只有站在政治的高度观察战争,才有可能真正认识战争的实质。另一方面,毛泽东阐明了战争是解决阶级、民族、国家、政治集团之间的对抗性矛盾的最高斗争形式,具有其特殊性的道理。他指出:"战争有其特殊性,在这点上说,战争不即等于一般的政治。'战争是政治的特殊手段的继续'。"②即是说,战争有其一套特殊组织、一套特殊方法、一种特殊过程,人们决不能按照一般对待政治那样去对待战争,必须脱离寻常习惯,而按照战争规律去指导战争方能取得胜利。毛泽东还从这个意义上精辟概括道:"政治是不流血的战争,战争是流血的政治。"③毛泽东的论述以其丰富的内涵深刻阐明了战争与政治的内在联系。

随着人类社会步入信息化时代,有人又认为,信息战的作战手段已悄悄改变了人类战争观,有可能发生不带任何政治目的的战争。毋庸讳言,核武器的出现,以及以信息技术为核心的世界新军事变革的不断发展,确实已经使当代战争发生了深刻变化。但可以肯定,马克思主义关于战争是政治的继续的论断,仍然是我们认识战争起因、揭示战争本质的锐利思想武器,任何怀疑以至否定这一原理的观点都是站不住脚的。

二、战争的根源

战争的根源问题,是战争观的基本问题之一。在西方国际关系理论中,现实主义者将战争的原因归结于权力,认为利益依靠权力界定,安全需要权力保障。无政府状态导致争夺权力的无序进行,所以战争爆发。自由主义者认为是威权主义或者说极权主义本身导致了战争。马克思主义战争观明确指出,阶级社会的战争根源是私有制和阶级利益冲突。

(一)战争的深刻根源在于对抗性的经济利益的冲突

马克思和恩格斯早在 1845 年共同创立唯物史观时就指出,那种把暴力、战争、掠夺、抢劫等"看作是历史的动力"的观点,"是同这种历史观完全矛盾的"。马克思和恩格斯在这里

---

① 列宁:《列宁军事文集》,第 337 页,战士出版社 1981 年版.
② 毛泽东:《毛泽东文选》(第 2 卷),第 479 页,人民出版社 1991 年版.
③ 毛泽东:《毛泽东文选》(第 2 卷),第 480 页,人民出版社 1991 年版.

所说的"这种历史观",就是指他们所共同创立的唯物史观。他们阐述说:"按照我们的观点,一切历史冲突都根源于生产力和交往形式之间的矛盾。"从而揭示了战争产生的深刻的社会历史原因。他们在《共产党宣言》等著作中一再申明,人类社会的一切历史冲突,都根源于社会经济的矛盾运动,即根源于生产力和生产关系的矛盾运动;暴力关系根源于经济关系,而这些经济关系是不能通过政治途径被简单排除掉的。恩格斯指出:"在现代历史中至少已经证明,一切政治斗争都是阶级斗争,而一切争取解放的阶级斗争,尽管它必然地具有政治的形式(因为一切阶级斗争都是政治斗争),归根到底都是围绕着经济解放进行的。"[1]

恩格斯通过批判德国学者杜林的唯心主义"暴力论",进一步阐明了暴力根源于经济关系的基本原理。杜林为了证明暴力是"历史上基础性的东西"的论点,借用了 17 世纪英国作家丹尼尔·笛福所写的《鲁滨逊漂流记》小说中的情节:手持利剑的鲁滨逊乘小船漂流到一个不知名的小孤岛上,遇到了这个小岛上的唯一主人——赤手空拳的"星期五"。鲁滨逊利用手中的利剑发号施令,强迫"星期五"为他做苦工。恩格斯反驳说,即使我们暂且认为,杜林先生关于迄今为止的全部历史可以归结为人对人的奴役的说法是正确的,但是,它远未回答暴力产生的根源问题。实际上,鲁滨逊之所以要奴役"星期五",决不是为了取乐,而是要把"星期五"作为奴隶或单纯的工具去从事经济的服役,而且也只是作为生产物质财富的工具来使用和养活。其奴役的目的是为了强迫"星期五"提供比鲁滨逊供给他维持劳动力以外更多的剩余生产物。因此,杜林特意编造的所谓鲁滨逊奴役"星期五"的天真的例子,非但不能说明暴力是"历史上基础性的东西"的论点,却反而证明:暴力仅仅是手段,相反地,经济利益是目的。目的比用来达到目的的手段要具有大得多的"基础性"。

恩格斯还阐明了私有财产的出现不是因暴力而是由经济原因决定的观点。针对杜林把奴隶制称作"基于暴力的所有制",并认为私有财产的产生是使用暴力的结果的观点,恩格斯指出,要强迫人们去从事任何形式的奴役劳动,强迫者必须事先拥有被奴役者的劳动资料和赖以生存的生活资料,即必须拥有一定的财产。虽然提供奴隶基础的财产可以凭借暴力掠夺获得,也可以通过劳动、偷窃、经商、欺骗等其他方法取得,但是,"无论如何,财产必须先由劳动生产出来,然后才能被掠夺。私有财产在历史上的出现,绝不是掠夺和暴力的结果"。"私有财产的形成,都是由于生产关系和交换关系发生变化,都是为了提高生产和促进交流——因而都是由于经济的原因。在这里,暴力根本没有起任何作用。显然,在掠夺者能够占有他人的财物以前,私有财产的制度必须已经存在了;因此,暴力虽然可以改变占有状况,但是不能创造私有财产本身。"[2]也就是说,在经济和暴力何者是历史上基础性东西的问题上,不是暴力支配经济状况,相反,暴力被迫为经济状况服务。

概言之,战争的深刻根源,就在于对抗性的经济利益冲突。在以私有制为基础的阶级社会中,阶级与阶级、民族与民族、国家与国家、政治集团与政治集团之间发生的战争,尽管有政治斗争、意识形态矛盾等复杂原因,但体现为阶级对立的经济利益的对抗性冲突则是最根本的原因。阶级社会的战争,归根到底是由对立阶级之间经济利益的对抗性冲突引发或派生的。

(二)正确认识当代战争的根源

冷战结束以来,人类社会又发生了数百次规模不等的战争和武装冲突。这些战争既有

---

① 马克思、恩格斯:《马克思恩格斯选集》(第 4 卷),第 251 页,人民出版社 1995 年版.
② 马克思、恩格斯:《马克思恩格斯选集》(第 3 卷),第 505 页,人民出版社 1995 年版.

发达国家对发展中国家的战争,也有发展中国家相互之间的战争;既有国家联盟对某个国家的战争,也有单个国家之间的战争;既有国与国之间的战争,也有国家内部民族之间、政治派别之间的战争;等等。同时,这些战争的直接诱因也呈现出了纷繁复杂的状况,基于经济、政治、外交、文化、民族、宗教等因素引发战争和武装冲突的现象大大增加,诱发战争的因素趋向复杂化,加之形形色色的战争根源学说的出现,给人们正确认识当代战争的根源造成不少的困难。但必须肯定,马克思主义战争根源学说仍然是我们研究当今世界冲突和战争的科学指南。分析当代的战争根源,必须创造性地运用马克思主义关于战争起源于阶级和私有制的观点,善于从阶级冲突和国家冲突的背后寻找和发现战争最深刻的经济根源,从经济利益的对抗冲突中来寻找战争根源的答案。

1. 首先,大量的国内战争和武装冲突虽然有种族、宗教、地缘、历史等方面复杂的原因,但最深刻的根源仍是阶级冲突或类似的冲突,归根到底则是经济利益的对抗性冲突

冷战结束后,在一些国家内部爆发的武装冲突大多被打上文化、宗教、民族、资源等方面的烙印,但其背后最根本的,还是这些国家、社会内部存在的经济利益的对抗性冲突。马克思曾指出:"人们为之奋斗的一切,都同他们的利益有关。"①马克思在这里所说的"他们的利益",主要是指社会各个阶级的利益。马克思主义指出,在阶级存在的条件下,必须到生产关系中间去探求社会现象的根源,必须把这些现象的本质归结为一定阶级的利益。这是因为,一方面,阶级关系是生产关系在阶级社会中的直接表现,人与人之间的关系总是归结为阶级关系,人们的活动总是归结为阶级的活动;另一方面,阶级利益不仅表现在经济领域,而且贯穿于社会生活的政治、文化、思想、道德等各个领域。如果不从任何一种有关社会、政治、宗教、道德的言论和声明中揭示其中的阶级利益,必然会在政治上受人欺骗,成为无谓的牺牲品。一般来说,在被阶级矛盾所分裂的社会中,任何时候也不可能有非阶级的或超阶级的思想体系。只有阶级消灭了,对立的阶级利益才会最终随之消灭。

作为战争,更与阶级利益冲突和阶级斗争有着必然的联系。马克思和恩格斯明确地把战争看作是阶级之间的暴力斗争,他们指出,一切暴力斗争,在阶级社会里,集中再现为各国统治者和他们的臣民之间、国家和社会之间、阶级和阶级之间发生的冲突。恩格斯在论述中世纪的德国农民战争时指出:"其实在这许多次大震荡中,每一次都经过了阶级斗争的搏战,每一次都把斗争内容简明地以政治标语的形式写在旗帜上。"各种不同形式的战争,"根本是为着十分明确的物质的阶级利益而进行的。……都是阶级斗争"。他还进一步指出:"只要有利益相互对立、相互冲突和社会地位不同的阶级存在,阶级之间的战争就不会熄灭。"列宁也指出:"战争无论何时何地总是由剥削者、统治者和压迫者阶级挑起的。""只有完全消灭社会划分阶级的现象,才可能消灭战争;在存在阶级统治的情况下,不能单从民主主义的感伤的观点来评价战争。"②很显然,马克思主义所论述的不是抽象的、超阶级的经济利益,而是具体的、打上阶级烙印的阶级经济利益。马克思主义战争根源"利益说"的基本思想是,阶级之间的对抗性经济利益冲突是阶级社会战争最主要的根源。

回顾冷战后世界上发生的历次国内冲突或战争,我们总能从纷繁复杂的表象中看到背后所隐藏的对抗性经济利益冲突。这些国内的冲突或战争绝大部分发生在经济相对落后的地区和国家。越是经济落后的地区,武装冲突和局部战争越是频繁发生,尤其是内战的发生率居高不下,这说明了什么?这深刻地告诉我们,经济落后和贫困化是世界一些地区或国家

---

① 马克思、恩格斯:《马克思恩格斯选集》(第 1 卷),第 187 页,人民出版社,1995 年版.
② 马克思、恩格斯:《马克思恩格斯选集》(第 1 卷),第 218 页,人民出版社 1995 年版.

爆发战乱的深刻根源。以国际垄断资本全球性扩张为主导的经济全球化不可避免地扩大了世界范围内的贫富两极分化,那些贫困到极点而又找不到消除贫困的出路的地区和国家,势必多发战乱。有些地区或国家的民族矛盾冲突频繁、社会不稳定的问题,常常是与那里的贫困问题联系在一起的。经济落后就难免受制于人,成为强国转嫁战火、谋取利益的跳板,造成国内政局的不稳定和局势动乱,使武装冲突和内战增多。而武装冲突和内战又加剧了地区的贫困,形成恶性循环。非洲之所以成为世界战乱频发的地区之一,根本原因正是这个地区的极度贫困。马克思主义关于战争源于对抗性的经济利益冲突的观点正是解释这种现象的钥匙。

2. 其次,国家间的战争和武装冲突,源于双方之间的利益冲突;而任何国家的对外政策都是统治阶级所奉行的国内政策的延伸,不可避免地打上统治阶级的烙印,国家间的利益冲突往往折射着国内的阶级关系及统治集团的利益诉求。因此,应从国际与国内两个层面的互动中,全面把握国际冲突的根源

国际关系是以各个国家的利益为基础的。而国家利益,首先是统治阶级的利益。任何一个国家在处理同其他国家关系以及制定对外政策时,不仅不可能抛开统治阶级的利益,而且是以统治阶级的利益为出发点的。由于国内政策直接反映国家的阶级性质和统治阶级的利益,因此,一般说来,国内政策是基本的、主要的,对外政策则服从于国内政策,往往是国内政策的继续和延伸。虽然在对外战争或国际战争中,国家的对外政策往往会跃居首位,以至对国内政策有了支配性的意义,国内阶级矛盾让位于民族矛盾,但是,即使在这种情况下,阶级矛盾也不会消失,阶级斗争也不会完全被阶级合作所代替。正如列宁指出的,使各民族内部分裂开来的那些阶级矛盾,在战争中,将按照战争的方式继续存在和起作用。第二次世界大战期间,世界反法西斯联盟的建立固然大大加强了世界反法西斯力量的团结,为反法西斯战争的胜利创造了有利的条件,然而它仍然是一种矛盾的产物。当时,英美政府同德、日、意争霸世界的矛盾十分尖锐,出于各自利益的需要,联合社会主义的苏联进行反法西斯战争。但是,英美统治集团的根本目的,是通过战争排除自己的竞争者德、日、意,同时削弱各国人民的革命力量,继续奴役殖民地,最后由他们称霸世界。所以,在反法西斯战争中,英美曾一度采取隔岸观火的态度,想借他人之手渔翁得利,这种做法反映了英美垄断资产阶级的利益需求。

在当代国际斗争中,特别是在不同社会制度的国家之间的斗争中,仍然带有强烈的阶级斗争印记。国家本身就是阶级矛盾不可调和的产物,国家的实质就在于它是一个阶级统治另一个阶级的工具。正如恩格斯所说:"国家是从控制阶级对立的需要中产生的,由于它同时又是在这些阶级的冲突中产生的,所以,它照例是最强大的、在经济上占统治地位的阶级的国家。"列宁也曾指出:"国家是阶级矛盾不可调和的产物和表现。在阶级矛盾客观上不能调和的地方、时候和条件下,便产生国家。反过来说,国家的存在证明阶级矛盾的不可调和。"[①]从当前国际政治的现状及其未来发展趋势看,作为阶级统治机关的国家仍然是国际生活的主体。尽管从目的的情况看,有淡化意识形态分歧的趋势,各个国家和民族更多的是根据各自的国家利益和民族利益来处理国与国之间、民族与民族之间的关系。但是,所有国家都是代表本国统治阶级的利益同其他国家打交道的,所有国家考虑问题的出发点仍然是本国统治阶级的利益,这一点并没有因为冷战的结束而有本质性的改变。因此,从根本上说,国际范围的阶级斗争依然存在,特别是不同社会制度的国家之间的矛盾和冲突,依然具有阶

---

①　马克思、恩格斯:《马克思恩格斯选集》(第 4 卷),第 172 页,人民出版社 1995 年版.

级斗争的性质。

同时也应看到,国家作为社会阶级矛盾的调节器,在某种程度上是社会整体利益的代表。在当代国际体系中,种族、民族、阶级等都不具有国际法主体的地位,只有以国家的形式组织起来,才能成为国际社会的一员。因此,维护国家主权、安全和领土完整的斗争,必然会得到社会绝大多数成员的支持;以国家名义对外发动侵略战争,也往往可以在一个时期内争取到社会大部分成员的支持。但这决不能说明国际斗争不具有阶级斗争的性质,而恰恰说明国家意志作为统治阶级的意志,往往是通过非常曲折的途径和方式表现出来的,是需要运用马克思主义的科学世界观和方法论来加以辨析的。

当然,由于时代主题已经发生了深刻变化,使国家主权、安全和发展等事关社会普遍利益的问题,成为特别引人注目的重要问题。这就要求人们不能再简单地把阶级斗争观点和意识形态原则作为观察国际问题的主要尺度,而应该以国家利益为最高准则,把国家利益、民族利益和阶级利益统一起来,实事求是地认识和处理国际问题。但是,决不能忘记国家利益、民族利益背后隐藏的阶级利益,只有这样才能科学认识当代国际斗争的基本规律,找到正确的应对之策。

3. 此外,霸权主义和强权政治植根于不平等、不合理的国际政治经济秩序,而为发达国家垄断资本利益服务的这种国际政治经济秩序,正是当代最深刻的战争根源

尽管当代战争的诱因是复杂的,如民族冲突、宗教对立、资源争夺、领土争端等,都会诱发战争和武装冲突,但从全球范围看,当代战争的最深刻根源还是霸权主义和强权政治。冷战时代,全球范围内发生的较大规模的局部战争,大多数都直接或间接地与帝国主义国家推行的霸权主义政治相关,都是由霸权主义和强权政治直接引起的。冷战后时代,全球范围内的大大小小的战争和武装冲突,背后大多有霸权主义和强权政治的身影,特别是那些震动世界的局部战争和武装冲突更是霸权主义和强权政治操作的结果。正是因为霸权主义和强权政治的操作,那些发生在发展中国家之间的战争和武装冲突才难以平息,并且对整个世界局势发生影响。

同历史上的那种致力于争夺殖民地和势力范围的霸权主义和强权政治相比较,当代霸权主义和强权政治最显著的特点是,把维持和推行有利于国际垄断资本的不平等、不合理的国际政治经济秩序作为基本着力点。冷战结束后,全球范围内兴起了新一轮规模空前、深度空前的经济全球化,按照国际分工体系,把世界上大多数国家都纳入国际经济的大循环之中,构成了一个日趋一体化的全球经济链。但应该清醒地认识到,新一轮经济全球化同近代以来就兴起的一轮又一轮经济全球化,在社会历史性质上没有本质的差别,仍然是由资本主义的全球性扩张来主导的,所不同的是,这一轮经济全球化是由更具垄断性的国际垄断资本主导的,从而势头更强,影响更深。因此,当代经济全球化所奉行的"游戏规则",即国际政治经济秩序,仍然是有利于国际垄断资本,有利于代表着国际垄断资本的西方发达国家,而不利于劳动,不利于民族资本,不利于广大发展中国家。正因为如此,维持和推行现行的不平等、不合理的国际政治经济秩序,实质上是维护和争取国际垄断资本的利益。国际垄断资本的本性是剥削和掠夺,其政治表现必然是霸权主义和强权政治。霸权主义和强权政治是一种以暴力相威胁或借助暴力把意志强加于人的政治,具有强烈的暴力性。围绕当代国际政治经济秩序所展开的称霸和反霸的斗争的实质是国际范围内的阶级斗争;当代的霸权主义战争是国际范围内阶级斗争的一种特殊表现形式。

总之,马克思主义战争根源学说仍然是我们研究当代世界冲突和战争的方法论依据。尽管当代战争的诱因多种多样,归根到底都与经济利益的对抗性冲突有着必然的、深刻的联系。关于当代战争根源,必须从现实的经济关系和经济利益冲突中寻找答案。

三、战争形态的演变

纵观人类战争史,战争形态和作战样式总是随着时代和社会生产力的发展而不断变化。从战争形态而言,在经历了徒手战争、冷兵器战争、热兵器战争、机械化战争、高技术战争之后正在向信息化战争迈进。

(一)冷兵器时代战争

冷兵器,是指依靠使用者的体力或外在机械力来杀伤敌人的武器,如刀、剑、弓、弩等。从本质上讲,冷兵器是一类用来传递能量的器具。在火药被大量地应用与作战行动之前,军队所装备的武器都属于冷兵器。直到今天,冷兵器作为军队的一类战斗武器,仍然被继续地使用,比如弓弩、匕首等。冷兵器时代指的是从军队和战争产生时起,直到黑火药发明并被广泛应用于战场的这一历史阶段,时间跨度大约从公元前21世纪到公元18世纪,大致跨越了人类社会发展过程中的奴隶社会和封建社会两大社会形态。冷兵器时代战争主要有以下三方面的特点。

首先,兵器从生产工具中分离出来,成为专门从事战争的工具。在金属出现以后,随着社会分工的发展和生产技术的改进,不仅兵器的制造日益精良,性能有了大幅提高,而且兵器的分类也开始细化,每种兵器各具某种特定的功能。比如,弓箭强调射程、准确度和穿透力,刀剑强调锋锐度,铠甲强调防护力。随之而来的是军队内部出现专业分工,产生了不同的兵种,比如主要担任射击的弓箭手、肉搏格斗的重步兵、冲锋陷阵的车兵,以及主要负责突击和侧翼包抄的骑兵。从此,军队开始编组成不同的阵式投入战斗,而不再是一拥而上进行混战,早期诸兵种协同作战方式由此出现。总之,随着金属兵器的出现和发展,军队的作战手段、作战方式和部队编制都出现了革命性的变化。

其次,出现了独立的军事组织。人类进入金属时代之后,由于生产力的提高,生产关系也随之发生变化,出现了私有制。原始社会由此解体,人类进入了奴隶制社会,并大致经历了从奴隶制城邦到封建诸侯领地,最终走向中央集权的君主制国家的发展道路。统治者为了对内镇压奴隶或平民的反抗,对外扩张领土或抵御侵略,迫切需要一个组织完善、能有效执行其意愿的暴力工具。于是,军队作为一种独立于生产领域之外的特殊社会组织出现了,并逐步从奴隶制社会初期兵民合一的民军,发展演变成封建社会主要由自由农民组成的封建军队。

最后,军队的出现及其不同兵种的诞生,对军事指挥提出了越来越高的要求。世界各国逐渐形成了文武分设的官僚体制。在古代中国,统治者还对军队的管理权和指挥权进行了区分。军队中出现了如十人队、百人队(西方)或行、什、伍(中国)这样的早期编制。于是,军队中的组织结构、建制关系和作战指挥体系便初具雏形。此外,各国的军事家、史学家还通过撰写回忆录、战史著作和兵书,对战争经验进行总结提炼,在此基础上,古代兵学也随之发展起来。

(二)热兵器时代战争

热兵器时代战争,主要指使用以火药能释放为机理的枪、炮等火器所进行的战争。火器时期,发端于大约公元10世纪的中国,兴盛于14世纪的欧洲,延续到19世纪的世界各国。

唐朝末年,中国首先将火药用于军事,开始利用火药制造一种全新的兵器——火药兵器(简称火器)。宋代,先后制造出燃烧性火器、爆炸性火器和管形火器,以及利用火药燃气反作用力推进的火箭。管形火器的发明,是火器史上的一大进步。南宋开庆元年,制造出能发射子窠的竹制管形射击火器,即突火枪。元代,发明了金属管形射击火器,即火铳,开始了火器发展的崭新阶段。明代初期,火箭技术迅速提高,出现了种类繁多的火箭兵器。除制造大量手铳和大口径碗口铳外,开始制造大口径铜炮、铁炮,火炮制造技术提高到一个新水平。

自 13 世纪(约南宋后期)中国的火药和火器技术传入欧洲以后,欧洲国家对黑火药的成分、配方进行研究,使火药技术得到改良,制造出威力更大、使用更安全的火药。随着火药技术及数学、力学和冶铁、制造等科学技术的不断发展,火枪等武器诞生。同时,数学、力学的研究成果,又促使射击理论和射击技术不断发展,使火枪、火炮得到广泛应用且实战性能大幅度提升。14 世纪中叶,欧洲研制出从枪管后端火门点火发射的火门枪;15 世纪,研制出最早采用机械点火装置的火绳枪,火炮制造技术也得到迅速发展,研制出发射铸铁弹的火炮;16 世纪,创制了利用"火石"与铁器撞击点火发射的燧发枪;17 世纪,研制出身管内壁有膛线的火炮,即线膛炮;17 世纪末,欧洲燧发枪已普遍装上了刺刀,既可用于刺杀,也可用于射击,从而使冷兵器逐渐退出战场,主战兵器代之以火药能释放为主要机理的枪、炮等武器,由此进入热兵器时代。

化学能和士兵的技能成为热兵器战争制胜的主导因素。火药技术的发明将战争由冷兵器战争推进到热兵器战争。科学技术的发展,化学能开始取代机械能成为武器投送的主要方式,通过将火药的化学能转换成瞬间爆发的热能,实现了能量形式质的突破,使热兵器的杀伤力得以数倍、数十倍地提高。火枪、火炮成为战争使用的关键性武器。热兵器战争从近战开始转入远战,实现了从兵力搏杀向火力突击的转变。与冷兵器不同的是,热兵器威力的发挥效果,不是取决于士兵的体能,而是如何控制操作武器的技能。因此,热兵器时期双方较量的重心由士兵的体能过渡为士兵的技能。这一时期战争的战略目标为制城权,火力打击构成了敌对双方作战能力的主导因素,火力优势、火力射程和火力打击的效能成为战争制胜的关键。

(三)机械化时代战争

机械化时代战争肇始于第一次世界大战,经过两次世界大战之间年代的进一步发展,在第二次世界大战中达到顶峰。机械化时代战争突出的特征有以下四个方面。

一是以空前的规模把科学技术运用于军事领域,实现了武器装备自动化和机械化这一质的飞跃。其主要标志是飞机、坦克、航空母舰等武器装备的诞生。由此,人类兵器从延续了近 300 年的手持、马拉式枪炮,发展为完全靠机械动力推动的自动化武器。正是主战兵器的重大变化引发了战争形态的巨变,从之前的主要以战争空间扩大、作战指挥快捷、作战速度加快为标志的工业化战争,迈入作战工具自动化、装甲化、机动化和战争立体化的全新的机械化战争形态,并出现了相应的空军、装甲兵、防空军等军兵种。

二是军队具备了机械化、摩托化的战场机动能力和远程控制指挥能力,推动闪电战、立体战、潜艇战等崭新的作战样式的产生。内燃机的出现和发展,使军队的战场机动从徒步、乘马等人力、畜力方式,转变为汽车、摩托车、装甲车甚至飞机等机械力方式;无线电通信工具的发明,解决了远距离作战尤其是海上和空中作战的指挥与控制问题。由此,军队的作战样式大大扩展丰富,出现了空地协同、步坦协同,实施大纵深快速突击的闪电战,以及战略轰炸、航母战、空降作战等新的作战样式。战场从平面发展到立体,战线的长度和纵深发展到上千公里,形成了诸军兵种联合行动的立体战争模式。

三是战争规模无限扩大。战争已不仅仅是军队的事情,而是涉及整个国家、整个社会;整个国民经济转入战争轨道,无数的人民群众投入到后勤供应和战争经济的运转之中,战争已经没有了前后方之分;战争成为整个国家和民族在军事、政治、经济、科技、思想、文化等诸多方面的全面较量。

四是一系列创新的军事思想随着机械化战争形态的发展而产生,出现了总体战、大战略、空军制胜论、大纵深作战理论以及人民战争思想等。它们为多国家、多军种参加的大规模战争提供了综合运用国家全部力量的战略指导,为新型作战样式的实施提供了理论依据,对第二次世界大战及战后的军事发展产生了深远的影响。

(四)高技术时代战争

科学技术飞速发展,导致了军事技术的层出不穷。而伴随着一系列新军事技术在作战领域的广泛运用,战争形态在实现了由平面到立体的革命之后,又开始了由机械化战争向信息化战争迈进的历程。高技术战争,指的是战争处于由机械化形态向信息化形态过渡进程中所表现出来的兼具有机械化战争与信息化战争主要特点、相对新型的作战形态。高技术战争从20世纪80年代开始初露端倪,历经1982年马岛战争、第四次中东战争、苏联入侵阿富汗、美国空袭利比亚的"草原烈火"行动等,到1991年的海湾战争达到了全面成熟。在海湾战争中,多国部队特别是美军的高技术兵器几乎包括了陆海空三军的各个方面,覆盖了军事卫星、GPS全球定位系统、精确制导弹药、夜视器材、隐形飞机、巡航导弹、电子战武器、C3I系统等各个领域,其广泛程度前所未有。

高技术兵器的大量使用,使战争出现了许多前所未有的特点。就战争最基本的特征而论,以海湾战争为代表的高技术战争同以往战争相比最突出的特点有以下三点:一是武器装备建立在高度密集的技术基础之上;二是打击方式已不再是过去战争所追求的那种大规模毁伤,而是在破坏力相对降低的基础上突出打击的精确性;三是整个战争的范围与过程被视为一个完整的系统,战争的协同性和时间性空前突出。显然,战争的面貌同以往相比发生了巨大的变化。

(五)信息化时代战争

信息化时代战争萌发于20世纪70年代的越南战争,其标志是精确制导武器的首次使用和第一套C3I指挥自动化系统的出现。经过20世纪80年代英阿马岛战争中的电子战和精确制导武器对抗,再到90年代的海湾战争、科索沃战争,以及21世纪初期的阿富汗战争和伊拉克战争,信息化武器装备越来越多地发挥了主导作用,战争形态发生了显著变化。一是战场范围增添了外层空间和网络电磁空间两个新领域,战术性和战役性太空战得到开发;二是天基系统在综合信息保障上开始发挥主力军作用;三是全天候远程精确打击成为主要打击手段,隐形武器和无人操作系统等新型作战手段异军突起;四是基于网络和联合部队的一体化作战崭露头角;五是战场军事胜利往往不能单独决定战争胜利,战后经济社会稳定成为制约战争政治目的实现的重大因素。

翻开战争史,我们可以十分清晰地看到,在战争由平面作战发展到立体作战、由一般技术条件下的作战发展到信息技术条件下的作战、由以火力作战为核心的机械化战争发展为以争夺制信息权作战为核心的信息化战争的漫长历程中,科学技术的进步始终是一根贯穿于这些变化发生过程的主线,战争形态的每一次变化,都是以科学技术发展的最新成果被广泛运用于作战领域为基本前提的。不过,更值得注意的是,在科技进步的进程当中,任何技术创新即使再重大、任何新型装备即使再先进,都不会自动改变战争面貌,其深层动力还是来源于战争主体对新技术的创新运用以及对技术优势的自觉追求。战争形态演变过程中的每一个环节都不是自动发生的,都必须有指挥员和战斗员大量的创造精神和高度自觉。例如,在马镫出现以后,英国人只是将其作为骑马的工具,英国步兵骑马到达作战地域后,要下马列队组成方阵和敌方作战。而法国人则使用马镫实现了人和马的有机统一,组成了欧洲真正的重装骑兵,在和英国人的作战中取得了胜利。坦克出现以后,发明坦克的英国和法国只是将坦克作为配属步兵进攻的附属装备,而德国人则将坦克集中使用,发明了"装甲闪电战",横扫欧洲。航空母舰出现后,老牌海军强国英国仍然固守着"巨舰大炮"的旧思想,只是把航母作为保护战列舰编队的辅助力量,而日本海军则把航母作为主要突击力量,完美地上演了对美国海军基地珍珠港的偷袭,发明了以航空母舰为核心的海战新样式,将以战列舰为核心的"巨舰大炮"思想扫入了历史的垃圾堆。[①]

思考题

　　1. 战争爆发的原因有哪些?

　　2. 如何正确认识当代战争的根源?

　　3. 如何理解科技进步与战争形态之间的关系?

　　4. 人类历史上都经历过哪些战争形态?各种战争形态都有什么样的特性?

第二节　新军事革命[*]

　　恩格斯曾经在《反杜林论》中指出:"一旦技术上的进步可以用于军事目的,并且已经用于军事目的,它们便立刻几乎强制地,而且往往违反指挥官的意志而引起作战方式上的改变甚至变革。"纵观人类战争史,战争形态和作战样式,总是随着时代和社会生产力的发展而不断变化。这些战争形态的转变都是以军事技术装备使用为标准划分的,都鲜明地烙下了军事革命的印记。

一、军事革命的概念

　　"革命"一般指事物从旧质向新质的飞跃,古时专指帝王政权的改朝换代。随着历史的发展和社会的进步,近代以来人们通常在两种意义上使用"革命"(revolution)这个词语。一种是与改造自然有关的重大变革,如工业革命、科技革命、能源革命,另一种是指为改变社会而进行的重大变革,如资产阶级革命、民族革命、社会主义革命等。两种概念所指不一,但核心都在一个"变"字,而且这种变不是一般的小变、渐变、量变,指的是剧烈的、脱胎换骨式的、整体性的、根本性的质变。

　　把"军事"与"革命"连接成一个固定术语,应当说始见于西方学界。1955 年,英国史学家迈克尔·罗伯茨在贝尔法斯特女王大学作题为《1560 年至 1660 年的军事革命》的演讲,首次提出"军事革命"(Military Revolution)这个概念。他认为,16—17 世纪的火药化军事革命"对欧洲未来的历史进程产生了深远影响,它像一座分水岭把近代社会与中世纪社会分隔开

　　① 蔺玄晋:《战争简史——军事科技进步与战争形态演变》,第 3 页,兵器工业出版社 2017 年版.

来"，堪称一场军事革命。自此，"军事革命"这个术语很快传播开来，被西方学者普遍采用。

但究竟什么是军事革命？对于这个问题，人们的视角不同，看法也就不尽一致，大体包括两类情况。一类是社会学家、历史学家和未来学家从广义上界定军事革命。他们从社会学和历史学角度出发，大都偏重从社会变迁的层次去认识军事革命。特别是美国未来学家阿尔文·托夫勒，从社会大系统的高度去认识军事革命，这对我们理解军事革命的概念具有很大的启示意义。托夫勒指出："一场完全意义上的军事革命，只可能在新的文明崛起并挑战旧的文明，整个社会发生转变，迫使武装部队从技术和文化到编制、战略、战术、训练、理论和后勤等各个层次同时发生变化时，才有可能发生。而当这种军事革命发生时，整个军事架构与经济体制和社会之间的关系将发生转变，而全球的军事力量平衡也将打破。"①英国史学家迈克尔·罗伯茨也持这种看法，他在研究火药化军事革命时，从具体的战术变革（线式队形）一直引申到近代国家的形成。这类学者对于军事革命的认定基于两个基本观点：一是军事革命的发生须以社会进步或科技发展为前提；二是军事革命必会导致相应的社会变革。在他们看来，军事革命与社会变革是融为一体的，真正的军事革命在塑造新的军事体系和战争形态的同时，也塑造了新的社会政治结构。

另一类是军界的理论家和学者从军事领域自身发展变化的意义上界定军事革命的概念。比如，美国参谋长联席会议副主席威廉·欧文斯海军上将认为，军事革命就是力求使用新技术，革新部队作战方式；美国国防部净评估办公室的观点是，运用新科技改变作战概念和军事准则，使作战特性与本质发生彻底变化，即为军事革命；《苏联军事百科全书》的表述是，军事革命是指科学技术进步和武装斗争工具的发展，使军队建设和训练以及进行战争和实施战斗的方法发生根本变革。这些观点总体上是一致的，都认为军事革命即军事领域发生全方位变化，从本质上改变了作战方式和战争形态。

综上所述，军事革命应当包含以下五个要素：第一，导致军事革命的原因，在于社会生产力特别是科学技术出现突破性进展，社会的经济基础和上层建筑（特别是政治结构）发生重大变革，从而在军事领域引发相应的革命性变化。第二，这种变化的性质是现行军事体系的整体质变，内容覆盖军事领域的各个方面，包括武器装备、作战方式、军队结构、军事制度、军队教育训练以及军事理论等。第三，这种变化既可以经由逐步推进的方式在一个较长的历史阶段实现，也可以通过猛烈的剧变方式在一个较短的历史时期完成。第四，军事革命总是通过阶段性的改革，通过从量变、局部质变到最终达成整体质变这样一个过程而逐步实现的，并由一个国家向多个国家扩展。策五，变化的最终结果，一定是从根本上改变了战争形态，并对社会进步产生了重大影响。显然，军事革命对于人类社会进步具有积极意义。据此，我们将"军事革命"的定义作如下概括：科学技术和社会生产力的发展，以及社会经济和政治结构变革引起军事领域的各个方面发生根本性、系统性的变化，它从个别国家扩展到多个国家，最终在整体上改变人类军事和战争面貌，并推动整个社会的发展。

二、新军事革命的内涵及其发展

20 世纪 70 年代以来，以信息技术为核心的新技术浪潮，以锐不可当之势推动着信息化时代的到来，正深刻改变着军事斗争的面貌，引发了军事领域一系列革命性的变化。这场新军事革命首先发生发展于美国等西方发达国家，可以从英阿马岛战争或海湾战争算起，以大

---

① ［美］托夫勒：《战争与反战争》，第 23 页，中信出版社 2007 版．

量高技术兵器用于实战为标志,以信息化建设与发展为核心,其速度之快、范围之广、程度之深、影响之大,是人类文明有史以来影响最广泛、最深刻的一次军事革命。

(一)新军事革命的基本内涵

所谓新军事革命,就是在人类社会从工业时代走向信息时代的变革过程中,在以信息技术为核心的高技术迅猛发展推动下,将信息化武器系统、创新的军事理论和变革的体制编制有机地结合在一起而形成的、能彻底改变旧作战方式,极大地提高军事效能的军事革命。简单地说,是指世界军事由工业时代的机械化军事形态向信息时代的信息化军事形态的全面转型。理解这一新军事革命的含义,可以从以下三个方面把握。

一是新军事革命是整个社会变革的重要组成部分,强调要从社会整体变化来认识新军事变革。社会是军事的母体,军事是社会的重要领域。一定的军事形态是一定的技术社会形态在军事领域的反映。任何作战方式,都可以在相应人类社会生产方式中找到自己的影子。如美国著名未来学家阿尔文·托夫勒就认为,新文明向旧文明挑战,整个社会转变,促使武装力量从技术和文化到编制、战略、战术、训练和后勤等方面都发生变化,这就出现了军事变革。中国工程院院长朱光亚看问题更是入骨三分、一语中的。他说,产生这场新军事变革的社会根源是一种新型的经济,正在美国、欧洲、亚太一些国家和地区兴起,它建立在信息技术的基础上,正在使军事各个领域发生迅速的变化。在人类历史上,技术社会形态完成过两次变化。一次是由游牧社会向农业社会过渡,另一次是由农业社会向工业社会转变。随着这两次技术社会形态的转型,也出现了两次全面军事变革,即冷兵器军事变革和热兵器(机械化)军事变革。现在,技术社会形态正在发生第三次大变革,世界正处于由工业社会向信息社会的过渡时期,因此也必然出现第三次世界性的全面军事变革。也就是说,这次军事变革是由信息社会孕育出来的,是信息社会的产物。

二是新军事变革是科学技术发展和应用的必然结果,必须从现代科学技术的发展来认识新军事变革。总结来看,人类历史上每一次军事变革都是由关键技术的突破引发的。作为知识经济时代的特征和标志,当今世界,信息技术无处不在、无时不有,达到了空前普及的程度。信息已经成为现代社会最重要的战略资源之一。以色列学者马丁·范·克里沃尔德认为,把技术发展适当地用于装备、训练、编制和学说中,提供了一个决定性的优势,这就是军事变革。美国战略与国际问题研究中心的分析报告指出,一场真正的军事变革是把先进的技术与正确的学说、编制结合在一起,使武器发挥最大效果。事实也是如此,特别是以信息技术为核心的高新技术在军事技术领域的广泛运用,直接带动了精确制导技术、遥感和探测技术、卫星通信和卫星预警技术、全球定位导航技术、隐身技术、激光技术、夜视技术、电子对抗技术等一系列军事高新技术的出现和迅猛发展。以此为基础,精确制导武器、高能激光武器、粒子束武器、隐身武器、自动化指挥控制系统、红外传感装置、全球联合定位攻击系统等一大批高新技术武器装备大量涌现。这些崭新的高新技术武器装备的出现,彻底改变了现代战争的面貌。毋庸置疑,现代科学技术是新军事变革的物质基础,新军事变革是现代科学技术在军事领域广泛应用的结果。

三是新军事变革是军事领域的整体变革,必须从军事发展的全局来认识新军事变革。美国国防部长威廉·佩里指出,军事变革是采用新技术同创新的作战理论和组织体制改变相结合,是从根本上改变军事行动特点和进行方式的过程。总的来看,新军事变革包括三个基本要素:先进的武器系统、创新的军事理论和变革的体制编制。每个要素都是军事变革的必要条件,但不是充分条件。它们各自并不能独立地导致军事变革的真正实现,只有当它们同时出现并有机地结合在一起时,军事变革才能真正地发生。其中,先进的技术和武器系统是军事变革的前提条件和物质基础,是军事变革的"硬件"。没有这些硬件,军事变革就无从谈起。创新的军事理论是军事变革的灵魂,是军事变革的"软件"。它不但决定先进的技术和武器系统这些"硬件"如何运行,发挥其具体功能,而且决定其如何相互作用,以发挥其最大的效能。变革的体制编制是先进的武器系统、创新的军事理论的具体体现,是把军事变革的"硬件"和"软件"有效地结合在一起,并发挥出最佳功能的关键。总之,新军事变革不是一个孤立的事件,而是一个整体的过程。只有当先进的技术和武器系统与创新的军事理论以及变革的体制编制正确、及时地结合在一起时,新的军事变革才会出现。

(二)新军事革命的发展演变

新军事革命最早可追溯到 20 世纪 70 年代。开始时,原苏军的一些军官和将领,面对科学技术进步对军事领域产生的愈来愈广泛的影响,提出了发生"军事上的革命"的可能性。除了在报刊上常见这类论文外,还陆续出现了一些专著,如 1973 年苏联国防部军事出版社出版的《科学技术进步与军事上的革命》一书,就是一个例子。该书由 H. A. 洛莫夫上将等 16 名作者集体编写而成,尽管主要是以导弹核武器等新武器装备的出现与运用作为背景,但作者很明确地表示,本书试图在介绍新兵器性能的基础上扼要地阐明军事上的革命所引起的一些新的现象。到 20 世纪 70 年代末和 80 年代中期,在原苏军刊物的某些文章中,已经出现了"军事技术革命"的概念。苏军总谋参长奥加尔科夫元帅所撰写的《历史教导我们提高警觉》一文,甚至提出了继核时代革命之后将发生全然不同的新军事革命的见解,可算得上其中的典型代表。他们对以电子计算机为核心的信息技术和精确制导武器等给予了很高的评价,认为这些正在发展的新技术装备正处于从根本上打破陈旧的科学原理的阶段,极可能出现比导弹核武器更有效的杀伤性兵器,从而引发一场"军事技术革命",并进而影响到军事的各个领域。奥加尔科夫等人的观点曾受到前苏军一批军事理论工作者和年轻军官的响应,并在 20 世纪 80 年代初展开了一场热烈的讨论。由于当时正是被称为"第三次浪潮"的高新技术革命在世界范围兴起的时候,高新技术的发展水平有限,人们对其在军事领域的应用前景和深远影响的认识也不够,因此,前苏军在从技术进步角度对新军事革命的概念作了一番探讨之后,并未付诸实施,也未能引起世界其他国家的足够重视。

然而,20 世纪 80 年代初前苏军的那场讨论对于人们认识新军事革命仍然具有重要的先导作用。在将近 10 年之后,美国开始关注这场新军事革命。美国国防部从 20 世纪 80 年代末开始对苏联在 20 世纪 70 年代后期和 80 年代初提出的"军事革命新时期来临"的观点进行研究。美国国防部净评估办公室开始对军事革命进行评估。最初提出进行研究的是这样几个问题:是否真的存在苏联人在 20 世纪 70 年代初所说的军事革命? 美国是否正在进入过去历史上所发生过的那种战争面貌将发生巨大变化的时期? 如果真是这样,美国处于这场变革的开始、中期还是后期? 为什么会有这场变化? 等等。海湾战争的结果恰好为军事革命的说法提供了最好的实例。美国在刚开始进行讨论时,使用的术语仍然是"军事技术革命",然而在 1993 年后正式以"军事革命"取代"军事技术革命",术语的这一变化大大扩展了新军事革命的内涵,也反映了美国对这场新军事革命性质的新认识。从这以后的情况看,美国所谈论的新军事革命,涉及范围非常广泛,至少可以包括军事技术革命、武器装备革命、军事理论革命、军事组织体制革命和军队建设思想革命等。

1．军事技术革命

科学技术的发展，必然导致军事技术的进步。军事技术的进步是军事领域一切变革的物质基础，是带动武器装备、编制体制、作战理论、教育训练等发展变化的"驱动器"。军事技术是新军事革命的一部分，而且是最活跃的一部分。推动新军事革命的主要技术是信息技术，可以这样说，新军事革命的核心是信息技术革命。

2．武器装备革命

军事技术革命必然导致武器装备发生革命性的变化。从目前看，当今世界各国军队的武器装备，都在由机械化装备向信息化装备过渡。在信息时代，先进国家军队的武器装备主要是信息化武器。信息化装备指电子信息技术含量高的武器系统，主要由信息化弹药、信息化作战平台、军用智能机器人、单兵数字化装备和 C4I 系统等组成。此外，还有大量隐形武器和新概念武器。在未来的信息化战争中，战场将十分透明，各国都非常重视开发军用隐形技术，研制各种隐形装备，提高武器装备的生存能力和作战效能。新概念武器指在结构形态、工作原理、杀伤机制、杀伤效果等方面不同于传统兵器的武器，主要包括激光武器、粒子束武器、微波武器、等离子武器、次生波武器、动能武器、基因武器、气象武器等。所有这些都会带来武器装备的革命性变化。

3．军事理论革命

军事理论是对战争实践的成功经验和失败教训的规律性总结。武器装备的发展与军事理论的创新之间，存在着一种相互依存的互动关系，即武器装备的发展推动着军事理论的创新，军事理论又牵引着武器装备的发展。在当前新军事革命中，军事理论创新的实质是使军事理论信息化，把以机械化战争理论为核心的工业时代的军事理论发展到以信息化战争理论为核心的信息时代的军事理论。其核心作用有三：一是军事技术的发展、武器装备的研制、军事组织编制的调整，都围绕着军事理论进行，都以军事理论作指导；二是军事理论是武器装备、军事人员体制编制的"软件"，它决定着这三者的运行效率；三是军事理论的内核是作战理论，创造出信息时代的作战理论，从而导致取代机械化战争的一种全新的战争形态的出现，这实际上是新军事革命完成的最终标志。

4．军事组织体制革命

只有军事组织体制实现了革命性变革，军事革命的完成才有组织上的保证。军事组织体制是连接军事技术、军事人员、军事理论的纽带和桥梁，是发挥军队整体效能的"倍增器"，改革军事组织体制，实质是建立一种固化力量的机制，以使军事效能在最短时间内最有效地释放出来。从新军事革命的发展看，军队规模将进一步压缩；军事力量结构将不断优化；作战指挥体制将逐步"扁平网络化"；部队编制将小型化、一体化、多能化。

5．军队建设思想革命

从发达国家军队推行新军事革命的实践看，它们的军队建设思想观念的确发生了革命性变化。诸如采取"以信息为基础"的建军方针，采纳"系统集成"的建军思路，使用"虚拟实践"的建军方法等。

正在兴起的这场军事革命，是高新技术迅猛发展并在军事领域广泛运用的必然结果，其核心是利用信息优势，将现有技术与先进的作战思想和军队体制编制更紧密地结合起来，从而充分发挥现有技术的潜力，使军事能力产生革命性的跃升。这场军事革命将是军事领域的一场全面变革，涉及军队武器装备、作战理论、编制体制等一系列重大变化，并推动着军队建设和战争方式由工业时代向信息时代转变。

三、新军事革命的主要内容及其发展趋势

新军事革命是人类文明由工业时代向信息时代转变的产物,是当代国际综合国力竞争在军事领域的反映,是以夺取并保持绝对军事优势为目标,以高技术特别是信息技术的飞速发展为动力,通过"系统集成"和"虚拟实践",最终实现军事体系由机械化向信息化转变的过程。新军事革命的本质与核心是信息化。其目的是建设信息化军队,打赢信息化战争。

(一)新军事革命的主要内容

1. 创新军事技术,实现武器装备的信息化

武器装备的断代性发展,是军事领域出现革命性变化的重要标志。现阶段,主要是应用信息技术成果对现有武器装备进行改造,同时研制和发展新型信息化武器系统,从而实现武器装备的信息化、智能化和高效化。目前,发达国家军队已经实现了高度机械化和部分信息化。同时,在战争中大量使用经过信息化改造的精确制导武器。

2. 创新体制编制,重组军队组织结构

一场军事革命的完成,是以军队组织结构调整的最终实现为标志。调整改革军队的体制编制,是实现人与武器有机结合,最终完成军事变革的关键。世界各国为适应世界新军事变革的发展,高度重视优化军队的内部结构,使军队的体制编制向着精干、高效、合成的方向发展。总的趋势是,压缩常备军规模,裁减一般部队,增编高技术军兵种部队,使军队向小型化、多能化、一体化方向发展。现阶段,主要是建设便于灵活组合的中小型模块式部队,建立适合信息快速流通的扁平式作战指挥体制。伊拉克战争中,美军在指挥上,改变了以往各军兵种分别指挥的方式,由联合作战中心实行一体化指挥;在保障上,改变了以往逐级实施的方式,由后方基地统供,直接投送到前沿部队和分队,这就是所谓的"聚焦后勤"。

3. 创新军事理论,推动军队建设转型

随着高新技术武器装备的发展,传统的战争理论、作战原则以及战略、战役、战术之间的关系等都随之发生变化,出现了一些建立在新的物质基础之上的军事理论。比如,信息化战争理论、信息战理论、联合作战理论、精确化作战理论、非对称作战理论、空间作战理论、非接触作战理论和网络中心战理论等。在伊拉克战争中,美军所使用的快速决定性作战理论,就是一种全新的作战理论。它强调作战行动必须充分利用信息化装备优势,采取"远程精确打击+小规模地面快速突击"的新战法,尽快由有限规模的战役行动达成战略目的。通过实战检验,这一理论得到了充分验证,说明适应信息化战争要求的创新军事理论是完全必需的,并要根据新的军事理论完成军队由机械化向信息化转型。

4. 创新作战方式,适应新的战争形态

20世纪90年代以来,非接触、非线式作战日益成为重要作战方式。网络中心战、太空攻防战等也将在不久的将来登上实战舞台。美军在伊拉克战争中所采用的基本作战方式就是非接触、非线式作战。这种作战方式不再是逐次突破推进,而是一开始就超越防御地带和自然地理屏障,直接对敌战役和战略纵深目标实施中远程精确打击,通过瘫痪对方的整个作战体系、摧毁对方的战争潜力和国家意志来达成战略目的。2003年美军通过一系列"闪电"行动迅速打响了伊拉克战争,使伊拉克军队来不及烧毁油田、炸毁桥梁、设置交通障碍,更来不及组织坚强有力的巴格达防御战。因此,创新作战方式是适应战争形态发展的需要,必须灵

活多变。

(二)新军事革命的发展趋势

科技创新永无止境,军事革命也不会停止脚步。目前,世界新军事革命仍在深入发展之中,在可以预见的未来十年至二十年,世界军事将呈现多样化的发展趋势。

1. 人工智能技术发展将催生智能化战争

近年来,人工智能技术不断取得突破。人工智能技术在军事上的运用产生了各种无人作战平台,包括无人机、无人战车(机器人作战平台)、无人战舰(水下无人潜航器)等。大量无人作战平台的发展及运用,必将催生智能化战争的产生。智能化战争的主要特点是作战平台无人化、作战行动自主化、作战指挥智能化、作战编组集群化。

2. 高超音速武器发展将改写传统战争规则

高超音速武器,是指飞行速度超过 5 倍音速(5 马赫)的武器。高超音速武器被称为继螺旋桨、喷气推进器之后航空史上的第三次革命性成果。高超音速武器主要包括高超音速制导炮弹、侦察机、巡航导弹、钻地弹、轰炸机、无人机等。高超音速武器主要特点有:一是速度快,最快可达 20 马赫;二是可变轨机动,难以拦截(弹道导弹末端速度也很快,可达 20 多马赫,但变轨较困难);三是威力大,使常规武器具备核能力。因而,高超音速武器被称为战争规则的改写者,是美军目前大力发展的颠覆性武器技术之一。

知识拓展

中国"东风"17 高超音速导弹

在庆祝建国 70 周年大阅兵中,作为第一个出现的战略打击力量,弹头外形"科幻"的"东风"17 高超音速中近程弹道导弹具有不同于传统弹道导弹的独特性能。高超音速武器(也称高超声速武器)由于具备极高的飞行速度,从而具备了无与伦比的突防能力和快速打击能力,是近年来军事强国都非常关注并予以积极发展的武器类型。早在 2017 年,美国《外交学者》网站根据美国官方透露消息报道称,中国在当年 11 月进行了 2 次"东风"17 弹道导弹的发射试验。试验的时间分别在 11 月 1 日和 11 月 15 日。与传统的弹道导弹不同的是,"东风"17 携带的战斗部并非普通的战斗部,而是高超音速滑翔载具(HGV)。美国媒体报道说,这 2 次试验都取得了成功。其中第一次测试导弹飞行了 1400 千米左右,完成了弹道导弹的再入大气层飞行,然后高超音速滑翔载具同助推器分离依靠滑翔驱动飞行了 11 分钟最终击中指定目标,命中位置离目标靶心只有数米距离。

根据美国媒体的报道,"东风"17 是在"东风"16B 中近程弹道导弹基础上改进而成的,专为装载高超音速滑翔载具而设计,射程在 1800—2500 千米。也有美国媒体认为,该导弹的射程为 2200—2500 千米,且其再入大气层时的速度高达 5 马赫。据称,该导弹核常兼备,能够进行机动发射。很显然,"东风"17 导弹的综合技术性能已经达到世界最顶尖的水平,将会迫使美军进一步加大陆基和海基反受系统的投资力度,使得其无法再按照自己的节奏保持技术优势。

(资料来源:《坦克装甲车辆》,2019 年 11 期(上)第 36—37 页)

---

3. 信息技术新突破将全方位提升体系作战能力

近年来,信息技术又取得一系列新突破,如大数据分析、智能化物联网、量子信息和区块链等,这些新成果的军事应用已展现出巨大的发展潜力。例如,利用大数据技术提升战场

"透明度"。大数据通常可理解为是超出了常规数据库工具获取、存储、管理和分析能力的数据集合,表现为规模巨大、种类多样、内在关联的数据集,趋向于无限接近真实世界。美军积极提高数据分析智能化、自动化水平,大幅压缩"发现—决策—打击—评估"周期,显著加快作战节奏。

物联网助力战场"万物互联"。军事物联网通过多种信息传感系统,将天基、空基、陆基、水面和水下传感器平台与信息网络连接,为实现战场实时监控、目标探索定位和战场态势评估提供支撑,从而达成战场的透明感知。量子信息和区块链技术颠覆传统探测和通信手段。量子探测技术将极大提高情报信息感知、导航、目标识别能力;量子通信几乎不可破译,可为军事通信提供全新手段;量子计算技术远超传统计算能力,为解决信息化战争的各类复杂问题提供了技术途径。区块链技术采用分布式存储、点对点传输、共识机制、加密算法等新兴网络应用模式,可在"去中心化"网络环境下,提供安全的数据处理、存储和传输。

4. 生物工程技术发展将开辟微观作战空间

生命科学技术是当前最活跃的高新技术领域之一。一旦掌握了人的生理、心理功能与微观世界的基因、蛋白质、细胞、激素等确定性关系,从微观领域发动攻击将成为现实可能。以往的生化武器杀伤力巨大、后果难控,使用价值有限,而现代生命科技发展能够赋予生物武器以精确杀伤、有限杀伤和可逆杀伤等能力,使其作战运用精准可控。未来生物作战的目标也将由杀伤敌人转为瘫痪、控制敌人,即以可控的生物武器令敌方丧失抵抗意志或能力,而不是致命。生物领域的斗争与其他领域相比,具有以下突出特点:一是作用机理的特殊性;二是斗争样式的复杂性;三是后果影响的深远性;四是技术手段的高科技性;五是有效防御的艰巨性。

5. 空间技术发展将促使太空军事竞争愈演愈烈

早在 20 世纪 60 年代,航天技术的发展还处于萌芽状态,美国总统约翰逊就断言,比起任何终极武器(核武器),还有更重要的东西,那就是终极位置(外太空),谁取得了这一终极位置,谁就能控制地球。随着空间技术的发展,太空攻击武器将逐渐走向实战化。太空攻击武器主要包括:动能武器、定向能武器(激光、微波、粒子束武器)、空天飞机等。

思考题

1. 如何理解军事革命的概念?
2. 新军事革命的内涵是什么?
3. 新军事革命的主要内容有哪些?
4. 新军事革命的发展趋势有哪些?

第三节 机械化战争

机械化战争,主要指使用坦克、飞机、航母机械化武器装备进行的战争。机械化时代,从 18 世纪 50 年代开始,至 20 世纪 70 年代结束。其间发生的两次技术革命和一次科学革命,为机械化制造技术的发展提供了坚实的技术和能源支撑,实现了装备机械化的重大转变,并引发了军事系统的广泛变革,产生了新的军种、兵种和机械化战争模式,促进了军事理论的重大发展。

一、机械化战争的内涵特征

19世纪下半叶的军事工业化革命,蕴含了军事领域的诸多变化;紧随其后的第三次工业革命所产生的石油、电力、内燃机等新能源和新动力,为新一轮军事革命的出现创造了必要的技术和物质条件。这两场革命的最终结果,在20世纪初第一次世界大战中真正显露出来。工业生产技术全面应用于军事和战争,导致军队武器装备发生了质的飞跃,实现了主战兵器自动化、装甲化、机动化,战争立体化和能够远距离控制作战的全新的战争形态。由此产生了人类历史上最为波澜壮阔的机械化战争时代。

机械化战争始于第一次世界大战,经过两次世界大战之间年代的进一步发展,在第二次世界大战中达到顶峰。这场军事革命建立在19世纪末—20世纪初兴起的,以电力、内燃机为标志的第三次工业革命的基础之上,因而其军事技术的含量更高。与此同时,垄断资本主义制度的确立和帝国主义时代的形成,促使国际社会各种矛盾日益尖锐,导致两次世界大战的爆发。单是这种亘古未有的世界规模的战争现象本身,就是人类战争史上的大革命。在科学技术发展和战争沃土的催生下,一系列军事领域的变革不断出现,推进机械化军事革命深入发展,直到在第二次世界大战中得以完成。机械化战争有以下四个主要特征。

一是以空前的规模把科学技术运用于军事与战争,实现了武器装备自动化和机械化这一质的飞跃。其首要标志是飞机、坦克、航空母舰等武器装备的诞生。由此,人类兵器从延续了近300年的手持、马拉式枪炮,发展为完全靠机械动力推动的自动化武器。正是主战兵器的重大变化引发了战争形态的巨变,从之前的主要以战争空间扩大、作战指挥快捷、作战速度加快为标志的工业化战争,迈入作战工具自动化、装甲化、机动化和战争立体化的全新的机械化战争形态,并相应出现了空军、装甲兵、防空军、化学兵等新的军兵种。

二是军队全面具备了机械化、摩托化的战场风动能力和远程控制指挥作战的能力,推动闪击战、立体战、世界大战等崭新的战争样式的产生与发展。内燃机的出现和发展,使军队的战场机动从徒步、乘马等人力、畜力方式,转变为汽车、摩托车、装甲输送车甚至飞机等机械力方式;无线电通信工具的发明解决了远距离作战和空中作战的指挥与控制问题。由此,军队的作战样式得到了大大扩展丰富,出现了空地协同、步坦协同,实施大纵深快速突击的闪击战,以及战略轰炸、航母战、潜耗战、空降作战、两栖登陆等新的作战样式。战场从平面发展为立体,战线的长度和纵深发展到上千公里,作战行动与军队编制走向大型化、合成化和摩托化,最终实现了现代诸军兵种联合作战的立体化战争模式。

三是战争规模无限度扩大,将现代总体战争推入巅峰时期,显示出人民群众在战争中空前重要的作用。战争已不仅仅是军队的事情,而是将整个国家、整个社会都卷了进去;整个国民经济转入战争轨道,无数的人民群众投入到后勤供应和战争经济的运转之中。战争已经没有了前后方之分,并成为整个国家和民族在军事、政治、经济、科技、思想、文化和人的素质等诸多方面的全面较量。其中,人民战争、游击战等非正规战争形式凸显其巨大的威力,成为机械化战争中弱小国家对付强大侵略者的有效作战样式。

四是一系列创新型军事理论随着机械化战争形态的发展而产生,出现了总体战、大战略、机械化战争论、空军制胜论、大纵深战役以及人民战争等理论。它们为多国家、多军种参加的大规模战争提供了综合运用国家全部力量的战略指导思想,为新型作战样式的实施提供了理论依据,对第二次世界大战及战后的军事发展产生了深远的影响。

机械化战争形态的实现,大大推动了世界军事的发展,尤其是第二次世界大战末期出现的 V 型火箭和原子弹,预示着武器发展史上最大的革命——核军事革命的到来。然而,另一方面,武器技术的飞速发展,战争规模的急剧扩大,也使战争的残酷性和破坏性大大增强。这昭示着战争历史运动轨迹,将从无限化总体战向一个新的有限战争时代发展。

二、机械化战争的主要形态

始于第一次世界大战的机械化军事革命,在第二次世界大战期间基本完成。虽然两次大战共同构成了机械化战争演变的完整历程,并在基本运行原理上存在许多共同之处,但由于两次大战处于机械化军事革命的不同时期,其变革仍然带有各自的鲜明特点。作为机械化军事革命的萌发期,第一次世界大战中的机械化变革尚处在量变积累阶段,反映的是机械化军事革命的部分面貌。而第二次世界大战则是机械化军事革命化蛹成蝶的成熟期,其间的机械化变革无论在广度、深度和力度上都远远超过了第一次世界大战,带有质变飞跃的性质。两次世界大战相结合,反映了机械化战争的完整面貌。

(一)科学技术对军事和战争的影响越来越大,地位和作用空前提高

如同人类社会的发展一样,军事领域的每一次进步都建立在科学技术的发展之上。但是,纵观千百年的历史演进,科学技术对军事和战争的影响还从未像第二次世界大战那样突出。战争期间,各主要国家在总体战争的强力牵引下,竞相投入大量资源发展科学技术,致使第二次世界大战的技术含量超过了以往任何一次战争。与此前相比,第二次世界大战中科学技术的进步及应用具有以下两个鲜明特点。

(1)新的科技成果犹如井喷一样涌现,不仅所有第一次世界大战时出现的技术都被迅速更新换代,而且出现了原子能技术、火箭导弹技术、电子技术、生物工程技术、海洋工程技术和新材料技术等庞大的新技术群。这场气势磅礴的科技创新,涉及范围之广、应用规模之大、意义影响之深远,实际上构成了又一次科技革命。

(2)科学技术转向军事用途的速度大大加快。自工业革命开始以来,科学技术的推广一直沿着先民后军的路径发展,科技成果的军事应用明显滞后于商业应用。第一次世界大战前后,许多科技成果的研发开始首先着眼于军事需要,但从整体看仍然保持着先民后军的节奏。如军舰的煤改油、飞机的使用、履带推进技术、无线电通信等,都是首先使用于商业和民用领域,而后再延伸至军事领域。不过,这时科学技术转向军事用途的速度已经明显加快,至第二次世界大战,几乎所有科学技术发明都立足于军事第一的原则,优先满足军事需求成为科学技术发展的普遍现象。第二次世界大战期间科学技术进步和应用的上述特点,使其对军事和战争的影响越来越大,地位和作用空前提高。机械化军事革命之所以能在第二次世界大战中走向高潮,其中一个重要原因就在于它是一场科学家之间的战争。

(二)军队的能量基础和物质技术手段发生质变

由于最新科学技术成果广泛而迅速地用于战争,军队的物质技术手段得到极大丰富和提高,拥有了超过以往任何时代的巨大能量。自有战争以来,打击力(火力)、机动力和通信力就是军队作战的基本要素,也是衡量不同时代军队作战能力的主要标准。冷兵器时代,这三大要素均建立在人力、畜力等动物能的基础之上。在火药时代,军队作战的基本能量开始向动物能和化学能相结合的方向发展,即来自肌肉的打击力被使用化学能的火力所取代,但军队的机动和通信联系仍然依靠人和骡马的力量进行。第一次世界大战时出现了坦克、飞

机、航空母舰、汽车、无线电等新的武器装备,意味着机械能、物理能开始应用于军事领域。不过,当时这些新式武器装备的性能低、数量少,还不能取代传统步炮兵武器的地位,在战场上的作用尚局限于战术层面,除少数兵力兵器之外,军队的机动能力主要还是来自人力和畜力。第二次世界大战期间,军队的能量基础发生质变,油料淘汰了草料,机械力代替了人力和畜力,各种非动物能成为决定军队所有行动的基础能量。在此条件下,传统武器装备被淘汰,新的机械化武器成为陆海空战场上起决定作用的主战武器。动力机械和工作机械的广泛应用和性能提高,使火炮、坦克、飞机等武器日趋大型化、重型化和远程化,从而极大地增强了火力,并使其作用范围拓展到此前无法企及的广阔空间。长期以来,火力一直来自化学能,而原子弹的出现使火力的内涵向核能方向发展。第一次世界大战中有限应用的无线电和电子设备,在第二次世界大战中普及到基层分队和各个武器单元,兵力兵器的使用范围和效率由此得到极大的拓展和增强。凡此种种,不仅给火力、机动力和通信力赋予了全新的内涵,而且为组织机械化军队,采用全新的作战方式奠定了重要的物质技术基础。

(三)军队组成、作战方式和战争样式的革命性变化

武器装备的进步是军事革命的物质基础,有什么样的武器装备就有什么样的军队组成、作战方式乃至战争样式。机械化武器装备在第一次世界大战的战场上刚一出现,就使传统的军队组织发生了意义深远的变化,许多新的作战方式也开始在战场上崭露头角。尽管这些新的军队成分和机械化作战方式尚不成熟,也未在战争中占主导地位,但是它们所具有的深厚发展潜力,注定要从根本上颠覆传统的战争形态。

第二次世界大战期间,随着机械化武器装备的大规模应用和物质技术手段的全面更新,旧的军队成分要么被改造,要么被淘汰,传统作战方式迅速被各种机械化作战方式所取代。在陆地,曾是陆军主要机动力量的骑兵失去了作用,传统步兵和炮兵实行了摩托化和机械化改造;第一次世界大战时以非机械化兵种为主、机械化兵种为辅的诸兵种简单合成的军队,变成了普遍机械化和摩托化基础上的更加复杂和更具威力的现代诸兵种合成军队。在此基础上,围绕步兵运转的作战方式走向没落,以装甲机械化兵团为核心的进攻和防御成为最基本的作战方式。在大量装备牵引火炮和自行火炮的基础上,炮兵作战方式由战术性炮火准备,发展成能为装甲机械化兵团的深远进攻提供全程火力支持的、战役性的炮兵进攻。在飞机性能提高和数量规模扩大的条件下,航空兵对地攻击方式由局部的、间歇性的有限空中火力支援,发展为机群在空中巡航,为地面部队提供全程火力护送的航空兵进攻。由于普遍采用机械化作战方式,地面作战的速度加快、力度增强、范围扩大。大纵深突破和深远的迂回包围取代了按部就班的线式推进,广阔空间内的围歼战代替了低效率的消耗战。

在海洋,水面舰队的成分及结构发生根本改变。战列舰地位下降,航空母舰成为水面舰队乃至整个海军的核心,舰载飞机的视距外攻击取代了面对面的舰炮火力战,长期主导海战的"巨舰大炮"作战方式成为历史。由于使用了大功率、高性能的无线电通信手段,潜艇水下作战方式也由低效率的单艇游猎,发展为聚散有序、合力围攻庞大运输船队的"狼群作战"。

在空中,夺取制空权的空中格斗和对地攻击的方法不断丰富和改进,对空防御成为前线和后方必须普遍采用的作战方式,新出现的空降作战则由战术行为发展为战役行动。尤其值得一提的是,在总体战争的强烈需求和飞机性能迅速提高的基础上,萌芽于第一次世界大战的战略轰炸,在第二次世界大战中迅速发展。如果说第一次世界大战时规模和力度均相对有限的战略轰炸,昭示着开始打破前线和后方的界限,那么第二次世界大战中装备大量远程重型飞机的轰炸航空兵,则将后方变成真正的战场,战略轰炸由此成为能对战争全局产生

战略性影响的独立作战方式。

在电子空间,第二次世界大战中的电子作战方式得到极大的丰富,不仅无线电通信、侦听、测向和干扰的水平远远超过第一次世界大战,而且出现了导航对抗、雷达对抗和制导对抗等新的电子战方式,其范围遍及立体战争的方方面面。

机械化武器装备的普遍使用、军队成分和结构的根本改变、作战方式的全面创新等,在第二次世界大战中汇聚在一起,促成了整个战争形态的革命性变化。正是由于军事领域的各种要素都在战争期间发生了"断代性变化",所以第二次世界大战才被视为机械化军事革命基本完成的标志。总之,第二次世界大战大大加快了机械化军事革命的进程,它使军队变成了一部真正的"战争机器",同时也造就了一场完整和典型的机械化战争。[①]

(四)人民游击战争在机械化大潮中的独特作用

在机械化军事革命取得决定性进展的第二次世界大战中,一场以人民群众为主体的游击战争也在蓬勃发展。这种独特的战争形态与机械化战争同时并存,是第二次世界大战的一个重要特点。作为同处一个时代的不同战争形态,人民游击战争与机械化战争的关系既对立又统一。一方面,两者在武器装备、战略战术原则、思想理论、作战方式方法,以及人员构成和组织形式等各个方面均表现出很大的不同。另一方面,两者又同处一个时代,各自的优劣短长互相对应且紧密关联,没有机械化军队及其作战方式的存在和发展,就没有与之相对应的人民游击战争的现代化。

人民游击战争之所以能在机械化条件下广泛开展并发挥出独特作用,主要有政治和军事两方面的原因。在政治上,法西斯国家发动的战争不仅侵犯了别国的主权独立,而且具有奴役世界其他民族、毁灭人类文明的性质。这种极其野蛮的侵略激起了全世界所有进步力量的反抗,迫使各个反法西斯国家和民族最大限度地动员起来,去进行一场生死攸关的全民反法西斯战争。在普遍正义的政治基础上,人民群众的参战热情空前高涨,不仅在后方积极支援前线,而且在被占领区组织开展规模宏大的群众性游击战争;在军事上,机械化军队和机械化战争的发展,不仅没有消除人民游击战争存在的基本条件,反而促进了人民游击战争在思想理论、组织方式、战略战术等各个方面的与时俱进。与以往的游击战争相比,第二次世界大战时的人民游击战争,是以机械化军队及其作战方式为参照的现代游击战争,所有的规划设计都与机械化军队和战争的特点相对应。比如,机械化军队重型装备多、物资消耗大,需要庞大的后勤保障,对铁路公路的依赖程度高,受天气和地形条件的影响大,在作战中以兵力兵器的高度集中为原则,追求大兵团较量中的决定胜利等。而人民游击战争则反其道而行之,其人员构成亦兵亦民且以轻武器为主,物资需求小、补给方式简单,无须庞大和专门的后勤支援,复杂的地形和恶劣的天气则为游击武装活动提供了极好的条件。在作战原则上,人民游击战争不追求迅速而显赫的战果,而是通过长期而广泛的群众性游击战,达到"积小胜为大胜",持久胜敌的目的。在战术应用上,人民游击战争不与机械化部队正面交锋,而是避实就虚,以分散对集中,到处袭击小股敌军、后勤辎重力量和守备薄弱的交通运输线。正是由于人民游击战争抓住了机械化军队的弱点和盲点,才能与强大的对手进行有效的周旋和对抗,才能在机械化战争的大潮中发挥其独特的作用。

作为机械化战争的倡导者和理论奠基人之一,著名军事家利德尔·哈特在目睹了机械化战争发展壮大的同时,也切身体会到人民游击战争的强大威力。他在战后的回顾和总结

---

① 军事科学院世界军事研究部:《世界军事革命史(中卷)》,第 1212—1215 页,军事科学出版社 2011 年版.

中对人民游击战争给予了高度评价:第二次世界大战中,游击战变得那样普遍,几乎可以说是一种无所不在的现象;它们永远不构成一个目标,但在分成微小粒子活动时,又能像水银一样胶结成为一大块,以压倒任何防御脆弱的目标;多数的小型打击和威胁所能产生的效果,往往比少数大规模的打击还要好。马克思曾经指出,"资产阶级的成长促成了无产阶级的壮大"。同理,机械化战争形态的发展成熟,也有力地促进了人民游击战争的现代化。人民游击战争的成功实践,不仅在第二次世界大战中发挥了重大作用,而且在战后弱小国家和民族战胜强敌争取自身解放的斗争中也一再展现出强大的威力。

三、经典战例:机械化战争的高潮——第二次世界大战

第二次世界大战是人类历史上规模空前的一次战争,战争期间,各参战国不仅在国内动员所有的物质和精神力量,而且在国家联盟的范围内协调和统筹运用各国的战争资源,从而使这场战争呈现出以往所没有的整体性、综合性和系统性。在这场深度动员所有力量的总体战争中各参战国不仅将人力、物力、财力资源发挥到极致,而且在科学技术领域展开激烈竞争,导致了一大批新军事技术的出现,使第一次世界大战中显露雏形的机械化战争迅速走向高潮。

(一)战争的背景

1922 年,意大利墨索里尼利用经济危机后经济衰退、政治混乱的机会,组织法西斯党并取得了政权。德国希特勒也利用经济危机后民众对政府的不满情绪组织纳粹党,并于 1933 年掌握国家大权。希特勒大力发展军事工业,扩军备战。法西斯政权积极寻求对外扩张,第二次世界大战的欧洲策源地形成。日本原本是落后的亚洲国家,19 世纪末以后逐步发展成新兴资本主义强国。在经济大危机之中,日本出现了形形色色的法西斯组织,军国主义分子掌握军政大权,也积极推动对外扩张。1927 年,日本内阁宣称"欲征服中国,必先征服满蒙;欲征服世界,必先征服中国"。1931 年 9 月 18 日,日本发动"九一八"事变,侵占了中国东北,从而在世界东方形成战争策源地。

随着帝国主义国家间经济、政治和军事发展不平衡的加剧,军事实力发展较快的德、意、日三国要求重新划分世界势力范围,使帝国主义之间的矛盾进一步尖锐起来。面对德、意、日对原有秩序的挑战,英、法等国为保护自己的既得利益,采取了一种以牺牲其他国家利益为代价,与对手妥协的"绥靖政策"。在欧洲,英、法等国坐视德国势力扩大,意图把"祸水"引向社会主义苏联,这使得法西斯国家得寸进尺,侵略野心日益膨胀,世界再次濒临战争的边缘。

(二)战争的经过

1937 年 7 月 7 日,日本悍然发动"七七事变",中国开始全面抗日战争。12 月 13 日,日本占领南京,制造了震惊世界的南京大屠杀。在中国共产党倡导的以国共合作为基础的抗日民族统一战线的旗帜下,中国人民举国一致进行全面抗战,开辟了世界上第一个大规模反法西斯战场,并逐步成为世界反法西斯战争的东方主战场。

1939 年 9 月 1 日凌晨,德国军队出动 54 个师 160 万人,以及 2800 辆坦克、6000 门火炮、大约 2000 架飞机[①],以优势兵力,通过"闪电战"突袭波兰。3 日,波兰的盟国英、法两国

---

① [苏]《苏联军事百科全书》第 5 卷,第 209 页,解放军出版社 1986 年版.

被迫宣战,第二次世界大战全面爆发。随着战争的推进,出现了欧洲西线战场、北非战场、欧洲东线战场,以及太平洋战场。战前,法国军队下大力气在法德边境修建了一条布满战壕和堡垒的马其诺防线,自以为固若金汤。1940年4月,德国进攻北欧的丹麦、挪威。不久,荷兰、比利时投降。5月,德军出其不意地突入法国北部,随后向法国腹地发动进攻,从东南和西南方向迂回巴黎,并进抵马其诺防线后方。这样,马其诺防线就失去了作用。法国虽然拥有300万大军,号称"欧洲大陆第一陆军强国",却在6个星期内就被打败。德军直逼英吉利海峡。6月4日,被围困在敦刻尔克的英法联军撤往英国。17日,法国政府宣布停止战斗,向德国投降。

德军进攻法国后,意大利趁火打劫,对法国宣战。德国对英国进行和平试探并施加军事压力,遭英抵制。1940年7月16日,希特勒下令准备对英国本土实施登陆作战。为夺取渡海作战的制空权,德国从7月至次年5月对英国实施空中进攻,遭英国军民英勇抗击,损失惨重,未达预期目的。德国与苏联本来签订了互不侵犯条约,但1941年6月,德国集结了550多万大军、几千辆坦克和几千架飞机,在约1500千米的战线上向苏联发动突然进攻。苏德战争爆发后,大战的规模进一步扩大,苏德战场成为反法西斯战争的主战场,仅几个月时间,德军便占领了大片苏联的领土。10月,德军逼近莫斯科,苏联军民顽强抵抗,赢得了莫斯科保卫战的胜利,粉碎了德军不可战胜的神话。欧洲战事激烈,为日本提供了南进良机。7月,日本近卫内阁制定《基本国策纲要》,决定推行"南进"战略,以夺取英、法、美、荷在亚洲的殖民地。中国人民团结一致,与日本进行了长期而艰苦的斗争,在中国境内牵制了大部分日本陆军,为第二次世界大战的最终胜利作出了巨大的贡献和牺牲。日本计划在太平洋和东南亚切断西方的援华交通线,迫使中国屈服。美国原本在二战中持中立态度,但日本意图南进,与美国及英国的矛盾激化。1941年12月7日,日军出动6艘航空母舰组成的航母战斗群,起飞飞机200多架偷袭位于珍珠港的美国海军基地[①],次日美、英对日宣战。德、意也对美宣战。日本向东南亚等地发动进攻,太平洋战争的爆发使第二次世界大战达到最大规模。

法西斯国家的大肆侵略,激起世界各国人民的愤怒,全世界反法西斯国家开始逐步走向联合。1942年1月,美国、英国、苏联、中国等26个国家的代表在美国首都华盛顿签署《联合国家宣言》。所有签字国保证用自己的全部军事和经济资源,对德、日、意及其仆从国作战,相互合作,决不单独同敌人停战议和。之后,又有21个国家在宣言上签字,这标志着世界反法西斯联盟正式形成。各国为了共同目标,在欧洲战场和东方战场上协同作战,逐渐扭转了战争的形势。

德军在莫斯科会战失败后,被迫放弃全面进攻,于1942年夏在苏德战场南翼实施重点进攻。7月,德国集中兵力进攻战略重镇斯大林格勒。苏联军民英勇抗敌,在艰苦的条件下坚决打赢保卫战。次年2月,德军在斯大林格勒战役中战败投降。斯大林格勒战役[②]成为第二次世界大战的转折点。此后,苏军连续进攻,苏德战场形势发生重大转变。1942年10月

---

① 珍珠港事件,美国太平洋舰队受到沉重打击,4艘战列舰、1艘布雷舰和1艘靶船沉没,另外4艘战列舰、3艘轻型巡洋舰、3艘驱逐舰、1艘水上飞机供应船和1艘修理船严重受损,伤亡2400多人。珍珠港事件是海战模式转变的关键,它迫使美国放弃过去以战列舰进行决战的计划,转而以航空母舰作为主力进行战斗。

② 斯大林格勒会战,是苏德战争的转折点,也是第二次世界大战历史性转折的主要标志。这场战役自1942年7月17日开始至1943年2月2日结束,历时6个半月。此役,苏联红军取得了最终胜利,共打灭德军66个师约150万人,击毁德军坦克3500辆、飞机3000多架、火炮1.2万余门。德军主力第6军团全军覆没,刚刚升为元帅不久的保卢斯被俘。斯大林格勒保卫战使德军丧失了在苏德战场上近1/4的兵力,被迫由战略进攻转入战略防御。

至 11 月,英军在北非战场发动阿莱曼战役,消灭德意军大量有生力量。此后,英美盟军开始掌握战略主动权。1943 年 7 月,盟军在意大利半岛西西里岛发动登陆战役。1943 年 7 月,墨索里尼政府垮台。不久,意大利宣布无条件投降。1944 年,同盟国在欧亚战场先后转入全面战略进攻。在欧洲战场,苏军率先在东线发动强大攻势。6 月,美、英盟军成功登陆法国诺曼底,开辟了欧洲第二战场,形成对德东西夹击的有利态势。各国的抵抗运动和游击战争配合盟军进攻,加快了第二次世界大战结束的步伐。

1945 年,世界反法西斯战争形势发生根本转变。2 月,美、英、苏三国首脑在雅尔塔召开会议,决定彻底消灭德国法西斯主义。7 月,美、英、苏三国首脑在波茨坦召开会议,并以中、美、英三国名义发表敦促日本投降的《波茨坦公告》。1945 年春,苏军与英、美军队分别从东西两面进入德国本土作战。5 月 8 日,德国正式签署无条件投降书,欧洲战事结束。在亚洲和太平洋地区,亚洲国家的人民对日本侵略者展开了猛烈反攻。中国共产党发出"对日最后一战"的号召,广大军民勇猛打击日军,取得重要战果。8 月上旬,美国在日本投下两颗原子弹,苏联也出兵中国东北和朝鲜,参加对日作战。8 月 15 日,日本法西斯宣布无条件投降。9 月 2 日,日本正式签署投降书,第二次世界大战正式结束。

(三)战争的影响

第二次世界大战也是一场典型的机械化战争,交战双方大量使用坦克、装甲车、飞机、火炮、军舰等武器装备,并首次使用雷达、火箭炮、导弹、原子弹等新式武器和技术。这些武器与技术引起了作战形式和方法的重大变革,出现了闪电战、大纵深作战、登陆与抗登陆作战、潜艇战与反潜战、航母编队作战、战略轰炸与防空作战、空降与反空降作战等新的作战理论和作战样式。这些都充分体现了机械化战争的作战特点。

第二次世界大战是战争和军事革命史上的一个重要的里程碑,它在造就人类历史上最为宏大的战争的同时,也将机械化军事革命推向高潮,完成了军事和战争形态的又一次跃升。同时,第二次世界大战还为机械化革命的进一步完善和新一轮军事革命打下了雄厚的基础。战后,各主要国家全面总结和汲取第二次世界大战的经验教训,在武器装备、军队组织、军事理论、作战方法等各个方面展开一轮又一轮的更新改造,竭力将其机械化战争能力提高到新的水平。在机械化军事革命不断深化和完善的过程中,许多在机械化军事革命的母胎中孕育、一度从属和服务于机械化革命的因素也迅速发育成熟,成为引发新一轮核军事革命乃至信息化军事革命的基础。[①]

第二次世界大战的胜利,是全世界人民的共同胜利,中国人民付出了 3500 万以上的伤亡,为战争的胜利作出了巨大贡献。第二次世界大战的胜利,彻底粉碎了法西斯主义和军国主义通过战争称霸世界的野心,彻底结束了列强通过争夺殖民地瓜分世界的历史,促进了殖民体系的瓦解,对维护世界和平、促进共同发展产生了重大而深远的影响。

 思考题

1. 什么是机械化战争?

2. 机械化战争的主要特征是什么?

3. 机械化战争的制胜机理有哪些?

---

① 军事科学院世界军事研究部编:《世界军事革命史(中卷)》,第 1217 页,军事科学出版社 2011 年版.

第四节　信息化战争[*]

随着信息技术的飞速发展,人类社会进行战争的方式发生了重大变化。信息化战争作为一种全新的战争形态,开始登上现代战争的舞台。

一、信息化战争的内涵

运用信息、信息系统和信息化武器装备进行的战争被称作信息化战争。它以信息技术为核心,通过信息网络系统,综合运用作战保密、军事欺骗、电子战、心理战和实体摧毁等手段对敌方的信源、信道和信宿实施有效控制,进而瓦解或摧毁敌方战争意志、战争能力、战争潜力。

信息化战争与其他战争的区别就在于"信息化"。也就是说,信息化是信息化战争的根本特征和主要标志。不认识和不理解信息化,就难以正确把握信息化战争。信息化概念从其提出至今,无论是对信息化概念本身,还是对社会信息化、军事信息化或战争信息化,学术界的认识并不完全一致。军事科学院编著的《信息化作战理论学习指南》一书对信息化战争的解释是:"信息化战争是人类社会进入信息化时代后,交战双方依托信息化战场,以信息化军队为主要作战力量,以信息化武器装备为主要作战手段而进行的战争行为,是由信息时代战争形势、军事力量状态和诸多兵器的技术形态等决定的战争动因、性质、规模等整体的表现形态。信息化战争是一种新型战争形态,既不同于农业时代的冷兵器战争形态,又不同于工业时代的热兵器战争形态,它属于知识经济、信息时代的高技术战争形态,在当前,是信息技术主导的机械化战争的高级阶段。"

和机械化战争相比,信息化战争具有以下五个主要不同点。

第一,以信息攻击与防护为作战核心。外军有一种观点认为,敌我双方的作战力量在总体构成上由五个层次组成。第一层次(也称中心层)为指挥层。它包括有权作出重大决策的军政首脑及其指挥、控制和通信系统。第二层次为有机必需品层。该层次在战略层次上主要指电力、石油、粮食、棉花、药品及与其相关的工业,在战役层次上则着重指弹药、油料和食品。第三层次为基础结构层。它在战略层次包括铁路线、空中航线、高速公路、机场、港口等设施及与此相关的部分工厂、企业,在战役层次则具体指铁路、公路、空中航线、海上航线的有关路(线)段以及通信线路、各种管道、部队的专用设施等。第四层次为单体群层。在战略层次上它指一个国家的人口,在战役层次上则指与作战有关的军事和非军事人员数量。第五层次为野战部队层。该层次的最主要功能就是保护己方系统的内部各层次,并视情攻击敌方系统的内部各层次。

在冷兵器时代的战争中,作战的首选攻击目标是第五层次。因为,只要打败了敌国的军队,对手就会不得不投降;然而,在热兵器时代的战争中,攻击的首选目标则是第三层次和第五层次。这一点在已发生的两次世界大战中表现得极为明显;但是,在使用信息兵器的现时代及下一时代的战争中,打击的首选目标将主要为第一层次,其次才是第三层次和第五层次。这样做的根本原因在于:首先攻击敌方的指挥控制系统,不仅能提高部队的作战效益,缩短战争的持续时间,而且还可以减少己方的作战损伤,赢得国内民众的支持,甚至还能够避免遭到国际上的强烈谴责。

第二,战场透明。在战争史上,过去战场中情况的不确定就像战争迷雾一样,一直困扰着作战指挥官们。但在信息化战争的战场上,指挥官们却不会再因此而烦恼,因为参与信息战行动的所有单位和个人(从班、组到最高级别的指挥部,从散兵到统帅),都可以利用无缝隙、多媒体(话音、数据、图像、视频等)的通信链和网络共享信息,通过计算机终端的显示屏,24 小时不间断地观察到敌我双方的具体位置、态势、集结、运动等情况,清清楚楚地掌握着战场上各种情况的变化情形。

第三,整体协调。美军认为,随着战场信息高速公路的建立,战斗部队、战斗支援部队、战斗勤务支援部队等各种作战系统,战场情报、指挥、控制、通信、打击、毁伤评估等各种作战职能,都将被联结成为一个有机的整体;部队的作战能力通过整体内的协调,将可获得极大的提高。比如,通过协调火力,就可以使火力突击的效果得到显著增强。这一点,从如下火力突击的运作程序即可清楚地看出:首先,空中、地面等传感器材发现敌方目标,并将敌方目标的活动情况显示在支援兵种作战中心的显示屏上;其次,目标定位系统把敌方目标的精确坐标位置准确地换算出来;再次,目标分配系统把敌方目标分配给最适合于对其实施攻击的火炮、直升机、坦克等武器发射平台;最后,由选定的武器发射平台对敌方目标实施攻击。通过战场指挥信息系统的如此运作既可以确保摧毁敌方目标,又可以避免浪费己方的火力,因而能够比过去更好地保证使己方有限的火力得到更大程度的有效发挥。

第四,行动实时。在此,实时的含义是处理某一事件的时间与这一事件发生的实际时间近乎相同。战场信息系统具有把过去需要几小时、十几小时乃至更长时间才能办完的事情,压缩到在几分钟甚至数秒钟内即能完成的超强能力,因此在信息战中,交战双方对战场上发生的各种情况基本上都能够作出实时反应,有的甚至能够实时采取相应的对策。美军觉得信息战中的行动实时主要是指:在各级部队之间,能够实时地分发情报信息;指挥官的作战意图能够被实时地传达给所属下级部队;己方参战人员能够及时得到敌方态势的实时变化图像。

第五,打击精确。随着精确制导武器和智能化武器的广泛使用,在信息战中攻击敌人目标的行动,将变得像现代外科手术中用伽马刀切除脑瘤一样,准确、干净、利落,并很少产生附带损伤。海湾战争中所运用过的地毯式轰炸、面覆盖射击等火力打击方式,将为信息战所摒弃。由于制导炸弹、制导炮弹、制导子母弹、巡航导弹、末端制导导弹、反辐射导弹等武器系统的传感器不仅能捕捉到声波、电波、可见光、红外线、激光等目标的直接信号,而且有的甚至还能搜寻出气味等目标的间接信息。因此,这些武器系统的弹头在其制导计算机对接收到的目标信息进行鉴别、分析后,一般都能自主地识别出预定打击目标,并对该目标予以准确打击。[①]

信息化战争与机械化战争虽然在特点上有着显著的不同,但在本质上,它仍然是"政治通过另一种手段的继续";其最终任务也仍然是剥夺敌人的主观意志,迫使敌人屈服。

二、信息化战争的基本特征

(一)信息资源主导化

信息对战争影响的关键是要准确获得战场信息并把信息及时用于决策和控制。机械化战争起主导作用的是物质和能量,打的主要是"钢铁仗"和"火力仗"。在信息化战争中,信息是核心资源,是决定战争胜负的关键因素。信息化战争是以争夺战场"制信息权"为主要行

---

① 陈新文、贺少华:《科技发展与战争形态演进透视》,第 171—172 页,中南大学出版社 2016 年版.

动的战争。信息成为部队战斗力的核心要素。在未来战争中，对信息的争夺将发挥核心作用，可能会取代以往冲突中对地理位置的争夺。攻城略地已经成为机械化战争的历史，在信息化战争中，地理目标将日趋贬值，信息资源将急剧升值。"制信息权"必然成为凌驾制空权、制海权和制陆权之上的战场对抗的制高点。拥有信息资源，握有信息优势，是取得战争胜利的先决条件。

急剧升值的信息资源决定了争夺"制信息权"的斗争将在全时空进行，决定了战争中交战双方将倾全力去争夺"信息优势"。海湾战争中，争夺信息优势的斗争贯穿于战争全过程，渗透于所有作战空间。美军利用了世界上最先进的计算机系统所提供的大型智能平台和C4ISR 指挥信息系统，完成了超大容量信息处理，赢得了战场信息优势。在科索沃战争和阿富汗战争中，由于美军夺取和保持了全时空的信息优势，因而以很小的代价夺取了战争的胜利。战争的实践不仅使人们越来越充分地认识到物质、能量和信息在战争中的作用将发生革命性变化，而且使人们清晰地看到了信息、信息系统和信息化武器装备的巨大作用，感受到了未来信息化战争的无限前景。传统的火力、防护力和机动力仍是战斗力的重要组成部分，但已经不处在核心位置，取而代之的是信息。

（二）武器装备信息化

科学技术在军事领域的运用，是引起战争形态发生深刻变革的根本原因。工业时代的战争以机械化武器装备为物质基础，而信息时代的战争则是以信息化武器装备系统为物质基础。信息化的武器装备系统又是以计算机技术为核心、以信息技术为基础的一体化的武器装备系统。其构成主要包括信息武器、单兵数字化装备和C4ISR 系统。信息化武器装备系统包括软杀伤型信息武器和硬杀伤型信息武器。软杀伤型信息武器是指以计算机病毒武器为代表的网络攻击型信息武器和以电子战武器为代表的电子攻击型信息武器。这类武器已在海湾战争中开始使用。硬杀伤型信息武器主要是指精确制导武器和各种信息化作战平台。信息化作战平台装有大量的电子信息传感设备，并与C4ISR 系统联网。它们集侦察、干扰、欺骗和打击功能于一体，既可实施战场探测，为精确打击和各种战场行动提供目标信息，还可实施信息攻防作战，是信息化战争的重要物质基础。

单兵数字化装备是指士兵在数字化战场上使用的个人装备，也称信息士兵系统（它由单兵计算机和无线电分系统、综合头盔分系统、武器分系统、综合人体防护分系统和电源分系统 5 个部分组成）。信息化的士兵装备既是战场网络系统的一个终端，也是基本的作战单元，具有人机一体化的远程传感能力、攻击和生存能力，能够实时实地为炮兵和执行空地作战任务的飞机提供数字化的目标信息。阿富汗战争中，美空军准确无误地对地面目标实施攻击，就是得益于特种作战部队装备的信息士兵系统将整个战场数字化网络连为一体，为其提供了及时准确的目标数据。单兵数字化装备的出现和运用，意味着陆军作战效能将出现革命性变化。

C4ISR 系统是战场指挥、控制、通信、计算机、情报、监视和侦察系统的简称，它把作战指挥控制的各个要素、各个作战单元黏合在一起，是军队发挥整体效能的"神经和大脑"。在信息化战争中，C4ISR 系统是敌对双方的主要作战目标，同绕着 C4ISR 系统展开的攻击和防护成为战争的重要作战行动。海湾战争具有划时代的意义。在人类战争史上，它是工业时代向信息时代过渡时期发生的一场战争，尽管还称不上完整意义上的信息化战争，但是它所显示的信息化战争的特征，在之后的科索沃战争、阿富汗战争、伊拉克战争中，已经表现得十分清楚。

(三)作战空间多维化

作战空间随着科学技术和武器装备的发展逐渐呈现出日益拓展的趋向。人类战争历史上由于飞机的问世和航空技术的发展,作战空间发生了第一次革命性变化,由陆海平面战场发展为陆海空三维一体的立体空间。机械化战争中,交战的舞台主要在陆、海、空等物理空间展开,重点在陆地、海洋和空中进行。而信息化战争中,虽然活动的依托仍然离不开物理空间,但决定战争胜负的因素主要取决于信息空间,主要包括网络空间、电磁空间和心理空间。世界高技术局部战争的实践表明,信息化战争的作战空间明显拓展,呈现出陆、海、空、天、电等多维一体化趋势。信息化战争作战空间的这种多维性和复杂性,打破了传统的作战空间概念。

首先,物理空间超大无限。第一次世界大战中,决定战争胜负的马恩河战役、亚眠战役,战场范围仅有数百至数千平方千米。第二次世界大战中,决定战争胜负的维斯瓦河—奥德河战役、柏林战役、诺曼底战役,战场范围也不过数万或数十万平方千米。而海湾战争,战场空间急剧扩展,东起波斯湾,西至地中海,南到红海,北达土耳其,总面积达到 1400 万平方千米。阿富汗战争,其作战规模远不及海湾战争和科索沃战争,但其作战空间范围要远比海湾战争和科索沃战争大得多。美军在空中部署有各种侦察、预警飞机,全方位、全时段监视对方的所有行动。在外层空间利用多颗卫星组成太空侦测网,全面监视、搜寻塔利班和拉登的动向。随着军事信息技术的高速发展,未来信息化战争的作战空间将在目前陆、海、空、天的基础上进一步拓展。

其次,信息空间多维广阔。信息空间是一个全新的概念,它包括电磁空间、网络空间和心理空间,渗透于陆、海、空、天各个战场领域。由于信息和信息流"无疆无界",使得信息作战的领域大大突破了传统的战场界限,是一个超大无形、领域广阔的作战空间。电磁空间是信息空间的重要组成部分。电磁战场被称作继陆、海、空、天之后的"第五维战场",是信息化战争的重要作战空间。网络空间是人类进入信息社会的必然产物。信息时代的一个明显标志就是计算机和计算机网络技术的广泛应用。信息高速公路在全球范围内逐步建成,时空的概念正在急剧缩小。网络空间的出现,使地理上的距离概念和国家之间的地理分界线将在信息对抗中失去意义,凡是与网络空间相联系的目标都可能遭到攻击。心理空间,特别是决策者的思维空间,是信息化战争的重要作战空间。心理是控制和决定人的行为的重要因素,心理空间的对抗备受各国军队的重视。美军不仅编有心理战部队,而且正在研制"噪声仿真器""电子啸叫器"等专用心理战的武器。美军在近期几场局部战争中都采取了军事打击与攻心并举的方针,成功地实施了心理战。战争的实践证明,心理空间作为信息作战空间的一个重要组成部分已体现得非常明显。

(四)作战节奏快速化

时间是战争的基本要素。随着计算机、电子通信、卫星技术和信息化武器装备的发展,信息化战争的作战节奏和作战速度相比机械化战争大大提高,持续时间明显缩短,呈现出迅疾、短暂、快速化的特征。促使战争时间迅疾短促的主要因素有以下三个。

(1)战场信息流动加快,作战周期缩短。信息时代,数字信息技术广泛运用于战场侦察监测设备和信息快速传输网络,实现了信息的实时获取、实时传输、实时处理,使得信息流动速度空前加快,空间因素贬值,时间急剧增值,作战行动得以快速进行。在网络化的战场上,尽管基本作战程序和信息的流程没有发生根本变化,各环节未变,但几乎都是实时同步进行的。

（2）战争的突然性增大，时效明显提高。信息化战争中，各种信息武器具有快速的作战能力，使得作战行动的速度加快，时效性明显提高。

（3）广泛实施精确作战，毁伤效能剧增。精确打击直接指向敌人的战争重心，迅速而有致命性，这必然使得作战时间短促，战争持续时间大为缩短。

此外，数字化战场的建立、部队机动能力的提高、受经济能力和战争目的的制约等，都是促使作战时间迅疾短促，战争进程日趋缩短的重要原因。

（五）作战要素一体化

信息化战争，一是作战力量一体化。通过信息网络和信息技术，可以将处于不同空间位置的各种作战能力联结成一个有机整体，形成一体化作战力量。二是作战行动一体化。信息化战争中的主要作战样式是两个以上的军种按照总的企图和统一计划，在联合指挥机构的统一指挥下共同进行的联合作战，其作战行动具有一体化的特征。三是作战指挥一体化。信息化战争中，集指挥、控制、通信、计算机、情报、侦察和监视一体的 C4ISR 系统为作战指挥提供了准确的战场情报、快速的通信联络、科学的辅助决策、实时的反馈监控，从而使树状的指挥体制逐渐被扁平的网络化的指挥体制所代替，使作战指挥实现了一体化。四是综合保障一体化。保障军队为遂行作战任务而采取的作战保障、后勤保障、装备保障、政治工作保障等各项保障措施实现了一体化。

（六）作战指挥扁平化

机械化战争的指挥体制主要以作战部队多层次纵向传递信息的树状指挥体制为主。这种指挥控制网络就像大工业生产按行业、按流水线建立的控制体系一样，正是金字塔状，下面大上面小，所有来自前线的敌我双方的情报信息必须逐级向上汇报，上级的指示精神和命令也按照这样的树状模式逐级下达到前线或基层，是一种典型的逐级指挥方式。信息化战争的指挥体制趋向作战单元与指挥控制中心横向传递信息的"扁平网络化"结构。在纵向上，从最高指挥机构到基层分队所形成的逐级控制关系虽仍然存在，但是单兵数字化指挥控制系统成了指挥体系的最小层次。在横向上，各指挥系统间的横向联系更加紧密，它不仅包括平行指挥机构之间的联系，还包含非同一层次间指挥机构的横向联系；不仅包括不同军兵种各层次指挥机构的联系，还包括同一军兵种平行指挥层次指挥机构间的联系。指挥控制近乎实时，效率大大提升。

（七）作战行动精确化

信息化战争中，在多层次、全方位、全时空的情报、侦察和监视网络的支持下，使用大量的精确制导武器，使各种作战行动的精确化程度越来越高。一是精确侦察、定位控制。精确侦察、定位和控制是实现精确打击的前提和基础。二是精确打击。精确打击是信息化战争精确化的核心内容，它是靠提高命中精度来保证作战效果，而不是通过增加弹药投射的数量去增强作战效果。三是精确保障。就是充分运用以信息技术为核心的高技术手段，精细而准确地筹划、实施保障，高效运用保障力量，使保障的时间、空间、数量和质量要求尽可能达到精确的程度，最大限度地节约保障资源。

三、信息化战争的发展趋势

从世界范围看,战争形态正处在一个从机械化战争向信息化战争过渡的转型期。因此,在当前条件下,要准确地预测信息化战争的发展趋势还比较困难。然而,历史的发展有其自身的逻辑轨迹。运用历史唯物主义的方法,我们仍然可以大致地勾画出未来信息化战争的发展趋势。

(一)战争的表现形式不断拓展

1. 战争的破坏性减弱

传统的战争理论认为,战争是流血的政治。但未来的信息化战争中,由于各种经济活动和社会活动的高度计算机化、信息化和网络化,社会的经济生活和政治生活更多地依赖于各种信息系统,战争则有可能成为不流血或少流血的政治。像支撑社会经济和政治活动的金融系统、能源系统、交通系统、通信系统和新闻媒介系统等,都是以计算为基础的信息网络系统。信息和信息系统既是武器,也是交战双方攻击的主要目标。只需通过网络攻击、黑客入侵和利用新闻媒介实施大规模信息心理战等"软"打击的方式,破坏敌方的计算机信息网络,瘫痪敌方指挥系统,瘫痪敌国经济,制造敌方社会动乱,把战争意志强加给对方,以不流血的形式换取最大的政治和经济利益。在使用各种"硬"摧毁手段的作战中,进攻一方也不再以剥夺敌国的生存权利,或完全夺占敌方的领土等作为最终目标,而是注重影响对手的意志,尽可能地减少战争的伤亡,力争以最小的伤亡代价换取最大的胜利。战争暴力性将会减弱,传统战争的暴力行动将被非暴力的"软"打击行动所替代。

2. 战争的层次更加模糊

在未来信息化战争中,战争的战略、战役和战术层次会逐渐模糊。一方面,战役或战术行动具有战略意义。由于大量信息化、智能化装备和系统的集中运用,武器装备的作战效能越来越高,精确打击和信息战等作战行动对敌方军事、政治、经济和心理的攻击威力越来越强,因而小规模的作战行动和高效益的信息进攻行动就能有效达成一定的战略目的。这使得战争进程更为短暂,战争与战役甚至战斗在目的和时空上的趋同性更为突出。另一方面,作战行动将主要在战略层展开。信息化战争不再是从战术突破到战役突破再到战略突破,而是战争一开始,打击的对象就将主要集中于关乎敌方政治、经济和军事命脉的重要战略目标。尤其是在信息化战争中起主导作用的战略信息战,它对敌方经济和政治信息系统的攻击及对敌方民众和决策者心理的攻击更具有全纵深和全方位的性质。超视距的非接触作战和大规模的信息进攻将成为未来信息化战争的主要行动样式。先进的信息系统可以保障战略决策,也可以直接指挥战术行动,战术行动可以实现战略决策。科索沃战争中,战争主要是由战略性空中打击构成的。这使得空间对战略目标的防卫和屏障作用基本消失,首先遭到攻击的将是战略纵深的重要目标,前沿(战斗地域)、纵深(战役地幅)和战略后方的线式划分已失去原有的意义。

3. 战争的主体多元化

传统的战争主要发生在国家和政治集团之间,战争打击的目标主要是对方的军事力量和战争潜力,战争的主体是军队。而在信息时代,由于信息技术和信息系统高度发展,计算机网络联通了整个世界,使得整个世界的政治、经济、科技和文化的联系日益密切,国家的安全受到来自多方面、多种势力的威胁,表现出易遭攻击的脆弱性。实施信息攻击的主体既可能是军队,也可能是社会团体,还可能是恐怖组织、贩毒集团和宗教极端分子。

(二)战争的威力极大提升

战争的发展,从某种意义上说,就是作战效能不断提升的历史。核武器的出现使热兵器作战效能的发展走到了极限。人类对武器作战效能的追求反而使得具有最大杀伤威力的核武器无法在实战中运用。然而,人类并没有放弃对武器作战效能的追求,大量信息化武器和新概念武器的出现和运用将使未来信息化战争具有亚核战争的威力。

1. 信息化时代的军事技术将把常规作战效能推到极致

未来信息化战争的常规作战效能将是建立在军事工程革命、军事探测革命、军事通信革命和军事智能革命已经完成或基本完成的基础之上。在这四大军事技术革命中,军事工程革命的起步最早。军事工程革命已经使传统武器装备跨越空间的距离和速度基本达到物理极限。军事探测革命将使得侦察、探测的空域、时域和频域范围大大扩展,使对作战行动的感知、定位、预警、制导和评估达到几乎实时和精确的极限。军事通信革命将在未来信息化战争中实现军事信息的无缝链接和实时传输,使各指挥机构和部队、各侦察和作战平台之间达到在探测、侦察、跟踪、火控和指挥方面的信息畅通,真正实现实时指挥和控制。军事智能革命将真正实现作战指挥活动和作战行动的自动化和智能化。智能化指挥系统将使指挥控制活动的准确性和时效性大幅度提高。作战平台将集发现、跟踪、识别和自主发射为一体。智能化弹药将具有自动寻的和发射后不管功能,远程打击的精度将达到米级。同时,大量高度智能化的机器人将投放战场,使指挥活动和作战行动的效率接近极限。

2. 大量新概念武器的使用将使信息化战争的作战效能具有亚核效果

在信息化时代,随着科学技术的进一步发展,大量新概念武器会不断出现和应用于战争。这些新概念武器具有完全不同的杀伤和破坏机理,它不以大规模杀伤对方人员的生命为目标,而是通过使对方的作战人员和武器装备丧失作战功能,或通过改变敌国的生态和自然环境来达成战争目的。新概念武器中具有大面积破坏与毁伤效果的主要有次声波武器、电磁脉冲武器、激光武器和气象武器等。次声波武器具有洲际传送能力,并且可以穿透10多米厚的钢筋混凝土,因此作用范围极广。在高空施放的电磁脉冲弹可以在瞬间使大范围的电子设备丧失功能。在信息化战争中,大量新概念武器装备虽然不具备核武器那种大规模、大范围的物理杀伤和破坏作用,但它所拥有的精确摧毁能力、系统集成能力、战场控制能力和高效达成战略目的的能力是核武器所无法相比的。从这个意义上说,信息化战争具备了亚核战争的威力。

(三)军队将向小型化、一体化和智能化方向发展

在未来信息化战争中,伴随着新军事革命的步伐,军队的发展趋势将是高度的小型化、一体化和智能化。

1. 军队的规模将加速小型化

未来信息化战争中,先进的信息化系统和远距离的投送能力为军队的小型化奠定了基础。由于军队的作战能力将成指数增长,小规模的高度一体化和智能化的军队即可达成战略目的。因此,未来军队的组织体制在数量规模上将具有两个基本的发展趋向。一是军队的总体规模将大幅度缩小。随着军队的信息化程度和作战能力的不断提升,缩减军队规模将是必然的趋势,拥有庞大的常备军将成为历史。二是作战部队的建制规模将更加小型灵巧。旅、营或更低级别的战术单位将可能成为主要的作战建制,并可能出现按作战职能编成

的小型作战群或能够同时在陆、海、空等多维空间作战的一体化的小型联合体。为适应未来信息化战争的需要,一些技术密集、小巧精干的新型兵种作战单元将相继出现并逐步增多。

2. 军队的编成将高度一体化

未来信息化战争是高度一体化的作战,未来军队编成的一体化将主要表现为按照系统集成的观点建立"超联合"的一体化作战部队。为此,未来军队组织的编成将按照侦察监视、指挥控制、精确打击和支援保障四大作战职能建成四个子系统,即探测预警子系统、指挥控制子系统、作战子系统和支援保障子系统。探测预警子系统将所有天基、空基、陆基和海基侦察监视平台和系统联为一体,完成对作战空间全天候、全方位的实时感知;指挥控制子系统把所有战略级、战役级和战术级指挥控制和通信系统联为一体,将对作战空间的感知信息转变为作战决策和控制;作战子系统支援与保障子系统为作战行动提供实时精确的保障。这四个子系统的功能紧密衔接,有机联系,构成一个一体化作战系统。

3. 军队的指挥与作战手段将高度智能化

信息化发展的高级阶段是智能化,因此信息化战争的发展趋势之一就是实现指挥平台与作战手段的高度智能化。随着纳米技术的发展,军用微型机器人将被大量地投放于战场,执行侦察探测、信息传递、破袭敌电子设备和武器系统及杀伤敌作战人员等任务。

(1)指挥控制手段的高度自动化和智能化。其标志是 C4ISR 系统的高度成熟与发展。未来的 C4ISR 系统将真正实现侦察监视、情报搜集、通信联络和指挥控制的无缝链接,成为作战指挥与控制的信息高速公路,可以高度自动化地确保指挥员近实时地感知战场,定下决心,协调、控制部队和武器平台的作战与打击行动。C4ISR 系统的高度发展,将使军队指挥员观察战场和指挥作战的能力大幅度提高。计算机是自动化指挥控制系统的核心,是实现智能化作战指挥的基础。随着高技术群体的不断发展,未来将相继出现智能计算机、神经网络计算机、光计算机、高速超导计算机、生物计算机等新概念计算机,将使人工智能技术迈上新的台阶。由运算、存储、传递、执行命令转向思维和推理;由信息处理转向知识处理;由代替和延伸人的手功能转向代替和延伸人的脑功能。从而为作战指挥控制提供更加先进的智能化手段,使作战指挥与控制进入自动化、智能化时代。

(2)大量智能化的武器系统和平台将装备军队,投入作战。在未来信息化战争中,具有发射后不管和自动寻的功能的智能化弹药将得到更加广泛的运用;无人驾驶的智能化坦克、飞机和舰船也将规模化投入战场。无人机在阿富汗战争中已经发挥了重要的作用。尤其值得关注的是,众多类型不同、功能各异的机器人将投入战场,特别是随着纳米技术的发展,机器人的概念将发生根本性的变化。大量微型和超微型的机器人可能在战争中被大规模地投放于战场,执行侦察探测、信息传递、破袭敌电子设备和武器系统以及杀伤敌作战人员等任务。

(3)许多作战行动将发生在智能化领域。在传统的机械化战争中,虽然在智能化领域也存在着敌我对抗活动,如敌我之间的谋略对抗就是一种思维对抗,但这种对抗是间接的,需要部队真实的作战行动才能表现出来。然而,在未来的信息化战争中,由于信息战的广泛运用,智能化领域将会发生激烈的对抗。知识、信息和思维这些智能化的范畴既有可能是作战所使用的手段,也有可能是作战所要打击的目标,因此在智能化领域将会发生大量的直接对抗的作战行动。为了阻止敌方及时制定正确的作战策略,不仅需要采用谋略行动欺骗敌方,而且更需要采取信息攻击手段,直接打击敌方的 C4ISR 系统,破坏敌方的决策程序。

知识拓展

智能化战争的可能

2017年,《天下财经》报道,名为"Master"的网络神秘棋手横扫中、日、韩三国最强围棋手,其真实身份就是升级版的"阿尔法狗"。"阿尔法狗"的当头一棒,开始让人类意识到,随着网络的出现、不断升级和自我进化,从链接各个作战单元到共享作战信息,再到自动搜索辅助决策,网络使能能力将给各类作战平台灌输强大的智慧"内功"。在各种类型、不同层级智能网络的支撑下,战争形态将以超出人类预料的方式演变。

早在20世纪90年代末,美国军方就断言,2025年前后太空将进入军事化时代。从当前发展态势看,这一预言极有可能实现。美国空军极力主张发展空间机动飞行器项目,X-40、X-40A、X-37A、X-37B等验证项目已经进行了一系列试验。空间机动飞行器的快速发展,使其不但具备了可重复使用、长期在轨停留、轨道机动和快速反应的能力,而且具备了自主导航控制,自主决策进场着陆,自主检视、干扰、移动、捕获、摧毁乃至拆解敌方航天器的智能,还可以携带对地、对空、对海攻击武器,实时精确打击敌方高价值/时间敏感目标,这将极大加速智能化战争的到来。预测下一代战争是智能化战争,主要基于以下三大理由。

一是智能革命深入发展,智能时代即将成形,决定了下一代战争的社会背景、物质基础和时代特征。智能科技的自我繁殖、快速拓展,决定了智能化时代已经在向我们招手。随着云计算、大数据、人工智能、人机交互等技术的发展和渗透,"云"当大脑,"管"是神经,"端"为器官,分别实现了记忆、感知、识别、学习,信息传输、交换,信息采集、行动控制等功能。"云"的推动力,"管"的渗透力和"端"的行动力共同作用,不断地颠覆人类工作和生活的方方面面。智能革命不但会颠覆行业,而且会颠覆经济,改变传统追求人机协作的发展思路,出现完全无人化的智能机器主导模式。从物流仓储到施工装修,从交通运输到工业生产,智能革命不但会带来生产力的飞跃发展,而且会深刻改变生产关系。这直接决定了下一代战争,不可避免地要以此为基础。哪个国家的军队要是没有智能化这一时代一般性,哪个国家就不可避免地出现战争中的落后性,而落后就要挨打。

二是军事、民用领域各自蓬勃发展的智能科技,在军民融合广泛应用于战场后,愈发刺激和驱使智能化作战走向成熟。军事领域将深度利用人机交互技术、人工智能技术、物联网技术、机器人技术等多种智能科技手段,显著降低作战人类生命成本,更直接、更快捷、更精准地达成作战目的。从机械化战争和信息化战争的演变进程看,以航空母舰战斗群、战略轰炸机、主战坦克集群、数字化师等为代表的作战平台、体系的成型,需要10—20年的发展周期。而智能化战争中,随着机器人"云"大脑智能水平指数级增长速度的出现,超越人类智能水平的大批量、智能化军工生产将应运而生。这势必加快智能科技的武器装备化和武器装备的智能化的双向进程,从而极大提升智能化战争演变的初速度和加速度。

三是智能化战争演变路径,打破了以往战争形态的演变模式。以往的冷兵器战争、热兵器战争和机械化战争,其演变路径大抵没有脱离"武器装备换代—作战形式创新—战争理论超前一体制编制改革"的顺序。而智能化战争依赖的"云"大脑、"管"神经、"端"器官,不但可以融合人类生物DNA与数字DNA,而且可以构建一个满足战争中不同需求的虚拟与现实环境。信息网络技术渗透融合进战斗力构成的所有要素之中,从而在武器、战法、理论、结构四个方面实现同步并举、各自发展、相互影响,深度融合。智能化战争与作战理论的创新,既可以由人来实现,也可以由机来实现,并且可以在人机共同主导下在太空、深海乃至星际等地进行战争的预实践。这将进一步促使智能化战争加速来临。

科学的重大发现、技术的重大创新及其在军事领域的广泛运用,将促使作战理念、指挥体制、规模结构、力量编成和训练保障等发生革命性变化,由此引发战争形态的根本性转变。自20世纪70年代以来,信息网络技术的快速发展,使得信息网络成为国家重要战略资源,信息产业成为重要基础产业,劳动力结构出现智能化产业工人,西方发达国家极可能率先进入智能化时代。社会的时代转型促使战争形态随之发生革命性变化。时至今日,工业化向信息化深刻转变,信息化向智能化快速演进,使得智能化战争将揭开人类历史上第一次"人—机"大战、"机—机"大战的序幕。

机器人与自然人并肩走向战争舞台,乃至机器人走向舞台中央成为战争的另一重要角色,已经不是不能想象的前景,而且这就极可能是下一代战争与之前的战争截然不同的分水岭——主战武器装备初步拟人,具备发育到一定程度的人类智慧水平。这不但使得参战兵力不再完全指人,机器人兵团可能比人类兵团更有所长,更有用武之地;而且在战斗力构成要素上,将不再是人、武器、人与武器的结合这三要素了,还需要考虑以智能机器人为代表的武器装备体系的智能度。因而下一代战争,极可能是智能化战争。

——摘自:张勇超《下一代战争——智能化战争》,第7—15页,九州出版社2017年版.

四、经典战例——击毙本·拉登的"海神之矛"行动

2011年5月1日凌晨,美军秘密潜入巴基斯坦首都伊斯兰堡附近的阿伯塔巴德市一处混凝土结构的大院,海豹突击队六队担纲突袭任务,当天夜里将美国头号通缉犯本·拉登击毙,并掳获大量重要文件和硬盘资料,并动用航空母舰将本·拉登尸体葬于北阿拉伯海。40分钟的行动中,海豹队员没有任何伤亡。这就是反恐领域具有里程碑意义的行动——"海神之矛"行动。此次行动,背后是情报系统、无人机、卫星数据链、航母战斗群保障和支援,充分展示了美军强大的一体化联合作战能力,是信息化战争时代的一个经典战例。下面,就让我们揭开这次行动的神秘面纱。

"9·11"事件后,拉登的录音或录像一直没有中断地在一系列重要事件发生时出现。虽然美国政府多次定点行动及重金缉拿本·拉登,但当时包括美国政府在内都无法证实本·拉登是死是活。

2011年2月中旬,美国情报人员确认,阿伯塔巴德市这座混凝土结构的3层建筑里住着22个人,不仅有艾哈迈德和他的兄弟两家人,建筑内还隐藏着"高价值目标"——一名代号为"杰罗尼莫"的男子,他从来不外出。借助卫星,美军确认拉登和包括其最年轻妻子在内的多名家人可能生活在这里,拉登可能住在二楼或三楼。

2011年3月,奥巴马命令军方制订行动方案。最终确定,由海豹突击队实施突袭。2011年4月29日,奥巴马正式批准海豹突击队周队六队的突击行动。接到指令后,美军立刻按计划开始全球调动。2011年5月1日,位于阿富汗贾拉拉巴德的美国空军基地立即进入最高战备状态,无人机升空,24名海豹突击队六队队员、1名翻译以及1只名叫"开罗"的马林诺斯犬登上2架MH-60黑鹰直升机,趁夜色掠过阿富汗、巴基斯坦边境,直奔阿伯塔巴德。这两架执行突袭任务的黑鹰直升机都经过特殊的隔热、降噪、加强机动性的改装,并且在整个飞行过程中驾驶员都关闭了雷达。作为后备支援力量的4架CH-47运输直升机紧随其后升空,位于巴格拉姆空军基地的战机24小时保持待命,随时准备阻击可能出现的巴方空军。而这些行动的实况,都实时地传输给了白宫行动情况室。

按照原定的计划,"黑鹰1号"将在大院之中着陆,机上的海豹突击队队员将从底部攻入。"黑鹰2号"将在顶部盘旋,机上队员将索降到屋顶,两队人上下包抄,最终在中间层会

合。可实际情况是,当时黑鹰直升机已经抵达阿伯塔巴德的院落上方,特战队员马上就要实施空降,但就是在如此关键的时间点上,令人意想不到的事情发生了。当第一架黑鹰直升机试图降落在院落中的时候,由于气旋原因直升机已向下 45 度角砸向地面,迫降在了院落西侧的牲口圈。第二架黑鹰直升机在无法立即了解状况的形势下放弃了屋顶空降队员,而是在院落边着陆。24 名特种兵全部改为地面强攻。也正是从这个时刻开始,各路指挥机构监控的视频也断了,接下来的行动如何进行,只能由海豹突击队六队队员们自己决定。

海豹突击队队员开始向主建筑物推进,而直升机坠毁的巨大响动和枪声已经惊醒了阿伯塔巴德这座城市,开始有当地人上前盘问。这意味此地不宜久留。很快,巴基斯坦军方也会闻讯赶来。此刻,海豹队员来不及多想,他们只能是一路杀进去。

拉登的信使谢赫·阿布·艾哈迈德和他的妻子在院落中被打死,很快兄弟阿伯拉也被击毙。三层楼房中,一名持 AK-47 的年轻人朝海豹突击队开枪后瞬间被打死。而当海豹突击队队员们炸开了层层相隔的铁门,最终冲进了三楼的卧室,迎面扑上来的竟是两个女人。随后,两个女人被一名特战队员死死压住。整间卧室中,直接面对着美军枪口的正是那个"恐怖大亨"乌萨马·本·拉登。海豹突击队员已经没有任何迟疑,在这次行动中,这个神秘人的代号被定为"杰罗尼莫"。无论这个人是不是本·拉登,对于他,美军从来就没有生擒的打算。拉登胸部先中一枪,接着左眼上方中了致命一枪,倒地身亡,部分头骨遭子弹击飞,鲜血混合脑浆四溢。此时距离小布什宣布必须要抓住本·拉登不论死活的时间整整过去了 10 年。

整个行动非常顺利,只持续了 40 分钟,海豹突击队六队队员没有伤亡,堪称信息化战争中一体化联合作战的典范。在这次行动中,美国政府果断决策,情报获取和分析精确缜密,作战准备周密细致,作战行动隐蔽迅速。纵观这一行动,其成功经验可归结为以下四点。

一是周密准备,精心筹划。为了确保此次行动能够一举击杀本·拉登,避免打草惊蛇,功亏一篑,美国在行动前做了大量周密细致的准备工作,对行动全过程进行了精心筹划。美国在 2010 年 8 月就对拉登踪迹的线索有了一定掌握,但为了确定这一线索,中央情报局不惜花费上千万美元的资金,展开为期 5 个月的特别行动,进一步搜集情报,直到中情局局长帕内塔认定掌握的情报已经具备足够的说服力,美国才决定采取行动。同时,美军针对这一行动制订了周密细致的方案,对行动的每一个步骤都进行了精密合理的推敲,为了确保行动万无一失,美军还在阿富汗建造了一个模拟拉登住宅的实体模型,海豹突击队利用建筑模型进行了反复演练,不断修正方案细节,为行动的成功打下了坚实基础。

二是坚定积极,果敢决断。指挥员的决策是把握战机的关键因素,"海神之矛"行动能够取得成功,与奥巴马果断及时的决策是密不可分的。当时,美国情报人员并没有亲眼看到本·拉登出现在建筑物内,只是根据情报分析得出那栋房子是本·拉登居所的结论,对本·拉登的具体位置也并不确定,一旦行动,如果事后没有发现本·拉登,将极有可能引发与巴基斯坦的外交冲突,对美国的国际声誉也会产生极大的负面影响;而如果让本·拉登再次逃脱,今后追捕本·拉登将更加困难。无论上述哪种情况出现,都将导致无法挽回的损失。况且,在高层会议上,只有半数人员同意采取此次行动。正是在这一背景下,奥巴马以坚定积极的态度,果断决策,一举击杀本·拉登。

三是多维侦察,信息制胜。从一定程度上讲,美国此次行动的胜利首先是信息对抗的胜利。本·拉登的保密工作极其到位,在长达 10 年的逃亡生活中不使用任何电磁信号,不向包括基地组织高层头目在内的几乎任何人透露行踪。而为追捕本·拉登,美国几乎动用了所有侦察手段,全面部署,构建了一个多维立体的侦察网络。经过近 10 年的不懈努力,美军通过审讯基地囚犯，找到了本·拉登"信使"的线索，随后又通过电话监听跟踪到了"信使"的动向。2010年8月，拉登的"信使"艾哈迈德进入阿伯塔巴德一栋3层建筑后，中情局推测拉登也可能躲藏在这栋建筑内。为了确认身份，美国中情局一队特工秘密潜入此地，在这栋建筑附近租了一套民房，用长焦望远镜和红外成像设备，24小时不间断地监视建筑内的动静，仔细观察这所住宅的居住者及进出人员。特工们还用尖端的窃听设备，捕捉从这栋建筑里传来的声音，并监听这栋建筑的手机信号。美国的间谍卫星也一直在"盯"着这里，探测这栋建筑是否有地下通道。长达10个月的现场监控和情报搜集，为这次行动的成功提供了最为关键的先决条件。

四是隐蔽突然，速决歼敌。此次行动的企图一旦暴露，不仅会造成行动的失败，而且有可能陷入腹背受敌的境地。为了确保行动的秘密性，美国没有同任何一个国家分享情报，包括英国、加拿大与澳大利亚等反恐盟友，甚至连本·拉登藏匿地所在的美国反恐盟友——巴基斯坦，都对这一行动一无所知。而且在4月29日，奥巴马按预定计划前往亚拉巴马州龙卷风灾区慰问，没有让外界察觉到任何异常，以至于5月1日凌晨，24名海豹突击队队员突然从天而降时，本·拉登及其守卫措手不及，几乎是束手待毙，给世人留下了一个津津乐道的经典战例。[①]

知识拓展

未来战争新形态

近代以来，人类社会主要经历了大规模的机械化战争和较小规模的信息化局部战争。20世纪前半叶发生的两次世界大战，是典型的机械化战争。20世纪90年代以来的海湾战争、科索沃战争、阿富汗战争、伊拉克战争和叙利亚战争，充分体现了信息化战争的形态与特点。新世纪新阶段，随着智能科技的快速发展与广泛应用，以数据和计算、模型和算法为主要特征的智能化战争时代即将到来。

机械化战争，主要基于牛顿定律、经典物理学和社会化大生产，以大规模集群、线式、接触作战为主，在战术上通常要进行现地侦察、勘察地形、了解对手前沿与纵深部署情况，结合己方能力定下决心，实施进攻或防御，进行任务分工、作战协同和保障，呈现出明显的指控层次化、时空串行化等特点。

信息化战争，主要基于计算机与网络三大定律（摩尔定律、吉尔德定律和梅特卡夫定律），以一体化联合、精确、立体作战为主，建立"从传感器到射手的无缝快速信息链接"，夺取制信息权，实现先敌发现与打击。在战术上则要对战场和目标进行详细识别和编目，突出网络化感知和指挥控制系统的作用，对平台的互联互通等信息功能提出了新的要求。由于全球信息系统和多样化网络通信的发展，信息化战争淡化了前后方的界限，强调"侦控打评保"横向一体化和战略、战役、战术的一体化与扁平化。

智能化战争，主要基于仿生、类脑原理和基于AI的战场生态系统，是以"能量机动和信息互联"为基础、以"网络通信和分布式云"为支撑、以"数据计算和模型算法"为核心、以"认知对抗"为中心，多域融合、跨域攻防，无人为主、集群对抗，虚拟与物理空间一体化交互的全新作战形态。

不同时代、不同战争形态，战场生态系统是不一样的，作战要素构成、制胜机理完全不同。

---

① 轻武器系列丛书编委会：《世界经典战例透析》，第198页，航空工业出版社2014年版.

机械化战争是平台中心战，核心是"动"，主导力量是火力和机动力，追求以物载能、以物释能。作战要素主要包括：人、机械化装备、战法。制胜机理与过程主要表现为：基于机械化装备作战运用的以人为主导的决策，以多胜少、以大吃小、以快制慢，全面、高效、可持续的动员能力，分别起着决定性或者重要的作用。

信息化战争是网络中心战，核心是"联"，主导力量是信息力，追求以网聚能、以网释能。作战要素主要包括：网络信息、人、信息化装备、战法。信息贯穿于人、装备和战法，建立"从传感器到射手"的无缝信息连接，实现体系化网络化作战能力，以体系对局部、以网络对离散、以快制慢，成为取得战争胜利的重要机理。其中，信息起到倍增作用，但平台仍然有人为主，多数决策以人为主。

智能化战争是认知中心战，核心是"算"，主导力量是智力，智力所占权重将超过火力、机动力和信息力，追求的将是以智驭能以智制能。作战要素及相互关系表现为：AI×（云＋网＋群＋人＋装备＋战法）。AI贯穿到侦察、感知、决策、指控、打击、保障各环节，贯穿到平台、集群、分队、指挥所、数据中心，以及网络攻防、电子对抗、舆情干预、认知对抗、模拟训练等领域。AI在各个方面、各个环节中，起到了倍增、超越和能动的作用。随着AI不断进化和升级，逐步替代人和战法、超越人和战法，同时军事云、通信网络和装备越来越智能化，被嵌入式AI所控制。

未来，AI在战争中的作用越来越大、越来越强，最终起决定和主导作用。因为AI决定了体系对抗条件下作战任务规划和作战力量运用的质量与效率；决定了平台感知与行动、集群作战的快慢；决定了传感器、打击平台和保障平台的聪明与傻笨；决定了虚拟指挥员和参谋对战场态势的掌握和计算更加明白、更加透彻、更加迅速，从而在同样时空窗口条件下，比人类更优秀。AI可以从更高维度审视评估低维度的作战能力和效果，谁有智力优势，谁就拥有更多的战场主动权。但强调AI的主导作用，并不否认人在战争中的作用。一方面人的聪明才智已经前置和赋予了AI；另一方面，在战前、后台和战略层面，在相当长一段时间和可预见的未来，AI是无法取代人类的。

——摘自吴明曦著《智能化战争》，第61—63页，国防工业出版社2020年版。

思考题

1. 信息化战争的内涵是什么？
2. 信息化战争的主要特征有哪些？
3. 信息化战争的制胜机理有哪些？
4. 通过美军击毙本·拉登的作战行动得到哪些启示？

第五章 信息化装备

教学目标：了解信息化装备的内涵、分类、发展趋势及对现代战争的影响；熟悉世界主要国家信息化装备的发展情况，了解综合电子信息系统，了解信息化陆战武器装备、信息化空战武器装备、信息化海战武器装备的种类、发展趋势及我国的发展成就等，激发学生学习高科技的积极性，为国防科研奠定人才基础。

参考学时：6 学时

第一节 信息化装备的概述

20 世纪后半叶至 21 世纪初，科学技术发展的浪潮以锐不可当之势冲击着人类的各个方面。一大批逐步形成的高技术群，以空前的规模飞速发展，创造着比以往任何时代都要大得多的精神财富和物质财富。这场新技术来势之迅猛、作用之巨大、争夺之激烈、影响之深远、波及面之广阔，都是以往历次技术革命所不能比拟的。新技术革命的大潮把世界各国推上了一条新的起跑线，特别是信息技术在军事领域的广泛应用，引起军事理论、作战样式和战争形态的根本性变化，催生了以信息化为核心的新军事革命。新军事革命的基础是武器装备的信息化。

一、信息化装备的概念

信息化装备是指信息技术含量高，信息技术对武器装备性能的提高及对其使用、操纵、指挥起主导作用，具有信息探测、传输、处理、控制、制导、对抗等功能的作战装备和保障装备。它主要有信息化武器弹药、信息化作战平台、军用智能机器人、单兵数字化装备以及指挥控制系统等。

信息化武器装备有多种分类方法。根据武器装备的性质，分为进攻类信息化武器装备、防御类信息化武器装备和支援类信息化武器装备；根据所处或所使用的空间，分为地面（含地下）信息化武器装备、海上（含海下）信息化武器装备、空中信息化武器装备和太空信息化武器装备等；根据机动方式，分为固定式信息化武器装备和机动式信息化武器装备，其中机动式又可分为车载式、机载式、舰载式和便携式信息化武器装备等；根据武器与信息的关系，分为信息探测类、信息传输类、信息处理类、信息制导类、信息干扰类和信息攻防类信息化武器装备等；根据武器装备的功能，分为信息化作战平台、信息化武器弹药、信息化电子系统等；根据杀伤效应，分为"硬杀伤"类信息化武器装备和"软杀伤"类信息化武器装备，或杀伤性信息化武器装备和非杀伤性信息化武器装备；等等。

二、信息化装备的种类及发展趋势

信息化装备主要包括综合电子信息系统、信息化弹药、信息化作战平台、单兵数字化装备、计算机网络武器等。信息化装备与机械化装备的最大区别在于，前者是网络系统中的武器，后者是单个武器平台。发展信息化装备既是新军事革命的基本内容，又是建设信息化军队的物质和技术基础。

(一)综合电子信息系统

综合电子信息系统,即指挥、控制、通信、计算机、情报、监视与侦察系统(C4ISR),又称指挥自动化系统,是所有信息化武器和整个军队的"神经中枢",是战斗力的"倍增器"。综合电子信息系统和精确打击武器一起构成的探测—打击系统是信息化战争的核心,依靠这种系统可以实现"发现即摧毁"的目标。

随着技术的进步和需求的变化,综合电子信息系统始终处于不断发展和完善之中,其内涵逐步扩展,功能不断增强,系统名称也在不断变化。美国是世界上最早开发和使用综合电子信息系统的国家。早在 20 世纪 50 年代,美国就已建成了世界上第一个"指挥与控制"(C2)系统。20 世纪 60 年代,随着远程武器特别是战略导弹和战略轰炸机大量装备部队,通信手段在系统中的作用日益完善,于是形成了"指挥、控制与通信"(C3)系统。20 世纪 70 年代,美国将情报作为指挥自动化不可缺少的因素,形成"指挥、控制、通信与情报"(C3I)系统。到了 20 世纪 80 年代又加上"计算机"一词,变成"指挥、控制、通信、计算机与情报"(C4)系统。海湾战争后,综合电子信息系统进一步增加了监视与侦察功能,演变为 C4ISR 系统。经过 50 多年的发展,美国的综合电子信息系统已由最初个别指挥机构分别建立的综合电子信息系统和在各军兵种内部的综合电子信息系统,发展成为三军一体的综合电子信息系统。当前,美国正在试图建立全球一体化的综合电子信息系统。

进入 21 世纪以来,世界各主要国家都把综合电子信息系统建设摆在重要位置,作为发展信息化武器装备体系的"龙头"。从各国的情况看,综合电子信息系统主要有三种发展趋势。一是继续大幅提升信息获取、处理和使用能力。信息传输量将得到大幅度增加,可具有指挥、控制、情报、图像、战勤支援、建模与仿真等功能,情报信息可实时传输和处理。二是实现一体化无缝链接。可实现在全球任何地方获得全方位信息接入和得到信息支援。三是提高生存能力。综合电子信息系统是作战打击的主要目标,提高抗干扰和抗毁伤能力,也是未来综合电子信息系统发展的一个趋势。①

(二)信息化弹药

信息化弹药,即精确制导弹药,是指依靠自身动力装置推进,能够获取和利用目标所提供的位置信息,并由制导系统控制飞行路线和弹道,命中精度很高的弹药。目前,信息化弹药已经发展成为家族成员众多的大家庭,包括有制导炸弹、制导炮弹、制导子母弹、制导地雷、巡航导弹、末制导导弹、反辐射导弹等。

与传统弹药相比,信息化弹药的一个突出特点是,能够获取并利用有效信息来修正弹道,准确命中目标,因而具有极高的战斗效能。信息化弹药的出现,是军事技术发展史上的一次革命,它使弹药从原来的不可控发展到部分可控或完全可控。在西方发达国家,信息化弹药的发展已经历了三代,目前正在向灵巧型、智能型方向发展。灵巧型弹药是一种在火力网外发射、"发射后不管"、自动识别与攻击目标的弹药。智能型弹药是能利用声波、无线电波、可见光、红外线、激光等一切可利用的直接或间接的目标信息,自主选择攻击目标和攻击方式的精确制导弹药。

为适应迅猛发展的世界新军事变革,特别是未来信息化战争中实施精确打击的现实需

---

① 袁军堂、张相炎:《武器装备概论》,第 250—251 页,国防工业出版社 2011 年版.

要,世界各主要国家都在大力发展信息化弹药。

据推测,随着科技发展及其在弹药领域的广泛应用,未来的信息化弹药将呈现出如下特点:一是精度高。采用新型制导技术的信息化弹药,其命中精度将比现有信息化弹药提高一个数量级,打击效果也将同步提高。二是射程远。各种防区外发射的信息化弹药将成为发展重点,一些信息化弹药甚至可能具备洲际作战的能力。三是隐身化。信息化弹药除采用高速飞行、改变弹道飞行轨迹、实现导弹末端弹道机动等措施提高突防能力外,还将广泛采用隐身技术,实现隐身化。四是智能化。广泛利用人工智能技术,使之真正具备自主搜索、自主选择、自主攻击的能力,成为有部分人工智能的智能化弹药。

(三)信息化作战平台

信息化作战平台,是指安装有大量电子信息设备,如一体化传感器、电子计算机、高性能弹药、自动导航定位设备等,集成了光电技术、新材料技术、新能源技术等众多高新技术,可通过C4ISR系统联结,具有高智能化水平和综合作战能力的武器载体,主要包括坦克和装甲车等陆上平台、水面舰艇和潜艇等海上平台、喷气机和直升机及卫星等空中及太空平台、智能机器人等无人作战平台等。

20世纪70年代以来,美国等西方军事大国就开始将信息技术广泛应用于新型高性能武器装备的研制,因而出现了种类繁多的信息化作战平台,如美军的M1系列主战坦克、M2系列步兵战车、宙斯盾驱逐舰、F-22"猛禽"战斗机,俄罗斯的T-90主战坦克、"现代"级导弹驱逐舰、"T-50"战斗机等。这些作战平台安装有多种信息传感设备和通信器材,可与C4ISR系统联网,具有较强的探测、识别、打击、机动、定位和突防等综合能力。

展望未来,信息化作战平台将呈现出如下发展趋势:一是高度信息化。未来的信息化作战平台将配有多种通信设备和探测设备,并具有足够的计算机联网能力,能够与上级和友邻互通作战信息,为精确火力打击提供目标信息,为作战行动及时而有效地提供辅助信息。二是隐身化。未来几乎所有作战平台,都将或多或少地采用隐身技术。三是轻型化和小型化。在信息化战场上,"发现即摧毁"正在成为现实,传统大型或超大型作战平台面临着巨大威胁。更加重视作战平台的机动能力,实现作战平台的轻型化和小型化是一个重要发展趋势。四是智能化。随着人工智能技术的日益成熟,以智能机器人为代表的无人作战平台系统将在战场上发挥越来越重要的作用,无人战争时代正在加速成为现实。如今,在地面、空中、水下等战场上,人们已经可以看到用于实战的机器人哨兵、机器人工兵、机器人步兵,甚至无人智能坦克、无人智能潜艇等无人化作战平台。

(四)单兵数字化装备

单兵数字化装备,又称"单兵一体化防护系统"。目前,美、俄、英、以色列、澳大利亚等很多国家都制订了单兵数字化装备开发计划。从结构和功能上看,美、英、法等国正在研制的单兵数字化装备大同小异,主要由一体化头盔分系统、计算机分系统、武器分系统、先进军服分系统、微气候空调分系统等五部分组成

单兵数字化装备的开发研制被认为是武器系统发展的一个里程碑。目前,西方军事强国正在制定和实施一系列"数字化单兵作战平台"发展规划。可以预料,随着数字化军队和数字化战

单兵数字化作战系统

场建设的逐步完善,未来"数字化"的士兵,将不再是执行作战命令的最小单位和简单的"地面人",而是有指挥、协调、保障功能的作战单元。从技术角度来看,可能是实现人和战场脱离,地面无人作战时代的开端。

(五)计算机网络武器

随着军事技术革命的不断深入,在未来武器装备发展中,以信息技术为核心、以信息对抗为目的的计算机网络武器将大量涌现,是夺取和保持"制信息权"的主要手段,并成为未来武器装备体系中一个十分重要的组成部分。计算机网络武器,主要包括计算机网络侦察、计算机网络攻击和计算机网络防护武器装备。

计算机网络侦察武器装备,主要包括网络扫描器、网络窃听器、网络密码破译器、电磁侦测器等。计算机网络攻击武器装备,主要包括计算机病毒、预设陷阱、微米/纳米机器人以及芯片细菌等。计算机网络防护武器装备,主要有网络哨兵、信息加密系统、网络防火墙等。[①]

三、信息化装备对战争的影响

在未来战争中,由于大量使用各种高技术信息化武器装备,使战争的目的、性质、爆发的方式、范围、规模、激烈程度、阶段、过程、结局、持续时间等,都将发生一系列变化。归纳起来看,高新武器装备对未来战争将产生以下主要影响。

(一)使战争的主要样式转为高技术常规战争

战争样式是由武器的性质决定的,俗话讲"有什么样的武器,打什么样的仗"。从武器的性质来看,未来战争将有两种样式,即核战争、核威慑下的常规战争。但从高技术武器的发展趋势看,未来战争的主要样式将是高技术常规战争。这是因为,首先,核武器的发展已使核战争走进了"死胡同"。核武器也是高技术发展的产物,它是一种威力巨大的武器。在二战末期,美国曾向日本的广岛和长崎投掷了两颗小型原子弹(一颗当量为 1.3 万吨 TNT 当量,另一颗当量为 2.2 万吨 TNT 当量),就是这样两颗小型原子弹竟使日本伤亡了数十万人。战后,经过几十年的发展和积累,核武器不论是数量还是质量,都远远超过了二战时期的原子弹,达到了"超饱和""超杀伤"的程度。以冷战时期的美国和苏联为例,世界核武库绝大部分集中在美国和苏联两家,它们共有核弹 5 万枚左右,占世界核武库的 97%,总当量150 亿—200 亿吨 TNT 当量,这意味着全世界平均每个人头上均顶着 3—4 吨 TNT 当量炸药,大大超过了它们摧毁对方甚至毁灭世界的能力。科学家们经过模拟实验得出的结论认为,仅美国和苏联两家的核武器就可以毁灭人类十几次乃至几十次。这个情况一方面说明,世界只有美国和苏联两家有资格发动核战争;另一方面也说明美国和苏联谁也不敢贸然发动核战争。因为美国和苏联双方任何一方都不可能通过首次核打击而把对方所有的核武器摧毁,遭到核袭击的一方用剩下的,甚至有限数量的核弹药,就可对发动核战争者以摧毁性的回击。鉴于上述情况,美国和苏联对打核战争的态度都发生了根本性的转变。在 20 世纪70 年代末到 80 年代初,美国和苏联一致认为,核战争不能打,谁也打不赢。因此,对未来战争的设想都转变到打核威慑条件下的高技术常规战争,武器装备的发展重点也随之转移到高技术常规武器上。20 世纪 80 年代中后期,随着美国和苏联核裁军谈判的进展,《苏联和美

---

① 程永生:《军事高技术与信息化武器装备》,第 13 页,国防工业出版社 2009 年版.

国消除两国中程和中短程导弹条约》和《削减和限制进攻性战略武器条约》的达成,美国和苏联把战备的重点放在高技术常规战争的趋向就更加明显。从 20 世纪 90 年代开始,随着苏联的解体,打破了"两霸"抗衡的格局,美国则成为世界上唯一的超级大国。由于美国在高技术领域处于世界领先地位,又由于核武器是一种"肮脏"的武器,一场核浩劫过后,不会得到任何好处,所以打高技术常规战争则更加符合美国的利益。由此可见,核武器发展到今天,只能作为一种威慑手段,它在未来战争中使用的可能性越来越小。其次,未来战争将广泛使用高技术常规武器装备。高技术常规武器装备是指那些使用了高技术而其作战效能较之传统的常规武器装备发生了质的飞跃的武器装备。今天,高技术常规武器正在得到迅速发展,在可预见的将来,必将成为战场上的主要武器。因此,未来战争的主要样式将是高技术常规武器战争。

(二)使战场的范围扩大

战场范围扩大,是军事技术和武器装备的必然结果。首先是军队远程火力增强。从步兵轻武器直至战略武器其杀伤范围都在扩大。如步兵轻武器构成的密集火力地带过去只是 200～400 米,现在可达到 400～600 米,坦克炮的直射距离过去仅为 800 米,现在可达到 2000 米以上,发射炮射导弹可以达到 5000 米。由反坦克火箭筒和反坦克导弹组成的反坦克火力地带现在为 100～4000 米,下一代可达到 8000～10000 米,甚至更远。迫击炮压制火力已由过去的 3000 米增至 5000 米,将来可能达到 10 千米。增程弹和火箭弹的发展,使炮兵的压制火力由过去的十几公里提高到 24～45 千米,而且将来有可能达到 60～70 千米。武装直升机的作战半径达数百千米;战斗机和强击机的作战半径可达 500～1000 千米;战略轰炸机能进行洲际远程轰炸;战术导弹的射程为 150 千米;战役导弹为 300～1000 千米;战区巡航导弹的射程为 800～2500 千米;中程导弹为 1800～5000 千米;潜射战略导弹的射程为 2400～8000 千米,下一代为 11000 千米;洲际弹道导弹的射程在 8000 千米以上,有的已达 10000 千米以上。

远程火力增强及战场监视器的发展,扩大了各级部队的作战范围。如美军《作战纲要》规定的"影响地域"和"关心地域":旅的影响地域为 15 千米,关心地域为 70 千米;师的影响地域为 70 千米,关心地域为 150 千米;军的影响地域为 150 千米,关心地域为 300 千米。以此类推美军集团军和集团军群的作战范围将更为扩大。美军航母特混舰队通过空中搜索,每小时能搜索海上 10 万平方千米的水域,控制半径 700 千米之内的海域。在 40～50 千米范围内,由舰载探测器进行监视,由计算机控制的武器、防空导弹和舰炮进行自卫;在 700 千米范围内,由舰载海上巡逻机进行监视(360～700 千米),由舰载作战飞机、舰艇执行作战任务。飞机可发射导弹,舰艇可发射巡航导弹和反舰导弹;700 千米以上由陆基海上巡航机和卫星监视。可见,上述作战范围都比以往扩大了。

其次是远距离机动作战能力提高。现代陆军已基本实现了装甲化、摩托化,先进坦克和装甲车的速度可达 70～100 千米/时。为了进一步提高机动能力,陆军已经开始组建自己的航空兵,直升机的数量将进一步增加。现代陆军可以编成战役机动集群和直升机攻击群,实施远程奔袭作战。随着航空和航海技术的发展,军事空运和海运能力在不断提高,致使军队远距离机动作战能力不断得到增强,如陆军可以实施各种规模(战略、战役、战术规模)的空降作战,空降纵深从几十千米到几百甚至几千千米。海军可以实施远洋作战。如英阿马岛之战,英国距马岛有 13000 千米,军队机动到作战地域仅用 20 天。海湾战争期间美军从欧洲、亚洲和北美等全球各地,将 40 余万作战部队和大批作战物资运抵海湾地区,主要依靠强大的海运和空运能力,2015年俄罗斯在很短的时间内就通过空中和海上将庞大的陆空作战集群部署到叙利亚。这说明,现代军队远距离机动作战能力显著提高。

再次是人类向太空、深海和极地等领域的开发。随着太空科学技术的发展,空间武器系统也将相应发展。现在美国已经把空间军事技术发展的重点放在空间作战武器系统上,正加紧研制部署在空间的激光武器系统来打击敌方卫星和截击敌方导弹。同时,大力发展载人空间站和航天飞行器,为建立太空永久性军事基地做准备。随着海洋工程和新型材料技术的发展和突破,今后水下武器系统和深水武器系统将得到发展。海底也将有可能建造军事基地。地球极地的开发也将引起人们在军事上的利用。因此,未来战争不仅会涉及交战国的领土、领海和领空,而且将扩展到极地、海底甚至外层空间。

(三)使战争的突然性增大

首先,随着隐形技术和伪装技术在军事领域的应用,为隐蔽战略企图和发动突然袭击开辟了新的途径。现代伪装器材,有的在外形上可模拟出预想的目标,有的具有与真目标相同的物理特性,有的同时兼备上述两种性能。用这些新的伪装器材设置的集中地域,其显示的主突方向、模拟的指挥中心或其他假目标,即使采用卫星、航空照相及雷达侦察,也难辨真伪。隐形技术结合电子斗争,使隐形轰炸机能突破敌人严密的对空监视网,达成空中突袭的巨大效果。

其次,先发制人、突然袭击已成为现代战争开战的主要方式。突然性的作用随着武器装备的发展一直在不断地增大,突然性已成为最重要的战略因素,是某些军事大国最重要的作战原则之一。由于高新武器装备具有巨大的杀伤破坏力,并利于实施突然袭击,有可能在短时间内给遭受突袭的一方造成巨大损失,从而夺取战略主动权。因此,一些国家的军事思想,特别是军事大国的思想,都很重视突然袭击。认为在现代战争中,谁能利用突然性,谁就能取得最大胜利,就可以在兵力、兵器、精力和时间上以最小的代价达成最大胜利;认为在现代条件下,先发制人、突然袭击就是胜利。因此,它们从20世纪70年代以来发动的局部战争,几乎都是采取了突然袭击的方式。如苏联入侵阿富汗的战争,美国空袭利比亚、入侵巴拿马、海湾战争、利比亚战争、叙利亚战争等,都是采取突然袭击的方式发动。

(四)使战争的破坏和消耗增大

战争历来会造成巨大的破坏和消耗,现代战争更是如此。第四次中东战争,历时18天,双方投入的兵力约170万,坦克6000辆,飞机1900架,舰艇177艘。战争给双方造成的破坏和损失是:阿方损失坦克约2000辆,飞机450架,舰艇18艘。以方损失坦克1000辆,飞机200架,舰艇19艘[①]。双方损失坦克、飞机、舰艇等重装备的数量,超过苏联在第二次世界大战初期的损失量。埃叙在开战头3天发射的地对空导弹约在1000枚以上,大致相当于"北约"组织在欧洲的全部储存量。以军在战前储备的10万吨弹药,10余天即消耗殆尽。阿以双方物资和损失总数达100亿美元,每日平均高达6亿美元。1991年6周的海湾战争使伊海军几乎全部失去作战能力,摧毁了伊核生化武器和导弹研制生产设施,炸毁伊地一地导弹发射架48个,歼灭或重创伊军42个师,伊损失坦克3700辆,装甲车2000余辆,大炮2140门。伊全国10多个城市遭空袭,其工业和石油等设施受到严重破坏,各种经济损失超过2000亿美元。78天的科索沃战争,造成其财产损失达1000多亿美元。因此,随着高新武器

---

① 王洪光编著:《经典战例评析(上卷)》,第38页,军事科学出版社,2009年版.

装备的进一步发展和大量使用,未来战争的破坏和消耗将更加巨大。造成未来战争破坏和消耗增大的主要原因如下。

(1)高新技术杀伤破坏力大。即将出现的包括激光、粒子束、微波束和等离子体束等定向能武器系统,对人员和其他军事设施具有巨大的杀伤力和摧毁能力。现在一些国家正在加紧研制反坦克、反巡航导弹、反飞机、反舰艇和反步兵的战术激光武器。已在研制中的粒子束、等离子束等定向能武器不受气象干扰,比激光武器威力更大。而且,电子技术、激光技术、新材料技术等的发展将使现有的导弹、飞机、火炮、坦克、军舰乃至步兵轻武器等射程更远、速度更快、火力更强、准确性更高。物理学等科学领域取得的进展有可能制造出比现有原子弹、氢弹威力更大的新型武器,对人员的杀伤、对设施的破坏及对财力的消耗均将达到空前巨大的程度。

(2)高精度武器命中率极高。1972年5月2日,美国空军出动F-4飞机,使用所谓的"灵巧炸弹",只进行了一次攻击,便炸断了越南的杜梅大桥。这是最早引起人们注意的精确制导武器。根据美军在越南战场上的经验,通常情况下,炸毁一座这样的铁桥梁,约需30枚普通炸弹,并用约16架飞机反复攻击多次才能做到。在1973年的中东战争中,当以色列的一个坦克旅(装备120辆)向埃及的桥头堡进攻时,埃军使用苏军第一代"萨格尔"反坦克导弹,仅用了3分钟便全歼了以色列的坦克旅。目前,以电子技术为基础的高精度制导武器大量涌现,使精度比过去普通武器提高了几十倍到几百倍,过去击落一架飞机通常需发射600多发高射炮弹,而现在使用精确制导的防空导弹最多只需两枚。已经出现的将杀伤手段和侦察手段合为一体的定位武器攻击系统,能够迅速捕捉目标和准确地攻击目标。已经大量装备的集束武器,对集群目标构成极大威胁,如美军导弹上使的集束弹头,对40~200千米内的集群目标实施突击,一次就可消灭一个坦克连。有的巡航导弹的制导采用匹配系统,该系统使用雷达高度计进行中段制导,使用微波辐射计识别地形,进行末端制导,洲际精度误差不超过30米。

(3)高新武器造价昂贵。以美国的一些装备为例,M1坦克的研制费14.62亿美元,坦克单价为284万美元。M2步兵战斗车和M3侦察车的研制费共5.27亿美元,每辆车价格为164万美元。"爱国者"防空导弹,每部发射车(带72枚导弹)1125.3万美元。"毒刺"单兵防空导弹,每枚采购费需7.53万美元。"陶II"式反坦克导弹,每枚采购费需1.4万美元。155毫米榴弹炮使用的末制导炮弹,研制费为1.035亿美元,每枚炮弹采购价为7661美元,迫击炮制导炮弹仅研制费就达1.63亿美元。导弹核潜艇连同导弹在内一艘约20亿美元,一艘航母连同飞机和武器在内约需200亿美元。

信息技术在军事上的应用,导致武器装备的生产成本数倍、数十倍以至数百倍地提高。与20世纪50年代相比,一支步枪从50美元增至160美元,一辆坦克从10万美元增至400多万美元,一架战斗机从20万美元增至5000万至1亿美元。至于导弹核武器、中远程轰炸机、航空母舰、导弹核潜艇等造价提高得更多。造价昂贵的高新武器装备在未来战争中被大量摧毁,也是未来战争破坏消耗巨大的原因之一。

(五)使战争情况复杂多变

现代战争规模大,战场广阔,参战军兵种多,武器装备复杂,尤其是随着科学技术和高新武器装备的发展,双方交战的距离更远些,地形地物的概念扩大,连地球曲线也被用来作掩护。所有这些情况,使军事行动的时效和速度急剧提高。在这种情况下进行战争,战场情况复杂多变,随时都可能出现意想不到的情况,给组织指挥带来更大困难。

　　首先,现代战争由于武器装备的更新、合成军队的建立,引起作战形式的极大变化。只要战争爆发,陆战、海战、空战和电子战就将同时或交替出现于战场。一个作战阶段可能以某一种作战形式为主,但绝不会只出现一种作战形式。陆战之中有空战、电子战;海战之中有空战、电子战;抗登陆作战中有陆战、空战、海战、电子战。各种作战形式互相交替,形成一个错综复杂的战争局面。就每一种作战形式自身的内容来说,也发生了重大的变化。如空降与反空降作战已成为现代战争陆战的一种重要形式。特别是机动性的提高,战场形势变化急剧,因而作战形式必然随着战场形势的变化而不断变换,使各种作战形式转换频繁。这种转换表现在战争的某一时期或某一阶段,执行不同作战任务的部队作战方式的不断转换。如执行进攻任务的部队,在完成预定任务或战场优劣形势发生变化后迅速转为防御;相反,执行阵地防御任务的部队,也可能在完成任务后或根据战场情况迅速转为进攻。

　　其次,作战方向和作战线流动性增大。由于部队机动能力提高,使现代战争地面作战与以往战争相比,发生了一些新的变化。以往的进攻作战,由于受机动能力的限制,进攻部署及主突方向通常是在战前确定。也就是说,只要在战前准确地判断情况,确定主要防御方向和相应部署,就基本上可以把握作战的主动权。但是,在现代条件下,随着进攻行动可变性的增大,防御作战必须具有相应的应变能力。因为现代军队火力、机动力、突击力空前提高,地形、气候等自然条件对进攻行动的影响越来越小,传统的进攻方式将发生改变,主突方向具有更大的选择性,进攻者更便于在防御者意想不到的方向和地区突然发起进攻。一方突然变更部署,改变主要突击方向,变换作战方式的情况,将会时有发生,从而使战场情况更加错综复杂,变化多端。

　　由于高新武器装备的发展和使用,使军队机械化、自动化以及空运能力增强,火力、机动力和突击力大为提高,导致战场情况复杂多变。作战中,优势与劣势、主动与被动、进攻与防御、前进与后退的转换以及战机的出现与消失变化迅速。这种情况给现代信息化战争的组织指挥提出了更高的要求。为了适应现代信息化条件下组织指挥作战的需要,在强调指挥员主观能动性的同时,必须改进作战指挥的物质条件,必须提高指挥自动化水平和掌握指挥现代战争的方法。

 **思考题**

　　1. 信息化装备的概念是什么?
　　2. 信息化装备的种类有哪些?
　　3. 信息化装备的发展趋势有哪些?
　　4. 如何理解信息化装备对未来战争的影响?

第二节　信息化作战平台*

　　信息化作战平台是综合运用现代高新科技成果的作战平台。主要包括坦克、火炮、装甲车辆等陆上作战平台,水面舰艇和潜艇等海上作战平台,战斗机、轰炸机、侦察机、直升机等空中作战平台以及无人作战平台等。根据信息化战争的需要,世界各国尤其是军事大国和强国都非常重视发展作战平台,尤其是信息化作战平台,注重提高作战平台的信息化程度。①

---

　　① 宋华文、耿艳栋:《信息化武器装备及其运用》,第12页,国防工业出版社2010年版.

一、信息化陆上作战平台

陆战是指在陆地上实施的战斗行动。陆上作战平台通常是指陆军实施战斗行动所采用的武器平台。现代陆战是立体的协同战斗,具有杀伤破坏力大、情况变化快、战斗样式转换迅速、指挥协同复杂和勤务保障艰巨等特点。在地面战斗中,已由打步兵为主变为打装甲目标为主,同时还要打空降、打飞机。防核、化学、生物武器,电子干扰与反干扰等也成为陆战的重要内容,直升机已经大量装备陆军,空中突击已经成为陆军的新质战斗力,"飞行陆军"已成为现实。

(一)陆战平台的主要种类

现代陆军已经发展成为由机械化步兵、炮兵、装甲兵、陆军航空兵、工程兵、通信兵、侦察兵等多兵种组成的合成作战力量。陆上作战平台的种类也越来越复杂,这里主要介绍自行火炮、主战坦克、装甲步战车、武装直升机四种陆上作战平台。

1. 自行火炮

"火炮是利用火药燃气压力等能源抛射弹丸,口径等于和大于 20mm 的身管射击武器。"[1]火炮自问世以来,就以其巨大的威力成为地面战场的主要火力武器。在第二次世界大战期间,火炮被誉为"战争之神",这充分体现了火炮在现代战争中的地位。火炮经过长期的发展,逐渐形成了多种具有不同特点和不同用途的火炮体系,成为战争中火力作战的重要手段,大量装备世界各国陆、海、空三军。现代火炮已经基本实现自行化,在未来信息化战争中,作为地面进攻和防御火力的基本手段仍将占有重要的地位,并继续发挥重要作用。

目前世界上典型的自行火炮系统主要有美国的"帕拉丁"M109A6 型 155mm 自行火炮、俄罗斯 2S19152mm 自行火炮、法国"恺撒"155mm 轮式自行火炮等。近年来,我国的自行火炮技术发展迅速,已经研制了出口型的 PLZ45 型 155mm 自行火炮以及自用型的 05A 式 155mm 自行火炮,并且也发展了 SH15 型 155mm 轮式自行火炮等。

(1)美国 M109A6 型 155mm 自行火炮

M109 系列开发于 20 世纪 50 年代,首批生产车型于 1962 年完成。M109A6 是为美国陆军生产的最新车型,也称"帕拉丁",首批生产车型于 1992 年完成。该车进行了众多改进,包括采用新型炮塔和更长的炮管、自动化火控系统、升级型悬挂装置,并改进了装甲防护能力。

该炮驾驶员位于车体前部左侧,其右为动力舱,大型炮塔位于车体后部中央。炮塔可 360° 旋转,155 毫米榴弹炮俯仰范围为 $-3°$ — $+75°$。弹药为粉状发射形式,携带 34 套弹丸和发射药,外加两枚"铜斑蛇"炮射导弹(CLGP)。M109A6 还可发射榴弹(最大射程 18100 米)、改进型常规弹药(ICM)、远距离反装甲布雷系统(RAAMS)、区域封锁炮弹(ADAM)、火箭助推榴弹(HERA)、照明弹、烟幕弹、高爆弹(榴弹)和其他众多类型的弹药。[2]

(2)中国 05A 式 155mm 自行火炮

我军装备的 05A 式 155 毫米自行火炮,是世界上现代化程度高,口径最大的现代化火

---

① 袁军堂、张相炎:《武器装备概论》,第 24 页,国防工业出版社 2010 年版.

② 〔英〕Christopher Foss:《坦克与装甲车辆鉴赏指南》,张明译,人民邮电出版社 2012 年版,第 480 页.

炮,该炮以优越的机动性能、强大的攻击能力、良好的防护能力,展现了解放军新一代炮兵装备的强大威力。05A式155mm自行火炮采用先进的信息系统技术,可实现自主定位、定向和导航,在较大地域内快速机动作战、快速反应能力达到世界同类装备先进水平,具有射程远、威力大、反应速度快、射击精度高、火力密集、自动化程度高等性能特点,能够实现先敌开火、先敌命中、先敌摧毁。

2. 主战坦克

坦克是搭载大口径火炮,以直射为主的全装甲有炮塔履带式战斗车辆,是具有强大直射火力、高度越野机动性和坚固防护力的履带式装甲战斗车辆。它是地面作战的主要突击兵器和装甲兵的基本装备,主要用于与敌方坦克和其他装甲车辆作战,也可以压制、消灭反坦克武器,摧毁野战工事,歼灭有生力量。在地面兵器中,没有哪一种兵器将矛和盾两方面像坦克这样结合得如此完美。可以说,是坦克推动了陆战史上的一场重大革命。坦克八面威风,称雄陆地战场,获得了"陆战之王"的美称。

"火力、机动和防护是现代主战坦克战斗力的三大要素。"[①]火力的强弱主要取决于坦克的观瞄系统、火炮威力和弹药的威力。现代坦克一般采用先进的计算机、红外、微光、夜视、热成像等设备对目标进行观察、瞄准和射击。坦克炮可以发射穿甲、破甲、碎甲和榴弹等多种类型的炮弹,还可发射炮射导弹。目前世界上先进的坦克主要包括美国的M1A2、俄罗斯的T-90、英国的"挑战者-2"、法国的"勒克莱尔"、德国的"豹"2、中国的99式等,俄罗斯近年来还开发了新一代的T-14主战坦克。下面介绍德国"豹"2和中国99式主战坦克。

(1)德国"豹"2主战坦克

"豹"2作为德国研制的第三代主战坦克,有德国"钢甲猛兽"之称。"豹"2主战坦克1979年10月正式装备联邦国防军,到1990年德国陆军装备了2050辆。"豹"2坦克有A1、A2、A3、A4、A5、A6、A7型及出口型"豹"2NL、"豹"2CH,各型号之间在细微结构上有所不同。该坦克车体和炮塔由间隔复合装甲制成,车体分3个舱,即驾驶舱、战斗舱和动力舱。"豹"2配用指挥仪式火控系统,涡轮增压多燃料发动机、液压传动装置和扭杆悬挂装置;车内安装了超压集体式"三防"通风装置和自动灭火器配装有16具烟幕弹发射

器。主要武器为1门120mm滑膛炮,配用尾翼稳定脱壳穿甲弹、多用途破甲弹等。"豹"2坦克是西方最早装120mm滑膛炮的坦克,并有先进的综合火控系统,具有行进间射击和夜间作战的能力。发动机为涡轮增压、多燃料发动机,单位体积功率高。

(2)中国99式主战坦克

99式主战坦克是我国自行研制的第三代主战坦克,在1999年国庆50周年大阅兵中首次亮相。经过我国科研人员不断的改进,在火力、机动力、防护力和信息化水平上都已经达到了世界一流水平。该坦克乘员3人,战斗全重约55吨,装备一门125毫米滑膛坦克炮,可以发射穿甲弹、破

① 袁军堂、张相炎:《武器装备概论》,第44页,国防工业出版社2010年版.

甲弹、多功能榴弹以及炮射导弹等多种弹药,装备有先进的信息化指挥控制系统。99式主战坦克先后参加2009年国庆60周年大阅兵、2015年纪念中国人民抗日战争暨世界反法西斯战争胜利70周年大阅兵、2017年庆祝建军90周年沙场大阅兵、2019年国庆70周年大阅兵。同时,该坦克还多次参加国内对抗性演习以及中俄联合军事演习,已经成为我军的"明星"装备。

3. 装甲步战车

装甲步战车是供步兵机动作战用的装甲战斗车辆。真正实现了步兵的乘车作战,具有一定的反装甲目标能力。步兵战车主要用于协同坦克作战,也可独立执行战斗任务。步兵战车里的步兵既可乘车战斗,也可以下车战斗,非常灵活。步兵下车战斗时,其他留在车上的人员可以利用车上的武器来支援作战。步兵战车的任务是消灭敌方轻型装甲车辆、步兵反坦克火力点、有生力量和低空飞行目标。现代装甲步兵战车的战斗全重为12~28吨,乘员2~3人,载员6~9人。车载武器通常有1门20~40毫米高平两用机关炮、1~2挺机枪和1具反坦克导弹发射器等。其火力通常能毁伤轻型装甲目标、火力点、有生力量和低空目标,装有反坦克导弹的步兵战车,还具有与敌坦克作战的能力。步兵战车按结构分,有履带式和轮式两种。目前世界著名步兵战车有:美国"布莱德利"M2A3步兵战车、俄罗斯BMP-3步兵战车、英国"沙漠武士"步兵战车、德国"黄鼠狼"步兵战车、瑞典CV90式步兵战车、法国AMX-10P步兵战车、中国ZBL-09轮式步兵战车等。[1] 下面介绍美国"布雷德利"M2A3步兵战车和中国ZBL-09轮式步兵战车。

(1)美国"布雷德利"M2A3步兵战车

美国"布雷德利"M2A3步兵战车,于1981年定型生产。该车采用履带式底盘,为焊接铝质车身,采用多层复合间隙装甲以提高防护能力。驾驶员位于车体前部左侧,其右为发动机,载员舱在车体右后部。双人电动炮塔装有25毫米链炮,右侧有一挺7.62毫米并列机枪,炮塔旋转360°,武器俯仰范围为-10°—+60°。炮塔左侧安装双联"陶"式反坦克导弹发射架,最大射程3750米。竖起浮渡围帐时,M2A3"布雷德利"具备完全两栖能力。稍后生产的车型为M2A1/M2A2/M2A3和M3A1/M3A2,均进行了众多改进,M2A3车型提高了装甲防护能力,并采用升级的动力装置。为增强战场生存能力,部分"布莱德利"还加装爆破反应装甲。[2] 该车先后参加海湾战争、阿富汗战争、伊拉克战争等,跟随美军四处征战,是美军的主力步兵战车。

(2)中国ZBL-09轮式步兵战车

ZBL-09是我国自行研制的新一代8×8轮式装甲步兵战车。该车全重约16吨,乘员为车组3人加载员7人,采用国际轮式战车标准的布置形式,动力舱位于车首右部,驾驶员、车长位于动力舱左侧,战斗室居中,后部为载员舱。车内各舱室之间设有隔音、降噪、隔热的隔板。载员舱设有射击孔,增强了搭载步兵乘车作战的能力和下车作战时对他们的火力支援能力。整车采用模块化设计,由动力、传动、行动、操纵、车体和上装武器6个基本模块组成,通过不同模块组合,实现底盘多种变形,从而与多种战斗需求进行匹配、集成。采用模块化设计可以提高车族的互换性,利

---

① 袁军堂、张相炎:《武器装备概论》,第46页,国防工业出版社2010年版.
② [英]Christopher Foss:《坦克与装甲车辆鉴赏指南》,张明译,人民邮电出版社2012年版,第202页。

于后勤维修保障。该车基本型主要装备有 30 毫米机关炮,12.7 毫米机枪以及红箭 73 反坦克导弹。该车除装备我军外,还曾出口委内瑞拉,是具有世界先进水平的装甲步兵战车。

4. 武装直升机

军用直升机是现代陆战的重要武器装备之一,包括武装直升机、侦察直升机、运输直升机、勤务直升机等。其中武装直升机主要用于攻击地面、水面目标,为运输直升机护航,有的还可与敌方直升机进行空战。它具有机动灵活、反应迅速、适于低空、能在运动和悬停状态开火等特点。现代武装直升机通常是指用来突击地面目标的直升机,多配属于陆军航空兵,是陆军航空兵实施直接火力支援的主要航空器。目前世界现役先进军用直升机有美国的 S-70/UH-60"黑鹰"、AH-64"阿帕奇",俄罗斯的米-28N、卡-52,法国的 SA-365"海豚",意大利的 A-129"猫鼬",中国的武直-10 等。这里重点介绍美国的 AH-64"阿帕奇"和俄罗斯的米-28N 武装直升机。

(1)美国 AH-64"阿帕奇"武装直升机

AH-64"阿帕奇"是一种采用先进制造技术、设备精良、生存能力和综合作战能力强的世界先进武装直升机。该机旋翼直径 14.63 米,尾桨直径 2.77 米,机长 17.76 米,机高 3.52 米,空重 5.092 吨,最大起飞重量 9.525 吨,最大外挂载荷 771 千克,最大平飞速度与巡航速度 293 千米/小时,实用升限 6400 米,航程 482 千米,最大续航时间 3 小时。AH-64"阿帕奇"武装直升机旋翼顶部有一部"长号"毫米波雷达,装备 M230"大毒蛇"链式机关炮一门,最大携弹量 1200 发,正常射速 625 发/分,能够击穿目前几乎所有主战坦克的装甲,两短翼下能够携带 16 枚"海尔法"反塔克导弹或 4 具"九头蛇"19 管 70 毫米火箭发射巢。此外,AH-64"阿帕奇"武装直升机还新增了两个外挂点,可带 4 枚"毒刺"或 2 枚"响尾蛇"红外空空导弹。[①] 在海湾战争中,美军一个武装直升机营一次战斗出动就击毁伊拉克军队坦克 84 辆、防空系统 4 个、火炮 8 门、轮式车辆 38 辆。充分证明 AH-64"阿帕奇"武装直升机是当今世界技术最先进、火力最强的武装直升机之一,现在最新的改进型为 AH-64E。

(2)俄罗斯米-28N 武装直升机

米-28N 绰号"浩劫",是俄罗斯从 20 世纪 70 年代后期开始研制的第二代武装直升机,也是目前世界上唯一的全装甲直升机。该机最大平飞速度 305 千米/小时,巡航速度 370 千米/小时,作战半径 240 千米,最大航程可达 800 千米。米-28N 的火力很强,有 1 门 30 毫米机炮,机身两侧的 4 个挂架可挂火箭发射器和"发射后不用管"的导弹,也可挂 16 枚无线电制导的反坦克导弹;短翼翼尖可挂 2 枚空空或空地导弹;机载布雷器可一次性布雷 30~50 枚;机外可挂重 500 千克的炸弹。米-28N 还装备了光学瞄准系统、激光测距仪及电视、红外夜视系统和先进的米波雷达,主要用于攻击战场上的各种装甲目标和以火力支援地面部队的行动,并可用于攻击空中的直升机和固定翼飞机,拦截和下射低空飞行的巡航导弹,并进行战场侦察。

---

① 匡兴华:《高技术武器装备与应用》,第 103—104 页,解放军出版社 2011 年版.

(二)陆上作战平台的发展趋势

21世纪,陆战平台的发展重点是提高信息力、火力、生存能力和战场机动能力,实现标准化、通用化和系列化。其主要发展趋势如下。

1. 全面应用先进信息技术

近年来,美、英、法等发达国家都在先期概念演示验证的基础上开始研究下一代主战武器系统,正将资金从传统平台的研制转移到发展信息化装备平台上。新的主战系统将发展成为以网络为中心的"系统之系统",即由侦察车辆、指挥控制平台、独立的火力压制系统、地面战斗与人员输送车辆以及用于支援作战的无人机等功能平台构成的大系统,集侦察、监视、目标搜索、火力打击、保障等功能于一体。

2. 进一步提高机动性能

提高机动性能的重点是提高陆上作战平台的越野机动性、加速性和转向性。动力装置的发展趋向:除继续改进增压、中冷柴油发动机外,燃气轮机的采用将逐步增多,功率将进一步增至1500千瓦。还将进一步研究陶瓷绝热发动机,其与同功率的柴油机相比,体积与重量将减少40%,节约燃料30%。而传动装置的发展重点为设计先进的综合推进系统,采用电子操纵,增大单位体积功率,达到结构紧凑、传递功率大、操纵维修方便等目的。此外,为进一步提高作战平台的战场机动性,还将在平台上建立战场管理信息系统,安装显示器,供乘员阅读地图信息,配设导航仪,明确敌我配置态势等。

3. 进一步提高生存能力

由于现代探测技术的长足进步和精确制导技术的飞速发展,来自空中的威胁越来越大,对陆上作战平台的战场生存构成了严重威胁。因此,未来陆上作战平台将通过多种途径,全面系统地提高平台的防护性能。一是采用隐身技术来提高防护能力;二是大量采用复合装甲提高车体的防护能力;三是陆上作战平台的总体结构设计将有新的突破。

4. 重点发展智能化单兵装备

信息化作战条件下,作战人员主要依靠士兵系统、可穿戴装备等提升机动能力、持久作战能力、生存能力和指挥控制能力。英国新型"维图斯"防弹衣系统采用最新材料制成,重量比现役防弹衣轻4.7千克,但防护能力相当,未来配用新型防弹插板后将进一步减轻重量;新加坡新型"陆军单兵生态型轻量化装备"士兵组件集成有"单兵增强型外穿式战术装备承载装置"和"单兵轻量化护甲技术",在减轻系统重量的同时提高士兵的态势感知能力和生存能力。美军研制的M1400智能步枪,采用Rapillk火控系统,激活后可自动捕获和跟踪目标并计算最佳瞄准点,可攻击1280米内静止目标和时速32千米/小时的动目标。法国研制出"大力神"系列可穿戴外骨骼,可举起60千克重物。这些外骨骼将彻底突破人体肌能对士兵作战能力的限制,为士兵提供助力。[①]

二、信息化海上作战平台

海上作战的主要平台是"军舰"。根据作战使命的不同,军舰分为战斗舰艇和勤务舰船两类。战斗舰艇又分为水面战斗舰艇和潜艇。水面战斗舰艇,标准排水量在500吨以上的,通常称为舰;500吨以下的,通常称为艇。潜艇,不论排水量大小,统称为艇。在同一舰种

---

① 　中国国防科技信息中心:《国防科技发展报告》(综合卷),国防工业出版社2017年版,第76页。

中，按其排水量、武器装备的不同，又区分为不同的舰级，按西方惯例，通常将同一舰级的首舰舰名作为级名，如美国的"尼米兹"级核动力航空母舰。舰艇（包括其他海船）的速度单位通常用"节"表示，用代号"kn"表示。1节相当于每小时行驶1.852千米。[1]

（一）海上作战平台的主要种类

海战武器装备系统大致可以分为潜艇、水面舰艇、海军飞机、海军陆战队装备和岸防装备五大分系统。如果从作战平台的特点及其使用性质来划分，现代海战平台主要由舰艇和海军飞机构成。其中，舰艇包括水面舰艇和潜艇，主要水面舰艇可分为航空母舰、巡洋舰、驱逐舰、护卫舰、两栖战舰艇、水雷战舰艇和支援保障舰船；潜艇可分为战略导弹核潜艇、攻击型核潜艇、常规潜艇等。这里重点介绍航空母舰、巡洋舰、驱逐舰、护卫舰、两栖舰艇和潜艇。

1. 航空母舰

航空母舰是以舰载飞机为主要作战武器的大型水面战斗舰艇，主要用于攻击敌舰船、袭击敌海岸设施和陆上目标，夺取作战海区的制空权和制海权，支援登陆、抗登陆作战。航母是海军水面作战力量的核心。拥有航母的海军通常围绕航母进行作战编成。航母一般有重型、中型、轻型三类。配备的舰载航空兵联队拥有战斗机、攻击机、预警机、电子战飞机、反潜飞机等各种飞机。目前世界上拥有航空母舰的国家有美国、俄罗斯、法国、英国、中国、印度、泰国等。最先进的航空母舰是美国的"福特"级超级航母。我国的"辽宁号"航空母舰，经过现代化改造后，也具有较强的作战能力。

（1）美国"福特"级超级航母

"福特"级超级航母全名为"杰拉尔德·R. 福特号"航空母舰，在其第一艘"福特号"正式定名之前，本级航空母舰原本被称为CVN 21未来航母计划。"福特号"航空母舰造价约130亿美元，是美国海军有史以来造价最高的一艘舰船。该舰采用了诸多高新技术，主要包括综合电力推进、电磁弹射技术。

"福特号"航母使用了大量新技术、新设计，包括重新设计了舰体岛式上层建筑和飞行甲板布局，强调隐身性，动力装置更加高效，具有更强的发电能力，整体电力系统采用新型电力分配结构，采用电磁弹射，新的大功率一体化核反应堆，有源相控阵雷达，F-35舰载机等关键性的舰用高科技，航母的整体作战能力得到了大幅提升。"福特号"采用更先进的C4ISR系统、技术和自动化设备，能更全面地支持美军的网络中心战的开展，是未来美国海空网络战的一个中心节点，它不仅集合有航母本身及编队整个系列的新技术和武器装备，而且与空、天、陆军的其他新技术、武器装备实现有机"链接"，进而打造更强的战略预警体系和作战网络体系；广泛采用电脑显示器和掌上电脑等替代人员操作，从而使各种雷达设施、通信系统、指挥控制系统、武器装备之间的信息传输更快捷、作战程序更简便、打击威力更强劲。

（2）中国"辽宁号"航空母舰

我国"辽宁号"航空母舰，舷号16，是我国第一艘航空母舰，原为苏联海军"瓦良格号"航母，经我国科研人员改装后，于2012年9月25日正式加入人民海军序列。"辽宁号"航空母舰，满载排水量约6万吨，装备有数十架歼15舰载战斗机，直8、直9舰载直升机，配备

---

[1]　袁军堂、张相炎：《武器装备概论》，第72页，国防工业出版社2010年版．

有先进的相控阵雷达和近距离防空导弹。"辽宁号"航母编队包括 1 艘 052D 型驱逐舰、2 艘 052C 型驱逐舰、2 艘 054A 型护卫舰以及 1 艘 901 型综合补给舰。具备较强的防空、反潜、反舰作战能力。"辽宁号"航母编队曾多次穿越台湾海峡，赴南海、西太平洋训练，并且赴香港访问，接受市民参观，还先后参加了 2018 年中国南海海上阅兵式和庆祝人民海军成立 70 周年海上阅兵活动，展示了新时代人民海军的风采。

2. 巡洋舰

巡洋舰曾是原来作战的主力舰种，具有排水量大、动力多样、航速高、续航力大、航行性能好等特点，舰载武器配备完善、功能齐全、攻防兼备，综合作战能力强。现代巡洋舰排水量一般都在 1 万吨以上，有的甚至接近 3 万吨。巡洋舰主要为用于为航空母舰和其他舰艇编队护航，攻击敌方水面舰艇、潜艇，也可担负防空和对地打击任务，或用于保护己方海上交通线以及破坏敌方海上交通线，还可用于支援登陆作战等。当前，随着驱逐舰的大型化以及功能的扩展，巡洋舰的很多功能正在被驱逐舰替代。目前仍在服役的巡洋舰主要是美国"提康德罗加"级导弹巡洋舰和俄罗斯"基洛夫"级核动力巡洋舰。

(1)美国"提康德罗加"级导弹巡洋舰

"提康德罗加"级巡洋舰是美国 20 世纪发展的最后一级，也是现役唯一一级巡洋舰。该舰满载排水量约 9900 吨，长 172.8 米，宽 16.95 米，吃水 9.5 米，最大航速 30 节，续航力在 20 节时达到 6000 海里。该舰装备有"标准"系列对空导弹，最大载弹量 122 枚；装备有 24 枚"阿斯洛克"反潜导弹以及 MK-36 型反潜鱼雷；反舰和对地攻击的主要武器是"战斧"系列巡航导弹和"鱼叉"舰舰导弹，其中反舰型战斧巡航导弹射程为 450 千米，鱼叉舰舰导弹射程 110 千米，对地攻击战斧巡航导弹射程达到 1300～2500 千米。"提康德罗加"级巡洋舰装备有以 SPY-1A 相控阵雷达为核心的"宙斯盾"作战系统，该系统能够同时完成对空、对海、对陆、反潜作战的多目标搜索、跟踪、威胁判断、武器分配和舰空导弹火控任务。"提康德罗加"级巡洋舰先后共建造 27 艘，在冷战期间是美苏海洋争霸的主力。

(2)俄罗斯"基洛夫"级核动力巡洋舰

"基洛夫"级核动力巡洋舰首舰 1980 年服役，建成 4 艘，目前 2 艘封存，2 艘在役，分别为"纳西莫夫海军上将号"和"彼得大帝号"。由于俄罗斯航母力量薄弱，"基洛夫"级无疑是其海上编队的作战和指挥中心。"基洛夫"级满载排水量高达 2.43 万吨，采用独特的核动力和蒸汽轮机联合动力装置，最高航速 30 节，续航力达到 1.4 万海里（30 节时）。该级舰是实施远洋反舰、反潜和防空作战的全能舰，装备有 128 枚 3 种不同型号的舰空导弹，20 枚 SS-N-19 超声速远程反舰导弹（射程达到 445 千米）以及 SS-N-15 远程反潜导弹。在作战时，它充当海上编队的核心力量，与其他舰只共同组成机动作战编队，进行攻击敌方战斗舰艇和破坏敌方海上交通线的任务。[①]

3. 驱逐舰

驱逐舰是一种具有多种作战功能的中型水面作战舰艇，是大多数国家海军的主力舰种。驱逐舰的吨位一般为 3000～8000 吨，也有少数排水量超过 1 万吨的驱逐舰。按照用途，驱逐舰分为多用途驱逐舰、防空型驱逐舰和反潜型驱逐舰。目前，世界上较先进的导弹驱逐舰为美国"阿利·伯克"级驱逐舰、英国 45 型驱逐舰和中国的 052D 型和 055 型导弹驱逐舰。

---

① 匡兴华:《高技术武器装备与应用》，第 217 页—219 页，解放军出版社 2011 年版．

（1）美国"朱姆沃尔特"级驱逐舰

"朱姆沃尔特"级驱逐舰是一型侧重于对陆攻击和对海打击能力的多用途战舰，它还具备一定的水下作战能力，包括反潜作战和建制水雷战能力。该型舰满载排水量 14564 吨，舰长 182.8 米，宽 24.6 米，吃水 8.4 米。动力系统采用全新的综合电力系统，配备 4 部燃气轮机、2 部功率为 36 兆瓦的推进用电机，总功率 78 兆瓦，双轴推进，最大航速 30 节；舰首部有 2 座 155 毫米隐身型先进舰炮系统，配备增程对陆制导炮弹；机库上方装两座 57 毫米 MK-110 近防武器系统。上层建筑前后两舷有 4 座 MK-57 舷侧导弹垂直发射装置，共 80 个发射筒。可装载"标准"-2/3/6 舰空导弹、"战斧"巡航导弹、"阿斯洛克"反潜导弹。可搭载 2 架 MH-60R 反潜直升机，或是 1 架直升机和 3 架 RQ-8B"火力侦察兵"无人直升机，另外还搭载有 2 艘 RIB 无人艇。电子设备包括 SPY-3 多功能雷达和 VSR 广域搜索雷达、舰壳、拖曳阵声呐。

（2）中国 055 型万吨驱逐舰

055 型导弹驱逐舰是中国海军第四代导弹驱逐舰，排水量超过了 1.2 万吨，采用全燃动力、射频综合集成及通用垂直发射系统，由中国船舶重工集团 701 研究所设计、江南造船厂与大连造船厂共同承建。055 型首制舰，舷号 101，舰名为"南昌舰"，于 2019 年 4 月 23 日，参加了纪念中国海军成立 90 周年海上大阅兵，受到了世界瞩目。055 型驱逐舰拥有较高的续航力、自持力及适航性，可在除极区外无限航区遂行作战任务，被认为是中国海军实现战略转型发展的标志性战舰。有资料显示，该型舰是当今世界上综合实力最强的驱逐舰。

4. 护卫舰

护卫舰是另一类主要的战斗舰艇，又被称作巡防舰，较小型的护卫舰也被称为巡逻舰，主要用于为大型舰艇护航、近海警戒、巡逻、护渔等。其排水量从 500 吨至 4000 吨不等，其中 500～1500 吨的被称为轻型护卫舰，1500—3000 吨的被称为中型护卫舰，3000 吨以上的是大型护卫舰。根据装载的武器的不同，护卫舰又可分为通用型、反潜型和防空型。这里介绍欧洲多任务护卫舰和中国的 054A 护卫舰。

（1）欧洲多任务护卫舰

欧洲多任务护卫舰即 FREMM，是世界新锐护卫舰建造计划的代表作之一，亦为国际国防合作项目的范例之一，舰上大量应用"拉斐特"级护卫舰与"地平线"级驱逐舰的开发经验，舰上所有的装备都将沿用现成品并做最佳利用，配备相控阵雷达，防空型发射紫菀防空导弹，具备区域防空能力。欧洲多任务护卫舰能够在大浪海情下使用所有舰载设备，它的排水量约 6000 吨，编制人员 108 名。该护卫舰安静性较好，特别是反潜型，并能够达到很高的最大航速。该舰采用电动机与燃气轮及组成的混合动力推进，使用灵活，它能够在航速低于 16 节的安静探测阶段实现最佳声学隐身，也能将航速快速提升到 27 节以上。其作战系统采用集中式高度集成结构，尽管舰员数量很少，也能操作自如。它还具备向多平台战术事态控制与网络中心集成发展的能力。

（2）中国 054A 护卫舰

054A 型护卫舰是中国海军最新型的护卫舰。首舰"徐州号"（舷号 530）于 2006 年 9 月

30 日在广州黄埔造船厂下水,于 2008 年服役。因为 5 月 4 日为青年节,且本级舰是中国海军 21 世纪初新锐舰艇大量服役时期的代表作之一,作为中国海军的青年舰型,加之其新颖的舰体设计,因此中国网络上将本级舰昵称为"新青年"。054A 型护卫舰外形设计简洁洗练,防空/反舰/反潜配置均衡,堪称颇具水准的设计。就数量而言,本级舰已成为中国新一代舰队组成的骨干。服役以来,054A 型护卫舰积极参与国际远航活动、索马里反海盗、执行也门撤侨等任务,为中国海军累积了可观的远洋操作经验。

5. 两栖舰艇

两栖战舰艇是专门用于登陆作战的舰艇的统称。两栖战舰艇的主要任务是输送登陆兵、登陆工具、战斗车辆、武器装备和物资,指挥登陆作战,并可为两栖作战提供火力支援。两栖战舰船包括两栖攻击舰、两栖作战指挥舰、登陆舰、运输舰等。这里介绍"美国"级两栖攻击舰和中国的 071 型两栖登陆舰。

(1)"美国"级两栖攻击舰

LHA(R)首舰"美国号"(LHA-6)于 2014 年 4 月交付使用,2014 年 10 月正式服役,该舰全长 257.3 米,满载排水量 4.5 万吨,可容纳 1204 名船员和 1871 名士兵,各主要作战能力均处于世界领先水平。"美国"级两栖攻击舰是专为搭载 F-35B 联合攻击战斗机和 MV-22 倾转旋翼机设计的。"美国"级两栖攻击舰利用舰载机可快速实施对海、对陆打击和兵力投送等任务,在短时间内由海向陆投送更多的兵力,实现舰到目标的机动。"美国"级两栖攻击舰装备了一套舰艇自防御系统,具备较为完善的舰艇自卫防御能力。舰艇自防御系统能够从雷达、电子对抗和敌我识别系统中接收数据并进行综合分析处理,组织协调各类武器实施防御作战,对抗来袭的鱼雷和超音速反舰导弹等威胁。"美国"级两栖攻击舰具备完备的编队及本舰防御作战指挥能力,配备了相应的指挥控制及通信装备,具备两栖戒备群或两栖攻击群指挥、两栖突击引导、火力支援指挥等能力。

(2)中国 071 型两栖登陆舰

071 型两栖登陆舰是我国自行研制的第一款大型两栖船坞登陆舰(也称为"综合登陆舰"),满载排水量超过 2 万吨。071 型首舰"昆仑山号"(舷号998)于 2007 年 11 月服役,目前,该级舰共有 6 艘服役,2 艘在建。071 型两栖登陆舰可作为登陆艇的母舰,用以运送士兵、步兵战车、主战坦克等展开

登陆作战,也可以搭载两栖战车,具备大型直升机起降甲板及操作设施。该级舰服役以来,多次参加亚丁湾护航、中外联合军演以及海上两栖登陆作战演习,已经成为我军实施两栖登陆作战的主力。

6. 潜艇

潜艇是在水下进行作战活动的舰艇,有常规动力和核动力之分,主要用于攻击敌大、中型水面舰船和反潜作战,攻击敌陆上重要目标,破坏敌海上运输线,并能执行侦察、布雷、救援和遣送特种人员登陆等任务。配载的武器有巡航导弹、鱼雷、水雷等,有的潜艇还配有防空导弹。此外,还有核动力战略导弹核潜艇,主要装备海基战略核导弹,执行二次核打击的战略任务,是国家安全的战略基石。这里重点介绍俄罗斯"基洛"级常规潜艇和美国"弗吉尼亚"级核动力攻击潜艇。

(1)俄罗斯"基洛"级常规潜艇

"基洛"级是世界著名常规动力潜艇,以其超强的安静性被誉为"大洋黑洞",该级艇 1981

年开始服役。"基洛"级长 73.8 米。宽 9.9 米,吃水 6.6 米;水上排水量 2325 吨,水下排水量 3076 吨;水上航速 10 节,水下航速 20 节,潜深 300 米。动力装备采用柴电推进形式。主要武器为 533 毫米鱼雷发射管 6 具,装备鱼雷 18 枚及部分水雷。"基洛"级潜艇除装备俄罗斯海军外,还大量装备世界其他国家海军,越南、伊朗、印度、中国、阿尔及利亚、波兰、罗马尼亚等国家都有装备。

(2)美国"弗吉尼亚"级核动力攻击潜艇

"弗吉尼亚"级核动力攻击潜艇,长 149 米,宽 10.4 米,吃水 93 米,排水量约 7800 吨,水下最高航行速度 34 节,额定艇员 134 名。由艇身、动力装置、艇载武器、艇载电子设备等构成。该级艇采用单壳体形式,艇形呈超细长形,便于施工建造,利于降低费用,利于水面航行,同时也利于在浅水域执行任务时不时地浮出水面与水面战斗群联系。该级艇上装有 4 具 533 毫米鱼雷发射管,12 具巡航导弹垂直发射管。艇载"战斧"巡航导弹、"鱼叉"反舰导弹、MK48 先进自航水雷等共 38 枚,此外,还可装备"先进蛙人输送艇"(这种微型潜艇能装载 9 名特种作战人员和装备,以 8 节的速度在 125 海里范围内活动)和反潜与侦察用无人潜航器和无人机,可根据执行任务的需要携带不同的武器,攻击力强且十分灵活。"弗吉尼亚"级核潜艇拥有先进的艇载电子系统,极大提高了潜艇在"网络中心战"环境下的作战能力。

(二)海上作战平台的发展趋势

1. 网络化程度和联合作战能力将空前提高

武器装备的信息化、网络化是实现联合作战的核心。通过海军装备的网络化,可把军事行动各种作战单元和作战要素连接起来,实现从以平台为中心到以网络为中心的转变,这将从根本上改变未来海军的作战方式。反舰、防空、反潜、对地攻击和弹道导弹防御等作战行动将从依靠舰上自身的进攻和防御系统进行,转变到以网络化的协同作战方式进行,各个分散的平台将共同构成分布式的探测系统、武器系统、指挥控制系统。美国海军研制的协同作战能力(CEC)系统就是一个很好的例子。该系统使海上防空作战发生了革命性的变化。它把航母战斗群编队中各平台(包括舰艇和预警机等)所装载的目标探测系统、指挥控制系统和武器系统有机联系起来,允许各平台以极短的延时共享编队内各种探测设备获取的所有数据,使作战系统突破单舰,在编队内实现了集成。

2. 增强对地精确打击和常规威慑能力

随着海军飞机、水面舰艇和潜艇大量装备巡航导弹等远程精确对地攻击武器以及侦察、监视、导航和指挥控制系统的完善,海军的作战任务不再限于夺取制海权,远程对地打击已经成为海军的一项重要使命。为此,海军武器装备的发展表现出两个趋势:建造专用对地作战的平台和研制新型对地远程打击的巡航导弹。如美国海军新型的 DD-1000"朱姆沃尔特"级驱逐舰的首要任务就是对地打击,美国海军还在研制"战术战斧"对地巡航导弹,具有快速反应和灵活的目标选择能力,任务规划时间从数小时降低为数分钟,能够在飞行 400 千米后在战场上空盘旋 2 个小时,自动搜索、选择和攻击目标。

3. 自动化、智能化和无人化

现代海战的作战空间空前扩展,反应时间大大缩短,探测跟踪的目标数量急剧增多,在瞬息万变的战场上,靠舰长和其他指挥员对各种情况及时作出判断决策是极为困难的,因此以计算机为核心的自动化系统将在新一代海军武器装备上得到广泛的应用,作战指挥和装备操纵将更加简化。无人作战平台将在海战武器装备发展中占据一席之地。无人侦察机能执行战场监视、侦察、目标捕获和战斗评估毁伤等任务,未来有可能取代有人驾驶侦察机。

4. 隐身化和高防护能力

由于各种新型探测系统和精确制导武器的相继问世,加之武器系统侦察与打击能力一体化的日臻完善,目标一旦被发现就意味着被摧毁。因此,海军武器装备的隐身日趋重要。各国在发展新一代海军装备时,都将隐身性能作为重点考虑因素。隐身性能好,不仅可以隐蔽自己,提高自身生存能力,而且可以增强进攻的突然性,使对方的预警探测难度加大,反应时间缩短,从而提高了武器装备的效费比。①

三、信息化空中作战平台

信息化空中作战平台是空军最主要、最基本的装备,可以装载各种导弹、机炮、航弹、制导炸弹和电子战装备。它的机动性能好,突防能力强,能出其不意地发起攻击,给敌人以毁灭性打击,有效支援地面和海上作战行动。信息化空中作战平台的建设将对未来信息化战争产生重大影响。②

(一)空战平台的主要种类

信息化空中作战平台作为空空和空地作战的主要技术装备和运载工具,主要有轰炸机、运输机、战斗机、预警机、侦察机、电子战飞机、巡逻机、军用直升机、空中加油机以及军用教练机等。这里主要介绍轰炸机、预警机、战斗机、侦察机四种主要的空中作战平台。

1. 轰炸机

轰炸机是一种专门用于向地面、水面、地下、水下目标投放大量弹药的飞机,它具有突击力强、航程远、载弹量大等特点,是航空兵实施空中突击的主要机种。现代轰炸机装备的武器系统包括机载武器如各种炸弹、航弹、空地导弹、巡航导弹、鱼雷、航空机关炮等,可在敌防空火力圈外实施轰炸突击。机上装备先进的火力控制系统,以保证轰炸机具有全天候轰炸能力和很高的命中精度。轰炸机按遂行任务范围分为战略轰炸机和战术轰炸机。战略轰炸机一般是指用来执行战略任务的中、远程轰炸机,主要用于攻击的是敌方城市和工厂等战略目标,以消灭敌方的作战能力。战术轰炸机一般是指用来执行战术任务的体形较小的轰炸机,主要用于攻击武装部队和辎重。当前世界最先进的轰炸机是美国的B-2A隐身轰炸机和俄罗斯图-160战略轰炸机。

(1)美国B-2A隐身轰炸机

B-2A是美国空军重型隐身轰炸机,代号"幽灵"。它能从美国本土或前沿基地起飞,无须支援飞机护航的情况下穿透敌复杂防空系统,攻击高价值、强防御、最急迫的目标。B-2A单价高达20亿美元,是世界上迄今为止最昂贵的飞机。该机长20.9米,高5.1米,翼展52.12米,实用升限1.524万米,正常起飞重量152.6吨,机组人员2名;飞机在不进行空中加油的情况下,作战航程可达1.2万千米,空中加油一次则可达1.8万千米。每次执行任务的空中飞行时间一般不少于10小时,美国空军称其具有"全球到达"和"全球摧毁"能力。B-2A无外挂点,有两个机内武器舱,每个武器舱装备有一个旋转发射

① 中国国防科技信息中心:《国防科技发展报告2016》(综合卷)第82—88页,国防工业出版社2017年版.
② 宋华文、耿艳栋:《信息化武器装备及其运用》,第90页,国防工业出版社2010年版.

架和两个炸弹架。B-2A 可以携带 18.16 吨弹药,包括常规弹药、核武器、精确制导弹药。B-2A 可以携带的核武器有:16 枚 B61 钻地核弹、16 枚 B83 战略自由落体核弹、16 枚 AGM-129 高级巡航导弹、16 枚 AGM-131"斯拉姆"导弹。

(2)俄罗斯图-160 战略轰炸机

图-160 战略轰炸机是苏联图波列夫设计局研制的远程战略轰炸机,是世界上最大的轰炸机,最大起飞重量达到 275 吨,于 1987 年进入苏联空军服役。图-160 最大飞行速度为 2.1 马赫,最大航程为 12300 千米,最大载弹量达到了 40 吨。主要机载设备为导航/攻击雷达,机尾装备有预警雷达、天文和惯性导航系统、被动电子对抗设备等。该机配备有旋转弹仓,弹仓内可以装备自由落体炸弹、远程巡航导弹等。两个 12.8 米长的武器舱,前舱旋转发射架可以携带 6 枚 KH-55(101)巡航导弹,后舱旋转发射架可以携带 24 枚 KH-15P 短距离攻击导弹。

2. 预警机

预警机是空中预警飞机或空中预警与指挥飞机的简称,是用于搜索、监视空中或海上目标,主要指挥引导己方飞机遂行作战任务的飞机。安装在地面或海面的雷达由于受地球曲率的影响,其探测范围极其有限,如果将雷达安装在空中平台上,显然能有效扩大雷达对地面和海面目标特别是低空与超低空飞行目标的探测范围。在第二次世界大战中,美国开始研发预警机,并于 1944 年研制出世界第一架海军用舰载预警机 TBM-3W。战后,美国、英国、苏联等国相继研制出多种预警机。在 1982 年英阿马岛战争中,英国舰队没有装备预警机,不能发现远距离的低空飞机,5 月 4 日,阿根廷的两架攻击机携带"飞鱼"导弹低空飞行,击沉了英国"谢菲尔德号"驱逐舰。同年的 6 月,在以色列与叙利亚的戈兰高地之战中,以色列空军在 E-2C 预警机的指挥下,动用 90 架飞机,在两天的时间内,击落了叙利亚 79 架飞机,摧毁了 19 个导弹营,以方仅损失少量飞机。这两场战斗结局的对比有力地证明了现代作战中预警机具有重要作用。目前世界上的预警机主要有美国的 E-3A、E-2C,俄罗斯的 A50,以色列的"费尔康",中国的空警-2000、空警-200 和空警-500 等。

(1)美国 E-3A 预警机

E-3A 预警机也称"望楼"预警机,是美国波音公司为美国空军"空中警戒和控制系统"计划研制的全天候远程空中预警机,用于空中监测、指挥与通信。该机装备有 AN/APY-1/2 脉冲多普勒雷达和 AN/APS-133 气象和地形测绘雷达,还装备有多种通信导航设备和电子战、敌我识别装备,可同时探测 600 个目标,识别其中 200 个,同时引导 100 架飞机进行空战。E-3A 预警机巡航时速 853 千米/小时,续航时间 11 小时,升限 12000 米。机载雷达可覆盖方位 360 度,天线直径 9.1 米,对低空目标探测距离 400 千米,对中高空目标探测距离 600 千米,可提供 30 分钟的预警时间。目前,美军共装备各型 E-3 预警 32 架。

(2)中国空警-500 预警机

空警-500 是中国空军装备的第三代预警机,是世界上首型采用数字阵列雷达技术的预警机。其重量、雷达天线口径小于同时代大型预警雷达,但情报处理能力、抗干扰能力有大幅提升,达到世界最先进水平。2015 年 9 月 3 日,空警-500 在纪念中国人民抗日战争暨世界反法西斯战争胜利 70 周年阅兵式上作为空中编队预警机梯队首机首次公开亮相。与我军装备的第二代中型预警机空警-200 相比,空警-500 在气动和配备的动力装置方面都有重大改善,作战半径和滞空时间提高,与作战部队协调作战的时间更长;与解放军空军第二代大型预警机空警-2000 相比,空警-500 吨位较小,起飞距离短,对机场规格的要求低,具有更为适应局部冲突和小型战争的特点,可部署到更多地区,且平台不受出口限制。空警-500的雷达罩顶部突起内装有卫星通信天线,较空警-200的指挥控制通信协调能力有显著的增强,可以与更高层次的指挥制系统相连接,在更大范围内指挥和引导战斗。

3. 战斗机

战斗机主要用于夺取制空权,多用于执行空战任务,兼有一定的对地攻击打击能力。战斗机配备的武器以空空导弹为主,航空机关炮为辅,并装备有先进的综合火力与飞行控制系统。机载火控雷达具有远距离探测目标的能力;在电子干扰条件下,还应配备光电搜索跟踪系统;火力系统同时还承担着对空空导弹的制导任务;夜间作战的战斗机还装有红外夜视导航、瞄准设备。战斗机一直是各国空军重点装备的机种,其性能水平和作战方式是不断演变的。随着航空技术的不断发展,现代战斗机已经发展到第四代,能执行制空作战、防空截击、纵深遮断和近距空中支援等多种任务。目前世界上的战斗机已经发展到以 4S^① 为标志的第四代,典型的第四代战斗机主要有美国的 F-22A、F-35,中国的歼-20,俄罗斯的 T-50 等。

(1)美国 F-22A 战斗机

F-22A 是美国空军在 20 世纪 90 年代研制的全面采用高新技术成果的新一代战斗机,也是世界上第一款"第四代战斗机",是名副其实的信息化主战平台,将成为未来 20～30 年美空军的主战机种。与第三代战斗机相比,F-22A 飞机最具里程碑意义的技术特性是采用全隐身与气动综合布局,持续的超音速巡航能力,过失速机动,短距起降,先进的机载综合航空电子系统设备和武器系统等。它担负的作战任务包括:夺取制空权;在战区空域有效实施精确打击;防空火力压制和封锁、纵深遮断;近距空中支援。在美国空军进行的模拟空中战演习中,F-22A 曾取得击落 14 架 F-15C 而本身的损失为零的惊人战果。F-22A 装备两台 F119-PW-100 涡扇发动机,推力 155 千牛,最大起飞重量 27.2 吨,最大飞行马赫数 1.8,超音速巡航马赫数 1.5,作战半径 2170 千米,实用升限 1.8 万米。F-22A 采用大量钛合金与复合材料制造,其中钛合金约 36%,复合材料约 24%,铝合金约 16%,其机身蒙皮全都是高强度、耐高温的 BMI 复合材料。主起落架使用合金钢制造。武器舱门与起落架舱门使用热塑复合材料。据称,由于采用隐身外形设计技术和隐身材料技术,F-22A 的雷达反射截面积约为 0.1 平方米,生存能力比目前的常规飞机提高 18 倍,作战效能是 F-15 战斗机的 3 倍、F-16 的 10 倍。^②

(2)中国歼-20 隐身战斗机

歼-20 是由成都飞机设计研究所设计、成都飞机工业集团生产,装备中国人民解放军空军的单座、双发、鸭式气动布局的第五代重型隐形战斗机。歼-20 采用全动鸭翼及垂尾和 DSI 进气道,拥有多种低可侦测性设计:大致呈五边形的机头及机身横截面、外倾斜双垂尾、带锯齿边空中受油管收纳舱、弹舱及起落架舱舱门、镀膜整体座舱盖、隐形特种涂料等,此皆隐形战斗机主要

---

① 第四代战斗机的标准通常称为 4S 标准,因为这四个标准的英文单词都以 S 开头,即 Super Maneuverability、Super Sonic Cruise、Stealth、Superior Avionics for Battle Awareness and Effectiveness,也就是超机动能力、超音速巡航、超隐身能力、超视距攻击。

② 袁军唐、张相炎:《武器装备概论》第 113—114 页,国防工业出版社 2010 年版。

特征。歼-20 验证机复合材料用量达 27%,原型机钛用量达 20%,复合材料用量达 29%,相比中国第四代重型战斗机歼-11B 有较大提高。此外,歼-20 采用了国际先进的液态感温技术、气动伺服控制技术。根据公开报道,歼-20 已经装备作战部队,并且开展了海上方向的实战化演练。

5. 侦察机

侦察机是专门用于从空中获取情报的军用飞机,是现代战争中主要侦察工具之一。侦察机上装有各种侦察设备,如航空照相机、雷达、摄像机、红外、电子侦察设备等。有的还装有实时情报处理设备与传递装置。部分侦察机上还装有武器,用于自卫和进行攻击。侦察机可进行目视侦察、成像侦察和电子侦察。其中,成像侦察是侦察机实施侦察的重要方法,包括可见光照相、红外照相与成像、雷达成像、微波成像、电视成像等。为提高生存能力,侦察机上还装有电子干扰系统。典型的侦察机有美国的 U-2 侦察机、"全球鹰"无人侦察机,俄罗斯米格-25R 战术侦察机等。

(1)美国 U-2 侦察机

U-2 为美国洛克希德公司生产的高空高速侦察机,具有航程远、巡航高度大、载重较多、能够携带大量侦察设备深入对方广阔的领空进行侦察的特点。该型侦察机在 20 世纪 50 年代就已经投入使用,至今仍在执行战略侦察任务。U-2 全长 19.13 米,高 4.88 米,宽 31.39 米,空重 7.037 吨,最大起飞重量 18.75 吨,速度为 849 千米/小时,升限为 27432 米,航程为 4824 千米(U-2R)/9648 千米(U-2S)。U-2 主要用高精度的航空侦察照相机进行侦察。它使用的 B 型照相机解像能力为 1 毫米左右,B 型照相机放在狭小的相机舱内,非常轻便,包括胶片仅重 230 千克。照相机的大小为 457 毫米×457 毫米,同时用两个胶片以立体摄影方式工作。近年来,美军持续对 U-2 进行改进,为其装备了 CDIS 系统,该系统是一种高速数据链,能够实现侦察机传感器与水面舰艇处理系统间的信号和图像情报数据的传递,能够通过安全网络以最快的速度向战术飞机传递 15 个不同的波形,使得海军舰上指挥官可接收情报、监视和侦察数据。美国空军还采用了 AN/ALQ-221 高级防御系统作为 U-2S 高空侦察机的预警配置。AN/ALQ-221 是雷达侦测和电子对抗系统的完美结合体,可以对潜在进攻威胁作出判断,及时向飞行员提供信息参考。[1]

(2)美国"全球鹰"无人侦察机

"全球鹰"是美国诺斯洛普·格鲁门公司生产制造的大型无人侦察机。"全球鹰"无人侦察机长 13.4 米,翼展 35.5 米,最大起飞重量 11610 千克,有效载荷 900 千克,最大飞行速度 740 千米/小时,巡航速度 635 千米/小时,航程 26000 千米,续航时间 42 小时,可从美国本土起飞到达全球任何地点进行侦察,或者在距基地 5500 千米的目标上空连续侦察监视 24 小时,然后返回基地。[2] "全球鹰"无人侦察机可以提供后方指挥官综观战场或是细部目标监视的能力,它装备有高分辨率合成孔径雷达,可以看穿云层和风沙,还有光电红外线模组(EO/IR)提供长程长时间全区域动态监视,白天监视区域超过 10 万平方公里。

① 匡兴华:《高技术武器装备与应用》,第 334—337 页,解放军出版社 2011 年版.
② 袁军唐、张相炎:《武器装备概论》,第 219 页,国防工业出版社 2010 年版.

(二)空中作战平台的发展趋势

未来空战武器装备发展将不断增大信息技术含量,提高战术技术性能;形成以现役武器装备改进型为主体、以一定量的新型装备为骨干进行合理搭配的格局;主战装备、电子信息装备和支援保障装备协调发展,形成装备体系;依托先进技术,重点研制新一代综合化、多功能、隐身化、智能化与无人化的作战平台。

1. 重点发展隐身化、高机动、多用途战斗机

一是隐身化。为提高战斗机的突防和生存能力,第四代战斗机将普遍采用隐身技术。隐身技术的使用导致传统探测手段难以发现隐身战斗机,使其突破地面防空系统的能力和对地打击作战能力极大提高。二是高机动。高机动是指超过临界迎角之后飞机依然可以完成复杂的机动动作,即过失速机动。实现过失速机动的方法主要是采用可改变尾喷管方向的矢量推力发动机,依靠发动机提供的矢量推力辅助或完全代替舵面控制飞机的飞行姿态,使战斗机完成常规推力下所不能完成的复杂机动动作,从而使战斗机的近距格斗性能上一个新台阶。三是多用途。随着气动技术、火控技术以及航空电子技术的发展,使战斗机实现综合化、多功能成为可能。目前,世界各国普遍重视研制和购买多功能战斗机。

2. 发展高超声速军用飞机

美、俄等国都在积极发展高超声速军用飞机,这种高超声速飞机可以有人驾驶,也可以无人驾驶。美空军正在研制的新一代隐身战略轰炸机能以 5 倍音速飞行,可在 2 小时内横越大西洋,轰炸世界任何目标。其机身雷达的散射面积大大小于 B-2A 隐身战略轰炸机的 0.3 平方米,甚至低于 F-117 的 0.1 平方米,作战半径 4827 千米,载弹量 6.8~18.4 吨,预计在 2030 年前后替代 B-2A、B-1B、B-52H 战略轰炸机。

3. 无人机出现强劲发展势头

无人机由于具有风险小、运用方式灵活、不危及驾驶员生命、续航时间长等优点,在军事领域已得到了广泛的应用。尤其是近些年来,随着电子技术、发动机技术、人工智能技术和材料技术等技术的快速发展,无人机正由传统的以侦察为主的单用途无人机向集侦察、通信、攻击和空战为一体的多用途无人机发展。军用无人飞机未来发展趋势可能主要是无人侦察机、无人作战飞机以及微型飞行器。[1]

思考题

1. 信息化作战平台的概念是什么?
2. 信息化陆战平台的主要类型及其发展趋势是什么?
3. 信息化海战平台的主要类型及其发展趋势是什么?
4. 信息化空战平台的主要类型及其发展趋势是什么?

第三节 综合电子信息系统

综合电子信息系统主要是指在信息时代的军事斗争环境下,为满足诸军兵种联合作战任务,利用综合集成方法和技术将多种电子信息系统整合为一个有机的大型军事信息系统。综合电子信息系统包括对各种武装力量的综合、对各种电子信息系统手段的集成,其主要目

---

[1] 中国国防科技信息中心:《2016 年国防科技发展报告》(综合卷),第 94—98 页,国防工业出版社 2017 年版.

的是全面提高军队的信息作战能力、信息业务支持能力、武器装备体系集成能力,建立整体最优的大系统,显著提升整体作战效能。它是在电子信息系统技术交叉融合、集成创新基础上所产生的系统质变,而不仅仅是传统意义上的系统改进和量变过程。目前,综合电子信息系统正处于动态发展过程中,其组成涉及指挥控制、预警探测、导航定位、军用数据链、电子对抗、综合保障等多个信息功能领域,涉及国家级、战区级、战术级等多个作战指挥层次。[①]

一、指挥控制系统

指挥控制系统是军队各级各类指挥所内的自动化系统(简称"指控系统"),既可指单一指挥所,也可指建制系列指挥所系统。它是实现指挥所各项作战业务和指挥控制手段自动化的信息系统,是综合电子信息系统或指挥自动化系统的核心,在作战过程中辅助指挥员对部队和主战兵器实施指挥控制。就单一指挥所而言,根据其级别和任务所确定的作战要素,指挥控制系统可划分为若干中心或分系统。如美国北美防空防天司令部有指挥中心、防空作战中心、导弹预警中心、空间控制中心、联合情报中心、系统中心、NORAD作战管理中心和气象支援单元等。

指挥控制系统按军队指挥关系,自上而下形成一个整体。军队指挥关系是指由各级指挥员及其指挥机关和指挥对象组成的具有一定结构关系的指挥体系。军队的指挥体系视各国的情况而异。

(一)信息化战争对指挥控制系统的要求

高技术信息化战争要求建设新型的指挥控制系统,这就对综合电子信息系统中的指挥控制系统的建设提出了新的要求。

1. 指挥控制系统应为指挥员、战斗员和作战支持人员服务

指挥控制系统不仅要向指挥员提供所需的作战信息,还要向战斗员提供所需的作战信息;不仅向指挥员、战斗员和作战支持人员提供所需的作战信息,还应向指挥员、战斗员和作战支持人员提供作战知识和作战能力。决策优势不仅面向指挥员,还要面向战斗员和作战支持人员。

2. 指挥控制系统应具有极强的网络接入能力

指挥控制系统应该成为全军一体化信息栅格和指挥控制栅格上的一个有效节点,并且可以在适当时间、适当地点即插即用,以提高指挥控制系统的有效性。

3. 指挥控制系统应具有正确的信息服务能力

任何一级指挥中心直至总部指挥中心能够将正确信息在正确时间提供给正确人员;全军指挥控制系统应采用网络化结构,减少纵向指挥层次,增强横向联系,有利于联合作战、扁平指挥。

4. 指挥控制系统应成为未来 C4KISR 杀伤链中的核心环节

指挥控制系统在传感器网络的保障下,应能适时获取战场空间态势信息,掌握敌人的战场部署和战斗组织,确定可能的威胁目标,预测敌人的反制措施,选择对目标打击的武器系统;在实施过程中,根据战场空间的态势感知,不断地调整作战计划,实现作战计划的动态同步,实现一体化的指挥控制系统和武器攻击系统的完全整合。

---

①　童志鹏:《综合电子信息系统》(第2版),第1页,国防工业出版社2008年版.

5. 指挥控制系统与武器平台互操作

要实现对目标的超视距捕获与攻击,就要求在本地的武器平台上能使用其他平台上的传感器数据和作战指挥信息。因此,这就要求 C4KISR 系统中的各作战指挥系统与武器平台能够实现设备的兼容和系统的互操作,使各级指挥员能同时在各自的作战平台上,获得一幅相同的战场态势图,并能通过各种信息传输系统进行相互协调,以便在最佳的武器平台、最佳的时机,对威胁目标实施软硬一体的攻击,实现真正意义上的系统综合集成和一体化联合作战。

6. 指挥控制系统应具有适时的战场损伤评估能力

利用战场态势感知与预测信息,实时掌握敌人的战斗组织,判明敌人可能的作战重心和高价值目标,利用信息化武器系统对选定目标进行"点穴"式的精确打击。在精确武器发射之前,要持续不断地依靠各类传感器对目标进行识别和相关参数的修正,确保对目标的准确打击。在对目标实施打击之后,要依靠各种不同的传感器及其支撑平台对目标进行战场损伤评估和打击效果评估,以确定是否实现了对目标的打击和是否需要再次打击。

7. 指挥控制系统要具有持续高强度作战指挥能力

隐身、精确、远程输送和威力巨大武器的出现,使现代战争的战场空前广阔,"快速主宰""快速决定性作战""平行作战"成为可能,作战行动将在时间、空间、各作战级别(战略、战役、战术)同时实施,系统将面临越来越快的作战节奏和越来越复杂的作战计划,要求系统必须全向不间断地搜集和处理战场信息,适时给出各作战进程发展的预测结果,不断地向指挥员推荐决策支持方案,无缝、实时、安全地传输战场信息和作战指挥命令。指挥员和指挥机关要善于利用指挥控制系统与设备,提高指挥效率,把握作战节奏,操控战场主动权,同时系统应具有高可靠性、高可用性。

8. 指挥控制系统应具有极强的生存能力

在现代条件下,先进的科学技术广泛运用于军事领域,对指挥控制系统的生存提出了严峻的挑战。卫星、遥感、电子测向、电子截收等新技术在军事上的应用,使战场的"透明度"越来越大。信息战、电子战、精确制导武器、定向能武器、斩首行动等无不威胁指挥控制系统的生存。因此,如何提高指挥控制系统隐蔽能力,如何增强指挥控制系统的防护能力、抗毁能力,提高指挥控制系统的再生能力等,成为指挥控制系统生存能力的主要着眼点。

(二)指挥控制系统的分类

指挥控制系统按指挥所级别可分为战略级、战役级和战术级。按指挥所类型可分为单一军兵种指挥控制系统、多兵种合成指挥控制系统和多军(兵)/多国联合作战指挥控制系统。战略和战役级指挥控制系统还可按作战编成和业务需要,划分为若干"中心",如作战指挥中心、情报中心、信息作战中心、通信中心、火力中心、气象中心等。指挥控制系统按载体形态,可分为地面固定式(含山洞、地下)、地面机动式(车载、可搬移等)、机载、舰载等指挥控制系统。按系统控制对象,指挥控制系统还可分为两类:一类是以下级指挥机关和部队为主要控制对象,系统将战场态势信息转化为指挥员的方案、决心、计划、命令等作战指挥信息,例如战役以上指挥控制系统;另一类,则是以兵器兵力为主要控制对象,将战场态势信息和打击毁伤信息转化为兵器兵力控制信息,例如陆军旅以下指挥控制系统、导弹旅指挥控制系统、舰艇指挥控制系统等。

美军指挥控制系统分为战略指挥控制系统和战术指挥控制系统。战略指挥控制系统目前是 GCCS;美陆军战术指挥控制系统主要由军、师级以及旅和旅以下部队使用的二级作战指挥系统(含单兵 C3I)组成；美海军战术指挥控制系统分为岸基战术指挥控制系统和海上战术指挥控制系统。岸基战术指挥控制系统主要包括舰队、基地、水警区、舰队航空兵、岸基反潜战等指挥控制系统。海上战术指挥控制系统主要包括编队旗舰指挥中心系统、各类舰载指挥系统和舰载武器控制系统。旗舰指挥中心系统是海上 C4I 战术数据管理系统，由战术数据处理系统、综合通信系统和数据显示系统等组成；美空军战术指挥控制系统主要由战术空军控制系统、空军机载战场指挥控制中心、空中机动司令部指挥与控制信息处理系统组成。

二、预警探测系统

预警探测系统是综合电子信息系统的重要组成部分，也是指挥自动化系统的组成部分。预警探测系统和情报侦察系统同是综合电子信息系统的信息传感系统；预警探测系统着重于对目标的实时探测，其探测信息实时用于指挥和控制。[①]

(一)预警探测系统在现代战争中的任务和作用

预警探测系统无论何时，都要保持常备不懈，全天候昼夜监视，在尽可能远的警戒距离内，对目标精确定位，测定有关参数，并识别目标的性质，为国家决策当局和军事指挥系统提供尽可能多的预警时间，以便有效地对付敌方的突然袭击。

预警探测系统分为战略预警系统和战役战术预警系统两大类。战略预警系统用于防御战略弹道导弹、战略巡航导弹和战略轰炸机；战役战术预警系统用于探测大气层内的空中、水面和水下、陆上纵深和隐蔽等战役战术目标。

预警探测系统是综合电子信息系统最重要的实时信息源，它直接影响到探测、判断、决策、行动和整个军事行动的全过程。战略预警是战略防御的首要条件。美国的战略预警系统可以在 1 分钟内判明敌方发射的弹道导弹性质，在 3 分钟内报告发射点和弹着点坐标以及飞行轨迹。因此，对战役战术导弹可以提供 5～6 分钟的预警时间，对战略导弹可以提供 20～30 分钟的预警时间，对战略轰炸机可以提供 30～60 分钟的预警时间。

国家最高决策当局在评估战争对国家的威胁时，必须依赖一定的技术手段：首先要获取充分的信息；其次是进行信息融合去伪存真，提供正确的辅助决策。因此，预警探测系统所获得的信息是决策的重要依据，直接影响着决策的正确与否。预警探测系统要将千里之外敌国的战略行动置于自己的监视之内，使最高当局的决策者有可能对战争作出正确的判断，从而进行正确的战略抉择。

(二)未来信息化战争对预警探测系统的需求

未来高技术信息化战争对预警探测系统和雷达的需求往往与现在它们在军事上能发挥的作用和预计对它们可能会采取的对抗手段密切相关。据此可以预测，军事上对预警探测系统和雷达的需求还会提出下列 6 个方面更完整的需求。

①提高探测超低空目标与高空目标的能力；

---

① 童志鹏：《综合电子信息系统》(第 2 版)，第 237 页，国防工业出版社 2008 年版．

②提高探测隐身目标的能力;

③提高对抗反辐射导弹的能力;

④提高对抗电子干扰威胁环境的能力;

⑤提高对目标进行高分辨力成像的目标识别能力;

⑥提高对付硬摧毁的能力。

(三)预警探测系统的发展趋势

1. 发展机载与星载大空域监视、多功能相控阵雷达预警探测系统

根据军事需求,只有多功能的相控阵雷达才能集搜索、跟踪、武器控制于一体,也只有与升空平台结合,才有监视全空域的能力,对来袭的超低空目标提供必要的预警距离、反应和引导拦截的能力。未来可能最终会出现实用型的、在轨道上飞行的、卫星装载的、具有动目标指示(MTI)/合成孔径雷达(SAR)、逆合成孔径雷达(ISAR)功能的空域监视固态相控阵雷达。由于这种雷达是无人值守的,需要极高的可靠性,又由于卫星的轨道处于外层空间,需要较强的抗辐射能力。所以,这种雷达必然是高级形式的全固态雷达,它不但具有短波超视距雷达的探测距离,又无近距离盲区。高速运动的卫星平台又为精细的像素分辨力创造了条件,自卫干扰、随队干扰、反辐射导弹都难以对它形成威胁,相控阵体制又为抑制远距离支援干扰创造了条件。由于卫星比飞机的飞行高度高得多,可以通过较大的俯视角观察飞机。因此,在微波波段可能也有较强的对付隐身飞机的能力。到那时,根据微电子技术的进展趋势,吉赫的数字电路将可实际应用。对于这种重要雷达,信号带宽将达到几百兆赫甚至吉赫的量级,才能满足目标分类与识别的需要。

2. 对抗隐身目标的预警探测系统

美国把隐身技术称为一张技术王牌,它的成功引起世界各国军事界和科技界的震惊,认为它是对雷达最严重的挑战。隐身技术令传统的单基地、窄频带信号、常规体制的微波雷达的探测距离缩短到原来的1/56,使得大部分防空的预警探测系统失效。因此,雷达技术必须进行革命性飞跃,才能克服隐身飞机的威胁。对抗隐身目标的挑战,预警探测系统可采取如下措施:①增加雷达的有效辐射功率与天线口径乘积和灵敏度,在这方面固态相控阵将起一定的作用,它可减少射频损耗、采用序列检测、利用自适应天线技术等;②采用宽频带的频率较低(UHF波段或更低)的雷达,甚至采用多频段的雷达,利用波长较长来发现隐身飞机,利用宽频带来抗有源干扰,关键问题是如何实现能引导飞机进行拦截的测角精度,而又能使天线尺寸不至过大,便于机动;③发展多基地雷达,利用多个接收站,使接收站布置成总有一个站能位于隐身飞机散射的偏离发射雷达站入射波方向的主散射波束之内,或较强的前向散射区之内,从而可以探测到隐身飞机。

3. 功能综合化发展的趋势

要将多部雷达的功能综合于一部雷达之中,需要采用更高级技术才能实现。机载相控阵雷达可以完成局部战区范围内高、低空兼顾的综合探测能力,又可以综合各种合成口径、逆合成孔径雷达的功能。卫星载的固态相控阵雷达可以在整个战场内完成这些任务,并指挥控制武器系统进行作战。这将是21世纪预警探测系统和雷达功能综合化的目标。

4. 与其他电子信息系统一体化的趋势

在综合电子信息系统中,与预警探测系统关系密切的还有通信、导航、电子对抗与指挥控制中心等电子系统,将它们一体化,是提高整个系统效率、可靠性、快速反应能力、生存能力等的关键。雷达可与可见光、激光、红外、毫米波、电子战支援设备组成多传感器的、高质

量的一体化预警探测系统。雷达和电子对抗装备的一体化,可以有效地提高雷达在现代战争中的生存能力。雷达的天线和接收设备、数据处理设备可兼作无源探测,并可控制适当的附加设备组成雷达的自卫或电子对抗设备。高技术信息化战争中,预警探测系统将采用多种手段(雷达、红外、光电、声呐)、多种平台、多个信息源来扩大空间的覆盖范围和信息的收集率,通过信息融合技术来降低不确定性,提高所获信息的准确度和置信水平。

预警探测系统是综合军事电子信息系统的有机组成部分,它与其他系统(如情报侦察电子战、指挥控制等)的功能相互渗透、紧密配合,才能充分发挥作用,构成一个功能互补的综合电子信息系统。预警探测系统的发展趋势取决于军事能力的需求(如探测隐身飞机、弹道导弹、巡航导弹等)和新技术突破的推动(如固态发射器件、超高速集成电路等)两大因素。目前,对预警探测系统的军事需求是全空域、大面积的监视,快速的反应能力,精细的目标分类和识别。因此,具有多种功能,能全面掌握空情,能在大系统中实现综合能力的、具有成像功能的机载和星载固态相控阵雷达,将是雷达技术发展的主要方向。

三、导航定位系统

导航是引导飞机、舰船、车辆或人员(统称为运载体)准确地沿事先规定的路线准时地到达目的地的过程,为实现导航所发展起来的技术称为导航技术。定位是确定物体或点在规定的坐标系中位置的过程,定位借助于导航系统完成。[①]

(一)导航在军事中的作用

导航的传统作用是为运载体的航行提供服务,陆基无线电导航系统和早期的自主式系统都是针对这种需要而发展起来的。这些系统已能够在全球任何地方提供导航信号覆盖。然而在20世纪70年代以前,一些地区由于经济政治等方面的原因,所提供的导航服务水平差距明显,当军队要在任何时候到需要的地方执行任务时常常会遇到服务不好的情况。导航的航行保障作用在GPS/惯导组合系统出现后得到明显加强。由于它们能够提供全球覆盖和高精度,因而更能克服气象与能见度的影响,使航行更为安全。对当前军事航行来说,陆基无线电导航只在飞机着陆阶段还保留作为主用系统,在其余航行阶段主要依靠卫星导航系统。美军在1991年以后的历次作战行动中,无论是部队调遣、后勤支持或长途空中奔袭,以及陆军在地形特征不明显的沙漠中机动都主要依靠卫星导航系统。导航在军事中的应用有如下3种。

1. 精确打击武器的制导

使用GPS/惯导组合系统制导的有联合攻击弹药(JDAM)、联合空地防区外发射导弹(JASSM)、联合防区外弹药(JSOW)、小直径炸弹(SDB)、重型空爆弹,还有小型监视攻击巡航导弹(SMACM)、常规空射巡航导弹(CALCM)及防区外对地攻击导弹(SLAM)等战术导弹。采用GPS/惯导+激光制导的有新型JDAM、新型"宝石路"(PAVEWAY)、新型SDB等炸弹。此外,正在大力发展GPS/惯导炮弹制导,包括火箭弹及增程炮弹。未来的高速巡航导弹也用GPS/惯导组合系统制导。"哈姆"反辐射导弹加上GPS,用于在敌方面达关机后引导导弹继续飞向目标。精确制导使空军作战方式发生了很大变化,从要出动多少架次去攻击一个目标变成了一架飞机可同时攻击多个目标。可以不用看到目标而只按目标的位置数

① 童志鹏:《综合电子信息系统》(第2版),第371页,国防工业出版社2008年版.

据便发动攻击,出现了所谓非接触战争的说法。

2. 作为综合电子信息系统的基础之一

从综合电子信息系统的角度看,现代战争已从平台中心战向网络中心战演变,而体现网络中心战的是信息栅格,它的实质是要实现情报、指挥决策和武器控制信息的共享,使各作战单位都能够实时获得完成作战任务所需要的信息,从而将参战单位联系成一个整体。导航所提供的实时高精确的位置、速度、航向姿态和时间信息是实现网络中心战的基础之一。导航为各单位提供的位置本身便是一种情报信息,也是指挥单位作决策和各作战单位执行命令的依据之一。为了形成战场实时态势圈,必须实施数据登录,而没有导航所提供的位置和时间信息是做不到的。导航所提供的时间信息在形成目标航迹、实现高效的计算机网络通信和扩频通信中发挥着重要作用。导航系统的覆盖范围所能提供的信息种类和精度是决定 C4ISR 能力的重要因素,而信息栅格的概念只能建立在卫星导航和组合导航的基础上。

3. 用于各种战术操作

比如布雷扫雷、火炮与雷达的快速布列与校准、搜索与救援、后勤支持、军事测绘、军事靶场等都需要有导航提供的准确位置与时间信息,导航信息精度越高,使用方法越多,战术操作的效能越高。

(二)导航系统的种类

导航系统有多种,如果装在运载体上能单独产生导航信息,则称这种系统为自主式导航系统。惯性导航系统、多普勒导航系统以及地形辅助导航系统均属于这种系统。如果除装在运载体上的导航设备(常称作用户设备)之外,还需要设在其他地方的一套设备(称为导航台)与之配合工作,才能产生导航信息,则称这种系统为他备式导航系统。由于导航台多设在陆地上,又常称为陆基导航系统。导航台不输出导航信息,导航台与运载体上的导航设备用无线电相联系,构成一个导航系统,运载体进入导航台所发射的电磁波的覆盖范围后,它的导航设备便能输出导航信息。

20 世纪末,由于航天技术、精密时间技术、电子信息技术、微电子技术的进步,出现了卫星导航系统。卫星导航系统实质上是把导航台设在人造地球卫星上,因此,称为星基或空基导航系统。无论陆基导航、星基导航或自主式导航系统,都各有优缺点。不同的导航系统之间,尤其在卫星导航与自主式导航系统之间,其优缺点存在着很好的互补性,因此,可以把它们有机地结合在一起,形成一个优点更为突出的系统,这种系统称为组合导航系统。

随着无线电网络通信的发展,出现了新的通信、导航与识别集成系统。这种系统采用同步时分多址接入方式,网内相互通信的所有用户的时钟都同步,而且每个用户按规定的时间和顺序发射信号。这样,其他用户根据接收到信号的时间,便能计算出距发射用户的距离,这就构成了相对导航与定位的基础。这种系统用统一的信号,一套硬件同时完成通信、导航与识别功能,因此是一种集成系统。它突破了无线导航系统的导航台与用户设备相互配合的概念,是一种与卫星导航差不多同时出现、建立在类似电子技术水平基础上的系统。

(三)导航系统的应用及发展

随着电子技术的发展,陆基无线电导航设备技术和系统性能在不断提高,尤其是可靠性明显提高。陆基无线电导航系统的性能基本不受外界因素和工作时间的影响,用户设备比较简单,因而容易为各种运载体所接受。在自主式系统方面,20 世纪 40 年代和 60 年代先后产生了多普勒导航系统和惯性导航系统。多普勒导航系统主要用于飞机远程导航。惯性导航系统是在洲际导弹制导需要的刺激下产生的。由于惯性导航系统的工作不依赖于无线电波的传播，在军事航空和航海中有重要作用。

陆基无线电导航系统存在一个基本矛盾。当系统采用 VHF 以上的频段时，电波传播稳定，因此能够提供较高精度的导航信息。然而此时电波沿直线传播，由于地球表面弯曲和地形地物遮挡，一个导航台只能覆盖不大的空域，在地面和海面覆盖很小。反过来当系统发射低频信号时，电波沿地表传播，一个导航台可以有大的覆盖范围，然而由于电波传播不够稳定，因而所提供的导航信息，其精度和更新率都不可能很高。一颗导航卫星可以看到大约地球 40％ 的面积，多颗卫星组成的星座便可以提供全球陆、海、空、天无缝的覆盖，加上卫星发射采用高频段，因而能产生高精度的导航信息。因此卫星导航解决了陆基无线电导航系统的基本矛盾，还把导航从空海运输发展到了陆路交通。不仅如此，卫星导航系统是在新的信息技术和精密定时技术的基础上产生的，因而比陆基系统精度更高，所提供的信息种类除了实时三维位置之外，还有三维速度与时间。此外，卫星导航系统继承了陆基无线电导航系统的优点，在微电子和软件技术的基础上，用户设备体积小、质量小、耗电少、价格低、功能强，这就使卫星导航有潜力为陆、海、空、天的航行提供更好的服务。鉴于卫星导航在军事和民用方面的重要性，为了获取军事优势和保障本国主权，有能力的国家或地区都竞相发展卫星导航系统。目前，世界上存在四大卫星导航系统，包括：美国的 GPS（Global Positioning System）、俄罗斯的格洛纳斯（GLONASS）、欧洲伽利略（GALILEO）和中国的北斗（Beidou Navigation Satellite System，BDS）系统。其中，我国的北斗卫星导航系统，是我国独立自主研发的全球导航定位系统，能够为全球用户提供基本导航（定位、测速、授时）、全球短报文通信、国际搜救等服务。[①]

惯性导航系统有许多优点，例如能同时提供位置、速度和航向姿态信息，自主、隐蔽、不怕干扰等，在军事上具有重大意义，然而它的定位误差随系统工作时间而积累。卫星导航系统则相反，其定位精度高，但用户设备易于受到干扰。把两种设备组合在一起，可以形成精度高而且抗干扰能力强的组合导航系统。精度较高的惯导与卫星导航相组合，可以明显提高卫星导航的抗干扰能力，使组合系统能较长期地保持高的定位精度。所以，目前巡航导弹、军用飞机、战车和大型民航飞机等都装备了组合导航系统。

从理论上说，任何无线通信网络，只要网络成员之间能够建立和保持精确的时间同步，就可以用测量信号到达时间实现成员的相对定位。因为定位对时间同步的要求很高，需要专门实现和不断保持，所以网络带宽是一个关键。这种系统的一个优点是，由于导航和通信是利用同一通道完成的。所以，所有用于军事通信的抗干扰、保密和抗毁措施都将直接用于导航功能，形成抗干扰、保密和抗毁的导航系统。另一个优点是通信导航功能在同一系统中完成，没有覆盖区域不重合和系统间信息交换的问题，用户的实时位置可利用通信功能广播出来，为自然地形成和分发战场实时态势图提供基础。所以这类系统的导航功能主要是为综合电子信息系统、武器系统和作战支持系统等服务的。

四、军用数据链

数据链是现代信息技术与战术理念相结合应运而生的产物，是为适应机动作战单元共

---

① 中国卫星导航系统管理办公室：《北斗卫星导航系统发展报告》（3.0 版），第 3 页，2018 年 12 月.

享战场态势和指挥控制的需要，采用标准化的信息编码、高效的组网协议、保密抗干扰的数字信道而构成的战术信息系统。美军的定义为：战术数字信息链通过单网或多网结构和通信介质，将2个或2个以上的指控系统或武器系统链接在一起，是一种适合于传送标准化数字信息的通信链路，也简称为TADIL。典型的战术数字信息链有4号链（TADIL-C/Link-4）、11号链（TADIL-A/Link-11）、16号链（TADIL-/Link-16）和22号链（TADIL-FJ/Link-22）等。"TADIL"是美国国防部对战术数字信息链的简称，"Link"是北约组织和美国海军对战术数字信息链的简称，二者通常是同义的。国际电信标准和我国国家军用标准中的定义为：数据链路是用于以数字方式发送和接收数据信息的通信手段。两个数据终端设备中，受链路协议控制的、具有固定信息格式以及连接两者的数据电路的总称。数据链路具有把数据从数据源传送到数据库或接收传来的数据的功能。数据链路与常规意义上的无线数字传输的概念类似。[①]

（一）数据链的基本组成

数据链是现代信息技术、作战指挥战术与先进武器平台相结合的产物。典型的数据链系统通常包括战术数据系统（TDS）、加密设备、数据终端设备和无线收/发设备。其中TDS硬件通常是一台计算机，它接受各种传感器（如雷达、导航、CCD成像系统）和操作员发出的各种数据，并将其编排成标准的信息格式；计算机内的输出缓存器，用于数据的存储分发，同时接收链路中其他TDS发来的各种数据。加密设备是数据链路中的一种重要设备，用来确保网络中数据传输的安全。数据终端设备（DTS），又简称为端机，是数据链网络的核心部分和最基本单元，主要由调制解调器、网络控制器和可选的密码设备等组成，它控制着整个数据链路的工作并负责与指挥控制或武器控制系统进行信息交换。

数据链组成中通常包括3个基本要素：传输通道、通信协议和标准的格式化消息。传输通道通常是由端机和无线信道构成，这些端机设备在链路协议控制下进行数据收发和处理。端机一般由收发信机和链路处理器组成，要求具有较高的传输速率，抗干扰能力、保密性和反截获能力，实现链路协议和动中通。数据链各端机之间需要构成网络便于交换信息，通信协议用于维持网络有序和高效地运行。接口控制处理器完成不同数据链的接口和协议转换，为了实现战场态势的共享和指挥控制命令的及时下达。TDS一般与应用平台的主任务计算机相连，完成数据格式化消息处理。为了保证对信息的一致理解以及传输的实时性，数据链交换的消息是格式化的。根据战场实时态势生成和分发以及传达指控命令的需要，按所交换信息内容、顺序、位数及代表的计量单元编排成一系列面向比特的消息代码，便于在指控系统和武器平台中的战术数据系统及主任务计算机中对这些消息进行自动识别、处理、存储，并使格式转换的时延和精度损失减至最小。

数据链的工作程序一般是：首先，由平台的信息处理系统将本平台欲传输的战术信息通过战术数据系统按照数据链消息标准的规范转换为标准的消息格式，经过接口处理及转换，由端机中的组网通信协议进行处理后，再通过传输设备发送（通常为无线设备）。接收平台（可以1个或多个）由其无线电终端机接收到信号后，由TDS处理战术信息，送交到平台信息处理系统进行进一步处理和应用，并显示在平台的显示器上。

---

① 童志鹏：《综合电子信息系统》（第2版），第465—466页，国防工业出版社2008年版.

（二）数据链的技术和应用发展趋势

随着现代武器装备和作战体制的不断改进，尤其是大容量战术信息和多武器平台协同作战的需要，单一数据链体制朝着高速率、大容量、抗干扰方向发展。其目的就是提高协同作战能力，实现对目标的精确打击。美军正在研制、部署适于未来战争应用的各种数据链或改进现有的一些数据链，使其更好地服务于网络中心战，如正在考虑对三军联合的Link-16进行改进，延伸通信距离、拓展带宽并实现动态网络管理；各种网关的建设和完善，为多数据链间信息共享和互操作提供有力的基础条件，Link-16 和 Link-11 间的互联、互通正加速实现。有些数据链相关系统标准与商用标准相一致，并采用通用的路由。

未来战争是联合作战下的体系对抗，联合作战的本质是战场资源的有效共享。作战单元之间的高度互操作、无缝的信息交换是 C4I 系统发展的最终目标，可以为战略、战役、战术各个层次的指挥员快速、准确地决策提供保障。数据链作为 C4I 系统框架的基本组成部分，在传感器、指控单元和武器平台之间实时传输战术信息，是满足作战信息交换需求（IER）的有效手段。但是，由于技术的原因和作战应用对象的不同，没有一种数据链能够满足所有作战要求，多种数据链并存是一种必然。而不同的数据链消息格式与传送协议的转换所带来的时间延迟使得某些关键战场信息不能适时地传送，从而在一定程度上影响系统的互操作性。因此，美军数据链经过 40 多年的发展，已有数据链的种类正逐渐减少，其功能正逐步由 J 系列战术数据链家族的成员实现，也就是说，美军数据链将主要过渡到TADIL J、VMF 和 Link-22。由于通信媒介的发展、更新迅速，J 系列数据链主要规范消息格式和标准化数据元素，目标是实现消息交换与具体通信媒介无关。

数据链的广泛应用，将带来战术思想乃至军事思想的变革，其影响和意义及其深远。数据链将变革传统的战术信息传输模式。作为"现代战争作战指挥的神经网络"，数据链在各军兵种的不同作战平台间，建立紧密的战术链接关系，变革传统的垂直"烟囱"式信息传输模式为"扁平"化传输，使各军兵种的各级指战员能在第一时间共享各种战术信息。

随着数据链的大规模应用，将在战场上构成多个战术共同体；通过这些战术共同体的有效链接，将出现一个盘根错节的信息神经网。信息神经网的末梢，就是战场上众多的探测平台和火力平台；信息神经网的各大节点，就是各级指挥所；信息神经网的中枢，就是最高统帅部。数据链的应用、战场信息神经网的出现和战场信息化的完成，将有力地推动作战指挥模式的变革。

思考题

1. 信息化战争对指挥控制系统的要求有哪些？
2. 预警探测系统的未来发展趋势有哪些？
3. 导航定位系统在军事上的作用有哪些？
4. 如何看待军用数据链在信息化战争中的作用？

第四节　信息化杀伤武器*

战争的首要目的是消灭敌人、保存自己。信息本身不具有杀伤敌人的能力，为更加高效的实现消灭敌人的目标，需要发展各类信息化杀伤武器，主要包括各种精确制导武器、战略导弹武器以及正在发展中的新概念武器等。

一、精确制导武器

精确制导武器，是指采用精确制导技术，直接命中概率在50％以上的武器。精确制导技术是在复杂的战场环境中，利用目标的特征信号，发现、识别和跟踪目标，并将武器直接引导至目标实施有效打击的技术。直接命中是相对于爆炸破片对目标的间接命中而言的，一般是指武器战斗部与目标有效部位的直接接触命中。

（一）精确制导武器的特点

精确制导武器的特点是相对于非制导武器而言的，其基本特点突出表现为高技术、高精度、高效能。

1. 高技术

精确制导武器作为人类智慧的结晶，是技术发展到一定阶段的产物。精确制导武器区别于一般武器的根本标志在于其有制导系统。制导系统由信号探测、高速信号处理和自动控制等部分组成，是以光电器件、集成电路、计算机等众多高技术为基础的。精确制导武器在实战使用中，从发射到命中的全过程贯穿了各种技术手段的较量。所以，各国都十分重视精确制导武器技术的先进性，特别是制导精度、电子对抗和人工智能技术的领先与运用。

2. 高精度

直接命中概率高，这是精确制导武器名称的根本由来，也是精确制导武器最基本的特征。要使直接命中目标的概率达到50％以上，就要求对点目标的圆概率误差在0.9米以内，对普通地域目标的圆概率误差在3米以内。目前，一些有代表性的精确制导武器其命中概率可达80％以上，激光制导炸弹和电视制导炸弹，其圆概率误差在1～3米。由于精确制导武器的直接命中概率不断攀高，因此已经出现了战斗部不需要装药的精确制导武器。例如，英国宇航公司研制的高速防空导弹，不但飞行速度可达4马赫，而且脱靶率几乎为零，该导弹没有爆破战斗部，依靠极其精确的直接撞击撞毁目标。

3. 高效能

精确制导武器较之非制导武器其作战效能大幅提高。在1991年的海湾战争中，"战斧"巡航导弹从1000千米以外发射，精确命中并摧毁了严密设防的巴格达市高价值目标，其总体效能远远优于作战飞机使用常规航弹的空袭。此外，虽然精确制导武器的技术复杂，单发成本比较高，但由于具有较高的直接命中概率，完成作战任务时其弹药消耗量小，因此总体费用仍有可能低于使用常规弹药。

（二）精确制导武器的制导方式

精确制导武器的命中精度主要依靠制导系统来保证。制导系统的工作过程就是发现和利用目标信息和特征的过程。由于可供利用的目标信息多种多样，从而也就决定了制导系统也要采取不同的技术途径和手段来获取这些信息和发出控制指令，因而也就有了各不相同的制导系统和制导方式。大体上可将这些制导系统归纳为自主式制导、寻的式制导、遥控式制导和复合式制导。

1. 自主式制导

根据武器内部或外部固定参考基准，导引和控制武器飞行的制导。有关目标的特征信息是在制导开始以前就确定好的，制导过程中不需要提供目标的直接信息，通常也不需武器以外的设备配合。惯性制导、星光制导、多普勒制导、程序制导和地形匹配制导、地图匹配制导、GPS 全球定位系统制导等都属于自主式制导。其中惯性制导是主要的一种，它的优点是不需要外部任何信息就能根据导弹初始状态、飞行时间和引力场变化确定导弹的瞬时运动参数，因而不易受外界干扰。地地导弹、潜地导弹部分采用自主式制导系统。

2. 寻的式制导

由武器上的导引头感受目标辐射或反射的能量，自动跟踪目标并形成制导指令，导引和控制武器飞行的制导。特点是制导精度较高，但制导距离不能太远。按感受目标信息的来源可分为主动、半主动和被动寻的制导。主动和被动寻的都具有发射后不管的特点。半主动和被动寻的制导多用于空空导弹、地空导弹和空地导弹。寻的式制导系统是利用导弹上的接收装置接收目标所辐射或反射的某种能量而实现的，这些能量有红外线辐射、无线电波、光辐射、声波等。常用的寻的式制导主要有雷达寻的制导、红外线寻的制导、电视寻的制导、毫米波寻的制导、激光寻的制导等。寻的式制导与自主式制导的区别在于武器与目标间的联系。

3. 遥控式制导

由设在武器以外的制导站引导和控制武器飞行的制导。制导站可设于地面、海上（舰艇）、空中（载机）。遥控制导的武器受控于制导站，飞行弹道可以根据目标运动情况而随时改变，因此，它适于攻击活动目标。在地空、空地、空空和反坦克导弹上使用较多。根据导引信号形成情况，遥控制导系统可以分为指令制导和波束制导两大类。指令制导可分为有线电指令制导和无线电指令制导和电视指令制导。苏联的"萨姆-Ⅱ"、美国的"奈基"等均采用无线电指令制导系统，美国的"爱国者"地空导弹在飞行末段也采用了无线电指令制导系统来保证其命中精度。波束制导分为雷达波束制导和激光波束制导两类。

4. 复合式制导

采用两种以上制导方式组合的制导。单一的制导系统可能出现制导精度不高、作用距离不够、抗干扰能力不强或不能适应飞行各阶段要求等情况，采用复合制导可以发挥各种制导系统的优势，取长补短，互相搭配，以解决上述问题。组合方式依导弹类别、作战要求和目标等不同而异。通常有"自主＋寻的""自主＋遥控""遥控＋寻的"和"自主＋遥控＋寻的"等复合制导系统。

（三）精确制导武器的种类

精确制导武器，可分为导弹和精确制导弹药两大类。导弹与精确制导弹药的主要区别，在于前者依靠自身的动力系统和导引控制系统飞向目标，后者自身无动力装置，需借助火炮、飞机投掷，也没有全程制导装置，仅有在飞行末段起作用的寻的装置或传感器。

1. 导弹

导弹是指依靠自身的动力装置推进，由制导系统导引，控制其飞行路线并导向目标的武器。导弹是精确制导武器中研究最早、类别最多、生产和装备量最大的一类。导弹可从多种角度分类：

按导弹发射点和目标位置，可分为地地导弹、地空导弹、岸舰导弹、潜地导弹、空地导弹、空空导弹和空舰导弹等。

按作战任务，可分为战略导弹和战术导弹。战略导弹，是用于完成战略任务的导弹。通常使用核战斗部，由国家最高统帅部直接掌握，用于摧毁敌方纵深重要战略目标。战术导弹，是用于完成战术任务的导弹。主要用于打击敌方战役、战术纵深的战役、战术目标。亦可用于直接支援地面部队作战。

按导弹射程，可分为近程导弹（射程在 1000 千米以内）、中程导弹（射程在 1000～3000 千米）、远程导弹（射程在 3000～8000 千米）及洲际导弹（射程在 8000 千米以上）。

按导弹的弹道特征，可分为飞航式导弹（如"战斧"巡航导弹）和弹道式导弹。

按攻击的目标，可分为反坦克导弹、反舰导弹、反雷达（反辐射）导弹、反卫星导弹、反导弹导弹等。但精确制导武器发展趋势之一是通用化、多功能化，因此这种分类方法仍有一定局限性。

2. 精确制导弹药

精确制导弹药也称为灵巧弹药，根据不同的作用原理可分为末制导弹药和末敏弹药两类。

（1）末制导弹药

末制导弹药有寻的器和控制系统，在其弹道末段能根据目标和弹药本身的位置自行修正或改变弹道，直至命中目标。主要有制导炮弹、制导炸弹、制导雷等。

制导炮弹是用地面火炮发射，弹丸带有制导装置的炮弹的总称。它能够在火炮的最大射程内以很高的单发命中概率攻击目标，主要有激光制导炮弹、毫米波制导炮弹和红外寻的制导炮弹等。

制导炸弹也叫灵巧炸弹，是指有制导装置和空气动力操纵面的航空炸弹。主要有激光制导炸弹和电视制导炸弹。制导炸弹是航空炸弹的新发展，通常是在制式航空炸弹上加装制导装置和气动力装置，靠飞机投弹时给予的初速滑翔飞行，其制导系统同一般空对地导弹的导引头相似，有的甚至就是直接移植而来的。精确制导技术使航空弹药"长了大脑"，一定程度上已具有"发射后不用管""同时攻击多个目标""指哪儿打哪儿"和能在数十、数百乃至上千千米之外全天候攻击任何目标的能力。精确制导的航空炸弹圆概率误差为 0～3 米，命中概率是第二次世界大战时普通航弹的 25～50 倍，弹药的消耗量降低到原来的 1/10～1/50，效费比提高 25～50 倍。

制导雷是一种将自毁破片技术、遥感技术和微处理机结合起来的新型雷，通常在普通地雷、水雷上加装制导系统后即可成为制导雷。制导雷有一个庞大的家族，通常可分为三大类：第一类是打击坦克、装甲车和直升机的制导地雷；第二类是执行反潜、反舰任务的制导水雷；第三类是执行反卫星任务的太空雷。

（2）末敏弹药

末敏弹药不能自动跟踪目标，也不能改变飞行弹道，只能在被撒布的范围内利用其自身的探测器（寻的器）探测和攻击目标。

末敏弹药通常由一些子弹药组成。子弹药被抛撒后，立即用其自身携带的探测器开始在小范围内探测目标，发现目标后，即可沿探测器瞄准的方向发射弹丸，对目标进行攻击，既有较大的毁伤面积，又有较高的命中精度。它是子母弹技术、爆炸成型弹丸技术和先进的传感器技术相结合的产物。末敏弹药探测范围较窄，一般仅为末制导弹药探测范围的 1/10 左右。

（四）精确制导武器在现代战争中的作用

（1）已成为现代战场的主要打击兵器。1973 年 10 月第四次中东战争期间，埃及和以色列展开了一场第二次世界大战后规模最大的坦克战，交战双方使用精确制导武器约 20

种。在 1991 年的海湾战争中，精确制导武器更是大显身手，充当了战场的主角。多国部队使用了大约 20 种精确制导武器，如"战斧"巡航导弹、"爱国者"防空导弹、"斯拉姆"空对地导弹、"哈姆"反辐射导弹、"海尔法"反坦克导弹、"响尾蛇"和"麻雀"空空导弹及激光制导炸弹等，显示出了超常的作战能力。目前，几乎所有国家都或多或少地拥有水平不等的精确制导武器。在电子战和 C3I 系统的密切配合下，精确制导武器已经成了现代战场的主要打击武器。

（2）使作战样式发生深刻变化。精确制导武器在现代作战中的大量使用，给现代作战带来许多新的变化，主要表现在使超视距、多模式、多目标精确打击成为可能，海湾战争中，交战双方投入坦克 8000 多辆、装甲车 8300 多辆、兵力超过 120 万人。伊拉克还在科威特与沙特阿拉伯边界的科威特一侧和伊沙边界伊拉克一侧构筑了由沙堤/反坦克火壕/蛇腹形铁丝网和混合雷场/障碍地带/坦克掩体构成的纵深 7～30 千米的"萨达姆"防线。但地面战斗仅 100 小时就结束，且未发生大规模的坦克战和陆军的地面作战。主要原因就是伊军的装甲部队被美军武装直升机、对地攻击机等发射的上万枚各类反坦克导弹所摧毁。使用精确制导武器可以实现"外科手术"式打击，使得对点目标攻击的附带杀伤和破坏降至尽可能小的程度，同时提高了全天候、全天时的作战能力。

（3）成为改变军事力量对比的重要杠杆。现代战争表明，精确制导武器正在改变坦克、飞机、大炮、军舰等传统武器装备的军事价值，成为改变战争双方军事力量对比的重要杠杆。精确制导武器与电子战的密切配合，将是决定未来战争胜负的重要因素。拥有先进的精确制导武器和电子战实力的一方，可以战胜虽具有传统武器数量优势而精确制导武器却陈旧落后、缺乏电子战配合的一方。事实说明，精确制导武器改变军事力量平衡的作用越来越明显。精确制导武器还促进了常规威慑力量的形成。以对点目标的摧毁能力而言，部分精确制导武器的威力已经与小型核武器相差无几。

二、战略导弹武器

战略导弹是指在战争中用于袭击敌方战略目标，完成战略任务的各种导弹。按照弹道特征来说，战略导弹可分为弹道导弹和巡航导弹两大类。在现代战争中，弹道导弹与巡航导弹武器系统是实施远程精确打击的进攻性武器系统，导弹防御系统是在夹袭弹道导弹或巡航导弹飞行过程中将其击毁的防御性武器系统。在海湾战争中，"飞毛腿"弹道导弹与"爱国者"拦截导弹之间的对抗是现代战争史上出现的第一次导弹攻防对抗。随着技术的进步，导弹攻防对抗这一新的作战方式将在信息化战争中将发挥重要的作用。

战略核导弹是威慑敌方、遏制侵略、控制战争发展的终极武器，从世界主要国家核战略一系列变化调整的演讲过程可以看出，战略核武器作为国家安全基石和利益保障的最后手段，始终没有变化。[①]

（一）战略导弹的概念

战略导弹是用于打击战略目标的导弹，通常射程在 1000 千米以上，携带核弹头或常规弹头，主要用于打击敌方政治经济中心、军事和工业基地、核武器库、交通枢纽，以及拦截对方来袭的战略弹道导弹等重要目标。战略导弹是战略核武器的主要组成部分，按作

---

① 张翔：《世界主要国家核导弹武器发展路线图》（上卷），第 330 页，国防工业出版社 2013 年版.

战用途分为进攻性战略导弹和防御性战略导弹；按飞行弹道分为战略弹道导弹和战略巡航导弹；按射程分为中程、远程和洲际导弹。中程导弹射程为 1000～3000 千米，远程导弹射程为3000～8000千米，洲际导弹射程在 8000 千米以上各国按射程分类的标准不尽相同，例如美国、俄罗斯规定：中程导弹射程为 1100～2700 千米，中远程导弹射程为 2700～5500 千米，洲际导弹射程在 5500 千米以上不同类型的战略导弹，其发射装置和控制设备不同，发射方式也不同。

战略弹道导弹主要由弹体、动力装置、制导系统和弹头等组成。弹体是安装弹上各部件的圆柱形承力壳体，通常选用强度高的金属及复合材料制成。动力装置是为导弹高速飞行提供动力的装置，通常采用固体或液体火箭发动机。制导系统是导引和控制导弹飞行的装置。通常采用惯性制导、星光—惯性制导等。弹头是摧毁目标的装置，主要由壳体、核装药及引爆装置组成，有的还带有突防装置。战略巡航导弹的组成与战略弹道导弹所不同的是：弹体上安装有弹翼；主发动机（巡航发动机）通常采用空气喷气发动机；一般采用全程制导；战斗部（弹头）安装在弹体内的前段或中段。

按照部署方式的不同，战略导弹分为陆基战略导弹、海基战略导弹（战略核潜艇携带）、空基战略导弹（战略轰炸机携带）。陆基战略核力量一般又分为发射井式战略导弹、公路机动式战略导弹和铁路机动战略导弹，而铁路机动战略导弹是 3 种陆基战略导弹中建设成本最高、技术难度最大的导弹系统。提到铁路机动发射战略导弹，很多人都会想到被誉为"死亡列车"的苏联 SS-24 铁路机动战略导弹系统，它是世界上第一种进行过实战部署的铁路机动战略导弹系统。与其他陆基战略导弹系统相比，铁路机动战略导弹最大的优势是机动速度快，生存能力强。导弹列车机动速度一般超过 100 千米/小时，可在漫长的铁路线上运动，隐蔽性非常强，生存能力居陆基部署导弹之首。

随着高技术的发展及其在弹道导弹和巡航导弹上的应用，两者都发展成为战略（核导弹）和战术（常规导弹）两用、射程远—中—近程配套、发射方式多样（陆射、海射和空射）的系列化精确制导武器。它们不但成为世界军事强国或大国战略威慑力量的标志，而且成为高技术条件下实施远程精确打击的"撒手锏"。

1991 年的海湾战争中，伊拉克的"飞毛腿"弹道导弹袭击使美国付出了沉重的代价。近些年来，尽管美国在大力发展反导防御技术，但对于大多数国家来说，地地弹道导弹仍是难以防御的进攻性武器。就许多中小国家而言，弹道导弹既是战术武器，也是战略武器，在信息化条件下的局部战争中有不可取代的作用。类似地，在多次高技术局部战争中，美国的"战斧"巡航导弹都成为突击作战的首选武器，而且摧毁了大量重要战略目标，取得了重要战果。如 2018 年 4 月 14 日，美军从部署在地中海的军舰上发射了 59 枚"战斧"巡航导弹对叙利亚境内的目标进行了远程精确打击。俄罗斯在叙利亚战争中，也多次使用新型巡航导弹 KH-101、KH-102 等，通过潜艇、军舰、战略轰炸机等发射攻击叙利亚境内的恐怖分子目标，取得了显著的战果。这表明巡航导弹已成为极为重要的远程战略打击武器。

未来，随着弹道导弹的精确制导化、巡航导弹的智能化（如将传统巡航弹与无人机技术结合在一起的"巡飞弹"）和高超声速化，它们将成为战争中实施远程战略打击的更强有力的手段，在未来战争中将占有不可取代的地位，起着关键的作用；同时必将导致反导防御技术的进一步发展和反导防御系统的大量建立。导弹攻防对抗将成为未来战争的重要作战样式。

（二）战略导弹的主要种类

战略导弹按发射点与目标位置分为地地战略导弹、潜（舰）地战略导弹、空地战略导弹等；按作战使用分为进攻性战略导弹、防御性战略导弹（反弹道导弹导弹）；按飞行弹道分为战略弹道导弹和战略巡航导弹；按射程分为中程、远程和洲际导弹。中程导弹射程为 1000～3000 千米，远程导弹射程为 3000～8000 千米，洲际导弹射程在 8000 千米以上。考虑到以陆基洲际弹道导弹、装备在核潜艇上的海基弹道导弹和装备在战略轰炸机上的空基巡航导弹构成的"三位一体"的核威慑力量仍然是当前维护国家安全和实现战略威慑的重要基石，一直受到世界各大国的高度重视。因此，我们这里按照陆基战略弹道导弹、海基战略弹道导弹、空基战略巡航导弹和陆基战略反导导弹的分类进行介绍。

1. 陆基战略弹道导弹

陆基战略弹道导弹按发射方式可以分为地面机动发射和地下井发射两大类，地面机动发射又可以分为公路机动和铁路机动发射两种。目前，国外最具代表性的现役路基战略弹道导弹为美国的"和平卫士"导弹以及俄罗斯的"白杨"-M 导弹。

"和平卫士"导弹（也称为 MX 导弹）是美国第四代路基战略弹道导弹，1986 年 12 月开始服役，部署在地下发射井中。导弹长 21.6 米，最大弹径 2.34 米，起飞质量 88.452 吨，推进系统由三级固体火箭发动机和一级液体火箭发动机（末助推级）构成，惯性制导，最大射程可达 1.11 万千米，可携带 10 枚分导式子弹头，每枚子弹头威力为 47.5 万吨 TNT 当量，依靠先进的信息技术，命中精度 CEP 达到 90 米。制导系统由惯性参考球台、电子控制装置、配电组件、火工品解保开关和冷却剂贮存系统组成，采取了相应的抗核加固措施。高级惯性参考球是一种没有框架的浮球平台，由球体、球壳、电子组件和外罩组成，可以自行校准和对准，具有抗震、全姿态等特点。高级惯性参考球中 3 个陀螺、3 个加速度计和姿态传感器的输出信号都用混频和多路传输，经电子组件处理后，用载波编码通过接口电路送入弹载计算机。弹载计算机的运算速度为 18.5 万次/秒。弹载计算机和高级惯性参考球共同完成飞行程序贮存、测试校准、对准惯性仪表、发出关机指令、给火工品发指令和控制导弹稳定飞行等任务。

2. 海基战略弹道导弹

海基（潜射）战略弹道导弹（SLBM）是从水下潜艇发射的弹道导弹。如果用于攻击地面目标，则称潜地弹道导弹。潜射战略弹道导弹隐蔽性强，是生存能力最强的战略核武器，是可靠的核报复力量。潜射弹道导弹核潜艇的在航率约为 60%，续航时间为 60～120 天。潜射弹道导弹发射准备时间为 15 分钟，多发连续发射时间间隔一般不超过 1 分钟。

目前，世界典型海基（潜射）弹道导弹有美国俄亥俄级战略核潜艇装载的"三叉载"-2（D5）导弹、俄罗斯德尔塔级核潜艇装载的 SS-N-23 "轻舟"导弹、法国凯旋级核潜艇装载的 Mk-45 型和 Mk-51 型导弹等。

SS-N-23 "轻舟"是液体潜射弹道导弹，专门为配备 667BDRM（"德尔塔"-4 级）核潜艇而研制，1979 年 1 月开始由马克耶夫设计局负责研制。20 世纪 80 年代初开始飞行试验，1986 年 2 月装备海军。

此"轻舟"导弹采用三级液体火箭推进，弹体采用焊接的铝合金整体密封结构，各级都用共底式推进剂储箱和潜入式液体火箭发动机，没有箱间段和级间段；推进剂为四氧化二氮和偏二甲肼。此"轻舟"导弹可装备 4 枚或 10 枚分导多弹头，根据《第二阶段限制战略武器条约》，该导弹只能装载 4 枚分导多弹头，采用湿发射法发射。1991 年 8 月 6 日，苏联海军在代号为"河马行动"的实弹演习中，由北方舰队的"新莫斯科夫斯克号"战略核潜艇进行了一次空前绝后的齐射演练。该艇当时搭载 16 枚射程 8300 千米的"轻舟"导弹，每枚可搭载 4 个分导核弹头，重 70 吨。"新莫斯科夫斯克号"在 3 分钟内以不到 10 秒的间隔发射了 16 枚导弹（均未携带核弹头），但按演习计划，只有第一枚和最后一枚导弹准确命中靶场目标落地爆炸，其余 14 枚导弹均在飞行过程中被指令自毁，这次发射打破了苏联核潜艇 K-140 在 1969 年 12 月创下的齐射 8 枚弹道导弹的纪录，而齐射的这 16 枚核导弹的爆炸当量相当于"二战"期间人类使用的所有弹药的总和，因此苏联军方将此次行动称为"末日彩排"。到目前为止，单艇 16 枚导弹齐射在世界上还是唯一的一次，这表明苏联当时的潜艇火控能力和海上核打击能力跃上了新的高峰。

此"轻舟"导弹专门装备于 667BDRM 型核潜艇，每艘有 16 个发射筒，每筒装 1 枚导弹，可从水下 55m 深处发射，是俄罗斯目前主要的海基核力量，装备数量为 96 枚。随后俄罗斯又研制了 SS-N-23 的改进 I 型导弹，于 2004 年装备海军。该导弹改变了原有各子级尺寸，可有效防御电磁脉冲，具有突破导弹防御系统的技术，采用 GLONASS 卫星定位系统，控制系统运用 Malahit-3 计算装置，采用湿发射法发射。SS-N-23 改进 2 型装载 8 枚具有突破导弹防御技术的小型弹头，射程可达 8900km，也采用湿发射法方式，该型导弹已于 2007 装备海军开始服役。SS-N-23 改进 3 型的一子级、二子级直径增大，可装载 8 枚具有突破导弹防御技术的小尺寸弹头，采用干发射法方式发射。2008 年 10 月 11 日，俄罗斯北海舰队在名为"稳定"-2008 的军演中，首次由"巴伦支海由图拉号"核潜艇成功发射了 1 枚 SS-N-23 改进 3 型洲际弹道导弹，直抵太平洋赤道范围的目标，创下导弹 11547km 的最远射程纪录。[①]

3. 空基战略巡航导弹

空基战略巡航导弹是一种在大气中飞行，大部分航迹处于用气动升力支撑其重力、靠发动机推力克服前进阻力、以近乎恒速等高状态飞行（巡航）的导弹。按照这个定义，反舰导弹和大多数战术空对地导弹等飞航式导弹都是巡航导弹。但通常所讲的巡航导弹是指 20 世纪 70 年代后发展起来的以美国"战斧"巡航导弹为典型代表的射程在 500 千米

以上的巡航导弹。战略巡航导弹可以通过陆地发射车、海上潜艇和空中轰炸机不同的发射平台发射。DF-10（A）是由中国航天科工集团负责研制、装备于中国人民解放军的亚声速中远程对地攻击巡航导弹，该导弹射程为 1500～2500 千米，性能优越，依靠先进的传感器来寻找、识别并定位目标，通过通信系统向指挥部发送定位信息，能够打击有价值的地面目标，主要针对陆基航空力量以及后勤、通信等固定地面目标实施打击。DF-10（A）是中国研制的第一型对地巡航导弹，也是"长剑"系列中的第一种导弹。DF-10（A）的成功研制使中国成为继美、俄之后世界上第三个实现自主研制、生产和装备对地巡航导弹的国家。

---

① 张翔：《世界主要国家核导弹武器发展路线图》（上卷），第 159 页，国防工业出版社 2013 年版.

4. 陆基战略反导导弹

随着科技的发展，导弹的杀伤效力、命中精度、打击范围都在不断提升。为了应对弹道导弹的威胁，冷战中的美、苏两方开始研究其反制措施，导弹防御系统应运而生。在1991年的海湾战争中，尽管爱国者 PAC-2 地空导弹武器系统拦截了伊拉克少量的飞毛腿和侯赛因导弹，开创了以导反导的实战先例，但其拦截成功率并不令人满意，也暴露了当时防空武器系统的缺陷和不足，这更加引起了西方发达国家特别是美国对弹道导弹防御问题的高度重视。而其中体现出的战略价值使得冷战结束后几乎所有面临战区弹道导弹威胁的国家和地区也开始发展反弹道导弹技术或希望获得这种能力。

弹道导弹防御系统是一种将各种预警、监视和反导武器综合在一起的"多层"防御体系，其组成涉及诸多系统，如预警系统、多传感器融合系统数据处理系统、导弹拦截系统，等等，一个国家弹道导弹防御系统的发展程度在一定程度上显示了该国的综合实力。为此，越来越多的国家和地区（如美国、俄罗斯、欧洲、日本、以色列和中国台湾）分别不同程度上装备部署了防御不同射程导弹的防御系统，但是从整个技术领域来看，弹道导弹防御系统的发展仍以美国和俄罗斯为代表。近年来，美国在退出《限制反弹道导弹系统条约》的同时，加紧试验部署国家导弹防御系统（NMD）和战区导弹防御系统（TMD），2008年2月21日，美国通过部署在太平洋上的"宙斯盾"巡洋舰发射改进型标准-3导弹，成功击毁了报废的侦察卫星，这一事件再次令世人对美国的反导、反卫星能力瞩目。俄罗斯为捍卫其大国地位，维持其军事强国的优势，保持对美国的核威慑力，也不断加强自身的导弹防御系统建设，以应对来自美国的威胁。

美国是最早开始研制弹道导弹防御系统的国家，20世纪80年代初，面对苏联大量携带核弹头的洲际导弹的威胁，美国开始积极发展更加先进的反导技术与武器系统，以重新获取军事上对苏联的优势。1983年3月，美国前总统里根提出了"战略防御计划"（SDI），即所谓的"星球大战"计划，其使命是防御苏联大规模战略弹道导弹（SBM）的攻击，保护美国及其盟国的战略防御计划。研究的系统包括天基、空基和地基定向能武器、动能武器和各种探测器的多层次、多手段，涉及全球范围内的十分庞大和复杂的系统。

迫于国内压力和苏联解体等国际形势的变化，美国当局宣布对 SDI 计划进行了重大调整，转向发布实施针对第三世界国家的"全球防御有限攻击"计划。该计划由三部分组成：一是部署用于保护美国及其盟国在海外、远征部队和军事设施的"战区导弹防御"系统，即 TMD 系统，用于在局部或地区性冲突中拦截来袭的近程弹道导弹；二是部署用于防御独联体和其他潜在发展中国家的远程战略弹道导弹的攻击、保护美国本土的地基战略导弹防御系统，即"国家导弹防御"（NMD）系统，保护整个国家的领土免遭弹道导弹的攻击；三是部署拦截处于助推段飞行的弹道导弹的"智能卵石"天基拦截弹、"智能眼"探测卫星和作战指挥控制中心，即"全球导弹防御系统"（GMD）。苏联解体后，世界局势得到了缓和，于是美国国防部于1993年5月正式宣布终止"星球大战"计划（SDI），并用"弹道导弹防御"计划（BMD）取而代之。

美国的弹道导弹防御系统的主要设计原则是：实现对导弹弹头部分尽可能早、尽可能远的摧毁性拦截。助推段、中段和末段拦截武器同时研发，齐头并进。助推段拦截以机载激光拦截器为主，海基拦截并举；中段拦截是地基、海基双管齐下，但更侧重于海基拦截，因为海基拦截更具灵活性；末段拦截分高、低两层，实施双层拦截。

目前美国陆军采用双层战区导弹防御系统，低层为 PAC-3 爱国者系统，高层为战区高空区防系统（THAAD，萨德）。其中，THAAD 主要用于末段的高层拦截，其拦截高度可达 150 千米，可在大气层外和大气层内实施两次拦截；低层拦截一般指目标高度为 30 千米以下的空域，主要由 PAC-2、PAC-3 爱国者等型号完成。美国海军也正在加紧研制高层和低层战区导弹防御系统，用于装备宙斯盾巡洋舰。美国凭借其空中侦察及感知系统的先进技术和已经拥有的优势，力求在弹道导弹助推上升段及时发现、捕获目标，实施拦截；其后，则利用其先进的高性能地基雷达和远程精制拦截导弹技术，对导弹实施中段拦截；最后，则实施高、低两层末段拦截。形成了多层次、一体化的弹道导弹防御系统。

俄罗斯导弹防御系统的发展战略完全不同于美国，虽然其在国防建设的绝大多数方面继承了苏联的模式，由于其拥有先进的技术和武器装备，因此其弹道导弹防御系统的发展也十分迅速。在 20 世纪 80 年代就以"小羚羊"SH-08 和"橡皮套鞋"SH-11 两种导弹构建了内外双层的战略导弹防御体系，在其后又研制了"安泰-2500"、S-300、S-400 等武器用于对弹道导弹实施末段低层拦截。

俄罗斯在构建其弹道导弹防御体系时，一直把发展的重心放在弹道导弹飞行的中段和末段，从解决对导弹（或空间目标）的战略预警到拦截系统的战术单位对导弹目标的预警指示及火力拦截单元对导弹目标的补充搜索和截获跟踪，都是按体系结构设计要求来完成的。实现了从目标预警到火力拦截的一体化设计。特别值得一提的是其在战略预警方面具备了很大的优势，利用其先天的技术优势研制了多型不同工作波段、不同威力范围的对弹道导弹或其他空中目标的远程预警雷达网，确保对来袭目标的及早发现与告警，为实施弹道导弹的拦截创造了有利的条件。[①]

（三）战略导弹武器的发展趋势

从当今世界战略导弹发展来看，新一代战略导弹的发展趋势首先是发展弹道导弹火箭推进系统与高超音速飞行器的再入系统结合的过渡型战略导弹，而后可能发展出一种发射系统和再入系统都采用高超音速技术的、不同于传统弹道导弹总体的新型战略导弹。而且，对于非核打击战略导弹，还将发展不同于传统核装置的多种非核有效载荷。因此，美、俄新一代战略导弹的发展出现了以下五个新的技术特点。

（1）改进现有型号与逐步应用新技术结合。在美、俄两国的新一代战略导弹发展中，有可能出现一种完全不同于现在弹道导弹总体的高超音速导弹，但这并不意味着现在就立即采用全新的技术或全新的部件。实际上，新一代战略导弹的发展采用了近期从改进现有型号与部分分系统或部件应用新技术起步、同时逐步发展并扩大应用新技术分系统或部件，最终在远期实现全型号采用新技术。

（2）弹道导弹技术与高超音速导弹技术结合。弹道导弹的发射系统与动力型高超音速导弹技术的结合，是一种弹道导弹技术与巡航导弹技术的结合，也是一种现有、成熟的导弹技术与未来、新型导弹技术的结合。联系到美国"猎鹰计划"远期发展的高超音速巡航飞行器（HCV），高超音速巡航导弹很可能成为国外新一代战略导弹的发展方向。

（3）再入飞行器技术与航空飞行器技术结合。美国现有战略弹道导弹采用的都是纯弹道式再入飞行器，而"民兵"-4 方案的弹道机动飞行器（TSV）升力体飞行器和通用空天飞行器、增强型通用空天飞行器两种滑翔型飞行器都具有航空飞行器技术的特点，尤其是增强型通用空天飞行器滑翔距离之远、横向机动距离之大，是纯弹道式再入飞行器技术不

---

① 蔺玄著.《战争简史——军事科技进步与战争形态演变》，第 398 页，兵器工业出版社 2017 年版.

可能实现的。俄罗斯的"白杨"弹道导弹—高超音速飞行器具有翼展为 3.6 米的弹翼和吸气式发动机的动力，在大气层内飞行，是更具有航空飞行器技术特点的再入飞行器。

四是再入飞行器技术与轨道器技术结合。美国空军在 2002 年又提出将通用空天飞行器发展为一种轨道飞行与再入飞行相结合的飞行器，既可以是采用亚轨道弹道的载人滑翔飞行器，也可以是进入低地轨道（LEO）待机，需要时再离轨再入的轨道飞行器。这样就需要把再入飞行器技术与轨道飞行器技术结合起来。

五是发展新一代战略巡航导弹。通过改进发动机和燃料技术，提高巡航导弹的射程和巡航速度，增强红外隐身能力；改进气动外形，喷涂隐身材料，提高对雷达的隐身能力；改进制导体制，提高制导精度；改进任务规划系统，提高智能化水平；研制多种小型高效的核（常规）弹头，提高任务使用弹性。

知识拓展

生化武器

生化武器是生物武器和化学武器的总称。生物武器是生物战剂及其施放器材的统称。其中生物战剂包括病毒、细菌、真菌和立克次体（是一种介于细菌和病毒之间的微生物），主要通过气溶胶和带菌昆虫等方式施放，由呼吸道、消化道、皮肤和黏膜侵入人、畜体内，经一定潜伏期发病。施放器材包括装在飞机、军舰上的气溶胶发生器和布洒箱，以及由火炮、火箭、导弹发射的各种生物弹。化学武器是利用化学毒剂的毒害作用杀伤、疲惫敌有生力量，迟滞、困扰其军事行动的各种武器、器材之总称。生化武器具有传染性强、传染途径多、杀伤范围广、危害作用大、不易侦测、危害时间长等特点。

生化武器作为大规模杀伤性武器，自出世之日起虽屡遭人类社会的唾弃，国际社会已先后签署《禁止细菌生物及毒素武器的发展、生产及储存以及销毁这类武器的公约》和《关于禁止发展、生产、储存和使用化学武器及销毁此种武器的公约》，并分别于 1975 年、1997 年生效。但在相当长的时间里，特别是核武器问世以来，生化武器仍然是一些国家优先选择的目标，是许多国家明里暗里所追求获取的武器。[①] 更值得关注的是，随着信息技术的进步和超级计算机的发展，针对特定人群目标的生化攻击开始露出端倪。通过分析和破译不同群体之间的基因差异，技术先进国家有可能开发出能识别特定目标的基因武器，从而造成人的大规模群体性甚至种族性灭亡。有报道称 20 世纪 80 年代南非就曾试图研制仅针对黑人的"染色体炸弹"，而以色列也被披露出研制针对阿拉伯人基因的"人种炸弹"。从 20 世纪 90 年代起，美国等国家的相关部门一直在采集我国民众的基因样本，这些采集活动不仅在我国部分地区开展，也在美国的华人移民群体中进行。有研究人员对此提出警告，"美国等西方国家采集中国人基因样本的时间跨度和地域范围以及人口数量，均十分宏大，不用国家战略无以作出合理解释，必须警惕这些活动背后的军事和战略动机"[②]。由此可见，"生化危机"一直会是高悬在人类头上的达摩克利斯之剑。

三、新概念武器

新概念武器是指与传统武器相比，在基本原理、杀伤破坏机理和作战方式上都有本质区别，是尚处于研制或探索之中的一类新型武器。新概念武器的出现和陆续实用化，必将对未来的军事理论、作战方式、军队体制编制等产生一系列革命性的影响。

---

① 王碌、高广国：《生化武器与国家安全》，中国军事教育，2005 年第 5 期．
② 柴卫东：《生物欠防备对国家安全的危害》，国际安全研究，2014 年第 1 期．

（一）激光武器

激光武器是利用激光的能量直接摧毁目标或使其失去战斗力的定向能武器。根据激光功率大小和用途的不同，激光武器可分为激光干扰与致盲武器、战术激光武器、战区激光武器和战略激光武器。激光干扰与致盲武器是低能激光武器，在武器装备的分类中属光电对抗装备。战术激光武器、战区激光武器、战略激光武器为高能激光武器，也就是通常意义上的激光武器。高能激光武器又叫强激光武器或激光炮。高能激光武器的杀伤破坏效应，主要是烧蚀效应、激波效应、辐射效应。

激光武器具有许多独特的性能：一是反应迅速。光速以近每秒30万千米传输，打击战术目标不需要计算射击提前量，瞬发即中。二是可在电子战环境中工作。激光传输不受外界电磁波的干扰，目标难以利用电磁干扰手段避开激光武器的射击。三是转移火力快。激光束发射时无后坐力，可连续射击，能在很短时间内转移射击方向，是拦截多目标的理想武器。四是作战效费比高。化学激光武器仅耗费燃料，每次发射费用为数千美元，远低于防空导弹的费用。

激光武器的研制始于20世纪60年代末。经过30多年的发展，美、俄、英、德、法、以色列等国在激光武器研制方面均已取得长足进步。目前，强激光武器以发展高能氟化尔化学激光武器技术和高能氧碘化学激光武器技术为主，现已形成战术、战区和战略多层次防空、反导及反卫星激光武器技术体系。战术激光武器技术基本成熟，已研制出武器样机。战区防御机载激光武器关键技术已突破，激光器单模块功率已达30万瓦，光束主动跟踪系统已经能锁定住30～50千米远处飞行速度为1000米/秒的助推段导弹。美空军正在大力推进大型机载激光器（ABL）计划，美陆军拟发展小型无人机载固体激光器方案。美国"阿尔法"激光器现已将输出功率提高到500万瓦天基激光武器所需要的所有关键技术都通过了验证，并成功地进行了兆瓦级高功率激光器与光束控制、瞄准子系统的地面集成综合试验。其他国家也在大力发展强激光武器技术，俄罗斯的战术防空激光武器已具备实现武器化的技术能力，其天基激光武器系统的核心部件也正在接近百万瓦级的武器化技术指标。

当前各国正在发展的第一代强激光武器因体积和重量大，机动性和灵活性比较差。下一代强激光武器技术将向二极管泵浦固体激光武器技术、激光二极管相控阵列技术和自由电子激光武器技术等方向发展，器件将实现小型化，可实现在战斗机等小平台上使用。

（二）粒子束武器

粒子束武器是以电子、质子、离子或中性粒子为弹丸，通过高能加速器将其加速到接近光速，聚集成密集的束流射向目标，以束流的动能或其他效能杀伤破坏目标的定向能武器。粒子束武器具有快速、高能、灵活、干净、全天候使用等特点。射击不用提前量，千分之一秒就能改变射向，在极短的时间内从容地对付多批目标，是打击空间飞行器、洲际导弹和其他高速运动点状目标的理想武器。

高能粒子束主要有三种破坏作用：一是使目标物质结构材料汽化或融化。二是提前引爆目标中的引爆炸药或破坏目标中的热核材料。三是使目标的电路被破坏、电子装置失灵。根据研究结果，粒子束武器在现代战争中的应用主要是识别和拦截洲际导弹。这是因为，洲际导弹在飞行中段除了释放弹头之外，还释放出大量的诱饵假弹头，只有中性粒子才能有效地对真假弹头进行识别。由此可见，粒子束武器是识别和拦截洲际导弹的最佳选择。

（三）电磁武器

电磁炮是利用运动电荷或载流导体在磁场中切割磁力线，产生的电磁力（洛伦兹力）来加速弹丸，是完全依赖电能和电磁力加速弹丸的一种超高速发射装置。电磁炮主要分为电磁线圈炮、电磁轨道炮两类。电磁线圈炮是利用感应耦合的固定线圈产生的磁场与弹丸线圈上的感应电流相互作用产生的电磁力，推动弹丸加速；电磁轨道炮是利用流经导电轨道和滑动电枢的强电流与其所产生的磁场作用的电磁力驱动弹丸。目前国外发展的电磁炮主要是轨道炮，其炮口初速远大于其他类型的电磁发射器，理论上可达几十千米/秒。

与常规火炮相比，电磁炮炮口初速大、质轻型小、隐蔽性好、射击速率高、可控性好。电磁炮独特的优点，使其在未来战场的广泛领域中拥有重要的应用价值。在防空防天与反导方面，电磁炮可广泛用于反飞机、反巡航导弹、反弹道导弹甚至反卫星作战。在反装甲方面，电磁炮将成为侵彻各种新型装甲的有效途径，炮口动能15兆焦以上的电磁炮可以击毁常规火炮难以击毁的装甲目标。此外，在反舰、航天发射等方面也具有非常广泛的应用前景。

（四）环境武器

环境武器是指通过利用或改变自然环境状态所产生的巨大能量来打击目标的武器。战争总是在一定的环境中进行的，随着科学技术的发展，在未来的战争中，交战军队将有能力借助先进技术更大程度地利用自然环境中潜在的巨大能量呼风唤雨，让人工灾难降临到敌人头上。目前，环境武器主要分三种类型：一是气象型。即利用云和大气中微粒的不稳定性，人为地制造出洪涝、干旱、闪电、冰雹和大雾；利用大气中的不稳定性人工引起飓风、龙卷风以及台风等自然灾害，进而对人和生物等造成危害。二是地震作用型。地壳中隐藏的热应力分布不均，具有极强的不稳定性。因此通过人为激发可以诱发"人造地震"。实验证明，当量为100万吨TNT的核爆炸可能引发里氏6.9级地震。三是生态型。即通过向敌方地区撒播能阻止地球表面热量散发的化学物质，使敌国的大地变成干燥的沙漠，导致生态环境变化；还可以把大量的溴或氯释放到敌方上空，破坏氧层，使之形成"空洞"，让大量的紫外线辐射到敌国地面。

思考题

1. 精确制导武器的概念是什么？
2. 精确制导武器在现代战争中的作用有哪些？
3. 如何理解战略导弹在维护国家安全中的作用？
4. 新概念武器的种类有哪些？

第六章 军事技能

教学目标： 了解最新中国人民解放军共同条令的主要内容；掌握单个军人队列动作和分队队列动作的基本要领；了解轻武器常识、射击基本原理，学会单兵战术基础动作；了解格斗防护的基本知识，熟悉救护的基本要领，掌握人民防空基本知识和技能；了解战备规定的内容要求，行军拉练的要领方法以及地图识别基本知识，电磁频谱管控和无线电测向基本知识，增强学生的综合军事素质。

参考学时： 112 学时

第一节 共同条令教育与训练

一、共同条令*

共同条令是《中国人民解放军内务条令》（以下简称《内务条令》）《中国人民解放军纪律条令》（以下简称《纪律条令》）和《中国人民解放军队列条令》（以下简称《队列条令》）的总称，是军队建设的基本法规。共同条令就是用法规的形式把统一的、行之有效的管理制度、方法和措施固定下来，作为全军部队和军人的行为准则。

2018 年 5 月 1 日我军新修订的《中国人民解放军内务条令（试行）》（以下简称《内务条令（试行）》）、《中国人民解放军纪律条令（试行）》（以下简称《纪律条令（试行）》）和《中国人民解放军队列条令（试行）》（以下简称《队列条令（试行）》）颁布施行。明确了共同条令的指导思想和原则，坚持政治建军、改革强军、科技兴军、依法治军，聚焦备战打仗，着眼新体制新要求，调整规范军队单位称谓和军人职责，充实日常战备、实战化军事训练管理内容要求。

（一）《内务条令》简介

《内务条令》是为了规范中国人民解放军的内务制度，加强内务建设，根据有关法律和军队建设的实际制定的。军队的内务建设，是军队进行各项建设的基础，是巩固和提高战斗力的重要保证。内务建设的基本任务是，使每个军人明确和认真履行职责，维护军队良好的内外关系，建立正规的战备、训练、工作、生活秩序，培养优良的作风和严格的纪律，保证军队圆满完成任务。

制定《内务条令》的主要作用是使全军官兵牢固树立战备观念，养成令行禁止的作风，不断提高战斗力；以军事训练为中心，以正规化建设为重点，以建设一支听党指挥、能打胜仗、作风优良的人民军队为目标统筹安排各项工作，建立良好的战备、训练、工作和生活秩序；加强战备物资和军事管理，保证其经常处于良好的状态。

《内务条令（试行）》共 15 章 325 条，并附录 10 项。

第一章　总则。本章是该条令的纲。它阐述了我军的唯一宗旨："中国人民解放军是中国共产党缔造和领导的，用马克思列宁主义、毛泽东思想、邓小平理论、'三个代表'

重要思想、科学发展观、习近平新时代中国特色社会主义思想武装的人民军队，是中华人民共和国的武装力量，是人民民主专政的坚强柱石。紧紧地和人民站在一起，全心全意地为人民服务"。(《内务条令（试行）》第3条) 总则还规定了我军内务建设所必须遵循的原则和《内务条令（试行）》的适用范围。

第二章　军人宣誓。中国人民解放军军人，是在中国人民解放军服现役的中华人民共和国公民。军人宣誓，是军人对自己肩负的神圣职责和光荣使命的承诺和保证。本章规定了军人宣誓的内容和基本要求。

军人誓词是：我是中国人民解放军军人，我宣誓：服从中国共产党的领导，全心全意为人民服务，服从命令，忠于职守，严守纪律，保守秘密，英勇顽强，不怕牺牲，苦练杀敌本领，时刻准备战斗，绝不叛离军队，誓死保卫祖国。(《内务条令（试行）》第13条)

第三章　军人职责。本章规定了士兵、军官、首长和各级主管人员的职责。义务兵的基本职责：努力学习马克思列宁主义、毛泽东思想、邓小平理论、"三个代表"重要思想、科学发展观、习近平新时代中国特色社会主义思想，贯彻党的路线、方针、政策，遵守国家的法律法规，执行军队的法规制度；服从命令，听从指挥，英勇顽强，不怕牺牲，坚决完成任务；刻苦训练，熟练掌握军事技能，努力提高打仗本领；熟练操作使用和认真维护武器装备，使其经常保持良好状态；严守纪律，服从管理，尊重领导，团结同志，爱护集体荣誉，维护良好形象；艰苦奋斗，厉行节约，爱护公物；积极学习科学技术和文化知识，提高科学文化素养；落实安全要求，严格保守国家和军队的秘密。(《内务条令（试行）》第19条)

第四章　内部关系。本章规定了军人之间、官兵之间、机关之间、部队之间的相互关系。中国人民解放军军人，不论职位高低，在政治上一律平等，相互间是同志关系。军官、士兵依行政职务和军衔，构成首长和部属、上级和下级或者同级的关系。

第五章　礼节。礼节体现了军队内部团结友爱和相互尊重。军人敬礼分为举手礼、注目礼和举枪礼。

第六章　军人着装。本章详细规定了军人着装的具体要求。军人应当配套穿着军服，佩带军衔、级别资历章（勋表）等标志服饰，做到着装整洁庄重、军容严整、规范统一。

第七章　军容风纪。本章详细规定了军人仪容仪表的具体要求。军人应当军容严整，遵守相关规定。

第八章　与军外人员的交往。本章规定了军队单位和人员在与军外人员交往中必须遵纪守法，保持良好形象，坚决维护国家和军队的利益。

第九章　作息。本章规定了一日时间分配，连队一日生活和机关一日生活的具体制度。

第十章　日常制度。主要内容有：行政会议、请示报告、连队内务设置、请假销假、查铺查哨、军官留营住宿、点验、交接、接待、证件和印章管理及保密制度。

第十一至第十四章主要规定了值班、警卫、零散人员管理、日常战备和紧急集合、装备集合、装备日常管理、财务和伙食及农副业生产管理、卫生、营区及房地产管理、野营管理、安全工作以及国旗、军旗、军徽的使用和国歌、军歌的奏唱等有关事项。

第十五章　附则。（略）

(二)《纪律条令》简介

《纪律条令》是用简明条文规定的、通过命令颁布的关于军队纪律及奖惩的法规。它既是维护和巩固纪律的准则，又是部队实施奖惩的基本依据。

现行的《纪律条令（试行）》继承了我军维护和巩固纪律的优良传统，贯彻了依法从严治军的思想，体现了党在新时期的路线、方针、政策，反映了我军现阶段的特点。纪律条令的主要作用在于通过实施奖惩来保障其他军事法规的各项规定得以落实，各种军事活动得以正常运转。

《纪律条令（试行）》共 10 章 262 条，并附录 8 项。

第一章　总则。本章指出了"中国人民解放军的纪律，是建立在政治自觉基础上的严格的纪律，是军队战斗力的重要因素，是保持人民军队性质、宗旨、本色，团结自己、战胜敌人和完成一切任务的保证"（《纪律条令（试行）》第 3 条）。军人在任何情况下，都必须严格遵守和自觉维护纪律。

中国人民解放军的纪律，要求每个军人必须把革命的坚定性、政治的自觉性、纪律的严肃性结合起来，统一意志、统一指挥、统一行动，有令必行、有禁必止，严格执行中国共产党的路线、方针、政策，遵守国家的宪法、法律、法规，执行军队的法规制度，执行上级的命令和指示，执行三大纪律、八项注意（三大纪律：一切行动听指挥；不拿群众一针一线；一切缴获要归公。八项注意：说话和气；买卖公平；借东西要还；损坏东西要赔；不打人骂人；不损坏庄稼；不调戏妇女；不虐待俘虏）。

第二章　纪律的主要内容。本章明确了本条令的主要内容。

中国人民解放军军人要遵守政治纪律，对党忠诚，立场坚定。坚定不移贯彻执行党的路线、方针、政策，坚持党对军队绝对领导的根本原则和制度，牢固树立政治意识、大局意识、核心意识、看齐意识，坚决维护权威、维护核心、维护和贯彻军委主席负责制，自觉在思想上政治上行动上同党中央、中央军委保持高度一致，在重大政治斗争中立场坚定，在重大原则问题上旗帜鲜明。（《纪律条令（试行）》第 11 条）

第三章　奖励。本章明确了奖励的目的和原则、项目、条件，奖励的权限和实施奖励的要求、程序和形式。

奖励的目的在于鼓励先进，维护纪律，调动官兵的积极性、创造性，发扬爱国主义、共产主义和革命英雄主义精神，保证作战、训练和其他各项任务的完成。（《纪律条令（试行）》第 21 条）精神奖励和物质奖励相结合，以精神奖励为主，注重发挥物质奖励的激励作用。对个人的奖励项目由低到高依次为：嘉奖、三等功、二等功、一等功、荣誉称号、八一勋章。

第四章　表彰。本章明确了表彰的对象、范围和表彰程序。

第五章　纪念章。本章介绍了纪念章的制作及发放标准。

国防服役纪念章颁发给服现役满 8 年以上的人员，其中，服现役满 8 年以上、不满 16 年的，授予铜质纪念章；服现役满 16 年以上、不满 30 年的，授予银质纪念章；服现役满 30 年以上的，授予金质纪念章。（《纪律条令（试行）》第 103 条）

第六章　处分。本章明确了处分的目的和原则、项目、条件，处分的权限和实施处分的具体程序、要求和方法。

对义务兵的处分由低到高依次为：警告、严重警告、记过、记大过、降职或者撤职、降衔、除名、开除军籍。此外，还有对士官和军官的处分项目。处分的目的在于严明纪律，教育违纪者和部队，强化纪律观念，维护集中统一，巩固和提高部队战斗力。

第七章　特殊措施。本章规定了各种特殊情况发生的处理原则和方法以及所负责任。

第八章　控告和申诉。本章明确了控告和申诉的目的；控告、申诉的程序和形式；保证控告、申诉权的要求以及控告军外人员的注意事项。实施控告和申诉是军人的民主权利，要求"控告和申诉应当忠于事实"。

第九章　首长责任和纪律监察。

第十章　附则。（略）

（三）《队列条令》简介

《队列条令》是规定军队队列动作、队列队形与指挥的法规和准则，是军队队列训练和队列生活的依据。

现行《队列条令（试行）》继承了我军"严格要求，严格训练"的传统，使我军队列动作、队列生活得以进一步规范，对培养军人良好的姿态、严整的军容、优良的作风，提高部队的组织纪律性，增强我军的战斗力发挥了重要的作用。

《队列条令》共 10 章 89 条，并附录 4 项。

第一章　总则。本章阐述了队列训练的意义、目的以及队列训练的作用。

第二章　队列指挥。本章规定了队列指挥的位置、方法和要求。

第三章　队列队形。本章规定了班、排、连、营、团和军兵种分队、部队的基本队形以及军旗位置。

第四章　单个军人的队列动作。本章规定了单个军人分队的队列动作。

第五章　分队、部队的队列动作。本章明确了分队和部队集合、离散、整齐、报数、出列、入列、行进、停止、队形变换等的动作要求。

第六章　分队乘坐交通工具。本章规定了分队乘坐车辆等交通工具的组织程序、实施方法和要求。

第七章　国旗的掌持、升降和军旗的掌持、授予与迎送。本章规定了国旗的掌持、升降和军旗的掌持、授予与迎送的程序、方法、要求、要领以及队形和队列动作。

第八章　阅兵。本章明确了阅兵的时机和形式，规定了阅兵式、分列式的组织程序和分队的动作要领。

第九章　仪式。本章明确了各个场合的相关规定和要求。

第十章　附则。（略）

二、分队队列动作 *

队列的基本队形为横队、纵队、并列纵队。需要时，可调整为其他队形。队列人员之间的间隔（两肘之间）约 10 厘米，距离（前一名脚跟至后一名脚尖）约 75 厘米。需要时，可调整队列人员之间的间隔和距离。

（一）班的队形

班的基本队形，分为横队和纵队。需要时，可成二列横队或二路纵队。步兵班通常按班长、正副机枪射手、步枪手或冲锋枪手、正副火箭筒射手、副班长的顺序列队。必要时可按身高列队。

（二）排的队形

排的基本队形分为横队和纵队。排横队，由各班的班横队依次向后排列组成。排纵队，由各班的班纵队依次向右并列组成。横队时，排长在第一列基准兵右侧；纵队时，排长在队列前中央。

（三）连的队形

连的基本队形，分为横队、纵队和并列纵队。连横队，由各排的排横队依次向左并列组成。连纵队，由各排的排纵队依次向后排列组成。连并列纵队，由各排的排纵队依次向左并列组成。连部和炊事班组成相应的队行，位于本连队队尾。

（四）集合、离散

1. 集合

集合是使单个军人、分队、部队按照规范队形聚集起来的一种队列动作。

集合时，指挥员应当先发出预告或者信号，如"全连（或×排）注意"，然后，站在预定队形的中央前，面向预定队形成立正姿势，下达"成××队——集合"的口令。所属人员听到预告或信号，原地面向指挥员成立正姿势；听到口令，跑步到指定位置面向指挥员集合（在指挥员后侧的人员，应当从指挥员右侧绕过），自行对正、看齐，成立正姿势。

（1）班集合

口令：成班横队（二列横队）——集合。

要领：基准兵迅速跑到班长左前方适当位置，成立正姿势；其他士兵以基准兵为准，依次向左排列，自行看齐。

成班二列横队时，单数士兵在前，双数士兵在后。

口令：成班纵队（二路纵队）——集合。

要领：基准兵迅速跑到班长前适当位置，成立正姿势；其他士兵以基准兵为准，依次向后排列，自行对正。

成班二路纵队时，单数士兵在左，双数士兵在右。

（2）排集合

口令：成排横队——集合。

要领：基准班在指挥员前方适当位置，成班横队迅速站好；其他班成班横队，以基准班为准，依次向后排列，自行对正、看齐。

口令：成排纵队——集合。

要领：基准班在指挥员右前方适当位置，成班纵队迅速站好；其他班成班纵队，以基准班为准，依次向右排列，自行对正、看齐。

（3）连集合

口令：成连横队——集合。

要领：队列内的连指挥员或者基准排，在指挥员左前方适当位置，成横队迅速站好；各排和连部成横队，以连指挥员或者基准排为准，依次向左排列，自行对正、看齐。

口令：成连纵队——集合。

要领：队列内的连指挥员或者基准排，在指挥员前方适当位置，成纵队迅速站好；各排和连部成纵队，以连指挥员或者基准排为准，依次向后排列，自行对正、看齐。

口令：成连并列纵队——集合。

要领：队列内的连指挥员或者基准排，在指挥员左前方适当位置，成纵队迅速站好；各排和连部成纵队，以连指挥员或者基准排为准，依次向左排列，自行对正、看齐。

2. 离散

离散是使队列的单个军人、分队、部队各自离开原队列位置的一种队列动作。

离开。口令：各营（连、排、班）带开（回）。

要领：队列中的各营（连、排、班）指挥员带领本队迅速离开原来队列位置。

解散。口令：解散。

要领：队列人员迅速离开原队列位置。

（五）整齐、报数

1. 整齐

整齐，是使列队人员按照规定的间隔、距离，保持行、列齐整的一种队列动作。整齐分为向右（左）看齐和向中看齐。

口令：向右（左）——看齐。

要领：基准兵不动，其他士兵向右（左）转头（持枪、炮时，听到预令，迅速将枪、炮稍提起，看齐后自行放下），眼睛看右（左）邻士兵腮部，前四名能通视基准兵，自第五名起，以能通视到本人以右（左）第三人为度。后列人员，先向前对正，后向右（左）看齐。听到"向前看"的口令，迅速将头转正，恢复立正姿势。

口令：以×××同志为准，向中——看齐。

要领：当指挥员指定以×××同志为准（或以第×名同志为准）时，基准兵答"到"，同时左手握拳高举，大臂前伸与肩略平，小臂垂直举起。听到"向中看——齐"的口令后，其他士兵按照向右（左）看齐的要领实施。听到"向前看"的口令后，基准兵迅速将手放下，其他士兵迅速将头转正，恢复立定姿势。

一路纵队看齐时，可以下达"向前——对正"的口令。

2. 报数

口令：报数。

要领：横队从右至左（纵队由前向后）依次以短促洪亮的声音转头（纵队向左转头）报数，最后一名不转头。数列横队时，后列最后一名报"满伍"或"缺×名"。连集合时，由指挥员下达"各排报数"的口令，各排长在队列内向指挥员报告人数，如"第×排到齐"或"第×排实到××名"。必要时也可以统一报数。

连实施统一报数时各排不留间隔，要补齐，成临时编组的横队队形。

（六）出列、入列

单个军人或分队出、入列通常跑步（5步以内用齐步，1步用正步）执行，或按照指挥员指定的步法执行；然后，进到指挥员右前侧适当位置或者指定位置，面向指挥员成立正姿势。

1. 单个军人出、入列

出列。口令：×××（或第×名），出列。

要领：出列军人听到呼点自己的姓名或序号应当答"到"，听到"出列"的口令后，应当答"是"。

位于第一列（左路）的军人，按照上述规定取捷径出列。

位于中列（路）的军人，向后（左）转，待后列（左路）同序号的军人向右后退1步（左后退1步）让出缺口后，按照上述规定从队尾（纵队时从左侧）出列；位于"缺口"

位置的军人待出列军人出列后，即复原位。

位于最后一列（右路）的军人出列，先退1步（右跨1步），然后，按照有关规定从队尾出列。

入列。口令：入列。

要领：听到"入列"口令后，应答"是"，然后按照出列的相反程序入列。

2. 班、排出列、入列

口令：第×班（排），出列（入列）。

要领：听到"第×班（排），出列（入列）"的口令后，由出（入）列班（排）的指挥员答"到"或"是"，并用口令指挥本班（排）按有关规定，以纵队形式从队尾出（入）列。

（七）行进、停止

横队和并列纵队行进以右翼为基准，纵队行进时以左翼为基准（一路纵队时以先头为基准）。

行进口令：×步——走。

要领：听到口令，基准兵向正前方前进，其他士兵向基准翼标齐，保持规定的间隔、距离行进。纵队行进时，排、连通常成三路纵队，也可以成一路或二路纵队。行进中，可用"一二一""一二三四"作为口号或唱队列歌曲，以保持步伐整齐和振奋士气。

停止口令：立——定。

要领：听到口令，按立定的要领实施，分队的动作要整齐一致。停止后，听到"稍息"的口令后，先自行对正、看齐，再稍息。

（八）队形变换

队形变换是一种队形变为另一种队形的队列动作。

1. 横队和纵队的互换

（1）横队变纵队

停止间口令：向右——转。

行进间口令：向右转——走。

（2）纵队变横队

停止间口令：向左——转。

行进间口令：向左转——走。

要领：停止间，按照单个军人向右（左）转的要领实施。行进间，按照单个军人向右（左）转走的要领实施。分队动作要整齐一致。队形变换后，排以上指挥员，应当进到规定的队列位置。

2. 停止间的班横队和班二列横队，班纵队和班二路纵队互换

（1）班横队变班二列横队

口令：成班二列横队——走。

要领：变换前，先报数。听到口令，双数士兵左脚后退一步，右脚（不靠拢左脚）向右跨1步，左脚向右脚靠拢，站到单数士兵之后，自行对正、看齐。

（2）班二列横队变班横队

口令：间隔1步，向左离开。成班横队——走。

要领：听到"间隔1步，向左离开"的口令，取好间距，听到"成班横队——走"的口令，双数的士兵左脚左跨1步，右脚（不靠拢左脚）向前1步，左脚向右脚靠拢，站到单数士兵左侧，自行看齐。

（3）班纵队变班二路纵队

口令：成班二路纵队——走。

要领：变换前，先报数。听到口令，双数士兵右脚右跨1步，左脚（不靠拢右脚）向前1步，右脚向左脚靠拢，站到单数士兵右侧，自行对正、看齐。

（4）班二路纵队变班纵队

口令：距离两步，向后离开。成班纵队——走。

要领：听到"距离两步，向后离开"的口令，取好距离，听到"成班纵队——走"的口令，双数士兵右脚后退1步，左脚（不靠拢右脚）站到单数士兵之后，自行对正。

3. 连纵队和连并列纵队的互换

（1）连纵队变连并列纵队

停止间口令：成连并列纵队，齐步——走。

行进间口令：成连并列纵队——走。

要领：连指挥员或基准排踏步，其他排和连部逐次进到连指挥员或基准排左侧踏步并取齐，然后听口令前进或停止。

（2）连并列纵队变纵队

停止间口令：成连纵队，齐步——走。

行进间口令：成连纵队——走。

要领：连指挥员或基准排照直前进，其他排和连部停止间和行进间均踏步，待连指挥员或基准排离开原位后，各排按排长、连部和炊事班按司务长的口令依次前进。

（九）方向变换

方向变换是改变队列面对的方向的一种队列动作。

1. 横队和并列纵队的方向变换

停止间口令：左（右）转弯，齐（跑）步——走。

左（右）后转弯，齐步——走。

行进间口令：左（右）转弯——走。

左（右）后转弯——走。

要领：一列横队方向变换时，轴翼士兵踏步，并逐步向左（右）转动；外翼第一名士兵用大步行进并同相邻士兵动作协调，逐步变换方向，愈接近轴翼者，其步幅愈小，其他士兵用眼睛的余光向外翼取齐，并保持规定的间隔和排面整齐，转到90度或180度时踏步并取齐，听口令前进或者停止。

数列横队和并列纵队方向变换时，第一列轴翼士兵停止间用踏步，行进间用小步，外翼士兵用大步行进，保持排面整齐，边行进边变换方向，转到90度或者180度后，听口令前进或停止，后继各列按上述要领，保持间隔、距离，取捷径进到前一列转弯处，转向新方向前进。

2. 纵队方向变换

停止间口令：左（右）转弯，齐（跑）步——走。

左（右）后转弯，齐（跑）步——走。

向后——转，齐（跑）步——走。

行进间口令：左（右）转弯——走。

或左（右）后转弯——走。

要领：一路纵队方向变换时，基准兵在左（右）转时，按单个军人行进间转法（停止间，左转弯时，左脚先向前一步）要领实施，在左（右）后转弯时，用小步边行进边变换方向，转到90度或180度后，照直前进；其他士兵逐次进行到基准兵的转弯处，转向新方向跟进。

数路纵队方向变换时，按照数列横队和并列纵队方向变换的要领实施。

三、现地教学

现地教学是指在课堂教学之外，根据教学内容需要，在现地结合自然实景、实情、实物等进行的教学。大学生军训期间的现地教学，除了指在训练场上进行的各种科目的军事技能训练之外，还指有组织、有计划地进行的走进军营参观、走进爱国主义教育基地学习参观、学唱军营歌曲等活动。这些现地教学，是大学生军训期间促进军事技能训练、提升训练激情和增强爱国情怀的有益形式。

（一）走进军营

向本国民众开放一般性军事活动早已成为国际惯例，是开展全民国防教育的重要方式。像俄罗斯、以色列、法国、荷兰、韩国、新加坡、马来西亚等国都设有军事机关、院校和基地的"开放日"，美国五角大楼常年对外开放。这种开放有时还扩大到军事表演和演习项目，如日本陆上自卫队每年最大规模的实弹射击演习"富士综合火力演习"和海上保安厅举行的海空阅兵及综合演练都向社会开放，现场观众经常达到数万人。《中国人民解放军军营开放办法》（以下简称《办法》）自2017年9月30日起施行的是新形势下发挥军队资源优势推动全民国防教育普及深入的重要举措，为各部队规范有序组织军营向社会开放提供了基本遵循。该《办法》对于依法推进军营向社会开放工作，充分展示人民军队强军兴军新面貌和新一代革命军人良好形象，进一步增进人民群众对人民军队的热爱，在全社会营造关心国防、热爱军队、尊重军人的浓厚氛围，激发广大官兵投身强军兴军伟大实践的政治热情，具有重要意义和作用。大学生军训期间和整个在校学习期间，都应当充分利用军营开放日开展走进军营参观的现地教学活动，激发大学生热爱国防、热爱军队的情怀。

军营开放单位应当在国庆节、建军节、国际劳动节、全民国防教育日、全民国家安全教育日、抗日战争胜利纪念日、烈士纪念日、军兵种成立纪念日期间组织向社会开放；也可以根据驻地国防教育工作需要组织向社会开放。军营开放单位向社会开放，主要包括军史馆、荣誉室等场所，部队可以公开的军事训练课目和武器装备，基层官兵学习、生活、文化活动等设施。开展军营开放活动，部队应当严密做好保密工作，事先拟定保密方案，开展必要的防护伪装，采取针对性技术管控措施，加强对参观人员的保密教育提醒，参观活动结束进行必要的安全检查，严防失泄密问题发生。学校组织学生走进军营参观学习，应事先加强纪律教育、保密知识和意识教育，做好充分的组织计划与协调工作，着眼培育大学生的家国情怀和爱军尚武精神，让大学生零距离感受我军优良传统和作风，感受国防和军队改革发展的巨大成就，感受官兵聚力强军、聚焦打赢的昂扬战斗精神，进一步增强大学生对国防和军队建设的信心，增进大学生对人民子弟兵的感情，强化大学生国家安全意识和国防观念。

（二）走进爱国主义教育基地

加强爱国主义教育，继承和发扬爱国主义传统，对于振奋民族精神，增强民族凝聚力，具有重要的现实意义。强化大学生的爱国主义精神，必须充分发挥爱国主义教育基地的作用，经常性组织大学生走进爱国主义教育基地接受爱国主义教育。

2019年11月，中共中央、国务院印发了《新时代爱国主义教育实施纲要》（以下简称《纲要》）。《纲要》以"举旗帜、聚民心、育新人、兴文化、展形象"为根本，紧紧围绕政治引领、时代特征、思想含量和价值导向，做到"三个贯穿始终"。在庆祝新中国成立70周年之际，制定印发《纲要》，对于引导全体人民弘扬伟大的爱国主义精神，为实现中华民族伟大复兴的中国梦不懈奋斗，具有非常重要的现实意义和深远的历史意义。1997年7月，中宣部向社会公布了首批百个爱国主义教育示范基地，并以此影响和带动全国爱国主义教育基地的建设。此次公布的100个示范基地中，反映中华民族悠久历史文化内容有19个，反映近代中国遭受帝国主义侵略和我国人民反抗侵略、英勇斗争内容的有9个，反映现代我国人民革命斗争和社会主义建设时期内容的有75个。2001年6月11日，中宣部公布了以反映党的光辉历史为主要内容的第2批百个爱国主义教育示范基地。2005年11月20日，中宣部公布了第3批66个全国爱国主义教育示范基地名单。2009年5月，中宣部公布第4批87个全国爱国主义教育示范基地，旨在进一步推动爱国主义教育基地建设，更好地发挥爱国主义教育基地作用，更加深入地开展群众性爱国主义教育活动，激发爱国热情、凝聚人民力量、培育民族精神。截至2019年9月，全国爱国主义教育示范基地总数达到473个，基本覆盖了从中国共产党成立到解放战争胜利各个历史时期的重大历史事件、重要人物和重要革命纪念地。

高校应当经常组织大学生集体走进爱国主义教育基地进行学习参观活动，大学生也应当自觉走进爱国主义教育基地接受爱国主义教育。南京大学结合军事理论课教学，让大学生自发参观侵华日军南京大屠杀遇难同胞纪念馆、雨花台烈士陵园，并要求每个学生撰写参观学习体会，作为军事理论教学考试成绩重要的评定依据，不但丰富了学校国防教育形式，而且加强了学生的爱国主义教育。

> **知识拓展**
>
> **山西省爱国主义教育基地**
>
> 1. 八路军太行纪念馆
>
> 八路军太行纪念馆坐落在山西省武乡县，占地面积180000平方米，1988年开馆，是全国唯一一座全面反映八路军抗战历史的革命纪念馆，也是进行革命传统教育、爱国主义教育、廉政教育、国防教育的重要基地。八路军太行纪念馆收集展示了大批历史珍贵资料和革命文物，记载了当年八路军及太行人民的光辉业绩，展示了太行抗日原貌，再现了朱德、彭德怀、左权、刘伯承、邓小平等老一辈革命家的光辉形象。纪念馆建筑呈工字形布局，两侧为平顶现代建筑，中堂犬顶呈古式建筑。2015年7月，八路军太行纪念馆完成为期4个多月的提升改造，重新迎客。新的纪念馆不仅补充了更多抗战文物，在展陈形式和技术层面也实现了创新突破。

地址：山西省武乡县太行街 117 号

2. 平型关大捷纪念馆

1986 年 8 月 10 日，聂荣臻元帅为纪念平型关大捷赋诗一首，并次日，致信山西省委、省政府，指出"平型关大捷意义重大，修复纪念馆是必要的"。2007 年平型关大捷纪念馆改扩建，于 2009 年 9 月 27 日重新开馆，景区总面积为 8.5 平方公里，总体规划分为战争轴、纪念轴和烽火台虚轴三大轴线，14 个景点，5 个功能服务区。改扩建后的平型关大捷纪念馆主展厅和半景画馆内陈列的部分珍贵图片、文献资料和文物是首次公开展出。半景画馆运用现代科技和艺术手段再现了平型关大捷的战斗场面。

地址：山西省灵丘县白崖台乡

3. 太原解放纪念馆

太原解放纪念馆位于太原市东山牛驼寨。这片土地当年曾是解放太原的主战场之一。牛驼寨地势陡峭，沟壑纵横，自古以来就是兵家攻守太原的军事要塞，有"太原门户"之称。2016 年 12 月，太原解放纪念馆入选《全国红色旅游经典景区名录》。在解放太原战役中，中国人民解放军经过一个多月的浴血奋战，力举攻克牛驼寨等东山四大要塞。1949 年 4 月 24 日太原回到了人民的怀抱。从此，推翻了阎锡山长达 38 年之久的统治。

地址：太原市东山牛驼寨

4. 刘胡兰纪念馆

刘胡兰纪念馆是全国重点烈士纪念建筑物保护单位，坐落在山西省文水县刘胡兰村（原名云周西村）村南。文（水）祁（县）公路从纪念馆北墙通过，东接大运公路，西连 307 国道。刘胡兰纪念馆前身为刘胡兰烈士陵园，始建于 1956 年，1957 年 1 月 12 日，刘胡兰就义 10 周年时落成并对外开放。1959 年改称刘胡兰纪念馆。1959 年、1976 年曾两度调整布局，重新整修扩建。现占地面积 63000 余平方米，位居全国个人烈士纪念馆首位。主要建筑物由毛泽东题词纪念碑、刘胡兰事迹陈列室、七烈士纪念厅、刘胡兰雕像、陵墓和观音庙等组成。整体建筑以纪念碑与陵墓为中轴线对称分布，凝重典雅。

地址：山西省文水县刘胡兰村

5. 百团大战纪念馆

百团大战纪念碑景区位于山西省阳泉市区西南 5 公里处的狮脑山风景区，建成于 1995 年，1997 年被中宣部命名为全国"百家爱国主义教育示范基地"。百团大战纪念碑位于狮脑山巅，建成于 1987 年 6 月 30 日。纪念碑坐北朝南，由主碑、3 座副碑、1 座大型圆雕、2 座题字碑、烽火台及"长城"组成。整个建筑群占地 25 亩。主碑正面镌刻着彭真同志题词"战绩辉煌永垂史册"；两侧分别为徐向前同志题词"参加百团大战的烈士们永垂不朽"、薄一波同志题词"百团大战，抗日战争中最光辉的一页，必将载诸史册，永放光芒"。第一座题字碑正面是"百团大战纪念碑"七个大字，背面是"百团大战示意图"。第二座题字碑的正反面分别镌刻着中共中央阳泉市委、市政府撰写的《百团大战纪念碑记》和《狮脑山战斗纪略》。碑群前面是大型锻铜圆雕——"奋起的母亲"。3 座副碑上镶着 6 块巨大的锻铜浮雕，生动地反映了百团大战中军民"出击""破路""攻坚""支前""转移""胜利"的情景。在百团大战纪念碑建筑群周围，还修筑了供人们游览和休息的狮子阁、钟亭、蘑菇亭，并新植了大片林木，使具有光辉革命历史的狮脑山峰，更加美丽、壮观。

地址：山西省阳泉市区西南

6. 大同煤矿万人坑遗址纪念馆

"万人坑"是此纪念馆的别称，因其拥有两个容纳日寇侵华期间被害矿工尸骸的山洞而得名。自 1962 年建馆以来，先后接待上百万中外凭吊者，成为闻名全国的爱国主义教育基地。"万人坑"分上、下两洞。上洞宽 5 米多，深 40 多米，系一自然山洞。下洞宽 4 米左右，深 70 多米，为旧时小煤窑的坑道。在两个洞内，埋葬着日军二战期间占领大同后杀戮或迫害致死的矿工尸体。据馆藏史料记载，日寇占领大同 8 年，以建房、筑路为名，诱骗或强抓京、津、鲁、豫、苏、冀、皖等地大批农民和手工业者。1937 年 10 月日本侵略者占领大同煤矿，野蛮推行"以人换煤"的血腥政策后，被残害矿工死后堆放尸体的坑道形成了"万人坑"。这是日军残害中国矿工的铁证，也是日本侵华罪行的铁证。现在的大同煤矿"万人坑"遗址已作为国防和爱国主义教育基地，时刻提醒人们勿忘国耻。

　　地址：大同市矿区煤峪口南沟

　　7. 徐向前元帅故居

　　伟大的无产阶级革命家，杰出的军事家，中国人民解放军的缔造者之一，党和国家、军队卓越的领导人徐向前元帅诞生于山西省五台县东冶镇永安村，参加革命后长期担任军队的主要领导人，中华人民共和国成立后，先后任中国人民解放军总参谋长、人民革命军事委员会副主席、中共中央军委副主席、中华人民共和国副总理兼国防部长，1955 年被授予中华人民共和国元帅军衔，是十大元帅中唯一的北方籍元帅。为了缅怀徐向前元帅的丰功伟绩，弘扬徐帅精神，五台县决定在其家乡东冶镇永安村兴建徐向前元帅纪念馆。徐向前元帅纪念馆占地面积 58661 平方米。

　　地址：山西省五台县东冶镇永安村

　　8. 晋绥边区革命纪念馆

　　晋绥边区革命纪念馆，位于山西省吕梁市兴县蔡家崖乡蔡家崖村，是全国重点文物保护单位。它北倚元宝山，南襟蔚汾河，东离县城 7.5 公里，西临黄河 15 公里，距省城太原 277 公里。兴离（兴县至离石）公路、兴黑（兴县城至黑峪口）公路从门前横穿而过。该馆建于 1962 年，属于红色旅游景点。晋绥边区革命纪念馆由三个院子组成，其中工作人员办公大院为后来续建，旧址部分为一大一小两个院子的套院，建筑物主要是石拱窑洞、砖包大门、起脊瓦房、盖瓦歇厦等，充分体现了 20 世纪三四十年代晋西北地方民居特色。

　　地址：位于山西省吕梁市兴县蔡家崖村

（三）学唱军营歌曲

　　军营歌曲，即军歌，是反映部队官兵战争时期的战斗生活，和平时期的训练生活、反映官兵精神面貌、激发战斗精神的军队生活歌曲或队列歌曲。我军军歌诞生于战争时期，丰富发展于和平建设时期，承载和反映了我军辉煌的革命历史、光荣的优良传统和优秀的军事文化，不但为广大官兵所喜爱，也受到全国人民的喜爱。

　　军训是大学新生的第一课，是落实立德树人根本任务和提高大学生综合素质的重要途径。在大学生军训期间，组织大学生学唱军歌，不但能够激发训练热情，而且有益于大学生受到军事文化的熏陶。

思考题

　　1. 中国人民解放军共同条令的地位和作用是什么？

　　2. 列举你参观过的爱国主义教育基地，并谈谈参观后的感想。

第二节　射击与战术

一、轻武器常识 *

　　轻武器的种类很多，分为手枪、步枪、冲锋枪、机枪、手榴弹、火箭筒、榴弹发射器、榴弹机枪和迫击炮等。尽管武器的种类不同，但是其工作原理有许多相同之处。只有熟悉武器各部件名称、用途，学会武器的分解结合和故障排除的方法，才能在训练和战斗中正确使用。

（一）1956 年式 7.62 毫米半自动步枪

1. 战斗性能

1956 年式 7.62 毫米半自动步枪是近战中消灭敌人有生力量的一种武器，对单个目标在 400 米内射击效果最好，集中火力可射击 500 米内的敌机、伞兵和杀伤 800 米内的集团目标。弹头飞行到 1500 米仍有杀伤力。半自动步枪实施单发射击，控制发射速度。

战斗射速：每分钟 35—40 发。

穿甲能力：使用 1956 年式 7.62 毫米普通弹，在 100 米距离上能射窝 6 毫米厚的钢板、15 厘米厚的砖墙、30 厘米厚的土层和 40 厘米厚的木板。

主要诸元：口径 7.62 毫米；全重 3.85 千克；全长 1.33 米；普通弹初速为 735 米/秒；弹头最大飞行距离约 2000 米。

2. 主要机件及半自动原理

（1）机件名称、用途

此半自动步枪由枪刺（刺刀）、枪管、瞄准具、活塞及推杆、机匣、枪机、复进机、击发机、弹仓、木托十大部分组成，如图 6-1 所示。另有一套附品。

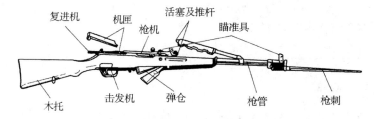

图 6-1　1956 年式 7.62 毫米半自动步枪的大部机件

枪刺（刺刀）用以刺杀敌人。

枪管用以赋予弹头初速、旋转和射向。

瞄准具由表尺和准星组成，用以瞄准。表尺上有缺口和游标，并刻有 1—10 的分划，每一分划对应 100 米，缺口用以通视准星向目标瞄准。游标用以装定需要的表尺分划。准星可拧高、拧低，准星移动座可以左右移动，用以校正偏差。

活塞用以传导火药燃气压力，推压推杆向后，推杆能将活塞推力传送到枪栓上。

机匣用以容纳枪机和复进机，固定击发机和弹仓。

枪机由枪栓和机体组成，用以送弹、闭锁、击发和退壳，并使击锤向后呈待发状态。

复进机由复进簧、导管、导杆和支撑环组成，用以使枪机回到前方位置。

击发机用以与枪机相互作用形成待发和击发。

弹仓用以容纳和托送子弹，可装 10 发子弹。

木托的作用是稳定枪身，便于操作。

附品用以分解结合、擦拭上油，携带和排除故障，包括擦拭杆、毛刷、冲子、附品筒、通条、油壶、背带和子弹带。

（2）半自动原理

扣扳机后，击锤打击击针，撞击子弹底火，点燃发射药，产生火药燃气，推动弹头沿膛线向前运动。弹头底部经过导气孔后，部分火药燃气通过导气孔，涌入导气室，冲击活塞，推动推杆，使枪机向后，压缩复进簧，完成开锁、抛壳，并使击锤呈待发状态；枪机退到后方时，由于复进簧的伸张，使枪机向前运动，推送下一发子弹入膛、闭锁。此时，由于击锤已被击发阻铁卡住，不能向前打击击针。若再次发射，必须松开扳机，再扣扳机。

（3）常见故障的排除

射击中，若发生故障，应迅速查明原因予以排除。常见故障、产生原因和排除方法如表 6-1 所示。

表 6-1　半自动步枪、自动步枪、冲锋枪的常见故障、产生原因和排除方法表

故障现象	发生原因	排除方法
不送弹	1. 弹匣或损坏 2. 机件过脏，枪机后退不到位	1. 擦拭机件或弹仓 2. 更换弹匣
不发火	1. 子弹底火失效 2. 击锤簧弹力不足或击针损坏	1. 更换子弹 2. 更换击锤簧或击针
不退壳	1. 子弹、枪机、机匣、弹膛及火药燃气通路过脏，枪机后退不到位 2. 抓弹钩过脏或损坏	1. 捅出膛内弹壳，擦拭过脏机件 2. 更换抓弹钩
枪机未复进到位	1. 弹膛、机匣、机枪和复进机过脏或枪油凝结 2. 子弹或弹匣口变形	1. 推枪机到位，擦拭过脏机件 2. 更换子弹或弹匣
不抛壳	1. 火药气体通路过脏 2. 机件过脏，枪机后退不到位	卸下弹匣，取出弹壳，擦拭过脏机件

（二）1956 年式 7.62 毫米冲锋枪

1. 战斗性能

1956 年式 7.62 毫米冲锋枪是近战中消灭敌人有生力量的自动武器，对单个目标在 300 米内实施点射，在 400 米内实施单发射击效果最好，集中火力可射击 500 米内的飞机、伞兵和杀伤 800 米内的集团目标。弹头飞行到 1500 米仍有杀伤能力。冲锋枪主要射击方法：短点射 2—5 发，长点射 6—10 发，还可实施单发射击。

战斗射速：点射每分钟 90—100 发，单发射击每分钟 40 发。

穿甲能力：使用 1956 式普通弹，在 100 米距离上能射穿 6 毫米厚的钢板，15 厘米厚的砖墙，30 厘米厚的土层和 40 厘米厚的木板。

主要诸元：口径 7.62 毫米；普通弹初速为 710 米/秒；全重 3.18 千克；全长 1.1 米（折回枪刺 0.787 米）。

2. 主要机件和自动原理

（1）机件名称

此冲锋枪由枪刺（刺刀）、枪管、瞄准具、活塞、机匣、枪机、复进机、击发机、弹匣和枪托十大部分组成，如图 6-2 所示。另有一套附品。

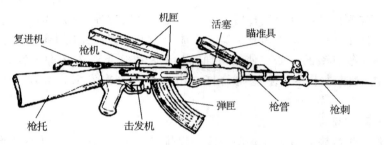

图 6-2　1956 年式 7.62 毫米冲锋枪的大部机件

（2）自动原理

扣扳机后，击锤打击击针，撞击子弹底火，点燃发射药，产生火药燃气，推送弹头沿膛线向前运动；弹头底部经过导气孔后，部分火药气体通过导气孔，涌人导气室，冲击活塞推动枪机向后，压缩复进簧，完成开锁、抛壳，并使击锤呈待发状态；枪机退到最后方时，由于复进簧的伸张，使枪机向前运动，推送下一发子弹人膛、闭锁。此时，如保险机定在连发位置，扳机未松开，击发阻铁不能卡住击锤，击锤再次打击击针，形成连发；如保险机定在单发位置，单发阻铁卡住击锤，使击锤不能向前，若再次发射，必须松开扳机，再扣扳机。

（三）1981 年式 7.62 毫米自动步枪

1. 战斗性能

1981 年式 7.62 毫米自动步枪与 1981 年式轻机枪组成班用枪族，活动机件及弹匣、弹盒可以互换，并能发射枪榴弹，使武器具有面杀伤和反装甲的能力，是近战中消灭敌人有生力量的自动武器，对单个目标在 400 米内射击效果最好，集中火力可射击 500 米内敌人的飞机、伞兵以及集团目标。弹头在 1500 米处仍有杀伤力。

战斗射速：点射每分钟 90—110 发，单发射击每分钟 40 发。

穿甲能力：使用 1956 年式普通弹，在 100 米距离上能射穿 6 毫米厚的钢板，15 厘米厚的砖墙，30 厘米厚的土层和 40 厘米厚的木板。

主要诸元：口径 7.62 毫米；瞄准基线长 315 毫米；普通弹初速 710 米/秒；掸头最大飞行距离约 2000 米。

2. 主要机件和自动原理

（1）主要机件

此自动步枪由刺刀（匕首）、枪管、瞄准具、活塞及调节塞、机匣、枪机、复垃机、击发机、弹匣、枪托十大部分组成，如图 6-3 所示。另有一套附品。

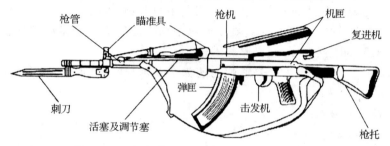

图 6-3　1981 年式 7.62 毫米自动步枪大部机件

（2）自动原理

扣扳机后，击锤打击击针，撞击子弹底火，点燃发射药，产生火药燃气，推送弹头沿膛线向前运动；弹头底部经过导气孔后，部分火药气体通过导气孔，涌入导气室，冲击活塞推动枪机向后压缩复进簧，完成开锁、抛壳，并使击锤呈待发状态；枪机退到最后方时，由于复进簧的伸张力，使枪机向前运动，推送下一发子弹入膛、闭锁。此时，如保险机定在连发位置，扳机未松开，击发阻铁不能卡住击锤，故击锤再次打击击针，形成连发；如保险机定在单发位置，击锤被单发阻铁卡住不能向前，若要再次发射，必须松开扳机，再扣扳机。

（四）1995 式 5.8 毫米自动步枪

1995 年式 5.8 毫米自动步枪与 1995 年式 5.8 毫米班用轻机枪组成 1995 年式 5.8 毫米班用枪族，其活动机件、机匣及供弹具等均可互换通用。枪族采用无托结构，具有长度短、重量轻、射击精度好、造型美观等特点。配有 95 式白光瞄准镜和微光瞄准镜。

1. 战斗性能

此自动步枪是我军较新式的一种近距离消灭敌人的自动武器，对单个目标在 400 米距离内射击最佳，集中火力可射击 500 米内敌人的飞机、伞兵以及集团目标。能用实弹发射 40 毫米系列枪榴弹，使步兵具有点面杀伤和反装甲能力。表尺射程：破甲枪榴弹 120 米，杀伤枪榴弹 250 米，最大射程 400 米。必要时，还可加挂枪挂式防暴榴弹发射器，发射 35 毫米系列防暴榴弹，以完成特殊任务，表尺射程 350 米，最大射程 360 米。发射方式为单发射、短点射（2—5 发）和长点射（6—10 发）。

战斗射速：点射 100 发/分钟，单发射 40 发/分钟。

理论射速：650 发/分钟。

侵彻力：使用 1987 年式普通弹在 300 米距离上能射穿 10 毫米厚的 A3 钢饭；在 600 米距离上，在贯穿 2 毫米厚的冷轧钢饭后，仍能贯穿 14 厘米厚的松木板。

2. 主要机件名称及用途

此自动步枪由刺刀（匕首）、枪管、瞄准装置、导气装置、护盖、机匣、枪机、复进机、击发机、弹匣和枪托十一大部分组成，如图 6-4 所示。另有一套附品。其各部件的用途与构造如下。

刺刀。主要用以刺杀敌人，也可作为匕首和野战工作用刀。由刺刀和刀鞘组成，是枪族通用的多功能刺刀，具有刺、砍、削、锯、锉等功能，与刀鞘配合可作剪刀；刀鞘上设有改锥和罐头及瓶盖的开刀，侧面还有一块磨刀石。

枪管。由背带环、刺刀座、表尺（瞄准镜）座及导气箍组成，用以赋予弹头及枪榴弹的飞行方向。枪管前端有固定式枪榴弹发射具，发射具前端下方有凹槽，用以限制刺刀的安装位置。枪口处有枪口装置，用以减小发射时枪口的跳动和火焰，并与后定位器配合，作为枪榴弹发射器及刺刀连接座使用。

瞄准装置。由机械瞄准具及白光、微光瞄准镜组成，用以瞄准。机械瞄准具由表尺和准星组成。表尺有视孔型照门和翻转型表尺结构，靓孔用以通视准星向目标瞄准。表尺上有三个视孔，分别标有"1""3""5"的数字，分别表示 100 米、300 米、500 米的表尺距离；标有"0"的表尺钣上有一个荧光点，与准星护圈上的两个荧光点组成准星、靓孔倒置式简易夜瞄装置，其弹道性能同表尺"3"。

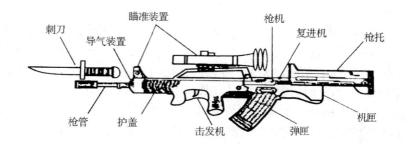

图 6-4 1995 式 5.8 毫米自动步枪大部机件

导气装置。由气体调节器、活塞及活塞簧组成。气体调节器用以调节火药气体大小。标有"0""1""2"的数字，分别表示闭气、小孔和大孔位置。通常装定在"1"上，当武器过脏来不及擦拭或在严寒条件下射击时装定在"2"上。当发射枪榴弹时，将调节器转动到"0"的位置。

护盖。由上护盖和下护盖组成，主要用于操持武器和射击，下护盖上有握把，握把内可容纳附品筒。

机匣。用以容纳枪机、复进机、固定击发机和弹匣。机匣外面有机匣盖、握把、扳机护圈、弹匣卡榫和弹匣结合口。

枪机。由机体和机头组成，用以送弹、闭锁、击发和退壳，并能使击锤向后成待发状态。

复进机。由导管、导杆、导管座、复进簧和支撑环组成，用以使枪机回到前方位置。

击发机。用以与枪机相互作用形成待发和击发。击发机上有：击发控制机，用以枪机未闭锁枪膛时防止击发；保险机，用以保险和控制单发射、连发射（"1""2""0"分别为单发射、连发射、保险）；击发阻铁，用以控制击锤于待发位置；击发机上还有击锤和扳机。

弹匣。用以容纳和托送子弹。弹匣体上有 3 个检查孔，分别标明 10 发、20 发、30 发的弹数。

枪托。用以操枪、据枪。枪托内部有杠杆式缓冲器，它与后端的变刚度托底板组成双缓冲机构，以降低武器的后坐能量。枪托上还有抛壳窗。

附品。用以分解结合、擦拭保养、携带和排除故障。包括：通条接杆、通条头、铣杆、冲子、油刷、准星扳手、附品筒、油壶、背带和弹匣袋。

（五）枪弹

枪弹由弹头、弹壳、底火和发射药组成，如图 6-5 所示。

弹头是用来直接杀伤和破坏目标的重要部分；弹壳用以连接弹头、底火，并容纳发射药，使之成为一个整体；底火用以点燃发射药；发射药用以燃烧后产生火药燃气，推送弹头前进。

枪弹的种类、用途和标志如下所述。

①普通弹：用以杀伤敌人的有生力量。

②曳光弹：主要用以试射、指示目标和作信号，命中干草能起火。曳光弹距离可达800 米。弹头头部为绿色。

③燃烧弹：内装燃烧剂，用以引燃易燃物体。弹头头部为红色。

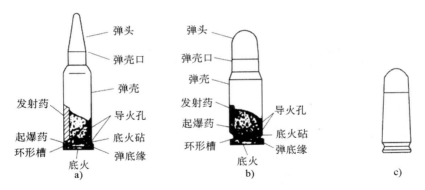

图 6-5　枪弹各部名称

④穿甲燃烧弹：主要用以射击飞机和轻装甲目标（200 米距离上穿甲厚度为 7 毫米），并能在穿透装甲后引燃汽油。弹头头部为黑色并有一道红圈。

二、射击学原理*

（一）后坐对命中的影响

发射药燃烧时，产生的气体同时作用于各个方向，作用于膛壁周围的压力为膛壁所抵消；向前作用于弹头后部的压力推送弹头前进；向后作用于弹壳底部的压力经过枪机传给整个武器，使武器向后运动，形成后坐。武器的后坐与弹头的运动是同时开始的。在弹头脱离枪口瞬间，大量的火药燃气随弹头后部从膛内向外喷出，形成反作用力，使武器后坐更加明显。

后坐对单发（连发首发）射击的影响极小。因为弹头在膛内运动的时间极短，并且枪比弹头重得多，弹头在脱离枪口以前，枪的后坐只有 1 毫米多，而且是正直向后运动的，加之衣服和肌肉的缓冲，射手是感觉不出来的。射手感觉到的后坐，主要是人体缓冲枪身已获得的速度引起的，此时弹头已脱离枪口，因此，后坐对单发（连发首发）射击的命中影响极小。后坐对连发射击的命中有一定的影响。因为连发射击时，第一发子弹发射后，由于枪的明显后坐变动了原来的瞄准线，所以对第二发以后的射弹命中有一定的影响。但只要射手握枪要领准确，适应连发武器射击时的后坐规律，就能减小后坐对连发命中的影响。

（二）弹道形状及实用意义

弹头运动中，其重心所经过的路线叫弹道。弹头脱离枪口后，如果没有重力和空气阻力的作用，它将保持其获得的速度，沿着发射线无止境地匀速飞行。实际上，弹头脱离枪口在空气中飞行时，同时受到重力和空气阻力的作用，使弹道不能成为一条直线。

弹头在空气中飞行时一方面受到重力的作用，逐渐下降；另一方面受到空气阻力的作用，越飞越慢，因此形成一条不均等的弧线，升弧较长较直，降弧较短较曲。如图 6-6 所示。

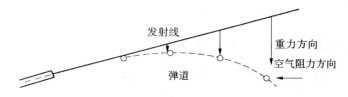

图 6-6 弹道的形成

1. 弹道要素

各弹道要素如图 6-7 所示。起点：火身口中心点（外弹道开始点）。

火身口水平面：通过起点的水平面。

射线：发射前火身轴线的延长线。

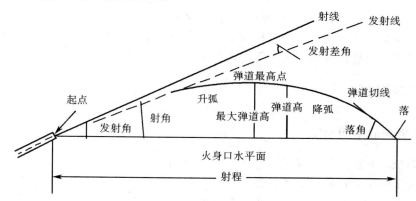

图 6-7 弹道要素

射角：射线与火身口水平面所夹的角。

发射线：发射瞬间火身轴线的延长线。

发射角：发射线与火身口水平面所夹的角。

弹道最高点：火身口水平面上弹道最高的一点。

升弧：由起点到弹道最高点的弹道。

降弧：由弹道最高点到落点的弹道。

弹道高：弹道上任何一点到火身口水平面的垂直距离。

最大弹道高：弹道最高点到火身口水平面的垂直距离。

射程：起点到落点的水平距离。

落角：落点的弹道切线与火身口水平面的夹角。

2. 弹道的实用意义

（1）危险界

危险界分为表尺危险界和实地危险界。

表尺危险界：瞄准线上弹道高没有超过目标高的部分，称为表尺危险界。

实地危险界：在实际地形上弹道高没有超过目标高的部分，称为实地危险界。决定其大小的条件是弹道低伸程度、目标高低和目标所在位置的地貌。

弹道低伸程度：对同一地形上的同一目标射击时，弹道越低伸，实地危险界就越大；反之就越小。

目标高低：用同一武器对同一地形上的不同目标射击，目标越高，实地危险界就越大；反之越小。

目标所在位置的地貌：目标所在位置的地貌与弹道形状越相一致，实地危险界就越大；反之就越小。

（2）遮蔽界和死角

从弹头不能射穿的遮蔽物顶端到弹着点的一段距离，叫遮蔽界。目标在遮蔽界不能被杀伤的一段距离叫死角。决定遮蔽界和死角大小的条件是遮蔽物的高低、落角的大小和目标高低。

遮蔽物的高低：同一目标，同一弹道，遮蔽物越高，遮蔽界和死角就越大；反之就越小。

落角的大小：同一遮蔽物，同一目标，落角越小，遮蔽界和死角就越大；反之就越小。

目标高低：同一遮蔽物，同一弹道，目标越高，死角越小；反之就越大。

（3）危险界、遮蔽界和死角的实用意义

懂得了危险界、遮蔽界和死角，在战斗中就能更好地隐蔽身体，发扬火力，灵活地运用地形地物，隐蔽地运动、集结和转移，以避开或尽量减少敌火力的杀伤。在组织火力配系时就能正确地选择射击位置和组织火力，千方百计地增大危险界和减少射击地带内的遮蔽界和死角，并善于运用弯曲弹道和各种武器的侧射、斜射火力消灭隐蔽在遮蔽界和死角内的敌人。

（三）选定表尺分划和瞄准点

由于重力和空气阻力的作用，如果用枪管瞄向目标射击，射弹就会打低或打近。为了命中目标，必须将枪口抬高，使火身轴线和瞄准线之间形成一定的夹角，即瞄准角。

瞄准角的大小是根据射弹在不同距离上的降落量来确定的。距离越远，所需要的瞄准角也就越大；距离越近，降落量越小，所需要的瞄准角也越小。瞄准具就是根据这一原理设计成的。

可见，瞄准具的作用就是对一定距离上的目标射击时，赋予武器相应的瞄准角和射向。射击时，只要按照目标的距离装定表尺分划瞄准射击，就能命中目标。

1. 瞄准要素

各瞄准要素如图 6-8 所示。

瞄准基线：缺口的上沿中央到准星尖的直线。

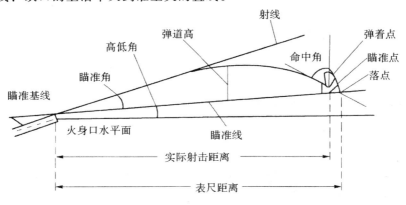

图 6-8　瞄准要素

瞄准线：视线通过缺口上沿中央和准星尖的延长线。

瞄准点：瞄准线所指向的一点。

瞄准角：射线与瞄准线的夹角。

高低角：瞄准线与火身口水平面的夹角（目标高于火身口水平面时，高低角为"＋"；目标低于火身口水平面时，高低角为"一"）。

瞄准线上弹道高：弹道上的任何一点到瞄准线的垂直距离。

落点：弹道降弧与瞄准线的交点。

弹着点：弹道与目标表面或地面的交点。

命中角：弹着点的弹道切线与目标表面或地面所夹的角。命中角通常以小于 90 度的角计算。

表尺距离：起点到落点的距离。

实际射击距离：起点到弹着点的距离。

2. 选定表尺分划和瞄准点

为了使射弹更准确地命中目标，射击时，射手应根据目标距离、大小和武器的弹道高，正确地选定表尺分划和瞄准点。

（1）定实距离表尺分划，瞄目标中央

目标距离为百米整数时，可根据目标的距离装定相应的表尺分划，瞄准点选在目标中央。如自动步枪对 100 米距离人胸靶射击时，定表尺"1"，瞄准目标中央射击，即可命中目标中央。

（2）定大于或小于实距离表尺分划，适当降低或提高瞄准点

目标距离不是百米整数时，通常选定大于实距离表尺分划，根据武器和该距离上的弹道高，相应降低瞄准点射击。如冲锋枪在 250 米距离上对人胸目标射击时，定表尺"3"，在 250 米处的弹道高为 19 厘米，这时，瞄准目标下沿中央射击，即可命中目标中央。

也可选定小于实距离的表尺分划，根据武器在该距离上的负弹道高，相应提高瞄准点射击。

（3）定常用表尺分划，小目标瞄下沿，大目标瞄中央

战斗中，对 300 米距离以内的目标射击时，通常定常用表尺（表尺"3"）分划，小目标瞄下沿，大目标瞄中央射击，即可命中。如自动步枪常用表尺对 300 米以内人胸目标（商 50 厘米）射击时，瞄目标下沿，则整个瞄准线上最大弹道高为 33 厘米，没有超过目标高目标在 300 米距离内，都会被杀伤。

在战场上，目标出现突然，大小暴露不一，且距离不断变化，用此种方法，对 300 米以内的目标不需要变更表尺分划即可实施射击。这样可以争取时间，提高战斗射速，增大射击效果。因此，此种方法在实战中有着重要的实用意义，是战斗中常用的一种方法。

（四）外界条件对射击的影响及修正

1. 风对射击的影响及修正

风是一种具有速度和方向的气流，它能改变射弹的飞行方向和距离。在各种外界条件下，风对射弹的飞行影响最大。因此，必须准确地判定风向和风力，根据风对射弹的影响进行修正，以保证射弹准确命中目标。

（1）风向和风力的判定

按风吹的方向和射击方向所形成的角度可分为：横风、斜风和纵风。横风：从左或右

与射向成 90 度角来的风。斜风：与射向成锐角的风。射击时，通常以与射向成 45 度角的风计算。风与射向成 60 度角时，可按横风计算；小于 30 度角时可按纵风计算。纵风：从后或前与射向平行吹来的风。顺射向吹来的风为顺风；逆射向吹来的风为逆风。

在气象上把风划分为 12 个等级，在军事上为了便于区分和应用，按风力的大小划分为强风、和风和弱风 3 种。风力的大小，可用测风仪测出，也可根据人的感觉和常见物体被风吹动的情况来判定，如表 6-2 所示。

表 6-2　风力判定表

区分	风力	速度	人的感觉	草	树	旗帜	烟	海面渔船
弱风	二级	2—3 米/秒	面部和手稍感到有风	微动	灌木丛、细树枝树叶微动，并沙沙作响	微动并稍离开旗杆	微被吹动	有小波，船身摇动
和风	三级至四级	4—7 米/秒	明显地感到有风，吹过耳边时呜呜作响，面对风时可睁开眼睛	被吹弯	灌木摆动、树上的细枝被吹弯、树叶剧烈地摆动	展开飘动	被吹斜成 45 度	有清浪，船身摇动明显，船帆斜向一侧
强风	五级至六级	8—12 米/秒	迎风站立或行走，明显地感到有阻力，尘土飞扬，面对风感到睁眼困难	倒在地面	树干摆动，粗枝被吹弯	飘成水平状态，并哗哗作响	被吹斜，呈水平状态，并被吹散	有大浪，浪顶的白色泡沫很多，船身常被风吹离浪顶

对风力的判定，为了便于记忆，以和风为基准风归纳成如下口诀：迎风能睁眼，耳听呼声响，炊烟成斜角，草弯树枝摇，海面起轻浪，旗帜迎风飘，强风比它大，弱风比它小。

（2）风对射弹的影响及修正

横（斜）风能对弹头的侧面施以压力，使射弹偏向一侧，产生方向偏差（斜风还能使射弹产生距离偏差，因偏差很小，故不考虑）。风力很大，距离越大，偏差也就越大。风从左吹来，射弹偏右；风从右吹来，射弹偏左，如图 6-9所示。

各种枪射击时，为了使射弹能准确地命中目标，必须根据射弹受风力影响的偏差量，将瞄准点向风吹来的方向修正。修正时，以横方向的和风修正量为准，强风加一倍，弱风减一半。斜方向的强（或弱）风，应按横方向的强（或弱）风修正量减一半。修正量从预期命中点算起，偏差多少，就修正多少。

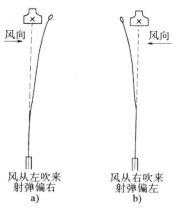

图 6-9　横风对射弹的影响

为了便于记忆，表 6-3 中修正量（人体）可归纳为：距离 200 米，修 1/4 人体，表尺"3""4""5"减去 2.5，强风加一倍，弱斜风各减半。

为了运用方便，根据不同距离上的修正量，将在横风条件下，对 400 米内目标射击时的瞄准景况归纳如下口诀：一百不用修，二百瞄耳线，三百瞄边沿，四百边接边。如图 6-10 所示。

表 6-3　横风修正表

修正量 ＼ 距离（米） ＼ 枪种	冲锋枪、半自动步枪、班用轻机枪	
	修正距离（米）	人体
200	0.14	$\frac{1}{4}$
300	0.36	$\frac{1}{2}$
400	0.72	$1\frac{1}{2}$
500	1.2	$2\frac{1}{2}$
600	1.8	$3\frac{1}{2}$

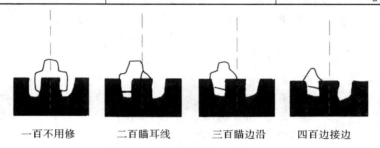

| 一百不用修 | 二百瞄耳线 | 三百瞄边沿 | 四百边接边 |

图 6-10　横风的修正情况

2. 光对射击影响及克服办法

（1）阳光对瞄准的影响

在阳光下瞄准时，由于阳光照射作用，缺口部分产生虚光，形成三层缺口：虚光部分、真实部分、黑实部分，如图 6-11 所示。如不注意辨清真实缺口的位置，就容易产生误差，使射弹产生偏差。

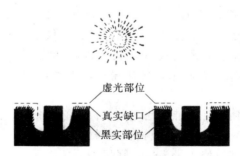

虚光部位
真实缺口
黑实部位

图 6-11　缺口部分产生虚光形成三层缺口

若用虚光瞄准，射弹就偏向阳光照来的方向，如图 6-12 所示。阳光从右上方照来时，缺口的左边和上沿产生虚光，用虚光部分瞄准，准星实际上偏右高。因此，射弹偏右上。阳光从左上方来，用虚光部分瞄准，射弹则偏左上。

若用黑实部分瞄准，射弹就偏向阳光照来的相反方向，见图 6-13。阳光从右上方照来，用黑实部分瞄准实际上偏左低，因此射弹偏左下。阳光从左上方照来时，射弹则偏右下。

在阳光照射下,缺口和准星尖同时产生虚光时,若用虚光部分瞄准,射弹偏低;若用黑实部分瞄准,射弹偏高。

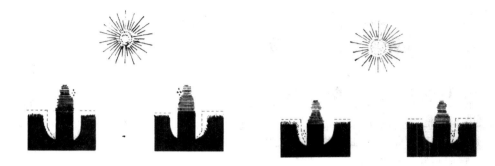

图 6-12 用虚光部分瞄准时的影响　　　图 6-13 用黑实部分瞄准时的影响

(2)克服方法

可在不同方向的阳光照射下的瞄准,采取遮光瞄准不遮光检查,或不遮光瞄准遮光检查的方法,反复练习,确实辨清真实缺口的位置和正确瞄准的景况。

平正准星与缺口要细致,但瞄准时间不宜过长,以免眼花而产生误差。

平时要注意保护好瞄准具,不使其磨亮而反光。

三、战术基础 *

(一)战术基础动作

1. 卧倒、起立

(1)卧倒

口令:卧倒。

要领:左脚向右脚尖前迈出一大步,左腿弯曲,上体前倾,两眼注视前方,左手顺左脚方向伸出,掌心向下,手指稍向右,以左膝、左手、左肘的顺序着地,迅速卧倒,左小臂横贴地面上,右手腕压在左手腕上;两手握拢,手心向下,两腿伸直,两脚分开与肩同宽,脚尖向外。卧倒时,也可以右脚向前一大步,左手撑地迅速卧倒。

携枪卧倒时,右手提枪并握背带,其余要领同徒手;卧倒后,右手将枪轻贴身体右侧,枪面向右,枪管放在左手臂上。

(2)起立

口令:起立。

要领:转身向右,两眼注视前方,左腿自然微弯,左小臂稍向里合,以左手、左膝、左脚的支撑力,将身体支起,同时右脚向前迈出一大步,左脚再迈出一步,右脚靠拢左脚,成立正姿势。

2. 直身、屈身前进

(1)直身前进

直身前进是在距敌较远,地形隐蔽,敌观察、射击不到时采用的运动方法。

口令:向××——直身前进。

要领:目视前方,右手持枪,大步或快步前进。

（2）屈身前进

屈身前进是在遮蔽物略低于人体时采用的运动方法。

口令：向××——屈身前进。

要领：目视前方，右手持枪，上体前倾，头部不要高出遮蔽物，两腿弯曲（屈身程度视遮蔽物高低而定），大步或快步前进。

3. 跃进、滚进、匍匐前进

（1）跃进

跃进是在敌火力下迅速通过开阔地时采用的运动方法。跃进时，要做到跃起快、前进快、卧倒快。跃进前，应先视察前方地形，选择好前进路线和暂停位置，而后，迅速突然地前进。

口令：向××——跃进。

要领：如卧姿跃起时，可先向左（右）移（滚）动，以迷惑敌人，在收枪的同时屈左腿于右腿下，右手提枪，以左手、左膝、左脚的支撑力将身体支起，同时出右脚前进。前进时，右手持枪，目视敌方，屈身快跑。跃进的距离和速度应根据敌火力和地形而定，通常每次跃进的距离为15—30米。当进到暂停位置或遭敌猛烈射击时，应迅速隐蔽或卧倒。

（2）滚进

滚进是在卧姿时，为避开敌人观察、射击而左右移动或通过棱线时地采用的运动方法。

口令：滚进。

要领：将枪关上保险，左手握枪标尺上方，右手握枪颈附近或两手上握护木，枪面向右，顺置于胸、腹前抱紧，两臂尽量里合，两脚腕交叉或紧紧并拢，全身用力向移动方向。

（3）匍匐前进

匍匐前进是在通过敌步兵火力封锁较短的地段或利用较低的遮蔽物前进时采用的运动方法。根据遮蔽物的高低分为低姿、高姿、侧身匍匐和高姿侧身匍匐4种。低姿匍匐是在遮蔽物高约40厘米时采用的运动方法。

口令：向××——低姿匍匐前进。

要领：腹部贴于地面，屈回右腿，伸出左手，用右脚内侧的蹬力和左手的扒力使身体前移。在移动的同时，屈回左腿，伸出右手，用同样的方法交替使身体前进。携枪时，右手掌心向上，枪面向右，虎口卡住机柄，并握住背带，枪身紧靠右臂内侧。也可布手虎口向上，握枪的上背带环处，食指卡住枪管，将枪置于右小臂上。

高姿匍匐，是在遮蔽物高约60厘米时所采用的运动方法。

口令：向××——高姿匍匐前进。

要领：用两小臂和两膝支撑身体前进。携枪方法同低姿匍匐。

侧身匍匐，是在遮蔽物高约60厘米时所采用的运动方法。

口令：向××——侧身匍匐前进。

要领：身体左侧及左小臂着地，左小臂向前倾斜支撑上体，左腿弯曲，右腿收回，右腿靠近臀部着地，右手握枪，靠左臂的支撑力和右脚跟的蹬力使身体前移。

高姿侧身匍匐是在遮蔽物高约80—100厘米时所采用的运动方法。

口令：向××——高姿侧身匍匐前进。

要领：左手和左小腿外侧着地，右手提枪，以左手的支撑力和右脚的蹬力使身体前移。

(二)地形的利用

利用地形是战士的基本战斗动作,是单兵战术的基础,是保存自己、消灭敌人的最直接的行为。在利用地形时,应该做到"三便于、三不要、一避开"。即便于观察、射击和隐蔽身体,便于接近、利用与离开,便于防敌地面和空中火力的杀伤;不要妨碍班(组)长指挥邻兵的动作和火器射击,不要几个人拥挤在一起,以免增大伤亡,不要在一地停留过久;尽量避开独立、明显、易燃、易塌的物体和难于通行的地段。利用各种地形地物的方法如下。

堤坎、田埂的利用。横向的利用背敌斜面或残缺部位;纵向的通常利用弯曲部或顶端一侧,依其高度取适当姿势。堤坎高于人体时,应挖踏脚孔或阶梯。

土(弹)坑、沟渠的利用。通常利用其前沿,纵向沟渠利用弯曲部。根据敌情,坑的大小、深度,以跳、滚、匍匐等方法进入,并取得适当姿势。

土堆(坟包)的利用。通常利用独立土堆(坟包)的右侧,若视界、射击受限或右侧有敌火力威胁时,也可利用其左侧或顶端;双土堆(坟包)通常利用其鞍部。

树木的利用。通常利用其右后侧,根据树木的粗细取适当的姿势。树干粗(直径50厘米以上)可取各种姿势,树干细,通常采取卧姿。若取立姿时,应尽量将身体左侧、左大臂(或左小臂)、左膝紧靠树木,右脚稍向后蹬。

墙壁、墙脚、门窗的利用。按其高度取适当姿势。矮墙可利用顶端或残缺部,墙高于人体时,可将脚垫高或挖射孔。墙角通常利用右侧,左小臂紧靠墙角,取适当姿势。门通常利用左侧。窗可利用左(右)下角。

(三)敌火力下运动

在敌火力下运动时,应按班(组)长的口令,充分利用我军火力掩护和烟雾迷茫的效果,趁敌火力减弱、中断、转移等有利时机,采取不同的姿势和方法,迅速隐蔽地运动。运动前,应根据敌情、任务和地形,选择好前进路线和暂停位置。运动中,应不断观察敌情、地形和班(组)长的指挥,灵活地变换运动姿势,保持前进方向和与友邻战友及支援火器的协同动作。发现目标时,应按照班(组)长的口令或自行射击,将其消灭。要做到运动、火力、防护三者紧密结合,尽量减少或避免横向运动。通过各种地形的动作如下。

通过开阔地:距敌较远时,通常应持枪快速通过。距敌较近,敌火封锁较严时,应趁敌火中断、减弱、转移和我火力压制等有利时机跃进通过。

通过道路:通常应选择拐弯处、涵洞、行树等隐蔽地点迅速通过。若敌火力威胁不大,可不停顿地快跑通过;敌火力封锁较严时,应先隐蔽接近,周密观察道路的情况和敌火力射击规律,而后突然跃起,快速通过。

通过隘路、山垭口:若敌火力威胁不大,可快步通过。敌火力封锁较严时,应隐蔽观察敌人射击规律,趁敌火间隙或沿隐蔽的一侧快步跑或跃进通过,尽量减少停留时间。

通过冲沟:较大的纵向冲沟应沿一侧的斜坡前进,尽量不要走沟底,以便观察和处置情况;横向的冲沟应尽快通过。若遭敌火封锁时,应利用冲沟两侧的沟岔、弹坑等跃进通过。

通过乱石地、灌木林、沼泽地等复杂地形:应周密观察,保持前进方向,并与友邻战友协调配合,做好对突然出现之敌迅速射击的准备。

通过高地:应利用高地两侧运动,尽量避免从顶端通过。

通过街道:应沿街道两侧隐蔽地逐段前进,接近拐弯处之前,应先察看对面街区,再迅速进入拐弯处,观察好下一段的情况后再继续前进。如果需要横穿街道时,应先观察左右和对面街区的情况,然后迅速通过。

对各种情况的处置如下。

遭敌机轰炸、扫射时的动作:当敌机轰炸时,应按照上级命令就地卧倒或快速前进。同时利用地形隐蔽,待炸弹爆炸后继续前进,也可利用敌机投弹间隙迅速前进。

遭敌核、化学、生物武器袭击时的动作:接到敌核武器袭击警报时,应根据命令,迅速隐蔽或继续快速前进,随时做好防护准备;当发现核爆炸闪光时应迅速防护。冲击波一过,视情况穿戴防护器材,迅速前进。接到化学袭击警报或遭敌化学袭击时,应立即穿戴防护器材或利用就便器材进行防护。当敌施放生物战剂气溶胶时,应戴简单防护口罩、自制防护眼镜、风镜等,做好对呼吸道、面部和眼睛的保护。

炮火袭击时的动作:当遭敌零星炮火袭击时,注意听、看,快速前进。当遭敌猛烈炮火袭击时,趁炮弹爆炸的间隙,利用弹坑和有利地形逐次跃进。当通过敌炮火封锁区时,应按炮火封锁规律,利用敌射击间隙快跑通过。

遭敌步、机枪火力封锁时的动作:当遭敌步、机枪火力封锁时,应利用地形隐蔽,抓住敌火中断、减弱、转移等有利时机迅速前进。也可采用迷茫、欺骗和不规律地行动,转移敌视、射线,突然隐蔽地前进,或以火力消灭敌人后再前进。

思考题

1. 简述 1995 年式 5.8 毫米自动步枪的主要机件及其用途。
2. 外界条件对射击的影响有哪些?
3. 战术中如何利用各种地形?
4. 在敌人火力下如何运动?

第三节　防卫与救护

一、格斗基础

格斗是由几十个拳打、脚踢、摔打、夺刀等武术基本动作组成,格斗动作简单、实用,易于开展。一招一式,攻防分明,单个动作练习,能体现出较强的实用价值,整套练习,能体现出我军格斗特色。练习格斗时,全身各部位均能得到比较全面的活动,能较好地发展上下肢肌肉的爆发力,提高身体各关节的灵活性和柔韧性,能有效地锻炼快速反应能力。此外,由于格斗主要针对近身搏斗中常出现的情况,以及不同的攻防实用特点和攻防规律而编,有自卫和制敌作用,因此练习格斗对培养军人的心理素质和敢打敢拼、坚忍不拔、勇敢顽强的战斗作风,具有重要意义。

(一)格斗预备姿势

在立正基础上,身体侧向右的同时左脚向前上一步,脚尖微向里,全脚掌着地,微屈膝;右脚尖稍向外,前脚掌蹬地,微屈膝。左臂前伸微屈肘大于 90°,拳与鼻同高,拳心斜向下;右臂屈肘约 90,右拳置于左胸前,拳心斜向下,右肘自然下垂,微收腹,上体稍前倾,重心在两腿之间。头要正,闭嘴,下颌微收,目视前方,余光环视对方全身。如图 6-14 所示。

图 6-14　格斗预备姿势

(二)格斗步法

1. 前进步

在预备姿势基础上,左脚向前上步,右脚前掌蹬地随即跟上一步,还原预备姿势(见图 6-15)。

要求:左脚上步时不要离地过高;右脚蹬地要有力,迅速跟上。

2. 后退步

在预备姿势基础上,右脚向后退一步,左脚前置地随即后退步,还原预备姿势。

要求:退右脚和退左脚要连贯、迅速,离地不要过高。

图 6-15

3. 左跨步

在预备姿势基础上,左脚向左跨一步,紧接右脚左跨步,还原预备姿势。

要求:跨步时要连贯、迅速,脚离地不要过高。

4. 右跨步

在预备姿势基础上,右脚向右跨一步,紧接左脚向右跨步(见图 6-16),还原预备姿势。

要求:跨步时要连贯、迅速,离地不要过高。

5. 前蹬步

在预备姿势基础上,左大腿抬平屈膝、勾脚尖。伸小腿,脚跟用力前蹬,随后左脚向前落地,右脚迅速向前跟上,还原预备姿势。

要求:前蹬时,着力点脚跟,支撑腿可屈膝,保持平衡。

图 6-16

6. 后跃步

在预备姿势基础上,两脚用力前蹬地后,起左脚接着起右脚腾空,然后左脚向后落地,紧接右脚落地,还原预备姿势(见图 6-17)。

要求:腾空高度要适宜,左、右脚落地要连续,重心要稳。

图 6-17

7. 应用步

在预备姿势基础上,根据进攻或防守的需要,灵活变动,寻找与对方保持最合适的距离,使自己处于最有利的位置,身体维持平衡,始终保持预备姿势。

要求:动作迅速、灵活、自如。

(三)格斗拳法

1. 探拳

在预备姿势基础上,左小臂略内旋稍前伸约 10 厘米,拳心向下,并迅速回收,还原预备姿势。

要求:动作自然、协调、迅速。

用途:诱骗对方暴露空门,扰乱对方视线,使对方心理紧张,创造有利条件,出其不意而攻之。

2. 左直拳

在预备姿势基础上,左脚稍向前移的同时,左臂内旋左拳用力前冲,掌心向下。右拳在原位置,上体微右转,目视前方。击拳后还原预备姿势(见图 6-18)。

要求:出左拳比上左脚稍前,冲拳要突然有力。

用途:主要击面或胸部。

图 6-18

3. 右直拳

在预备姿势基础上,上左脚紧接右脚跟上的同时身体稍左转,右臂内旋猛力向前冲出,拳心向下,左拳自然收于胸前。两腿微屈,重心稍前移,目视前方。击拳后还原预备姿势。

要求:冲拳时重心要稳,头和上体不要偏斜。右直拳是重拳,力量大,一般配合探拳或直拳使用。

用途:同左直拳。

4. 左摆拳

在预备姿势基础上,大小臂抬平,微屈肘,左拳内旋拳眼向下,借助身体扭动力量,由左向右弧形摆击,力达拳面。右拳护于胸前,目视前方。摆击后还原预备姿势。

要求:摆拳的弧度不宜过大,拳击的部位不要超过自身头部正中线,身体扭动与摆击要协调,重心要稳。

用途:主要击打太阳穴。

5. 右摆拳

在预备姿势基础上,右拳内旋,拳眼向下,随上体稍向左转,右拳借助身体扭动力量,由右向左弧形摆击,力达拳面;大小臂抬平,肘关节外展,收左拳护于胸前,日视前方。摆击后还原预备姿势。

要求:摆拳可和前进步结合,拳走动中上左脚,摆拳弧度不要过大,拳击的部位不要超过自身头部正中线,重心要稳。

用途:同左摆拳。

图 6-19

6. 左下勾拳

在预备姿势基础上,左脚稍前移的同时左拳外旋,拳心向内上,肘关节向下稍回收,屈时,上体稍右转的同时左拳由下向前上击出,力达拳面,拳与胸同高。右拳护于胸前,目视前方。击拳后还原预备姿势。

7. 右下勾拳

在预备姿势基础上,左脚前移,右脚后蹬的同时右拳外旋,拳心向内上,肘关节向下稍回收,屈肘,上体左转的同时右拳由下向前上击出,力达拳面,拳与胸同高。左拳护于右胸前,目视前方。击拳后还原预备姿势。

要求、用途:同左下勾拳。

图 6-20

8. 左平勾拳

在预备姿势基础上,左臂肘关节外展,大、小臂与肩同高,屈肘约 90°,拳心向下,上体右转同时左拳由左向右击出,力达拳面。右拳护于胸前,目视前方。击拳后还原预备姿势。

要求:勾拳弧形不要太大,击拳的部位不要超过自身头部的正中线。充分利用腰腿的力量。

用途:击头部或太阳穴。

9. 右平勾拳

在预备姿势的基础上,右臂肘关节外展,大、小臂约与肩高,屈肘约 90°,拳心向下,上体左转,同时右拳由右向左击出,力达拳面;左拳护于胸前,目视前方(见图 6-21)。击拳后还原预备姿势。

要求、用途:与左平勾拳相同。

图 6-21

(四)格斗腿法

1. 弹腿

在预备姿势的基础上,左大腿抬平屈膝,脚尖向下绷直,随即向正前方弹出,力达脚面,上体姿势基本不变。弹踢后迅速还原预备姿势。弹右腿要领与弹左腿一致。

要求:弹腿要快速有力,上体不要后仰。用途:弹踢对方裆部。

2. 侧踹腿

在预备姿势基础上,右脚尖向右,上体右转。大腿抬平屈膝,膝向右侧,勾脚尖里扣,左腿向前或前下猛踹并迅速回收,力达脚跟,目视对方。踹腿时两臂护身。踹腿后左脚落地,还原预备姿势。踹右腿时,左脚尖向外,上体左转,右腿动作同左踹腿。

要求:踹腿时上体可自然侧倾,重心要稳,猛踹快收。

用途:主要攻击对方肋部。

图 6-22

3. 左勾踢腿

在预备姿势基础上,右脚尖向外,上体右转,抬左腿屈膝,脚尖内勾,由后向右前猛力勾踢,力达脚腕内侧(见图 6-23),目视前方。勾踢后左脚回收,还原预备姿势。

要求:重心要稳,两臂护于胸前。

用途:勾踢对方脚跟或小腿。

图 6-23

4. 右勾踢腿

在预备姿势基础上,左脚尖向外,上体左转,抬右腿屈膝,脚尖内勾,由后向左前猛力勾踢,力达脚腕内侧,目视前方。勾踢后还原预备姿势。

要求、用途:同左勾踢腿。

5. 正蹬腿

在预备姿势基础上,重心后移,右(左)腿支撑体重,左(右)腿抬平屈膝,勾脚尖向前蹬出,力达脚跟,目视前方。蹬腿后还原预备姿势。

要求:猛蹬快收,重心要稳。

用途:蹬腹部。

6. 侧蹬腿

在预备姿势基础上,右(左)脚尖向外,右(左)腿支撑体重。上体稍向右(左)倾斜,左(右)大小腿抬平屈膝,膝盖向前,勾脚尖向左(右)蹬出,力达脚跟,目视左(右)方。蹬腿后还原预备姿势（见图 6-24）。

　　要求：同正蹬腿。

　　用途：蹬肋部、腹部。

图 6-24

(四)格斗防法

1. 左拨防

在预备姿势的基础上左拳变掌，由左前向右侧前下拨击，手的部位不要超过自身头部正中线，力达手掌，目视对方。拨击后还原预备姿势。

　　要求：快速、准确。

　　用途：主要防对方右直拳、右摆拳。

2. 右拨防

在预备姿势基础上，右拳变掌，由右前向左侧前下拨击，手的部位不要超过头部正中线，力达手掌，目视对方（见图 6-25）。拨击后还原预备姿势。

　　要求：同左拨防。

　　用途：主要防对方左直拳、左摆拳。

图 6-25

3. 左格挡防

在预备姿势基础上，左小臂向前上格挡防，肘尖向左前，拳心向前下，目视前方。格挡后还原预备姿势。

　　要求：格挡时小臂略高于头。

　　用途：主要防直拳。

4. 右格挡防

在预备姿势基础上，右小臂向前上格挡，肘尖向右前，拳心向前下，目视前方。格挡后还原预备姿势。

要求、用途:同左格挡防。

5. 左格防

在预备姿势基础上,左小臂内旋向左前格,肘尖向左下,拳心向前下,目视前方。格挡后还原姿势(见图 6-26)。

要求:左格不要过大。

用途:主要防对方摆拳、平勾拳。

图 6-26

6. 右格防

在预备姿势基础上,右小臂内旋向右前格,肘尖向右下,拳心向前下,目视前方。右格后还原顶备姿势。

要求、用途:同左格防。

7. 左下格防

在预备姿势基础上,左小臂用力向下稍向左格,力达左小臂内侧,拳心向内下,目视前方。下格后还原预备姿势。

要求:下格要快速、有力。

用途:防对方右下勾拳。

8. 右下格防

在预备姿势基础上,右小臂用力向下稍向右格,力达右小臂内侧,拳心向内下,目视前方。下格后还原预备姿势。

要求:同左下格防。

用途:防对方左下勾拳。

9. 左闪身防

在预备姿势基础上,左脚向左稍前上步,半屈膝,上体左下闪。右小臂向右前上格挡,左拳击对方腰或腹部,目视对方。闪身后还原预备姿势(见图 6-27)。

要求:闪身与格挡要协调致。

用途:防对方直拳或右摆拳。

10. 右闪身防

在预备姿势基础上,右脚向右稍前上步,半屈膝,上体右下闪,左小臂向左前上格挡,右拳击对方腰或腹部,目视对方。闪身后还原预备姿势(见图 6-28)。

要求:同左闪身防。

用途:防对方直拳或左摆拳。

图 6-27

图 6-28

11. 左晃头防

在预备姿势基础上,头向左晃动,目视对方。晃头后还原预备姿势。

要求:判断准确,晃动不要过大,身体保持平衡。

用途:防直拳。

12. 右晃头防

在预备姿势基础上,头向右晃动,目视对方。晃动后还原预备姿势(见图 6-29)。

要求、用途:同左晃头防。

图 6-29

二、战伤救护 *

实施战伤救护,必须要最大限度地减少伤员的痛苦,降低致残率,减少死亡率,为后送抢救打下良好基础。

(一)战伤救护的基本原则

战伤救护应当遵循六条基本原则,即"先复苏后固定,先止血后包扎,先重伤后轻伤,先救治后运送,急救与呼救并重,搬运与医护同步"。

1. 先复苏后固定

对有心搏、呼吸骤停又有骨折的伤员,应首先用口对口呼吸、胸外按压等技术使心肺复苏,直至心跳、呼吸恢复后,再进行固定骨折部位。

2. 先止血后包扎

对大出血又有创口的伤员,首先立即用指压、止血带或药物等方法止血,再进行创口消毒、包扎。

3. 先重创后轻伤

对垂危的和较轻的伤员,应优先抢救危重伤员,后抢救较轻的伤员。

4. 先救治后运送

对各类伤员,要按战伤救治原则分类处理,待伤情稳定后才能后送。

5. 急救与呼救并重

对成批的伤员,又有多人在现场的情况下,救护者应当分工合作,实施急救和呼救同时进行,以较快地争取到急救外援。

6. 搬运和医护同步

搬运与医护应当协调配合、同步一致,要做到:任务要求一致,协调步调一致,完成任务的指标一致。运送途中,减少颠簸,注意保暖,最大限度地减少伤员痛苦,减少死亡率,安全到达目的地。

(二)战伤救护的基本要求

救护伤员时,不准用手和脏物触摸伤口,不准用水冲洗伤口(化学伤除外),不准轻易取出伤口内的异物,不准送回脱出体腔的内脏,不准用消毒剂或消毒粉涂擦伤口。

1. 救护头面伤部

伤员头面部受伤时,应保证其呼吸道畅通,清除口的异物,将伤员衣领解开,采取侧卧或俯卧姿势,防止吸入呕吐物,并妥善包扎伤口和止血。

2. 救护胸(背)部伤

伤员胸(背)部受伤时,出现胸(背)部伤往往伴有多根肋骨骨折,除用敷料包扎外,还应用绷带环绕胸背部包扎固定。

3. 救护腰(腹)部伤

伤员腹(腰)部受伤时,腹壁伤要立即用大块辅料和三角巾包扎。伴有内脏伤时,不能喝水、吃东西、吃药,尽快后送。

4. 救护四肢伤

伤员四肢受伤时,除了手指或脚趾伤必须包扎外,包扎其他四肢伤时,要把手指或脚趾露出,以便随时观察血液循环情况,采取相应措施。

(三)战伤救护的基本技能

战时开展"自救互救"的基本技能与动作,主要有复苏、止血、包扎、固定、搬运的技术与方法。熟练掌握救护动作,正确运用救护技术,能够提高士兵的救护能力,减少战时不必要牺牲。

1. 复苏技术

受到各种因素严重打击的伤员,会出现呼吸、心搏骤停。在数分钟内,必须分秒必争地进行复苏,以最大限度地挽救伤员生命。

伤员的呼吸道梗阻、气道阻塞,在数分钟内伤员即会因窒息而死亡,抢救时必须分秒必争地去除各种阻塞原因,通畅气道。

(1)人工呼吸

抢救重伤员时应首先查明他是否有呼吸。可通过观察胸部是否有起伏或将棉絮贴于鼻孔,看是否有摆动。如呼吸已停止,必须迅速采取口对口方式进行人工呼吸。

要领:使伤员仰卧,先清理口中堵塞物,以保持呼吸道通畅,然后托起伤员下颌,使头部后仰,将口腔打开;用一手捏住伤员鼻孔,另一手放在颌下并上托;深吸一口气,对准伤员口用力吹入,然后迅速抬头同时松开双手;听有无回气声响,如有则表示呼吸道通畅。如此反复进行,每分钟14至16次。如心跳停止,应与心脏按压同时进行,每按压心脏4至5次后吹气一口,吹气应在放松按压的间歇进行。

(2)胸外心脏按压

当发现伤员失去知觉,要立即评估判断:轻拍双肩,耳边呼叫,判断有无意识;摸颈动脉搏动(喉结旁2厘米);判断呼吸(看胸廓有无起伏,数10秒钟)。确认伤员自主呼吸消失,颈动脉搏动消失,立即拨打120,开始胸外心脏按压。

要领:先将伤者仰卧在地上或者硬板床上,将伤员头偏向一侧,清理呼吸道异物,找准按压部位(见图6-30,胸骨正中,乳头连线中点,或者胸骨中下1/3处,以掌跟按压),按压频率高于100次/分,按压深度大于5厘米,进行胸外按压的同时必须进行口对口人工呼吸(见图6-31)。如急救时只有一个人,先进行胸外按压30次,再向伤员口中吹两大口气,然后再按压,如此反复进行5个循环。

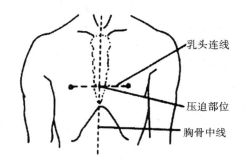

图 6-30　胸外按压部位及方法

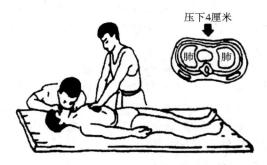

图 6-31　胸外按压和人工呼吸

2. 止血技术

判断出血的性质,是正确实施止血的首要工作,基本方法是根据出血的特征加以判断。

动脉出血:颜色鲜红,呈喷射状,有搏动,出血迅速快且量多。

静脉出血:颜色暗红,呈涌出状或徐徐外流,出血量较多,速度不如动脉出血快。

毛细血管出血:血色鲜红,呈点状或片状,从伤口向外渗出,出血点不容易判明。

图 6-32　头顶部出血指压法

止血方法有以下三种。

(1)加压包扎止血法

先将敷料覆盖在伤口上,在用绷带或三角巾以适当压力包扎,其松紧度以能达到止血目的为宜。必要时可将手掌放在敷料上均匀加压，一般 20 分钟即可止血。加压包扎止血法适当用于小动脉，中、小静脉或毛细血管出血。

（2）指压止血法

用手指、手掌或拳头压迫伤口近心端的动脉，将动脉压向深部的骨上，阻断血液流通，达到临时止血的目的。指压止血法适用于中等或较大的动脉出血。

①头顶部出血：压迫同侧耳屏前方颧弓根部的搏动点（颞浅动脉）止血（图 6-32）。

②颜面部出血：压迫同侧下颌骨下缘、咬肌前缘的搏动点（面动脉）止血。若伤在颊部、唇部，可将拇指伸入病人口内，其余四指紧贴面颊外部，内外用力，压迫伤口下缘之动脉。

③颈部、面深部、头皮部出血：可用拇指或其他四指压迫同侧气管外侧与胸锁乳突肌前缘中点之间的强搏动点（颈总动脉），用力向后压，可将之压向第六颈椎横突上，达到止血目的（见图 6-33）。

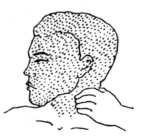

图 6-33　颈动脉指压法

④颈总动脉为脑的重要供血动脉，所以对颈动脉的压迫止血取慎重态度，并绝对禁止同时压迫双侧颈总动脉。

⑤头后部出血：可用指压迫同侧耳后乳突下稍往后的搏动点（枕动脉）止血。

⑥肩部、腋部、上臂出血：压迫同侧锁骨上窝中部的搏动点（锁骨下动脉），将动脉压向第一根肋骨（见图 6-34）。

⑦手掌、手背出血：压迫手腕横纹稍上处的内、外侧搏动点（尺、桡动脉）止血（见图 6-35）。

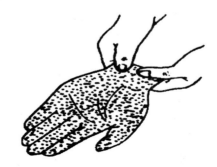

图 6-34　锁骨下动脉指压法　　　　　　**图 6-35　尺、桡动脉压指法**

⑧大腿出血：大腿及其以下动脉出血，可用双手拇指重叠用力压迫大腿根部腹股沟中点稍下的强搏动点（股动脉）止血（见图 6-36）。

（3）止血带止血法

一般只适用于四肢大动脉出血，或加压包扎后不能有效控制的大出血时采用。使用不当会造成更严重的出血或肢体缺血坏死。专用的止血带有充气止血带和橡皮止血带两种，充气止血带效果好，在紧急情况下也可用绷带、布带灯代替。止血带下一定要用衬垫保护局部软组织（见图 6-37）。

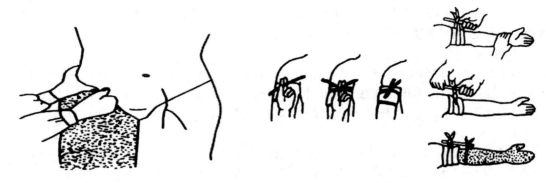

图 6-36 股动脉指压法   图 6-37 止血带止血法

三、核生化防护*

核、化学、生物武器与常规武器相比较，不仅在效应和杀伤威力上大不相同，而且在防护措施方面也有许多不同的特点。只要我们了解其特性，掌握必要的防护知识，学会一些基本的防护动作，就能减轻或避免其伤害。

（一）对核武器的防护

核武器是利用原子核反应瞬间释放出的巨大能量，对目标造成杀伤破坏作用的武器。原子弹、氢弹、中子弹统称为核武器。核武器的杀伤破坏因素有五种：冲击波、光辐射、早期核辐射、核电磁脉冲和放射性沾染。前四种因素是在爆炸后几秒至几十秒内起作用的，又叫瞬时杀伤破坏因素。放射性沾染的伤害作用时间长，尤其是地爆，对人员的伤害作用较大。在核武器爆炸的全部能量中，一般冲击波约占 50%，光辐射约占 35%，早期核辐射约占 5%（包括核电磁脉冲的 0.1%），放射性沾染约占 10%。核武器虽具有巨大的杀伤破坏作用，但只要了解其基本的防护知识，采取必要的防护措施，掌握防护技能，还是能减轻或避免其伤害的。

我国核试验证明，各种野战工事都能减轻或避免核武器对人员的杀伤。因此，在核条件下作战，只要情况允许，就应根据任务和条件积极构筑各种工事进行防护。人口高度集中的城市在平时的建设中，应加强人防工程修建，完善各种防护措施，这是防核袭击的有效手段。如修建地下铁路，既可解决平时交通拥挤问题，也为战时疏散、隐蔽人员做准备；又如高层建筑必须修建地下室，既作建筑基础，平时可住人或当仓库使用，战时为掩蔽人员提供条件；也可修建一些地下车库、地下商场和地下工厂等，为战时疏散、掩蔽人员和储存物资做准备。

在核武器袭击的条件下，充分利用就近的防护设施，因地制宜地采取适当防护措施，就可能避免和最大限度地减少人员的伤害。

1. 在开阔地上就地防护

发现核爆炸闪光时，应迅速卧倒，尽可能背向爆心。卧倒时，两手交叉压于胸下，两肘前伸，头自然向下压夹于两臂之间，闭眼闭嘴（有条件时塞耳），憋气（当感到有热空气时），两腿伸直并拢。

2. 在建筑物内就地防护

当人员来不及到室外防护时，应在室内屋角或床、桌下卧倒或蹲下。但注意不要利用不坚固或易倒塌的建筑物，要尽量避开门窗和易燃易爆物，以免间接受伤。为了减轻照射损伤，可提前使用预防药物，如口服碘化钾等。

3. 利用掩蔽部、防空地下室的防护

当听到核袭击警报信号时，应立即进入掩蔽部、防空地下室，关好防护门，尽量不用明火照明。

4. 在建筑物外的就地防护

坚固的建筑物对瞬时杀伤因素具有一定的防护作用。当发现核爆炸闪光时应尽量利用墙的拐角或紧靠墙根卧倒，但要避开易倒塌的建筑物或土堆，避开易燃、易爆物体，以免受到间接伤害。当建筑物外有土丘、土坎等高于地平面的地形时，应利用就近地形，背向爆心紧靠遮挡一侧的下方迅速卧倒；如土丘、土坎较小时，则可对向爆心卧倒，重点防护头部。利用土坑、沟渠等低于地平面的地形时，应迅速跃（滚）入坑内，身体蜷缩，跪或坐于坑内，两肘置于两腿上，两手掩耳，闭眼闭嘴，暂停呼吸。若坑大底宽，也可侧向或对向爆心卧倒。利用沟渠时，宜用横向爆心的沟渠卧倒防护，若沟渠走向对爆心时，只能利用拐弯处进行防护。此外，山洞、桥洞、涵洞、下水道等都可用来防护；有时，利用树木、丛林、青纱帐防护或潜入水中防护，也有一定效果。

5. 对放射性烟云沉降的防护

放射性烟云沉降时，人员应迅速进入有掩盖的工事，暴露人员应迅速戴上口罩、手套、披上雨衣或斗篷进行全身防护；同时，将物资、器材、粮食、食品和饮水等遮盖起来。需要通过放射性沾染地域时，人员应口服抗辐射药物，喝足开水。排除大小便，戴好口罩或面具，穿深腰鞋，视情穿雨衣或披斗篷，扎好"三口"：领口、袖口和裤脚口。尽量垂直于放射性沾染带快速横穿。

6. 消除放射性沾染的方法

人员沾染后，应进行局部消除，可用清水和肥皂擦洗暴露的皮肤，同时清洗鼻腔、漱口和擦洗耳窝。无水时，可用毛巾、纱布、棉花等干擦，冬季可用干净的雪擦拭。擦拭时，应从上到下，顺一个方向进行。擦拭一次，将毛巾、纱布翻叠一次，防止已消除部位重新沾染。条件许可时，要进行全身洗消（淋浴最好）。

对服装装具可采用拍打、扫除、抖拂、洗涤等方法消除，消除时，人员之间应有一定距离，注意站在上风方向，采取从上到下、由里到外的方法进行。

对粮食消除沾染，可采用过筛、加工脱壳、水洗、风吹等方法，消除率可达90％以上。对包装完好的可采用扫除、拍打或去除包装袋消除；对未包装的粮食，可铲除沾染层2—3厘米；对蔬菜、水果等，主要用水冲洗和剥皮的方法；对面包、馒头等熟食，可剥掉表皮消除。

对饮水的消除，一般可采用土壤净化法和过滤法。土壤净化法即在每升水中加干净细土粒20克，再加入明矾和石灰，经搅拌后澄清，上层澄清液的消除率可达60％—70％。过滤法即在盛水容器底部放水口处，先铺上二三层纱布，然后再取3—4厘米的细砂，上面铺2层纱布，再铺3厘米的粗砂或碎石，每次消除率可达80％以上。用上述方法处理的水，应进行检查，低于控制量时方可饮用。

（二）对化学武器的防护

化学武器是以毒剂的毒害作用杀伤有生力量的各种武器、器材的总称。包括装有毒剂的化学炮弹、航空炸弹、火箭弹、导弹、手榴弹、地雷、布毒车、毒烟罐、毒剂发射器、航空布洒器和气溶胶发生器以及装有毒剂前体的二元化学弹药等。化学武器在使用时，借助于爆炸加热和空气阻力等作用，将毒剂分散成蒸气、液滴、气溶胶状态，使空气、地面、水、物体染毒；经呼吸道、皮肤、眼、口等器官引起人畜中毒，以杀伤、疲惫敌方有生力量，迟滞、困扰敌方军事行动。以毒害作用杀伤人、畜和毁坏植物的各种有毒物质叫军用毒剂,简称为毒剂。

1. 对毒剂中毒的预防

预防,原则上是将器材防护与药物预防相结合,群众性防护与专业技术防护相结合。主要措施如下。

(1)及时使用防护器材

有条件的,应迅速进入集体防护工事设施内,如无此条件的,应进行个人器材防护。如佩戴各种防毒面具、防毒面罩或简易防护器材,用游泳镜、劳动保护镜或风镜防护眼睛;用多层口罩、毛巾防护口腔及呼吸道;戴手套、穿雨鞋防护四肢;穿雨衣、风衣、塑料雨披等保护全身。

(2)服用预防药物

在可能受到化学武器袭击时,为增强对神经性毒剂的防护能力,可组织人员提前服用防磷片或吸入解磷鼻化剂等预防药物。

(3)及时进行清洗消毒

离开染毒区后,尽快组织人员进行洗消,在洗消时,也应该注意个人防护,以防止造成间接中毒。

(4)遵守染毒区行动规则

在毒区内个人不得随意行动,更不得自行解除个人的防护,人员应按指定路线有计划撤离,不准在毒区饮水、进食、吸烟,不准随意坐卧,不准在毒气容易滞留的房屋背风处、绿化地带、低洼处停留。

2. 对中毒人员的急救

对中毒人员的急救必须正确、迅速,应根据毒剂的不同,采用相应的急救药物和方法。情况允许时,最好将中毒者撤出毒区后送医院治疗。急救时应先重后轻,主要依靠自救和互救,救治中应贯彻特效抗毒与综合治疗相结合的宗旨,应采取局部染毒处理与全身治疗相结合的方法,首先处理危及生命的伤情。

(1)对神经性毒剂中毒的急救

对中毒人员,如无法立即撤离毒区,应首先戴上面具,立即注射解磷针;对呼吸困难者进行人工呼吸;对染毒皮肤及时消毒。

(2)对糜烂性毒剂中毒的急救

糜烂性毒剂中毒的急救方法同人员皮肤的消毒方法。

(3)对全身中毒性毒剂中毒的急救

迅速捏破亚硝酸异戊酯安瓿,放在中毒人员鼻前(戴面具后,则将捏破的安瓿,塞入面罩内),使其吸入药剂。如症状不见消失还可再用。对呼吸困难者应进行人工呼吸。

(4)对窒息性毒剂中毒的急救

中毒人员应保持安静,尽量减少体力的消耗,注意保温,严禁人工呼吸。对失能性毒剂中毒人员,一般不需要急救,只要离开毒区,症状会自行消失。

(三)对生物武器的防护

生物武器是以生物战剂杀伤有生力量和毁坏植物的各种武器、器材的总称,俗称细菌武器。生物武器可使大量人、畜发病或死亡。如1克A型肉毒杆菌毒素可使800万人致死,人只要吸入0.0003毫克的量就可死亡。鼠疫、天花、霍乱、斑疹伤寒等都具有很强的传染性,一旦引起人员发病,将很快传播,造成疾病流行,迅速蔓延为疫区,也可因带菌昆虫叮咬野生动物而形成自然疫源地。生物武器也可大规模毁伤农作物,从而削弱对方的战斗力,破坏其战争潜力。应对生物武器可以采取以下防护措施。

1. 加强全民教育,建立和健全卫生防疫组织和制度

对全民进行反生物战教育,使他们了解反生物战的基本知识,学会正确地进行个人防护。对卫生专业人员应进行反生物战训练,掌握防护的基本原理,学会正确的组织防护措施。针对可能发生敌使用生物武器的征兆,应立即建立反生物战的组织,加强领导,密切协同,统一行动;根据反生物战的特殊情况,建立健全卫生防疫制度,包括个人和环境卫生、敌情监视和报告、标本采集和传送、现场处理、病人隔离及疫区处理等。

2. 个人防护动作和药物预防、免疫接种

当敌施放生物战剂气溶胶时,人员应戴好防毒面具或防疫、防尘口罩,同时还应戴上防毒眼镜和穿着防毒衣、防疫服、胶靴鞋和手套等。如有条件,可进入具有滤毒通风设施的掩蔽部、坑道或人防工事等进行防护。当敌投放带菌昆虫时,人员为保护暴露皮肤,防止昆虫叮咬,应利用工事、房屋、帐篷和个人防护器材进行防护,同时还应在暴露的反肤上涂抹驱蚊灵等驱避剂。为增强人体抗病免疫能力,提高治疗效果,人员应在战斗前进行免疫接种,当确知敌人使用生物战剂时,还应使用药物进行预防。此外,还需要搞好个人卫生和战场环境卫生。

3. 消毒、杀虫、灭鼠

对受污染人员的皮肤可用个人防护盒内的皮肤消毒液或1%的三合二水溶液,以擦拭法进行消毒。对污染的服装装具可用煮沸法、日晒法或药物浸泡法进行消毒。对污染的粮秣、食物,通常应销毁,如密封包装的,可用消毒剂,擦拭表面2—3次,放置30分钟后方可食用。对污染的水,须煮沸15分钟后方可饮用。对污染的地面、工事可用火烧法、铲除法和喷洒消毒剂等进行消毒。

还应组织人员迅速对敌投入的带菌昆虫、小动物用扫帚、铁锹等工具聚成一堆烧毁或深埋,对能飞善跳的昆虫、小动物则可用各种喷雾器(包括动用飞机)喷洒杀虫药物进行捕杀。

四、单兵防护器材及使用方法

单兵防护器材是用于个人免受毒剂、生物战剂和放射性灰尘伤害的器材。包括呼吸道防护器材、皮肤防护器材、个人防护盒等。这里重点介绍防毒面具。

防毒面具是一种呼吸道防护器材,用于保护人员的呼吸器官、眼睛及面部免受毒、细菌及放射性灰尘的直接伤害。以其防护原理的不同可分为过滤式和隔绝式两大类。过滤式防毒面具是我军广泛使用的一种呼吸道防护器材,我军目前装备的主要是由山西太原国营新华化工厂生产的 FMJ08 型防毒面具。

(一)FMJ08 型防毒面具构造

FMJ08 型防毒面具为我军新一代面具,其基本结构由滤毒罐、面罩、面具袋及附件组成。滤毒罐。FMJ08 型面具的滤毒罐与 FMJ05 型面具的滤毒罐结构相似,滤毒罐的接头座安装在罩体的左侧,根据需要也可以与安装在右侧的辅助通话器调换,必要时也可以在两侧均安置滤毒罐接头座,形成双滤毒罐结构(调换或增加滤毒罐接口座,须在专门工厂进行,以确保接口处气密)。

面罩。为头戴式,包括罩体、眼窗、通话器(含饮水装置)、固定系统、滤毒罐接口等。

通话器。通话器分主辅两个,主通话器在面罩下方,辅助通话器在面罩右侧,主通话器除采用 FMJ03 型面具通话器的核心部件外,还增加有饮水装置,可以进行饮水或进食流食。辅助通话器能较好地与电子通信器材相匹配。

眼窗。眼窗结构为凹陷式,与光学器材匹配性较好。

(二)防毒面具佩戴

防毒面具通常左肩右胁携带,面具袋上沿与腰带取齐,立姿徒手脱戴。

口令:准备面具、戴面具、脱面具。

动作要领:当听到"戴面具"的口令后,立即闭眼,闭嘴,停止呼吸,右手握面具袋底部,将其转到身体的右前方,左手打开袋盖,取出面具,两手分别握住面具两侧的中、下部头带,用双手将面罩撑开,拇指在内,四指在外,同时,身体稍向前倾,下颚稍向前伸出,将面罩先套住下颚,用拇指和食指夹住军帽帽檐,双手向上向后拉动面罩把面具戴上,两手对称地调整头带,使面罩与脸部密合,然后,深呼一口气,使面罩内的毒气从面罩边沿溢出,睁开眼睛,恢复呼吸。

听到"脱面具"的口令后,左手脱下军帽,右手握住面具下部,脱下面具,戴好军帽,将面具装入面具袋内。

思考题

1. 格斗的基本要素有哪些?
2. 战场救护应遵循的基本原则是什么?
3. 防毒面具佩戴的要领是什么?

第四节　战备基础与应用训练

战备基础和应用训练是一项实践性很强的技能训练。这里主要介绍战备基础、行军拉练、野外生存、识图用图、电磁频谱监测等内容。

一、战备基础 *

战备是武装力量为及时应对可能发生的战争或突发事件而在平时进行准备和戒备的活动。士兵作为部队的主体,担负着作战和应付突发事件的各项任务,必须牢固树立战备观念,了解战备常识,搞好战备的各项训练,以保证一旦遇有紧急情况能在最短的时间内准备好,能以最快的速度投入战斗,并能圆满地完成任务。

(一)战备规定

战备工作是军队全局性、综合性、经常性的工作。做好战备工作,提高战备水平,是有效应对多种安全威胁、完成多样化军事任务的重要保证。战备规定的内容主要有日常战备、等级战备、战场建设等。士兵要重点掌握日常战备和等级战备中的相关内容。

1. 日常战备

日常战备的内容较多,重点是战备教育、节日战备和"三分四定"三项内容。

（1）战备教育

各部队通常要结合形势和任务对所属人员进行经常性的战备教育。战备教育由政治机关组织,通常每季度进行一次。节日、特殊时期和部队执行任务前一般也要进行针对性战备教育。战备教育通常包括以下三项内容。

①进行马克思主义战争观、军队根本职能和新世纪新阶段军队历史使命教育。大力培育当代革命军人核心价值观,使全体人员牢固树立时刻准备打仗、时刻准备执行非战争军事行动任务的思想。

②进行形势、任务教育和反渗透、反心战、反策反、反窃密教育,以及战备工作法规制度教育。克服麻痹思想,增强战备意识,保持常备不懈。

③进行爱国主义、革命英雄主义教育。强化战斗精神,培养英勇顽强的战斗意志和战斗作风,坚定敢打必胜的信心。

（2）节日战备

各部队在元旦、春节、国庆节等节日时要组织节日战备。

节日战备前,通常组织战备教育和战备检查,制订战备计划,调整加强值班兵力,完善应急行动方案,及时上报战备安排。

节日战备期间,要按规定保持人员在位率和装备完好率,加强战备值班、执勤、巡逻警戒和对重要目标的防护。当士兵担负战备值班任务时,要做好随时出动执行任务的准备。

节日战备结束后,要及时向上级上报节日战备情况。

（3）"三分四定"

"三分四定"是陆军地面部队、海军陆战队、空降兵部队对战术储备物资存放与管理的基本要求,其他部队的战术储备物资要根据自身特点,按照便于储备和使用的要求进行存放与管理。

"三分"指战备物资按规定分为携行、运行和后留三类。携行物资就是紧急情况时自己随身带的必备物资;运行物资就是有些物资个人很需要,但自己携带不了,需要上级单位帮助运走的物资;后留物资就是不需要带走的个人物资（自己买的,不是部队配发的东西）,留在营房里,由上级统一保管。

"四定"指战备物资在存放、保管和运输中做到定人、定物、定车、定位。定人,就是将携行、运行和后留物资明确到具体的个人并以标签进行标识;定物,就是将个人储备物资按照携行、运行和后留进行区分,明确各自的种类和数量;定车,就是明确个人携行和运行物资放置的具体车辆（几号车）;定位,就是明确个人携行和运行物资设置在车辆上,后留物资放置在库室内的具体位置。

"三分四定"是战备工作的重要内容,每一个士兵平时要严格按规定做好各项工作,保证一旦有紧急情况就可立即出动。

2. 等级战备

等级战备是部队为准备执行作战任务,或者情况需要时,根据上级命令进入的高度戒备状态。等级战备按照戒备程度由低级到高级分为三级战备、二级战备、一级战备。

三级战备,是部队现有人员、装备、物资等完成行动准备的戒备状态。此时,停止所属人员探亲、休假、疗养、退役,召回在外人员;检修装备和器材;组织战备教育和训练;加强战备值班;展开阵地准备和有关保障。

二级战备,是部队按照编制达到齐装、满员,完成行动准备的戒备状态。此时,要收拢部队,补齐人员、装备;发放战略物资,落实后勤、装备等各项保障;进行战备动员和临战训练;

加强战备值班;完善行动方案;做好进入预定疏散地域或者战时位置的准备。

一级战备,是部队完成一切临战准备的最高戒备状态。此时,要按命令进行应急扩编和临战动员,严密掌握敌情和有关情况,部队进入疏散地域或者战时位置,做好遂行各项作战任务准备的部队进入等级战备,通常逐级进入三级战备、二级战备、一级战备;必要时,可以越级直接进入二级战备、一级战备,或者由三级战备越级进入一级战备。

士兵按命令进入等级战备后,应按照规定保持装备完好和人员在位,保证随时遂行各种任务。部队一旦进入战备等级状态,要求每一名士兵必须做到:严格遵守保密规定,不泄露部队行动的秘密;外出探亲人员,接到上级的通知后要迅速归队;服从命令,听从指挥,按上级的命令完成各项工作;提高警惕,坚持在岗在位,保持良好的战备状态进一步落实战备计划,随时做好出动准备。

(二)紧急集合

紧急集合,就是部队或分队在紧急情况下,迅速聚集人员并按规定携带装备物资的应急行动。如:发现和遭到敌人的突然袭击时;受到火灾、水灾、地震、台风等自然灾害威胁时;上级赋予紧急任务或发生重大意外情况时等。

士兵一般是根据上级的紧急战备号令实施紧急集合。士兵一旦接到紧急集合的信号或命令时,应立即按规定着装,携带齐武器装备和器材,迅速到规定地点集合。

紧急集合分为全副武装紧急集合和轻装紧急集合两种。全副武装紧急集合是根据当时部队所处的战备等级状态而确定。此时,人员的负荷量、携行的装备和器材均按战备方案和上级的规定执行。轻装紧急集合是在执行临时性的紧急任务时所采取的一种方式。着装时,为减轻士兵的负荷量,通常不背背包(或携带单兵生活携行具),以提高部队的快速机动能力。紧急集合的程序分四步:着装、整理携行生活器材、装具携带和集合。

1. 着装

通常着作训服。昼间进行紧急集合时,一般按当时的训练着装进行。如果上级重新规定着装,士兵应立即换装。夜间实施紧急集合时,士兵应迅速起床,按照帽子、上衣、裤子、袜子、鞋子(双层床上层的士兵打完背包再穿鞋子)的顺序进行穿戴。

2. 整理携行生活器材

没有装备生活携行具时,应打背包。背包宽30—35厘米,竖捆两道,横压三道。米袋捆于背包上端或两侧;雨衣、大衣通常捆于背包上端,大衣袖子捆于背包两侧;鞋子横插在背包背面中央或竖插两侧;锹(镐)竖插在背包背面中央,头朝上。

装备有生活携行具时,应按以下顺序进行:迅速结合背架;按规定将物品分别装入主囊、侧囊和睡袋携行袋;组合背架和军需装备携行具。

3. 装具携带

全副武装:背挎包,右肩左胁;背水壶,右肩左胁;背防毒面具,左肩右胁;扎腰带(机枪手先背弹鼓);披弹袋;背背囊(背包,火箭筒副射手背背具);取枪(筒)和爆破器材(见图6-38)。

轻装:只是不背背囊(背包),将锹(镐)头朝下背于右肩,系绳绕腰间与背绳系紧;米袋,右肩左胁;雨衣(冬季带大衣时,将大衣袖子留在外面卷紧捆好,再将袖口对接扎紧)左肩右胁,其他装具携带同全副武装(见图6-39)。

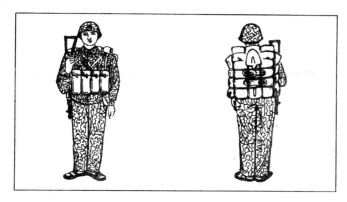

图 6-38　全副武装

图 6-39　着轻装

4. 集合

士兵披装完毕后,迅速跑步到班集合地点,向班长报告。全班到齐后,班长带领全班迅速赶到排集合场,并向排长报告。士兵在紧急集合时要做到:迅速、肃静、确实、完整、安全、便于行动。这就要求每名士兵在平时应按规定放置武器、弹药、装具和衣物,这样在紧急集合时就便于拿取和穿着,行动才不会慌乱。

二、行军拉练*

行军拉练是军队沿指定路线进行的有组织的移动,行军时,必须保持充分的战斗准备,迅速、隐蔽地按时到达指定地域。行军分为常行军和强行军。常行军,按正常的每日行程和时速实施。徒步行军,每日行程 30—40 公里,时速 4—5 公里。强行军以加快行进速度和延长行军时间的方法实施,通常徒步每小时 7 公里左右。

(一)行军拉练的组织准备

1. 研究情况,拟订计划

指挥员应根据受领的行军命令,在地图上研究敌情、任务和行军路线,确定行军序列,指定观察员和值班火器,制定防护措施和各种情况的处置方案。

2. 做好思想动员

行军前,指挥员应根据本分队所担负的任务,结合分队的思想情况,进行深入的思想动员。要教育战士遵守行军纪律,服从命令听指挥,不得擅自离队,不得丢失装备和食物,不喝生水,不违反群众纪律等,保障分队顺利完成行军任务。

3. 下达行军命令

下达行军命令时,应着重明确本部队的任务、敌情、行军路线、里程、着装规定以及起床、开饭、完成行军准备的时间与集合的时间,到达指定地区的时间以及行军序列,休息的地点等。

4. 组织战斗保障

一是指定观察员,负责对地、对空观察;指定值班分队及火器负责对空防御。二是规定遭敌核、化、生武器袭击时各分队行动方法。三是规定在敌人航空兵或炮火袭击时的行军方法。四是规定伪装方法及伪装纪律。

5. 做好物资装具准备

为了顺利完成行军任务,保持分队的战斗力,行军前,指挥员必须检查携带的给养和饮水、武器和弹药等情况;检查着装情况,妥善安置伤病员,并根据季节,进行防暑、防冻教育和物品的准备。

(二)行军的管理与指挥

出发时,应按上级的命令,准时加入上级行军序列。在有可能遭遇战斗的情况下行军时,各排长应随连长在先头行进,以便及时受领任务。在公路或乡村路行军时,应沿道路的一侧或两侧行进,乘车时,沿道路的右侧行进。

行进中听从指挥,应注意保持行进速度和规定的距离,未经上级允许,不得超越前面的分队。通过交叉路口时,要看清路标,防止走错路。经过渡口、桥梁、监路等难以通行的地段时,应严密组织迅速通过,不准停留。徒步行军的分队应主动给车辆、执行特别任务的人员让路。机械化行军时,应保持规定的车速、车距,不得随意超车和停车,主动给指挥车和特种车让路。如车辆发生故障,应靠道路右侧停车抢修,修好后,根据上级指示归队,夜间行军,要严格灯火管制。

按上级的指示组织休息。小休息应靠路边,保持原来队形,并督促战士整理装备等。大休息应离开道路,进入指定地区,并派出警戒,必要时,可占领附近有利地空观察,保持战斗准备。夜间休息时,人员不准随意离队,武器、装备要随身携带。出发前,应清点人数,检查装备,补充饮用水。在严寒地带行军时的小休息时间不要太长,并禁止躺卧,以免冻伤。在炎热季节行军时,应尽量利用早、晚时间实施。

行军中,各连应指定一名军官,带领卫生员和若干体力较好的战士组成收容组,在连队的后尾跟进,负责收容伤病员,组织掉队的人员跟进。

遇敌空袭时,应指挥分队迅速向道路的一侧或两侧疏散隐蔽(乘车时要下车),并指定火器射击低飞敌机。如空袭情况不严重或行军任务紧迫时,分队则应采用散开队形,增大距离,加快速度前进。

(三)越野行进

越野行进路线尽可能选择在方位物较多的地形上,特别是转折点及其附近应有明显方位物,以利于对照,保持正确的行进方向。

1. 山林地行进

山林地行进的特点是地形起伏大,山脊重叠,纵横交错,林木丛生,道路少,障碍多,通视不良,缺少明显方位物,通行极为困难。行进时应注意下列四点。

（1）图上选择行进路线时，应按照"有路不越野，走脊不走沟"的原则选定，特别要认真选择转弯点和方位物，并尽可能选择有明显特征的地形，点与点之间的距离，一般 1 公里左右，复杂地形可缩短到几百米。

（2）量测方位角和准确计算行进时间。一般须预先量出各段磁方位角，特别是越野地段，同时要判明出发点到目的地的总方向，以便行进中对要去的方向心中有数。因山林地行进困难，计算行进时间要考虑影响行进速度的各种因素，通常要比一般地形上行进慢 100％到 300％。

（3）行进中，要随时掌握好行进方向，这是山林地行进的关键。每段行进前，在确定站立点后，要认真明确下段路线行进方向，并在行进方向上及其翼侧选择几个方位物。行进中边走边观察。并记忆现地路线的方向变化，利用远方方位物结合地形特征保持行进方向。行进中尽可能沿山背、山脊、鞍部等明显地形行进，不要横越山背（谷），并尽可能避开悬崖、峭壁和陡石山地段。

（4）发现走错路或迷路时，应冷静回忆走过的地形，细致观察对照，远近结合，判定出站立点；若站立点一时判别不出来，应按原路返回到开始发生错误的地方再走，一般不要取捷径斜插，以免造成大错。如经过多种方法判定还是找不出站立点，又不能返回原路，应尽力判定现地方位，按原定总方向插向目的地。

2. 热带丛林地行进

部队在热带丛林地中行进，为防止蚊虫、扁虱、蚂蟥、毒蛇的叮咬，应穿靴子，并扎紧裤腿和袖口，最好将裤腿塞进靴子里面，有条件还应戴手套。在鞋面上涂驱避剂或肥皂，可防止蚂蟥爬。为了防止毒蛇的袭击，行进中可用木棍"打草惊蛇"，同时，亦应注意树上有无毒蛇。休息时，要仔细看后再坐。

3. 沼泽地行进

遇到沼泽地，最好避开，因为通过沼泽地不仅困难，而且危险。如果沼泽地无法绕行，应手持一棍木杖探寻坚实的地面或泥水较浅的地点通过。通过沼泽地，不要踏着别人的脚印走，因为漂浮层强度有限，若重复踩一个地方，就有可能陷落。如果必须走一条线路时，应彼此间保持一定距离，避免重力过于集中。如遇到有鲜绿色植物的地方，应避开绕行，这种地方不是湿度大，就是漂浮层很薄，下面很可能是泥潭。

4. 河流的涉渡

遇到河流不要草率入水，要仔细地观察之后再定渡河的地点和方法。山区河流通常水流湍急，水温低，河床坎坷不平。涉渡时，为了保持身体的平衡，应当用一根竿子支撑在水的上游方向。在集体涉渡急流时，应当三人或四人一排，彼此环抱肩部，身体最强壮的应于上游方向。在涉渡石底河时，应当穿鞋，以免尖石划破脚，同时也可以更好地保持平衡。倘若山间急流水深过腰，则绝不可冒险涉渡。涉渡冰源河时，最好早上通过，因为那时河水最浅。遇到较大的河流，可就地取材制作浮渡工具。用雨衣包裹稻草或芦苇的浮包负重量较大。1公斤稻草或芦苇在水中有 3 公斤的负重量。若有较多的武器装具，可用竹子、芭蕉杆、束柴或圆木等，结扎成三角形或长方形的浮渡筏，人伏其上，用蛙泳泅渡前进。

5. 沙漠戈壁行进

在沙漠、戈壁地越野时，地形虽平坦开阔，但人烟稀少，行进时要集中精力、注意用地图与现地对照，抓那些明显而特殊的地形，如小块灌木丛，芦苇地，沙垄和沙丘，龟裂地以及独立石土堆、干床等作为对照的目标。在沙漠戈壁中行进，最好保持体力，夜行晓宿。白天要防止身体在太阳下暴晒，尽可能利用阴影遮蔽。衣服颜色最好是白色浅色，白衣服可反射太阳辐射。头部应避免太阳暴晒,除了戴帽外,可用毛巾、衬衫、伞布遮盖头部。

6. 高寒地区行进

攀登冰川和雪坡要特别谨慎,冰川上裂隙很多,对人威胁最大的是冰瀑区的边缘裂隙,特别是被积雪掩盖的隐裂隙最危险。通过裂隙时,应数人结组行动,彼此用绳子连接,相邻两人之间的距离 10—20 米。在前面开路的人,要经常探测虚实。后面的人一定要踩着前面人的脚印走,这样比较安全。通过裂隙的冰桥或雪桥时,要匍匐前进。攀登坡度很大的雪坡时,一定要两脚站稳后再移动。向前跨步,要用脚前掌踏雪,踩成台阶再移动后脚。如果不慎滑倒,要立即俯卧,防止下滑。在山谷中行走,应靠近山谷中心线,以避免山坡滚石。不要接近雪檐,更不要在雪檐下行走,以免触发雪崩。

三、野外生存

野外生存是指在食宿无着的特殊环境中生存与自救的活动。组织野外生存训练时,应做好充分的准备,除必带的装备物品外,还应携带刀具、火柴和打火石、手电筒、绳索、药品(包括止痛药、肠胃药、高锰酸钾、伤口贴、急救包),并应了解和掌握以下基本常识。

(一)饮水与寻找水源

在缺水的情况下,水要合理饮用,最初可以不喝水,或者仅湿润口腔、咽喉。当然,也不要勉强忍耐干渴,以致身体出现失水症状。喝水要得法,应该采用"少量多次"的方法。当随身携带的饮用水快用完时,应积极寻找水源。

1. 寻找地下水

首选是山谷底部,如谷底见不着明显的溪流或积水坑,要注意绿色植物的分布带,植物茂盛、动物经常出没的地方,容易找到浅表层水源。茂盛的芦苇表示地下水位于地表下 1 米左右;喜湿的马兰花等植物下面半米或 1 米左右就能找到水;竹林的浅层地表下就有水;蚂蚁、蜗牛、青蛙、蛇等动物喜欢在泥土潮湿的地方栖身,在这些地方向下深挖就可以找到水。

2. 寻找植物中的储水

山野中有许多植物可用于解渴,如北方的黑桦、白桦的树汁,山葡萄的嫩汁,酸浆子的根茎;南方的芭蕉茎、扁担藤等。初春时,只要在桦树干上钻一深孔,插入一根细管(可用白桦树皮制作),就可流出汁液,立即饮用。热带丛林中的扁担藤,砍断藤干后,会流出可供饮用的清水。还有一种储水竹子,竹节内的水既卫生还带有一股竹香。

3. 采集地表水或雨水

清晨可采集植物枝叶上的露珠。下雨时,可在地面上挖坑,铺上塑料布或雨布收集雨水,也可用其他容器接雨水。实在无水的情况下,小便也可以应急解渴。实际上,小便并不污秽,只是因为心理作用,总觉难以下咽。

(二)寻找食物

1. 识别和采集野生植物

对可食野生植物的识别是野外生存知识的主要内容。可食野生植物包括可食的野果、野菜、藻类、地衣、蘑菇等。在各种野生植物里,有毒植物种类不多,数量有限,大部分野生植物均可食用。还可以通过观察哺乳类动物所食用的植物种类,以分辨哪些植物能够被人食用。像老鼠、松鼠、兔子、猴子、熊等吃过的植物一般可以食用。鸟类可以食用的植物,人不一定能够食用。这里介绍一种最简单的鉴别野生植物有毒无毒的方法,供紧急情况下使用。通常将采集到植物割开一个小口子,放进一小撮盐,然后仔细观察是否改变原来的颜色,通常变色的植物不能食用。

2. 捕获野生动物

猎兽前应向有经验者或当地居民了解动物的习性和捕获方法,对大型动物通常采用陷阱猎获的方法,对小型动物可采取压猎、套猎和竹筒诱猎等方法。

捕蛇时可采取叉捕法、泥压法和索套法捕捉。要注意防蛇咬伤,最好穿戴较厚的高腰鞋及长筒手套等防护用品。

捕鱼可使用钩钓、针钓、脚踩、手摸、拦坝水等方法。

可食用的昆虫种类很多,如蜗牛、蚂蚁、蚯蚓、蝉、蚱猛(有些昆虫有毒,不能食用)等,可采取手捕、网罩、挖洞掏等方法捕获。

在各种野生动物里,海洋中外形奇特的鱼类、贝壳、鲨鱼和少数江河中的河豚有毒,不可食用,野生动物的内脏,尤其是肝和卵一般不能食用,其他部位均可食用。

(三)简易方法取火

取火前应准备好引火媒,如干燥的棉絮、纱线、草屑或撕成薄片的干树皮、干木屑等。

1. 弓钻取火

用强韧的树枝或竹片绑上绳子或鞋带做成弓,将弓弦在一根 20 厘米长的干燥木棍上缠绕两圈,将木棍抵在一小块硬木上,来回拉动弓使木棍迅速转动。钻出黑粉末后轻吹或轻扇,使其冒烟而生火点燃引火媒。

2. 击石取火

找两块质地坚硬的石头,互相击打,将其迸发出的火花落到引火媒上,当引火媒开始冒烟时,缓缓地吹或扇,使其燃起明火。用小刀的背面或小片钢铁,在石头上敲打,也能很容易地产生火花,引燃引火媒。

3. 透镜利用太阳取火

用透镜将太阳光聚焦成一点,光点上的温度可以将棉絮、纸张、干树叶、受潮的火柴等物引燃。

(四)野炊

①用罐头盒、铝饭盒烹煮。用石头做架,或用钢丝吊挂铁盒、铝饭盒等物,用火加热,烹煮食物、烧开水等。

②用铁丝、木棍烧烤。将食物穿插缠裹在铁丝或木棍上,放在火中或火边烧烤熟化。

③用小铁锹、石板火石块烫烙。用火在小铁锹底部加热,将切成薄片的食物放在上面烙熟,也可用火将石板烧烫以后,将食物切成薄片放在上面烙熟食用。

④用黄泥裹烧。用和好的黄泥在地上摊成泥饼,上面铺一层树叶,将野鸡、野兔、鱼等食物除去内脏不脱毛不退鳞,放在泥饼上,用泥饼将食物包裹成团;放在火中烧两个小时即可食用。

(五)露宿

山地露宿时,应选择在避风、防汛、无山崩、无塌方的山坡地段或谷地、峡谷的高坡上。冬季要避开有雪崩危险的地段,夏季要注意防洪和山林滑坡。可用就便器材架设帐篷或搭草棚,周围要挖排水沟,铲除杂草,必要时,撒些草木灰,以防毒蛇、毒虫;醋暑条件下露宿时,应选择在干燥、通风的缓坡上,避开大树、陡壁峭崖,以防雷击塌方。

(六)救护常识

在野外孤立无援的情况下,掌握一些简易的自救和求救方法,能够有效地帮助自己和同伴解除些许伤痛,尽快得到救援,为生存创造条件。

1. 毒蛇咬伤

在山野丛林中活动时,一旦被毒蛇咬伤应立即采取紧急救护措施。首先,马上用布条或布绳等缚住伤口处靠近心脏一端,以减少毒血上流。随后,用刀在毒蛇咬伤处划一个十字口,挤出毒液,也可用口吸出毒液(口内有溃疡、生疮、出血等不能用口吸,以免中毒),随吸随吐,有条件还可进行冲洗,然后尽快就医,不可延误。

2. 昆虫叮咬

在野外为了防止昆虫的叮咬,最好穿着长袖衣和长裤,扎紧袖口、领口和裤腿。如有条件,皮肤暴露部位涂擦防蚊药。不要在潮湿的树荫和草地上坐卧。宿营时,可以燃点艾草、香蒿、柏树叶、野菊花等植物驱赶昆虫。被昆虫叮咬后,可用氨水、肥皂水、盐水、氧化锌软膏涂抹患处止痒消毒。

3. 蚂蟥叮咬

在野外,蚂蟥是危害很大的虫类。遇到蚂蟥叮咬时,不要硬拔,可用手拍打,或用肥皂液、盐水、烟油、酒精滴在其前吸盘处,或用烧着的香烟烫,让其自行脱落,然后压迫伤口止血,有条件时要用碘酒洗涤伤口防感染。野外行进中,应经常查看有无蚂蟥爬到脚上,在鞋面上涂些肥皂、防蚊油,可以防止蚂蟥爬上,涂一次的有效时间为4—8小时。此外,如果将大蒜汁涂抹于鞋袜和裤脚,也能起到驱避蚂蟥的作用。

4. 蜇伤

被蝎子、蜈蚣、黄蜂等毒虫蜇伤后,伤口红肿、痛痒,并伴有恶心、呕吐、头晕等症状。要先挤出毒液,然后用肥皂水、氨水、醋等涂擦伤口。也可以捣碎马齿苋,汁冲服,渣外敷。另外,大蒜汁对蜈蚣的咬伤有一定疗效。

5. 中毒

中毒的症状是恶心、呕吐、腹泻、胃痛、心脏衰弱等。遇到这种情况时,首先要洗胃,快速喝大量的水。用手指触咽部引起呕吐,然后吃蓖麻油等泻药清肠,再吃活性炭等解毒药及其他镇静药,多喝水,以加速排泄。

6. 中暑

在炎热暑季,人体的体温调节和其他生理机能发生障碍或活动量过大、休息不足、水盐补充不及时、衣服不通气等都会引起中暑。其症状是突然头晕、恶心、昏迷、无汗或湿冷、瞳孔放大、发高烧。发病前,常感口渴头晕、浑身无力,眼前阵阵发黑,此时,应立即在阴凉通风处平躺,解开衣裤带,使全身放松,再服十滴水、仁丹等药。发烧时,可用凉水洗头,或冷敷散热,如昏迷不醒,可掐人中穴、合谷穴使其苏醒。

7. 冻伤

当气温在0℃以下,人长时间在户外活动,耳、鼻、手、脚、脸都容易冻伤。当发现皮肤有发红、发白、发凉、发硬等现象,应用手或干燥的绒布摩擦伤处,促进血液循环,减轻冻伤。轻度冻伤可以用辣椒泡酒,涂擦便可缓解症状。如发生身体冻僵的情况,应先摩擦肢体,做人工呼吸,待伤者恢复知觉后,再到较温暖的地方抢救。也可将冻伤部位放在30°左右的温水中缓缓解冻。

8. 昏厥

野外昏厥多是由于摔伤、疲劳过度、饥饿过度等原因造成的。主要表现是脸色突然苍白,脉搏微弱而缓慢,失去知觉。遇到这种情况时,不必惊慌,注意观察昏厥者的心肺情况,一般过一会便会苏醒。醒来后,应喝些热水并注意休息。

9. 救援

要想获得援助,必须发出信号让他人知道自己的处境和位置。白天可施放烟雾、向友邻喊叫或在开阔地面上写字等;夜间可发出灯光、火光、音响信号等。国际上通用的求救信号是英文字母 SOS,可写在地上,也可用移动电话或电台发出,还可用旗语表示。只要是重复三次的行动都象征着求救,如三堆火、三股浓烟、三声音响、三次光亮闪耀等。在发出音响或光亮信号时,每组发送三次后,间隔 1 分钟再重复发出。[①]

四、识图用图

识图用图是借助地图和指北针按规定方向运动的一项军事体育活动。参加这项活动,不仅可以锻炼身体,培养积极上进、坚忍不拔的顽强精神,还可以增长(地理、地图、自然)知识,启发智力,培养独立思考、快速反应、果断处世的能力。这里主要介绍识图用图的基本技能。

识图用图技能是指参赛者在出发区领取地图后,到跑完整个参赛全程的过程中所必须掌握的基本技术。它分为出发点动作、运动中动作、检查点上的动作和终点动作四个部分。

(一)出发点动作

1. 浏览全图明走向

得到比赛地图后,首先要浏览全图,根据图上标绘的比赛路线,弄清其基本走向;同时还要明确出发点与终点的关系。两点在同一地域相距很近时,应在实地观察一下终点设置,终点与附近地形的相互关系,便于终点冲刺。

2. 图上分析选准线

根据赛图上标明的出发点和第 1 号检查点的位置,进行图上分析,选择从出发点到第 1号检查点的具体运动路线,即选出最佳运动路线。选择的基本原则(同样适用于其他各段)有以下三点。

①利用道路,坚持"有路不越野"的原则。比赛地图现势性强,道路标识较详细。利用道路有利于运动中图地对照;有利于运动中随时明确站立点的图上位置,不易迷失方向,同时还可以省力节时。当然,利用道路要考虑运动距离的远近,综合选择最佳路线。

②起伏不大,树林稀疏可跑的地段,坚持"选近不选远"的原则。

③起伏较大,树林密集,障碍大的地段,坚持"统观全局提前绕"的原则。如图 6-40 所示,从第 2 号检查点到第 3 号检查点,既无道路可

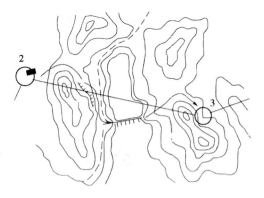

图 6-40　坚持"统观全局提前绕"的原则

①　张勇:《军事课教程》,第 315—318 页,高等教育出版社 2013 年版.

利用,又因途中有陡坎、大水塘以及难攀登的高地,也不能采用直线越野运动,要分析整个地形,在避开这些不能通过地段的基础上,选择适当的运动路线。最佳路线为图中标示的路线。

以上原则要综合利用,选好最佳运动路线后,要在地图上熟悉路线两侧的主要地形,并要记牢。

3. 标定地图定好向

为准确、迅速起见,在出发区一般利用指北针标定地图,地图标定后,通过地图上出发点与第 1 号检查点的延伸方向就是实地运动的方向。

4. 对照地形选准路

根据确定的运动方向,迅速进行地图与实地对照,依据实地的地形条件,在能通视的地段内,选择好具体的运动路线,与此同时在通视地段的尽头适当位置选择好辅助目标,并确定该目标的图上位置。

通过上述四个步骤,力争做到图上明、方向明、路线明。如还有剩余时间,可在地图上分析,确定其后各检查点之间的最佳运动路线;也可活动身体,准备出发,当听到出发口令或哨音后,立即出发。

(二)运动中的动作

运动中,因参赛者的水平不一,可采用的方法也不尽相同,但都必须注意两个基本动作:一是随时标定地图。为了节约时间,在奔跑过程中标定地图,最理想的方法是依明显的地物地貌标定。二是随时明确站立点在地图上的位置,做到"人在实地走,心在图中移"。

1. 基本方法

(1)分段运动法

这是比赛中最理想的运动方法。如图 6-41 所示,参赛者在第 3 号检查点上,根据图上标明的第 3 号与第 4 号检查点的位置,在图上选择最佳运动路线后,通过对照地形,首先在能通视的地段,选择鞍部作为第一个辅助目标。在向鞍部运动前,由于通过对照地形,对鞍部的图上位置以及向鞍部运动的实地路线都已明确,因此,向鞍

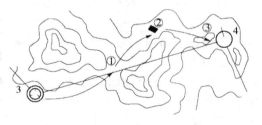

图 6-41 分段运动法

部运动的途中就不必再对照地形了。当运动到鞍部后,再通过对照地形,选择山背西北侧独立房作为第二个辅助目标,同时向独立房运动。到达独立房后,继续选择小高地作为第三个辅助目标,直到找到第 4 号检查点。这种方法对于初学者来说,有助于正确把握运动方向,能随时明确站立点的图上位置,并能减少看图时间,提高运动速度。

(2)连续运动法

有一定基础的参赛者可以采用"连续运动法"。采用分段运动必须在各点作短暂停留。而采用连续运动时,可以把在各辅助目标要做的工作提前,即从第 3 号检查点出发,未到达第一个辅助目标(鞍部)之前,在奔跑过程中边跑边进行图上分析,分析下一段能通视地域内的地形,并在图上选择好下一个辅助目标(独立房)以及向独立房运动的具体路线。到达鞍部后,如果观察到的地形同地图上地形一致,即可不在鞍部停留而作连续运动,如此类推直到检查点。

(3)一次记忆运动法

技术全面,经验丰富的参赛者,可以采用"一次记忆运动法"。这种方法是:在出发点,把

在地图上选择的从出发点到第 1 号检查点的最佳运动路线,一次性记在脑子里,运动中按记忆的路线进行。未到达第 1 号检查点之前,在地图上选择从第 1 号检查点到第 2 号检查点的最佳运动路线,再一次性地记在脑子里,这样在检查点"作记"后,可立即离开检查点连续运动。

（4）依线运动法

"线"是指道路、沟渠、高压线、通信线等。如图 6-42所示,从第 4 号检查点出发,先沿小径运动,看到高压线向右再沿高压线越野(地形条件允许时)运动,依线运动是用"线"控制运动方向。

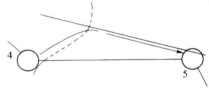

图 6-42　依线运动法

（5）依点运动法

"点"是指明显的地物、地貌点。具体方法同"分段运动法"和"连续运动法",即用"点"来控制运动方向。

（6）提前绕行法

这种方法是在检查点之间有大的障碍时采用的。遇到这种情况,要结合检查点的位置,提前选择好最佳迂回运动路线,不要等抵近障碍再作折线绕行。

（7）指北针定向法

在起伏不大,无道路,有一定植被覆盖,观察不便的地域运动时,需要采用这种方法。首先在地图上测出站立点到检查点(或目标点)的磁方位角,量算出两点之间的实地距离并换算成复步数。出发时,平持指北针,旋转身体,使磁针北端和定向箭头重合,此时前进方向箭头所指的方向就是实际运动方向,并在实地运动方向线前方选好辅助目标,一边朝辅助目标运动,一边记下复步数。当运动到辅助目标还需要继续向前运动时,可接同样方法继续选辅助目标运动至检查点。

2. 注意事项

尽量按选择的最佳运动路线运动;有路不越野;宁慢少停;迷失方向时,要冷静分析,尽快确立站立点。

(三)检查点上的动作

1. 检查点的"捕捉"

参赛者快接近检查点时,要对检查点的实地准确位置做到心中明确,力争一次"捕捉"成功,然后迅速利用点签打孔(或用印章盖印)作记,以证明到达该点。为了提高"捕捉"检查点的准确度与速度,可采用以下四种方法。

（1）定点攻击法

当检查点设在较明显的高大的地物、地貌点上或一侧时,可采用这种方法。选择最佳运动路线时,以这些明显地物、地貌点为攻击点(目标点)。运动时,先找到这些明显点的实地位置,然后根据检查点与明显地物、地貌点的相应方位、距离寻找检查点。

（2）有意偏激法

当检查点设在线状地物上或一侧时,并且运动方向与线状地物的交角较适宜时,可采用这种方法寻找检查点,即根据地形条件,选择最佳的运动路线,有意向左(或向右)偏离检查点,运动时以该线状地物为攻击目标,当运动到该地物时,再向右(或向左)沿线状地物寻找检查点。

（3）地貌分析法

在地貌有一定起伏的地域内,检查点设在低小地物附近时,采用地貌分析法寻找检查点比较理想。采用这种方法时,主要是根据地图上检查点与地貌的关系位置,分析出实地两者相对应的关系位置,并根据这种关系位置来寻找检查点。

(4)距离定点法

在地势较平坦,无道路,植被较多,观察不便的地域内寻找检查点,一般采用距离定点法。具体方法同指北针定向法。

2.注意事项

①接近检查点之前,要在地图上分析,确定下一段最佳运动路线两侧的主要地形。目的是减少在检查点的停留时间,保证自己能连续运动。

②当发现一个检查点后,不要盲目作记,而要看清该点标上的代号是否与检查点说明卡上注明的代号相符。

③一次"捕捉"检查点不成功时,应选择合适的位置确定站立点,分析自己是否偏离了运动方向。当确认偏离时,应按运动迷失方向的方法处理;应在明确站立点之后,再次"捕捉"成功;找到检查点之后,作标记要快,离开要快,避免为他人指示目标。

(四)终点动作

当找到最后一个检查点后,应依据已选择的最佳路线并结合自己的体力,加快速度向终点运动,接近终点时要做最后冲刺。

到达终点后,立即将检查卡交给收卡员,如果规定要收缴地图和检查点说明卡,应连同检查卡一同交给收卡员,并迅速离开终点区。

五、电磁频谱监测

电磁频谱监测是实施电磁频谱管理的重要手段和依据。通过频谱监测可以获得大量无线电频谱信息和特征技术参数,为我军制订战场电磁频谱管理和用频保障计划、研制和发展各类用频装备提供重要的技术依据。

(一)电磁频谱监测的概念及其分类

电磁频谱监测是指通过对空中无线电信号进行扫描、搜索以及监视、分析,实现对频谱占用情况的统计、分析和信号的识别及频谱参数(频率、频率误差、射频电平、发射带宽、调制度等)的测量。换言之,频谱监测是指探测、搜索、截获无线电信号,并对信号进行分析、识别、监视并获取其技术参数、工作特征和辐射源位置等技术信息的活动。它是有效实施电磁频谱管理的重要手段和依据,也是电磁频谱管理的重要分支。

根据不同的分类标准,频谱监测有不同的分类方法。

按工作频段划分,频谱监测可分为长波监测、中波监测、短波监测、超短波监测、微波监测等。凡是军用用频装备工作的频段,也是开展频谱监测的频段。在很长的时间内,频谱监测主要是在短波和超短波展开,到目前为止,这两个频段仍然是频谱监测的主要频段。随着微波频段军用用频装备的日益增多,微波监测在频谱监测中也日益占有重要的地位。

按频谱监测的技术参数划分,通常分为无线电技术监测和无线电方位监测。

按频谱监测设备是否移动及运载平台的不同,可分为固定监测站、移动监测站以及可搬移监测站等。

按监测任务的不同分为常规监测、电磁环境监测和特种监测。

(二)电磁频谱监测的内容

从广义上讲,频谱监测的基本内容包括无线电技术侦察(或称无线电技术监测)、无线电测向(或称无线电方位监测)、无线电定位三部分。

电磁频谱监测的主要内容是,通过采用先进的频谱监测测试仪表和设备探测、搜索、截获无线电信号,对信号进行测量、统计、分析、识别、监视,以及对正在工作的用频台站测向和定位,获取用频台站位置、通信方式、通联特点、网络结构和属性等技术信息。电磁频谱监测主要对用频台站发射的基本参数,如频率、场强、带宽、调制等指标系统的进行测量,对声音信号进行监听,对发射标识识别确定,对频率利用率和频道占用度进行统计,对干扰源测向定位,排除干扰,查处非法电台和非核准电台,保证通信业务的安全。

频道占用度是指某一给定频道在 Ts 时间内,已工作的时间 Tu 与 Ts 之比,即

$$频道占用度＝Tu/Ts$$

例如:在一天 24 小时内,某一频道工作 12 小时,则 Tu/Ts＝12/24＝50%

频道占用度可以测量一天、一周或一个月,甚至一年的占用度。根据要求来确定,也可以重点测量忙时和闲时的占用度。

频段占用度是指某一给定频段 Fg 内,已使用的频率 Fu 与 Fg 之比,也称为频段利用率。

例如:给定频段为 250kHz,已用 25kHz,则 Fu/Fg＝25/250＝10%

频谱监测按任务区分主要包括常规监测、电磁环境监测和特殊监测。

1. 常规监测

常规监测是指监测站日常工作中的各项监测活动,即按频率指配表监测已核准电台的有关参数,并建档存库。通过常规监测,发现有关参数发生变化则可判断出现异常情况,或出现不明电台,或核准电台的使用状态发生变化。常规监测内容主要包括以下六点。

一是监测已核准的无线电台站的发射参数,检查其工作是否符合批准的技术条件和要求。系统地测量无线电台站的使用频率、频率偏差;系统地测量无线电台站的信号场强、谐波和其他杂散发射;系统地测量无线电台站发射信号的调制度;测量无线电台频谱的占用情况(频道占用度和频段占用度);监测无线电台的操作时间表和经营业务是否符合电台执照的规定。

二是对各种干扰信号进行监测并分析,确定干扰源。测量和识别干扰信号;测量干扰信号的有关参数;进行无线电测向定位,确定干扰台站。

三是监测无线电频谱的使用情况,为频谱资源的开发、频率规划和指配提供技术依据。

四是监测不明无线电台的发射行为。

五是对违反《国际电信公约》和《中华人民共和国无线电管理条例》的发射行为实施频谱监测。

六是对水上和航空安全救险业务专用频率实施保护性监测。

2. 电磁环境监测

电磁环境监测是指按照频谱管理机构的要求,对指定区域的电磁环境进行的监测活动,也称为电磁环境测试。随着信息产业的飞速发展,城市的电磁环境越来越复杂,各个频段的背景噪声不同程度地提高。准确地掌握有关数据,对有效实施电磁频谱管理、合理地选择台址、保证无线电业务的正常秩序将提供有力的帮助。电磁环境监测的主要内容包括以下四点。

(1)用频台站选址的电磁环境监测。

(2)工、科、医及其他辐射电磁波的非用频装备的电磁辐射的监测。

(3)城市电磁背景噪声的监测。

(4)有害干扰的查找监测。

3. 特殊监测

特殊监测是指根据国家或军队的重大任务进行的监测活动,如国际监测、重大任务监测等。特殊监测的主要内容包括以下六点。

(1)监测我国在国际电联登记注册的频率是否受到国外无线电台的干扰。为了保护我国频率使用权益,必须经常查阅国际电联频登会的周报(现已改为无线通信部门周报)上公布的其他国家拟登记(提前公布资料)的频率与我国已登记和使用的频率是否有矛盾,我国频率是否受到有害干扰。为此,监测部门必须进行针对性的监测。如受到有害干扰,应以相应格式向国际电联或有关国家主管部门提出干扰申诉,国外电台在国际电联审查时,就会得到不合格的结论。

(2)对国际电联或有关国家申诉的、涉及我国干扰别国频率使用问题,要通过频谱监测及时排除。我国电台干扰国外电台的情况也比较多。收到申诉后,应根据申诉的内容进行监测,确定干扰源,再根据国际电信公约和国际无线电规则并结合我国实际情况进行处理。之后,将处理意见函复国家无线电主管部门或国际电联。

(3)与有关国家进行联合监测,消除边界区域的无线电干扰。

(4)执行国家、军队重大科学实验和无线电管制的监测,如神舟飞船的发射。

(5)执行各类突发事件中的电磁信号监测。

(6)执行战场电磁频谱监测。

(三)电磁频谱监测的基本环节

无线电辐射过程中,无线电系统内的发射机向空间辐射载有信息的无线电信号,而作为通信对象的接收机,则从复杂的电磁环境中检测出有用的信息。这种开放式的发射和接收无线电信号的特点是实施频谱监测的基础。频谱监测涉及用频台站工作的所有波段、所有无线电系统体制和工作方式。

电磁频谱监测的实施应包括技术措施和对监测装备的应用两个方面。频谱监测装备是实施频谱监测的物质基础,而合理的组织和运用,则可以更加充分地发挥监测装备的作用。

电磁频谱监测的内容和步骤是随着监测设备技术水平的不断提高而变化的。随着科学技术的迅速发展,现代战争中的军事通信大量采用快速通信技术、加密技术、反侦察抗干扰技术等各种先进通信技术。为适应这种变化,现代的频谱监测已转变为以监测无线电信号的技术特征为主。

1. 对无线电信号的搜索与截获

由于无线电辐射源发射的无线电信号是未知的,或者通过事先监测已知无线电辐射源某些信号频率而不知其工作时间,因此,需要通过搜索寻找,以确认无线电辐射源发射的无线电信号是否存在以及是否有新出现的无线电信号。

截获无线电信号必须具备三个条件:一是频率对准,即监测设备的工作频率与被测无线电信号频率要一致;二是方位对准,即监测天线的最大接收方向要对准被测无线电信号的来波方向(全向天线例外);三是被测无线电信号电平不小于监测设备的接收灵敏度。由于被测无线电信号的频率和来波方向是未知的,所以在寻找被测无线电信号时,需进行频率搜索和方位搜索。

上述三个条件是指一般情况而言,实际监测中,对于不同的信号体制,以及不同类型的信号要区别对待。对于短波和超短波常规无线电信号的监测,由于这两个频段的电磁辐射一般都采用弱方向性或无方向性天线,监测设备一般也都采用弱方向性或无方向性天线,因此一般只进行频率搜索,而不进行方位搜索。对于接力通信、卫星通信、对流层散射通信和雷达信号的监测,由于这四种通信体制都采用强方向性天线,要求监测设备不仅具有频率搜索功能,也必须具有方位搜索功能。总之,截获不同类型的无线电信号,需要满足的条件往往是不同的。

2. 测量无线电信号的技术参数

无线电信号有许多技术参数,有些是各种无线电信号共有的参数,有些是不同无线电信号特有的参数。

各种无线电信号共有的技术参数主要有以下五项。

(1)信号载频,或者信号的中心频率。

(2)信号电平,通常用相对电平表示。

(3)信号的频带宽度,可根据信号的频谱结构测量信号的频带宽度。

(4)信号的调制方式,根据信号的波形和频谱结构一般可分析得到信号的调制方式。

(5)电波极化方式(必要时测量)。

不同的无线电信号一般具有自身特有的技术参数,例如调幅信号的调幅度,调频信号的调制指数,数字信号的码元速率或码元宽度,移频键控信号的频移间隔,跳频信号的跳频速率,等等。

以上技术参数的测量对于无线电信号的识别分类是十分重要的。除了测量技术参数外,记录信号的出现时间、频繁程度以及工作时间的长度等,也是很有意义的技术信息资料。

对无线电信号技术参数做到实时测量是十分需要的,这对于频谱监测尤为重要。当不能实时测量时,可进行记录,利用音频录音、视频录像、射频信号存储等手段,详细记录或存储截获的无线电信号,以便事后作进一步分析和处理。

3. 测向定位

利用无线电测向设备测定信号来波的方位,并确定目标电台的地理位置。测向定位可以为判定无线电设备属性、通信网组成,为实施电磁频谱管理提供重要依据。

4. 对信号特征进行分析、识别

信号特征包括通联特征和技术特征。技术特征是指信号的波形特点、频谱结构、技术参数以及无线电辐射源的位置参数等。分析信号特征可以识别信号的调制方式,判断无线电辐射源的工作体制和无线电装备的性能,判断无线电通信网的数量、地理分布以及各通信网的组成、属性及其应用性质等。

5. 控守监视

控守监视是指对已截获的无线电辐射源信号进行严密监视,及时掌握其变化及活动规律。实施电磁频谱管理时,控守监视尤为重要,必要时可以及时转入即时式管理。电磁频谱监测中,需要对获取的技术资料建立电磁频谱管理技术信息数据库,并根据技术资料的变化及时更新数据库的内容。[①]

🎯 思考题

1. 战备基础包括那些内容?
2. 行军拉练如何组织?
3. 野外生存时如何觅食、取水、取火和宿营?
4. 如何现地判定方向?
5. 什么是电磁频谱监测?

---

① 李正军:《新编大学军事教程》,第269—274页,航空工业出版社2019年版.

参 考 文 献

[1]中华人民共和国中央军事委员会,中国人民解放军三大条令(试行),2018.

[2]徐焰著,中国国防导论[M],北京:国防大学出版社,2006.

[3]刘亚洲主编,当代世界军事与中国国防[M],北京:中共中央党校出版社,2016.

[4]马德宝,任振杰著,马克思主义军事理论中国化[M],北京:军事科学出版社,2017.

[5]谢国良,袁德金著,中国古代军事思想概论[M],北京:解放军出版社,1994.

[6]廖国良,李士顺,徐焰.毛泽东军事思想发展史,北京:解放军出版社,1991.

[7]王宪志著,毛泽东军事思想[M],北京:海潮出版社,1992.

[8]邓小平新时期国防建设军队建设理论研究,北京:军事科学出版社,1992.

[9]张振华,姚有志.邓小平新时期军队建设思想教程[M].北京:国防大学出版
    社,1998.

[10]江泽民国防和军队建设思想述要.北京:中央文献出版社,2006.

[11]朱虎成著,新中国成立以来国防建设理论与实践[M],北京:时事出版社,2012.

[12]习近平谈治国理政(第二卷),北京:外文出版社,2017.

[13]刘志辉主编,习近平的语言力量军事卷,上海:上海交通大学出版社,2017.

[14]总体国家安全观干部读本,北京:人民出版社,2017.

[15]夏征难著,外国军事名著精要[M],北京:解放军出版社,2015.

[16]张云勋著,中国历代军事哲学概论[M],成都:西南交通大学出版社,2011.

[17]肖裕声主编,21世纪初大国军事理论发展新动向,北京:军事科学出版社,2008.

[18]程永生编著,军事高技术与信息化武器装备[M],北京:国防工业出版社,2009.

[19]张蜀平等编著,新概念武器与信息化战争[M],北京:国防工业出版社,2008.

[20]中国国防科技信息中心,2030年的武器装备,北京:国防工业出版社,2014.

[21]军事科学院外国军事研究部,美国军事基本情况,北京:军事科学出版社,2013.

[22]朱听昌主编,中国周边安全环境与安全战略,北京:时事出版社,2006.

[23]孙洪义编著,当代军事理论新编,北京:军事科学出版社,2006.

[24]张山新著,军事法学[M].北京:军事科学出版社,2001.

[25]蔺玄晋著,军事科技进步与战争形态演变[M]北京:兵器工业出版社,2017.

[26]童志鹏主编,综合电子信息系统(第2版),北京:国防工业出版社,2008.

[27]李伟如著,射击与命中科学[M],北京:兵器工业出版社,1994.

[28]中华人民共和国国务院,中国的军事战略,北京:国务院新闻办公室,2015.

[29]中华人民共和国国务院,新时代的中国国防,北京:国务院新闻办公室,2019.

[30]陈波主编,普通高校军事课教材:军事理论,北京:人民出版社,2019年.

[31]李正军等主编,新编大学军事教程,北京:航空工业出版社,2019年.